U0682359

民诉法宝典

杨秀清 ◎ 编著

珍藏版

中国政法大学出版社

2018 · 北京

声　明　1. 版权所有，侵权必究。
2. 如有缺页、倒装问题，由出版社负责退换。

图书在版编目（CIP）数据

民诉法宝典/杨秀清编著.—北京：中国政法大学出版社，2018.3
ISBN 978-7-5620-8150-0

Ⅰ.①民… Ⅱ.①杨… Ⅲ.①民事诉讼法－中国－资格考试－自学参考资料 Ⅳ.①D925.1

中国版本图书馆CIP数据核字(2018)第046411号

出版者　中国政法大学出版社
地　址　北京市海淀区西土城路25号
邮寄地址　北京100088信箱8034分箱　邮编100088
网　址　http://www.cuplpress.com（网络实名：中国政法大学出版社）
电　话　010-58908285(总编室)　58908433（编辑部）58908334(邮购部)
承　印　北京鑫海金澳胶印有限公司
开　本　787mm×1092mm　1/16
印　张　17.25
字　数　430千字
版　次　2018年3月第1版
印　次　2018年3月第1次印刷
定　价　49.00元

序 言

2018年将开启国家统一法律职业资格考试的新篇章，在即将来临的国家统一法律职业资格考试中，民事诉讼法与仲裁制度仍然是两门以基础理论为指导，以法律制度的运用为归宿的理论与实践有机结合并具有举足轻重地位的学科。国家统一法律职业资格考试作为选拔具有法律思维的高专业素养的法律职业人才的一种准入性专业资格考试，决定了作为资格考试的专用应试型教材，既不同于以学科基本理论体系为基础，以基本概念与基本理论制度的阐述为重点的高等教育法学专业本科教材，也不同于以法律规范与法律制度本身的详细解读以及实践运用技能分析为重点的实务应用型图书，这就要求国家统一法律职业资格考试应试教材的编写作者不仅要熟知以往司法考试本身的考查规律与特点，而且要能准确了解国家统一法律职业资格考试的改革动向，把握相关学科的基础理论、法律制度的立法背景以及该制度所蕴含的法理，作者依据三十年从事民事诉讼法学与仲裁制度的高校教学科研经历以及十余年司法考试辅导经验，力求编写一本助众多考生顺利应对并攻克2018年首届国家统一法律职业资格考试中本学科知识运用的教材。正如歌德曾言：经验丰富的人读书用两只眼睛，一只眼睛看到纸面上的话，另一只眼睛看到纸的背面。因此，一本繁简适中，以国家统一法律职业资格考试改革动向为指导，重点内容突出，基础理论阐释清晰，法律制度及其蕴含的法理分析准确的教材无疑是迎战首届国家统一法律职业资格考试众多考生的良师益友。

本教材的编写体例与内容具有以下突出特点：

1. 体例新颖内容实用

本教材采取以专题为纲，以考点精讲为目的编写体例。通过为“纲”的各专题使考生清晰直观把握民事诉讼法与仲裁制度的主干知识模块，通过各专题之下若干“目”的考点精讲使考生理解并掌握各考点知识。纲目结合，体例新颖又不失其应对首届国家统一法律职业资格考试需求的实用性。

2. 重点突出详略得当

本教材编写主旨鲜明，旨在为考生提供一本事半功倍应对首届国家统一法律职业资格考试的教材。在具体内容的编写方面，对于重要与疑难知识点详细阐述，既注重该知识点多视角考点的分析，又注重部分考点的深度解析，帮助考生点面结合掌握知识点；对于难度低但考查概率较高的知识点，通过简要讲解使考生直观掌握知识点。本教材内容重点突出，分析详略得当，同时兼顾知识点考查视角的全面，助考生复习效果最大化。

3. 知识比较融会贯通

国家统一法律职业资格考试的目标在于选拔具有法律思维与综合运用知识能力的法律职业人才，势必注重知识的综合性考查，就要求考生在理解具体知识点的基础上掌握关联知识点的综合性运用。本教材在编写中，既注重了重要专题内关联知识点的综合比较分析，也注重了不同专题内关联知识点的综合性比较分析，并且采取直观的图表方式，力求将复杂疑难知识简洁化，帮助考生融会贯通理解掌握并灵活运用。

4. 讲练结合学以致用

国家统一法律职业资格考试作为一种法律职业准入资格考试，决定了考生是否具备将所理解掌握的理论与法律制度的相关知识准确转化为实际应用能力，这将直接影响着考生能否顺利过关。本教材采取讲练结合的方式编写，在知识点讲解之后附加以往司法资格考试经典真题测试，一方面可以使考生在复习中直观了解相关知识点的考查状况，另一方面可以检测所复习知识的理解与掌握程度，使考生做到学以致用。

书不在于多而在于精，内容不在于全而在于准，愿此书成为考生的良师益友，引领考生跨越首届国家统一法律职业资格考试，实现法律人的职业梦想！

如何学好民事诉讼法与仲裁制度

一、本学科的知识结构体系

(一) 民事诉讼法的知识结构体系

民事诉讼法由总论与分论两大部分组成。总论主要涉及民事诉讼法中的一些基本原理性制度，如民事诉讼法的基本原则与基本制度、诉的制度、主管与管辖制度、当事人与诉讼代理人制度、民事诉讼证据制度以及由法院调解、期间、送达、保全、先予执行与妨害民事诉讼的强制措施所构成的保障性制度。分论主要由审判程序、执行程序与涉外民事诉讼程序的特别规定构成，其中审判程序又分为诉讼程序与非讼程序，诉讼程序包括普通程序与简易程序所构成的第一审程序、第二审程序与审判监督程序，非讼程序包括特别程序、督促程序与公示催告程序。

本学科知识结构图如下：

- 民诉总论
  - 基本原则与基本制度
    - 基本原则：当事人诉讼权利平等原则、同等原则、辩论原则、诚实信用原则与处分原则
    - 基本制度：合议制度、回避制度、公开审判制度与两审终审制度
  - 诉与反诉
    - 诉
      - 诉的要素：诉的主体、诉的标的与诉的理由
      - 诉的种类：确认之诉、变更之诉与给付之诉
    - 反诉：反诉的特点、反诉与反驳的区别
  - 主管与管辖
    - 主管：劳动争议的处理，与人民调解的关系
    - 管辖
      - 级别管辖
      - 地域管辖：一般地域管辖、特殊地域管辖、专属管辖、协议管辖、共同管辖与选择管辖
      - 裁定管辖：移送管辖、管辖权转移、指定管辖
      - 管辖权异议
  - 诉讼参加人
    - 当事人
      - 当事人资格：民事诉讼权利能力与当事人适格
      - 共同诉讼人：必要共同诉讼人与普通共同诉讼人
      - 诉讼代表人：人数确定的代表人诉讼与人数不确定的代表人诉讼
      - 第三人：有独立请求权第三人、无独立请求权第三人
    - 诉讼代理人：法定代理人与委托代理人

- 民诉总论
  - 证据与证明
    - 证据
      - 特征：客观性、关联性与合法性
      - 立法种类：书证、物证、视听资料、电子数据、证人证言、当事人陈述、鉴定意见、勘验笔录
      - 理论分类：本证与反证、原始证据与传来证据、直接证据与间接证据
    - 诉讼证明
      - 证明对象：需要证明的对象与无需证明的对象
      - 证明责任
        - 证明责任的双重含义
        - 证明责任分配原则：谁主张（作为证明对象的主张），谁举证
        - 证明责任分配的例外
      - 相关规定：证据的收集、举证期限与交换证据、质证、证明妨害
  - 保障性制度：期间与送达、法院调解、保全与先予执行、妨害民事诉讼的强制措施

- 民诉分论→审判程序
  - 诉讼程序
    - 第一审程序
      - 普通程序
        - 起诉条件的理解
        - 起诉的特殊处理
        - 审理前准备：召开庭前会议
        - 开庭审理
        - 特殊情形：撤诉、缺席判决、延期审理、诉讼中止与诉讼终结
        - 判决、裁定与决定
      - 简易程序
        - 简易程序的适用：适用法院、审级与案件范围
        - 简易程序的特殊规定
        - 小额诉讼程序的特殊规定
      - 适用普通程序的特殊案件
        - 公益诉讼
          - 公益诉讼概述
          - 公益诉讼的一般性规定
          - 环境与消费民事公益诉讼的特殊规定
        - 第三人撤销之诉
          - 第三人撤销之诉概述
          - 第三人撤销之诉的条件
          - 第三人撤销之诉的程序规定
          - 第三人撤销之诉与相关制度
    - 第二审程序
      - 第二审程序与第一审程序的关系
      - 上诉的实质条件与形式条件
      - 第二审程序中的原审原告撤回起诉与上诉人撤回上诉
      - 第二审案件的审理范围与审理方式
      - 第二审法院对上诉案件的调解与裁判
    - 审判监督程序
      - 与第一审程序、第二审程序的比较
      - 法院基于审判监督权的再审
      - 检察院基于法律监督权的抗诉与检察建议
      - 当事人申请再审：条件、范围与法院对再审申请的处理
      - 再审案件的审判程序
  - 非讼程序
    - 特别程序
    - 督促程序
    - 公示催告程序

- 民诉分论
  - 执行程序
    - 一般规定：执行根据、执行管辖、执行异议、执行和解、执行担保、执行当事人变更追加、委托执行
    - 执行开始：申请执行为原则，移送执行为例外
    - 执行措施
      - 报告财产
      - 查封、扣押、冻结、拍卖与变卖财产
      - 责令支付迟延履行期间的债务利息与迟延履行金
      - 特殊措施：对被执行人到期债权的执行、参与分配、对拒不履行赔礼道歉行为的执行
      - 限制出境
      - 限制高消费
    - 执行中止与执行终结
  - 涉外民事诉讼的特别规定
    - 一般原则：有限司法豁免、委托中国律师代理原则
    - 管辖：牵连管辖、专属管辖、协议管辖、不方便法院原则、管辖权的积极冲突
    - 期间与送达的特别规定
    - 司法协助：一般司法协助与特殊司法协助

（二）仲裁制度的知识结构体系

仲裁制度是以当事人意思自治为基础而建立的商事争议解决制度，仲裁法作为调整仲裁机构与当事人在争议解决过程中权利义务的法律制度，也必然以当事人意思自治为核心。在司法考试中，仲裁法的内容主要以仲裁协议、仲裁程序与司法监督制度为主。

本学科知识结构图如下：

- 仲裁制度
  - 仲裁范围
    - 允许仲裁的事项：平等主体之间的合同纠纷与财产权益纠纷
    - 不允许仲裁的事项
      - 婚姻、收养、监督、抚养、继承纠纷
      - 依法由行政机关处理的行政争议
  - 仲裁协议
    - 书面形式：仲裁条款、仲裁协议书和其他书面形式
    - 法定内容
      - 请求仲裁的意思表示
      - 仲裁事项
      - 选定的仲裁委员会
    - 法律效力
      - 效力体现
        - 对当事人效力：约束当事人对争议解决方式的选择权
        - 对法院效力：排斥法院对争议案件的管辖权
        - 对仲裁机构效力：授权并限定仲裁权行使的范围
      - 法律效力的认定机构：仲裁委员会或者法院
      - 法律效力的认定时间：仲裁庭首次开庭前
      - 法律效力的扩张：当事人合并、分立、死亡与债权债务的转让
      - 独立性：合同的变更、解除、终止与无效不影响仲裁协议效力
      - 仲裁协议无效与失效

- 仲裁制度
  - 仲裁程序
    - 财产保全与证据保全
    - 仲裁庭
      - 仲裁庭形式的确定
      - 仲裁庭的组成
      - 仲裁员的更换：回避更换、其他原因的更换
    - 撤回仲裁申请与缺席裁决
    - 仲裁和解
      - 请求仲裁庭依据和解协议作裁决书，或者撤回仲裁申请
      - 撤回仲裁申请后反悔，可以根据原仲裁协议或重新达成的仲裁协议申请仲裁
    - 仲裁调解
      - 自愿调解与先行调解是并列的调解方式
      - 仲裁庭依据调解协议制作调解书或者裁决书
      - 调解书与裁决书具有同等法律效力
    - 仲裁裁决作出
      - 少数服从多数，无法形成多数意见，按首席仲裁员意见作出裁决
      - 持不同意见的仲裁员可以签名，也可以拒绝签名
      - 裁决书的补正
  - 仲裁司法监督
    - 撤销仲裁裁决
      - 申请条件：主体、法定期间、法定管辖、法定事由
      - 申请撤销国内仲裁裁决与涉外仲裁裁决法定情形的比较
      - 法院的处理：通知重新仲裁、裁定撤销仲裁裁决或裁定驳回申请
    - 不予执行仲裁裁决
      - 申请条件：主体、法定期间、法定管辖、法定事由
      - 申请不予执行国内仲裁裁决与涉外仲裁裁决法定情形比较
      - 法院的处理：裁定不予执行仲裁裁决或者裁定驳回申请
    - 裁定撤销或不予执行仲裁裁决后对当事人的救济
      - 重新达成仲裁协议后申请仲裁
      - 向人民法院起诉

二、本学科的复习攻略

建构学科理论体系——合理的复习方法——收获成功的喜悦

（一）走向成功的基础——建构学科理论体系

民事诉讼法规定人民法院和当事人在民事诉讼中的行为方式以及诉讼权利与义务关系，而仲裁制度则规定仲裁机构、仲裁庭与当事人在仲裁程序中的程序权利与义务关系，作为民事程序法的重要组成制度，民事诉讼法与仲裁制度均是一套完整有序的程序规则，有很强的体系性，理解其理论体系应当说比较容易把握；但是也正是因为其程序性特点，决定了民事诉讼法与仲裁制度的知识点较为琐碎，甚至有些知识点并无太多法理可言，就是一种习惯，一种通行的惯例，而这些知识点正是司法考试命题所关注的考点，因此给考生的学习和掌握带来了一定的麻烦。为了提高司法考试的复习效率，建构学科理论体系，使得

零散琐碎的知识系统化，理解性记忆而非简单强行记忆至关重要。

1. 以当事人私权处分与法院职权相结合建构民事诉讼法理论体系。

虽然民事诉讼法作为一部程序法，内容是十分繁杂的，但是，其内容还是具有很强的体系性与知识之间的关联性，因此，建构一个完整的民事诉讼理论体系对于系统理解并掌握民事诉讼法的相关制度是非常重要的。民事诉讼是一种借助于国家审判力量的以公权力解决私权纠纷的方式，因此民事诉讼法是围绕着解决民事纠纷这一基本目的而制定的。人民法院解决纠纷的模式就是通过审判，为了保证纠纷的公正合理解决，我国设计了两审终审制度，并设立了审判监督程序这一事后监督制度，以保证裁判的公正。为了保证生效法律文书所确定的当事人权利的实现，又设计了强制执行程序。此外，民事诉讼法除了是解决当事人之间的纠纷所应遵循的程序法以外，还可以通过一些特殊的程序确认某些与民事权利密切相关的事实状态，这就形成了由特别程序、督促程序与公示催告程序所构成的非讼程序。由此可见，这只是一个对民事诉讼法的宏观描述，我们可以进一步以当事人私权处分与法院职权相结合的有限处分原则为理论基础构建民事诉讼法的体系，理解与掌握民事诉讼法的相关制度。按照民事诉讼的程序进程具体如下：

第一，民事诉讼程序的开始，体现了当事人的处分权与法院审判权的结合。当公民、法人以及其他组织认为其合法权益受到侵犯或者发生争议时，是否提起诉讼，由当事人处分。如果决定提起诉讼，根据《民事诉讼法》第 119 条规定的起诉条件，必然涉及到民事诉讼的主管与管辖中的级别管辖与地域管辖制度，以及当事人中的原告、被告、共同诉讼人、第三人诉讼地位的判断以及各种当事人和诉讼代理人的诉讼权利行使问题；此外，起诉条件对起诉证据的要求就要求考生掌握证据制度的相关问题，如证据的立法种类、理论分类、证明对象、证明责任的理解适用以及举证期限、质证等问题。当然，当事人起诉后，法院对起诉予以审查就必然涉及到一些特殊情况的处理，如撤诉后的再起诉、超过诉讼时效的起诉处理、离婚与收养关系案件的再起诉问题、追索赡养费、抚养费与抚育费案件的再起诉等问题的处理，此外还涉及对不予受理与驳回起诉的理解与适用。

第二，审理与裁判对象，即诉讼请求的确定与审理，体现了当事人的处分权与法院审判权的结合。法院审理与裁判的对象应当限定在当事人诉讼请求的范围内，而当事人的诉讼请求与其提出的诉直接相关，这就涉及诉的主体、诉的标的和诉的理由组成的诉的三要素，以及确认之诉、变更之诉和给付之诉的具体适用。此外，在诉讼中，原告有权决定是否变更与放弃诉讼请求，有独立请求权的第三人有权决定是否提出独立的诉讼请求参加本诉，而被告则有权决定是否反驳原告的诉讼请求以及是否提出反诉。同样，法院对当事人针对诉讼请求所为的诉讼行为也应当予以审查。在这一过程中，就必然涉及到法院对原告变更、放弃诉讼请求，被告反诉以及第三人参加之诉的处理问题。

第三，一审的结案方式，体现了当事人的处分权与法院审判权的结合。在一审案件的审理过程中，涉及到调解与判决两种不同的结案方式，当事人有权申请法院进行调解，在协商达成调解协议的基础上以调解方式结案。在运用调解制度结案时，就涉及到法院调解制度的相关问题，如调解的适用范围、法院调解与诉讼和解的关系，调解协议的内容、调解书的制作以及法院调解的生效时间和具体效力等。如果当事人不愿意调解或者调解未达成协议，则法院应及时裁判。而法院对争议案件进行裁判，则必然涉及审理前准备阶段的交换证据、召开庭前会议、开庭审理、合议庭的评议以及撤诉、缺席判决、延期审理、诉讼中止、诉讼终结等特殊情形的适用。当然，如果需要适用简易程序，则必然涉及到简易程序适用的案件和法院、不得适用简易程序的法定情形以及简易程序的相关具体规定。

第四，对于允许上诉的裁判，二审程序的进行体现了当事人处分权与法院审判权的结合。人民法院对民事案件经过一审作出裁判后，对于允许上诉的判决和裁定，是否提起上诉由当事人决定。当然，当事人提起上诉就需要符合上诉的实质条件以及形式条件的要求。基于私权处分，在二审程序中，人民法院对上诉案件的审理范围也限定于当事人上诉请求的范围，除非属于法定特殊情况。此外，在二审程序中，还涉及到审理方式（尤其是“不开庭审理”方式）、对上诉案件的调解以及裁判等重要内容。

第五，对于已生效的判决、裁定、调解书的申请再审，体现了当事人的处分权与法院审判权的结合。人民法院对民事案件经过审理作出生效法律文书后，对于确有错误的判决和裁定以及违反自愿原则和内容违反法律强制性规定的调解书，是否申请再审由当事人决定，当事人依法提出再审申请的，人民法院应当对其再审申请是否符合法定条件进行审查，以便决定是否再审。此时，必然涉及到当事人申请再审的法定期间、法定管辖、法定情形以及申请再审的案件范围等重要内容。此外，还有法院基于审判监督权的再审以及检察院提出抗诉或者再审检察建议引起的再审。当然，考生还需要掌握民事诉讼法对再审案件的审理程序的相关具体规定。

第六，申请执行已生效法律文书，体现了当事人处分权与法院执行权的结合。法律文书生效后，如果义务人不履行生效法律文书所确定的义务，是否申请法院强制执行由权利人决定，而人民法院应当对当事人的执行申请是否符合法定条件予以审查。此时，必然涉及到申请执行的主体、法定期间、法定管辖等问题。执行程序开始后，可能涉及执行当事人的变更与追加，此外，被执行人有权决定是否提供执行担保，同时双方当事人也有权决定是否执行和解。当然，如果双方当事人未能执行和解，则涉及到法院根据案件的具体情况采取执行措施的问题。当然，执行程序的设置虽然以实现当事人的权利为目的，但是，执行中也涉及当事人以及案外人的救济，即当事人、利害关系人对执行行为违法的异议以及案外人对执行标的的执行异议。此外，执行程序中还涉及委托执行、执行中止、执行终结等特殊情形的适用。

综上所述，考生可以当事人处分权与法院职权相结合这一基础理论，将民事诉讼法的主干内容组成一个完整的知识体系。当然，在这一知识体系中，还包括一些对上述诉讼案件的审判程序予以保障的程序制度，如回避制度、公开审判制度、合议制度、财产保全与行为保全制度以及先予执行制度等。此外，还包括一些特殊的审判程序，如特别程序、督促程序、公示催告程序以及涉外民事诉讼程序。

在理解民事诉讼法的学科体系时，除了上面所分析的当事人私权处分与法院职权相结合的运用之外，大家还需注意对法院职权行使被动性的理解。如民事诉讼实行不告不理的原则，没有当事人的起诉，则没有法院对争议案件审判权的行使；法院行使裁判权的范围应当以当事人私权处分的范围为限制，即法院不得超出当事人基于私权处分而提出的诉讼请求的范围行使裁判权，否则势必使法院这个裁判者丧失其应有的中立性，从而损害司法的权威。

（2）以意思自治为基础建构仲裁制度的理论体系。

仲裁作为与民事诉讼并行的具有法律效力的争议解决制度，虽然仲裁制度与民事诉讼法均属于民事程序法的范畴，但是，由于民事诉讼属于公力救济制度，而仲裁制度属于社会救济制度，其借助的是社会力量，即民间性仲裁机构基于当事人的仲裁协议解决纠纷，因此，仲裁制度的核心特点在于充分体现当事人的意思自治。我们可以当事人意思自治为基础的自愿原则为基础构建仲裁制度的理论体系，从而系统理解并掌握仲裁的相关制度及其运用。结合仲裁程序的运行，具体如下：

第一，对于法定允许仲裁的争议事项，是否提请仲裁机构解决由当事人自愿协商。这就必然涉及到仲裁法所规定的允许和不允许仲裁的争议事项范围的运用，还涉及到仲裁法中的核心问题——仲裁协议，其中仲裁协议的法定内容、书面形式、法律效力的体现、仲裁协议效力的认定、仲裁协议的独立性、仲裁协议的效力扩张以及仲裁协议的无效和失效问题都极其重要。

第二，将争议事项提请哪一个仲裁委员会仲裁由当事人自愿协商。这就涉及到仲裁委员会的设立条件、仲裁员的任职资格以及仲裁委员会独立于行政机关、各仲裁委员会相互之间独立的问题。

第三，仲裁庭组成形式的确定以及仲裁庭具体组成由当事人自愿协商确定。这就涉及到合议制、独任制仲裁庭的确定方法以及如何确定合议制仲裁庭或者独任制仲裁庭的仲裁员以及仲裁员的任职资格、回避与更换问题。

第四，仲裁审理方式与结案方式由当事人自愿协商。这就涉及到仲裁所实行的以不公开开庭审理为原则，以公开开庭审理（涉及国家秘密的除外）、书面审理为例外，由当事人协议选择审理方式的问题。另外，当事人还可以协商决定结案的方式，如仲裁和解与调解达成协议后的处理，即使和解或者调解不成，由仲裁庭作出仲裁裁决，双方当事人还可以基于商事仲裁所具有的保密性就仲裁裁决应记载的内容进行协商。

以当事人意思自治为基础理论，即可将仲裁制度中的主干重要内容组成一个完整的制度体系；当然，为了保障一裁终局的仲裁制度解决争议案件的公正性，仲裁法还设置了事后的司法监督制度，即对于出现法定情形的仲裁裁决，当事人可以向法院申请撤销仲裁裁决，或者申请不予执行仲裁裁决。

（二）走向成功的手段——合理的复习方法

曾经有朋友告诉我，备考过程中有太多的东西要记，很多东西开始时是记得很熟的，但隔了一个月后看起来感觉完全陌生，令他很有挫折感，复习越来越没信心，最后干脆放弃。这样的经历可能很多考生都有过，我认为要避免此种情况出现，除了建构学科理论体系之外，确定合理的复习方法是走向成功极其重要的手段。

司法考试复习量虽大，但只要保证一定的复习时间，民事诉讼法与仲裁制度取得理想的成绩不仅完全有可能而且不是一件难事。在记忆的时候有一个原则：宁愿记忆的进程慢一点，都要保证每次记忆的质量。世界上有个著名的“艾宾浩斯记忆曲线”，核心内容就是人的记忆每隔一段时间（记忆周期）就会遗忘，而在周期前必须要将记忆的东西再重复记忆一次，这样做的话，离下一次遗忘所间隔的时间就会越来越长。一句话，记忆就是重复。但是，要在一定的复习周期掌握如此之多的知识，如何记忆最为有效是关键。

在选择了适合于自己的一套教材之后，考生最为关心的恐怕就是如何使用该套教材，并使其最大限度地为自己的学习与应试发挥效用。是不是一遍一遍地从头至尾通读教材，并一遍一遍地使用不同颜色的笔勾画出自己所理解的重要知识点后，就可以融会贯通呢？答案是否定的。为了使复习效率最大化，我认为考生在复习时应当注意以下几点：

1. 理论链接法条、法条源于理论——基础（理论结合法条，以法律条文为归宿）

制定法传统的国家，构建理论体系的目的在于以理论指导立法，就司法考试的复习而言，理论体系的作用在于链接具体的法律规定。因此，我们在把握体系的基础之上，可以将民事诉讼法的所有法条附着于这个体系之上，由理论体系链接出民事诉讼法及其司法解释的相关法条条文。当然，在司法考试中我们可以只关注其所要重点考查的法条。这些条文可以是贯穿于体系的整体（如关于基本原则、基本制度的规定），也可以是关于体系中的若干节点（如起诉、二审的裁判等），而且更多的是与这些节点直接相关的条文。通过理论体系将法律规定链接出来，以准确理解这些法条的地位和含义，弄清法条与法条之间的关系，也便于我们掌握这些法条。同时要注意，链接法条的时候，要注意将司法解释中的相关法条提炼出来，以全面地把握相关的知识点。

法条的理解与运用是国家统一法律职业资格考试命题直接关注的，而法条又是琐碎而繁多的，要独立地去理解和记忆法条是很难准确把握的，甚至可能错误理解法条或者造成不准确记忆，而这些都是备考的大忌。尤其是对于诉讼法的命题，经常考查一些细节的规定，因此要求考生必须准确理解和运用每一个重点法条。要达到这个要求，首先必须坚持体系的重要性，通过体系准确把握法条；其次要根据理论来理解记忆法条的规定。一般情况下，法条的规定都是有一定的理论基础的，都是来源于学术界对于诉讼法学理论的研究，因此如果我们理解了法条背后的理论，对于我们理解和记忆法条的规定无疑是有极大帮助的。

例如，前面谈到当事人私权处分，即民事诉讼法所明确规定的处分原则，考生可以此为基础从私权处分的不同视角理解诸多具体诉讼制度的设置。如以私权处分为基础所派生的当事人程序选择权来理解诉讼程序与非讼程序适用的选择性，具体而言，在债务人下落不明时，债权人可以选择起诉要求债务人履行义务，也可以选择适用特别程序宣告失踪；在债务人不履行金钱或者有价证券的给付义务时，债权人可以选择起诉要求债务人履行义务，也可以选择适用督促程序，通过支付令责令债务人履行义务等。后文在知识群的问题中还会谈此内容。又如以私权处分的有限性为基础可以理解为什么当事人的处分行为均需要法院的审查或者认可，例如，当事人申请证人出庭作证需要经过法院许可；当事人申请撤诉需要法院裁定准许，如果法院裁定不准许原告申请撤诉，原告经传票传唤，无正当理由拒不到庭会被法院缺席判决；当事人协商确定举证期限与交换证据的时间需经法院许可；当事人达成和解协议申请法院制作调解书，法院需要审查认可后才制作调解书等等规定，其实都源于“当事人私权处分不是绝对自由的，需要法院审查确定其处分是否合法”这样一个民事诉讼法的基本原理。

再举一例，如以辩论原则为基础理解法院对一审案件、二审案件和再审案件的审理范围问题。以私权处分为基础，我国奉行约束性辩论原则，即当事人的辩论对法院审理与裁判案件范围产生制约作用，但是，由于不同审判程序的功能不同，约束性辩论的作用有所不同，第一审程序的功能在于解决当事人之间的纠纷，因此当事人的辩论对法院行使审判权裁判的对象产生绝对约束，即法院只能对当事人的诉讼请求进行裁判，超出当事人的诉讼请求或者遗漏当事人的诉讼请求所做出的裁判均是不正确的。但是，法院审理与裁判二审案件或者再审案件则与一审不同，法院均承担着监督的功能，即二审法院监督一审裁判是否正确，再审法院监督生效文书是否正确，因此，法院对二审案件除了审理当事人上诉请求所涉及的事实认定与法律适用以外，还有例外情况；法院对再审案件除了审理当事人的再审请求，也有相应的例外。

2. 知识群的理解与运用——提升

理论链接法条的方法对理解与掌握知识点及其运用固然重要，但是，法律职业资格考试综合性考查知识点运用的倾向同样需要引起考生的重视，这就需要真正解决知识点之间的关联性问题，而建立知识群的概念，理解知识群并运用知识群则解决的是知识点之间的内容关联性问题。

（1）以比较方法建立知识群。

第一，民事诉讼法与仲裁法的比较。民事诉讼法与仲裁法均作为以解决民事争议为目的的民事程序法，因而，两者存在许多相同之处，但毕竟人民法院与仲裁机构的性质存在实质性的区别，因此，两者必然在其具体程序制度上存在着一定的区别。考生在阅读教材的过程中，要善于总结民事诉讼法与仲裁法的区别之处，这些内容往往可能成为资格考试中重点考查的内容，其中主要包括：受理案件的范围不同、管辖不同、审理组织的确定方式不同、合议庭或者独任庭成员的确定程序不同、证据保全与财产保全的程序不同、审理方式不同、和解的效力不同、调解的开始方式以及调解达成协议后所制作的法律文书不同、判决书与裁决书的制作程序不同、审理人员有无拒绝署名权不同、审级不同等等。

第二，学科内相关知识之间的比较。民事诉讼法学科内也存在许多相关知识的比较，例如必要共同诉讼人与普通共同诉讼人的比较、有独立请求权第三人与无独立请求权第三人的比较、和解与调解的比较、财产保全与行为保全的比较，财产保全与先予执行的比较、判决与裁定的比较、诉讼程序与非讼程序的比较等。同样，仲裁制度学科内也存在相关制度的比较，如仲裁和解与仲裁调解的比较，申请撤销仲裁裁决与申请不予执行仲裁裁决的比较等。

（2）以知识点建立学科内知识群。

知识群实际上就是一个知识体系问题，以知识点建立学科内知识群，也就实现了知识体系与知识点的结合，以知识点为归宿。体系是为了理解和把握知识点，零散的知识点不容易记忆，而将知识点附着于体系及其节点之上，可以将知识点体系化，能更好地把握知识点。而且司法考试的趋于体系化考查，也使我们认识到体系的重要性。

第一，管辖问题。民事诉讼法中存在许多管辖问题，相对于级别管辖而言，地域管辖则较为复杂。在地域管辖问题上，有审判管辖、证据保全的管辖、财产保全的管辖、执行管辖，而且在审判管辖中，不仅有诉讼案件的审判管辖，还有非讼案件的审判管辖，有国内诉讼案件的审判管辖，也有涉外案件的审判管辖，但是，无论何种地域管辖问题，均遵循一项极其重要的原则，即便利于法院行使相应权利的原则，考生可以以此原则为基础系统掌握各种地域管辖问题。

第二，意思自治的运用问题——诉讼的契约化问题。程序的选择（民事诉讼与仲裁）——诉讼程序与非讼程序的选择（通常程序与特别程序、通常程序与督促程序、通常程序与公示催告程序）——诉讼程序的选择（普通程序与简易程序）——具体程序制度的选择（法定管辖与协议管辖；审理方式中不公开审理的申请；和解与调解以及调解与判决等）。

第三，人民法院对案件的处理问题。尤其是一审程序、二审程序与再审程序均存在的问题，考生可以系统掌握。如对于当事人起诉不符合受理条件的处理问题，一审立案时发现，裁定不予受理；只要是受理案件后发现，则只能裁定驳回起诉，一审程序中法院直接裁定驳回起诉，二审程序中法院裁定撤销原判，驳回起诉；再审程序中法院裁定撤销一、二审判决，驳回起诉。再如对必要共同诉讼人的处理问题，一审中追加必要共同诉讼人，调解不成可以直接裁判；二审中追加必要共同诉讼人，调解不成，裁定撤销一审判决，发回重审；必要共同诉讼作为案外人申请再审，则需要区分适用一审程序再审或者二审程序再审，适用一审程序再审，调解不成及时裁判；适用二审程序再审，调解不成则需要裁定撤销一、二审判决，发回重审。之所以出现二审程序与再审程序不同于一审程序的处理方式，主要是因为不得剥夺必要共同诉讼人的上诉权。诸如此类的问题，还有法院对当事人增加诉讼请求、提出反诉或者有独立请求权第三人提出诉讼请求的处理在一审程序、二审程序或者再审程序中的运用等等。

第四，以某一知识为基点的相关内容的结合问题。如离婚案件的管辖、当事人一方死亡的处理、调解的适用、再审案件的审理范围等；再如有独立请求权第三人的诉讼地位、诉讼权利、未到庭的处理；追索赡养费、抚养费、抚育费案件的拘传、先予执行、诉讼终结、裁判生效后的再起诉、执行终结等的适用。

3. 凝炼法律条文——巩固

民事诉讼法在三大程序法中，是程序及其相关制度最为复杂而繁琐的一部法律，而且所涉及的司法解释内容也非常庞杂，这就给考生系统掌握有关民事诉讼法的法律规定带来了极大的难度。许多考生采取逐条分析、逐条记忆的方法，结果感觉所记忆的法律条文很多，甚至感觉看见哪一条都很熟悉，可就是到了真正需要运用所掌握的法律条文规定解题的时候，却不知从何处入手，究竟应当运用民事诉讼法的规定，还是相关司法解释的规定常常不知所措。为此，许多考生很困惑，也很焦虑。因此，如何能够有效地掌握民事诉讼法及司法解释的规定就成为大家关注的焦点。

经过长期的分析与思考，经验和直觉都告诉我，要想有效掌握现行有关民事诉讼法的众多规定，不适宜采取逐个法律文件、逐条记忆的方法，而应当注意以下几点：

（1）立足于民事诉讼法，结合司法解释。

考生在掌握有关民事诉讼的法律规定时，应了解民事诉讼法与司法解释的关系，其中，民事诉讼法是基本法，而司法解释只是根据司法实践的需要，由最高人民法院对民事诉讼法中未规定的内容或者规定过于笼统、不易操作的内容进行的细化，因此，考生必须确立一种观念，即立足于民事诉讼法，结合司法解释中的相关规定，而不能将民事诉讼法及司法解释看作各自独立的法律文件。也就是说，考生应当先将以往司法资格考试民事诉讼法中经常考查以及偶尔考查的内容按照民事诉讼中的具体程序制度确定出来，然后再将各个司法解释中的有关该内容的规定与民事诉讼法中的相关内容结合在一起，形成关于该具体程序制度的完整的法律条文的内容。这样，不仅可以使考生集中而系统地掌握关于某一具体诉讼程序制度的全部法律规定，不会使关于该具体程序制度的相关规定被肢解，而且还可以使考生在综合掌握及分析法律规定的情况下，理解该具体程序制度的内涵，以便于在理解的前提下融会贯通地掌握民事诉讼法中的重要制度。当然，该项工作在我与该教材相配套的法规精讲一书中已经为考生进行了详细的归纳与总结，考生可以通过法规精讲一书解决重点法条的理解与掌握问题。

（2）应采取理解记忆的方法。

在民事诉讼法所规定的众多具体制度中，因具体制度的不同，法律的具体规定方法也有所不同，因此，考生应针对具体制度采用不同的分析方法去理解掌握法律规定。具体有三种主要情况：

第一，既在民事诉讼法中作出了具体规定，同时又在相关司法解释中作出了更加详细的补充性规定。这种情况是较为普遍的，也是考生复习的重点，例如管辖中的地域管辖中的一般地域管辖、特殊地域管辖、专属管辖与协议管辖，裁定管辖中的移送管辖、管辖权转移、指定管辖等；当事人中的必要共同诉讼人、有独立请求权的第三人与无独立请求权的第三人、公益诉讼制度等；证据制度中证据的立法种类、证明责任以及证明责任的分配等等均是如此。对于这种民事诉讼法及其司法解释均作出规定的制度，就需要考生将关于该制度的法律规定系统分析，才能真正掌握该制度的具体内容，否则一旦遗漏，则容易出现错误运用。

第二，仅在民事诉讼法中对某一具体程序问题作出了相应的规定，并没有相关司法解释予以补充。这种情况考生掌握起来相对容易一些，只要能够理解该法律条文规定，并掌握条文中的核心内容即可。例如关于人民法院应适用何种程序审理再审案件的问题，仅在《民事诉讼法》第207条作了明确具体的规定，即“人民法院按照审判监督程序再审的案件，发生法律效力的判决、裁定是由第一审法院作出的，按照第一审程序审理，所作的判决、裁定，当事人可以上诉；发生法律效力的判决、裁定是由第二审法院作出的，按照第二审程序审理，所作的判决、裁定，是发生法律效力的判决、裁定；上级人民法院按照审判监督程序提审的，按照第二审程序审理，所作的判决、裁定是发生法律效力的判决、裁定。人民法院审理再审案件，应当另行组成合议庭”。虽然该条文较长，但经过分析不难发现，该法律条文的核心实际上是人民法院审理再审案件应当依照原审程序进行审理，即：再审案件为一审案件，原审人民法院再审应适用第一审普通程序；再审案件为二审案件，原审人民法院再审应适用第二审程序；最高人民法院或者上级人民法院提审，无论提审一审案件还是提审二审案件，均应当适用第二审程序。这样就较为容易记住了。

第三，对某一具体程序问题，民事诉讼法并未直接作出规定，而只是在相关司法解释中作出了相关的规定。这种情况同上一种情况相似，只要考生分析理解该法律条文即可。例如第二审程序中，在关于提起上诉的条件中涉及到上诉人与被上诉人的确定问题，其中比较复杂的是必要共同诉讼人的上诉问题。对于该具体程序问题，《民事诉讼法》并没有作出相关的具体规定，而只是在《民诉解释》第319条作出了明确而具体的规定，即：“必要共同诉讼人中的一人或者部分人提出上诉的，按照下列情况处理：（1）该上诉是对与对方当事人之间权利义务分担有意见，不涉及其他共同诉讼人利益的，对方当事人为被上诉人，未上诉的同一方当事人依原审诉讼地位列明；（2）该上诉仅对共同诉讼人之间权利义务分担有意见，不涉及对方当事人利益的，未上诉的同一方当事人为被上诉人，对方当事人依原审诉讼地位列明；（3）该上诉对双方当事人之间以及共同诉讼人之间权利义务分担有意见的，未提出上诉的其他当事人均为被上诉人。”该条文不仅内容较多，而且条文语言较为绕口，因此，许多考生感觉难以记忆，但如果对该条文内容进行分析，即可以发现其核心内容完全可以概括成为一句话，即有权上诉并提出上诉的人作为上诉人，上诉人对与其权利义务分担有意见的人作为被上诉人，其他人依原审诉讼地位列明即可。

虽然2018年是首届国家统一法律职业资格考试，但是作为一种选拔具有法律思维的高专业素质法律职业人员的资格考试，也会一定程度上沿袭以往司法资格考试的规律与特点，因此，全面而有重点的复习是我们应对考试的永恒主题，为此考生在备战民事诉讼法与仲裁制度复习时应注意以下几点：第一，熟悉本学科规律与特点、注重对学科重点基础知识与热点理论问题的理解和综合性运用。第二，以学科理论体系为基点，融会贯通地理解并掌握民事诉讼法与仲裁制度的基础知识，达到体系与知识点的结合，并以知识点的理解与运用为归宿。第三，以知识点为基点，系统理解并掌握基本法与司法解释对该知识点内涵的具体规定。第四，注重比较思维的运用。

梅花香自苦寒来！成功永远属于有信心、有准备的人……

目 录

专题一　民事诉讼基础理论

【本专题重点知识结构图】

图一

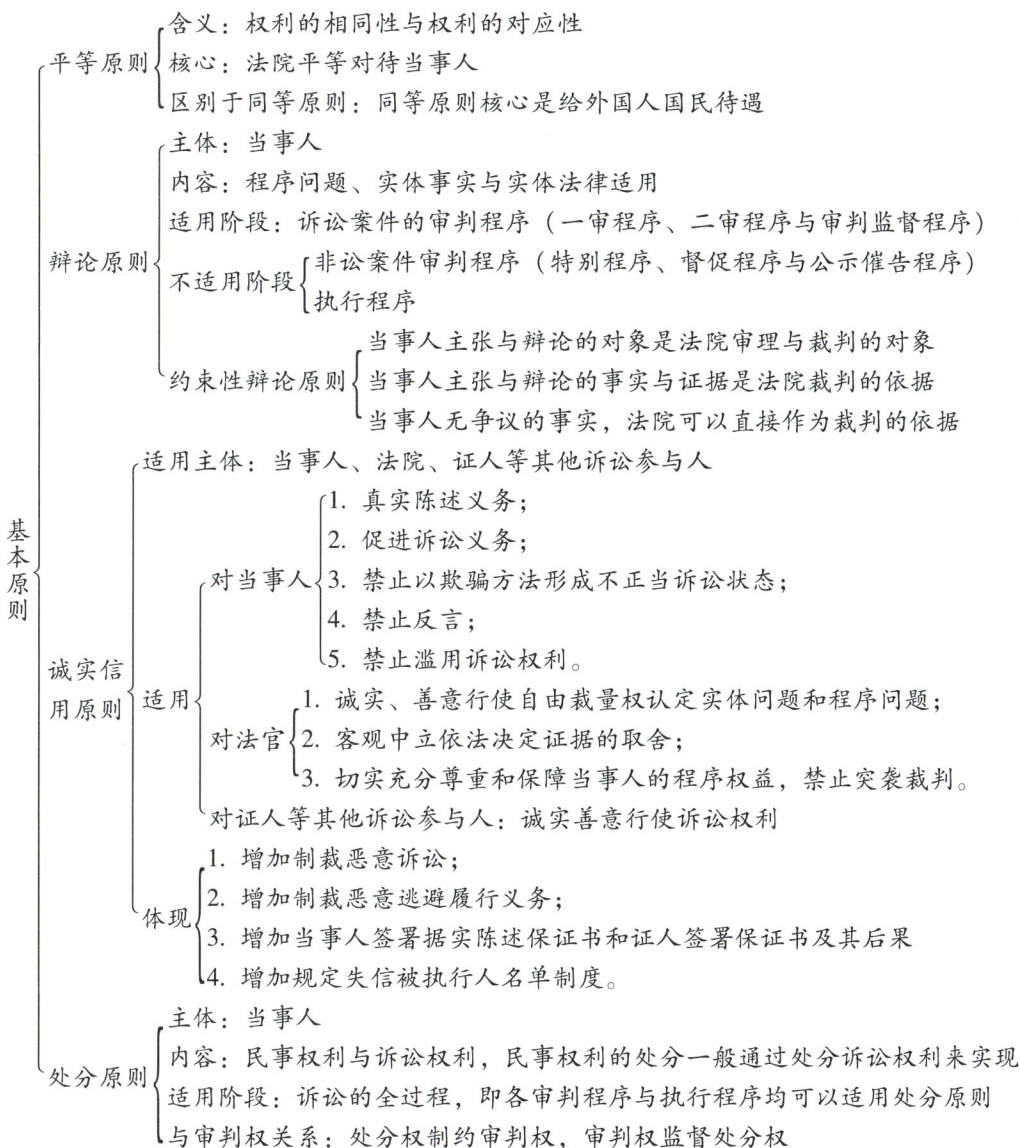

- 基本原则
  - 平等原则
    - 含义：权利的相同性与权利的对应性
    - 核心：法院平等对待当事人
    - 区别于同等原则：同等原则核心是给外国人国民待遇
  - 辩论原则
    - 主体：当事人
    - 内容：程序问题、实体事实与实体法律适用
    - 适用阶段：诉讼案件的审判程序（一审程序、二审程序与审判监督程序）
    - 不适用阶段
      - 非讼案件审判程序（特别程序、督促程序与公示催告程序）
      - 执行程序
    - 约束性辩论原则
      - 当事人主张与辩论的对象是法院审理与裁判的对象
      - 当事人主张与辩论的事实与证据是法院裁判的依据
      - 当事人无争议的事实，法院可以直接作为裁判的依据
  - 诚实信用原则
    - 适用主体：当事人、法院、证人等其他诉讼参与人
    - 适用
      - 对当事人
        - 1. 真实陈述义务；
        - 2. 促进诉讼义务；
        - 3. 禁止以欺骗方法形成不正当诉讼状态；
        - 4. 禁止反言；
        - 5. 禁止滥用诉讼权利。
      - 对法官
        - 1. 诚实、善意行使自由裁量权认定实体问题和程序问题；
        - 2. 客观中立依法决定证据的取舍；
        - 3. 切实充分尊重和保障当事人的程序权益，禁止突袭裁判。
      - 对证人等其他诉讼参与人：诚实善意行使诉讼权利
    - 体现
      - 1. 增加制裁恶意诉讼；
      - 2. 增加制裁恶意逃避履行义务；
      - 3. 增加当事人签署据实陈述保证书和证人签署保证书及其后果
      - 4. 增加规定失信被执行人名单制度。
  - 处分原则
    - 主体：当事人
    - 内容：民事权利与诉讼权利，民事权利的处分一般通过处分诉讼权利来实现
    - 适用阶段：诉讼的全过程，即各审判程序与执行程序均可以适用处分原则
    - 与审判权关系：处分权制约审判权，审判权监督处分权

图二

- 基本制度
  - 合议制度
    - 合议庭的组成
    - 陪审员的适用
    - 与独任制关系：独任制的适用
  - 回避制度
    - 回避制度的适用情形与对象
    - 回避的决定权
    - 回避的法律后果
  - 公开审判制度
    - 不公开审理的案件
    - 与不公开质证的区别
  - 两审终审制度：例外情况

图三

- 诉与反诉
  - 诉的要素
    - 诉的主体
    - 诉的标的
    - 诉的理由
  - 诉的种类
    - 确认之诉
      - 含义：请求法院确认某种法律关系存在或者不存在的诉。
      - 种类：肯定或者积极的确认之诉与否定或者消极的确认之诉
      - 特点：具有确认的现实必要性，即具有确认的利益
    - 变更之诉（形成之诉）
      - 含义：请求法院改变或者消灭现存的某种法律关系的诉
      - 特点：法定性，即提起变更之诉需要有法律上的授权
    - 给付之诉
      - 含义：请求法院责令义务人履行一定的实体义务，以实现自身合法权益
      - 分类
        - 内容
          - 物的给付之诉
          - 行为给付之诉
        - 时间
          - 现在给付之诉
          - 将来给付之诉
  - 反诉
    - 反诉特征
      - 主体特定
      - 目的对抗
      - 请求独立
      - 与本诉具有牵连性
      - 时间特定
      - 与本诉适用同一程序
    - 反诉与反驳的区别

考点精讲一 民事纠纷与民事诉讼法

一、民事纠纷

民事纠纷，是指平等主体的公民、法人、其他组织之间以及他们相互之间因财产关系或人身关系所引起的纠纷。民事纠纷具有以下三个方面的特点：

（一）法律关系的平权性

法律关系可以分为两类：一类是隶属法律关系，或称纵向法律关系，即不平等法律主体之间的一种权力服从关系，如行政纠纷和刑事纠纷所体现的法律关系。另一类是平权法律关系，或称为横向法律关系，即平等主体之间的一种权利义务关系，民事纠纷所体现的就是一种典型的平权法律关系。

（二）纠纷内容的私权性

民事纠纷所涉及的是民事主体之间的财产关系与人身关系，这些法律关系与每个民事主体的私权利益直接相关，因此，民事纠纷的内容具有私权性。

（三）对抗的缓和性

民事纠纷内容的私权性决定了民事纠纷的当事人之间虽然有利益对抗，但是这种利益往往只及于民事主体自身，而不会涉及国家利益与社会利益，因此，其对抗的程度相对缓和。

二、民事纠纷的多元化解决方式

（一）和解

和解是指民事纠纷的双方当事人自行协商达成协议以解决民事纠纷的方式。和解解决纠纷无须第三方参与，故也可以称为现代社会的自力救济方式。

（二）诉讼外调解与商事仲裁

诉讼外调解是由第三者出面对民事纠纷的双方当事人进行调停，促使他们在互相谅解的基础上达成协议的纠纷解决方式。因调解的主体不同，诉讼外调解主要包括人民调解与行政调解。商事仲裁是由双方当事人通过仲裁协议选定的仲裁机构对纠纷进行审理并作出裁决的纠纷解决方式。商事仲裁实行或裁或审、一裁终局的制度，具有自愿性、专业性、保密性、经济性、独立性等其他纠纷解决方式所无法比拟的优势。

（三）民事诉讼

在民事纠纷解决方式中，诉讼是最终的、最有权威的纠纷解决机制。它以国家的强制力作为后盾，通过严格规范的程序保证当事人的合法权利，因此，也被视为一种公力救济制度。

民事诉讼，是指在人民法院解决民事纠纷的过程中，人民法院、当事人和其他诉讼参与人为解决民事纠纷、保护合法权益而依法进行的全部诉讼活动，以及在这些诉讼活动中所产生的各种诉讼法律关系的总和。

民事诉讼具有以下三个方面的特征：

1. 民事诉讼具有公权性

民事诉讼是由人民法院代表国家行使审判权解决民事纠纷，体现了国家的权威，因此具有公权的性质。

2. 民事诉讼具有强制性

民事诉讼是运用国家公权力解决民事纠纷的方式，其解决纠纷的过程与结果以国家强制力为后盾，其生效裁判具有终局性地确定当事人之间权利义务关系的效力，当事人必须履行生效法律文书，因此具有强制性。

3. 民事诉讼具有程序性

民事诉讼是一个人民法院审理与裁判民事纠纷的动态过程，包括审判程序与执行程序，每个程序内部又由若干诉讼阶段构成，民事诉讼法对这些诉讼阶段都有相应的规定，使其具有程序性的特点。

三、民事诉讼法

民事诉讼法，是指国家制定和认可的规范民事诉讼活动并调整民事诉讼法律关系的法律规范的总和。

（一）民事诉讼法的性质

1. 民事诉讼法是基本法

基本法是相对于根本法而言的。民事诉讼法是由全国人民代表大会制定的，属于基本法律，其效力仅低于宪法，它与民法、刑法、刑事诉讼法等共同构成了一国法律体系的主干，发挥着极其重要的作用。

2. 民事诉讼法是部门法

部门法是根据所调整的对象确定的。民事诉讼法的调整对象是民事诉讼活动和民事诉讼法律关系。这种有别于其他部门法的特定调整对象，决定了民事诉讼法是一个独立的法律部门。

3. 民事诉讼法是程序法

程序法是相对于实体法而言的。法律的一个基本分类就是实体法与程序法，实体法解决实体权利和义务的分配，程序法解决诉讼过程中的一系列问题。民事诉讼法从内容上看属于程序法，而且是民事程序法的主要组成部分。

4. 民事诉讼法是公法

公法是相对于私法而言的。民事诉讼法既调整当事人之间的诉讼权利义务关系，也调整法院与当事人以及其他诉讼参与人之间的诉讼权利义务关系，属于公法范畴。

（二）民事诉讼法的效力

民事诉讼法的效力即民事诉讼法的适用范围，包括对人、对事、时间以及空间效力四个方面。

1. 对人的效力

民事诉讼法对人的效力，也称民事诉讼法对人的适用范围，是指民事诉讼法可以对什么人适用的问题。根据民事诉讼法的规定，其可以适用于在中国领域内进行民事诉讼的一切人。

2. 对事的效力

民事诉讼法对事的效力，是指民事诉讼法适用于哪些案件，即哪些民事案件应当根据民事诉讼法的规定进行审理，这实际上也就是法院主管的范围。

3. 时间效力

民事诉讼法的时间效力，是指民事诉讼法的生效与失效时间以及有无溯及力的问题。我国《民事诉讼法》的生效时间是 1991 年 4 月 9 日，2012 年《关于修改〈中华人民共和国民事诉讼法〉的决定》第二次修正的生效时间是 2013 年 1 月 1 日。民事诉讼法有溯及既往的效力。

4. 空间效力

民事诉讼法的空间效力，是指民事诉讼法在哪些地方发生效力。根据《民事诉讼法》第 4 条的规定，凡是在中华人民共和国的领域内进行民事诉讼，均适用本法，因此，其空间效力范围及于整个中华人民共和国的领域。

（三）民事诉讼法与民事实体法的关系

民事诉讼法与民事实体法的关系可以概括为形式与内容的关系，具体体现为保障与被保障的关系，即民事诉讼法是保障民事实体法实现的手段，而且在具体的民事纠纷解决过程中，民事诉讼法的适用必须借助于民事实体法的适用，以实现民事诉讼法所承担的保障民事实体法实现功能的有效发挥。因此，民事诉讼程序规则的建立是否合理、科学，直接决定民事实体法设定的权利能否实现。虽然民事诉讼法与民事实体法存在保障与被保障的关系，但这并不意味着民事诉讼法从属于民事实体法，民事诉讼法作为程序法具有其完全独立于实体法的价值。

考点精讲二　基本原则

一、基本原则的理解

民事诉讼法的基本原则，是指在民事诉讼的全过程或者民事诉讼的重要阶段起指导作用的行为准则。

民事诉讼法基本原则主要具有三大功能：

1. 立法准则的功能。立法者在制定与修改民事诉讼法时，应当以民事诉讼法的基本原则为指导，民事诉讼法的具体规定应当与基本原则保持一致。

2. 行为准则的功能。基本原则可以指导参与民事诉讼的审判人员、检察人员、当事人和其他诉讼参与人正确理解、适用民事诉讼法的具体规定，以基本原则作为行为的准则。基本原则是一种强制性规范，任何主体都应当遵守。

3. 司法准则的功能。民事诉讼法不可能穷尽司法实践中的一切问题，可以通过基本原则明确立法精神，为司法者灵活处理疑难案件作出指引，合理完成司法行为。

二、当事人诉讼权利平等原则

（一）平等原则的基本含义

根据《民事诉讼法》第 8 条的规定，民事诉讼当事人有平等的诉讼权利，人民法院审理民事案件，应当保障和便利当事人行使诉讼权利。

当事人诉讼权利平等的含义包括两个方面：一是诉讼权利的相同性，即在诉讼过程中，双方当事人的许多诉讼权利是相同的，如双方当事人都可以享有委托代理人、提供证据、参与庭审等权利；二是诉讼权利的对应性，即双方当事人的诉讼权利因其诉讼地位的不同而无法相同时，其诉讼权利应处于对应状态，如原告的起诉权与被告的反诉权，原告提出、放弃、变更诉讼请求的权利与被告承认、反驳诉讼请求的权利等。因此，诉讼权利平等反映的是双方当事人维护合法权利的机会和手段是平等的。理解诉讼权利平等原则，有利于理解与运用我国《民事诉讼法》及司法解释的相关规定。如《民事诉讼法》第124条第（七）项规定："判决不准离婚和调解和好的离婚案件，判决、调解维持收养关系的案件，没有新情况、新理由，原告在6个月内又起诉的，不予受理。"然而，没有新情况、新理由，被告在6个月内起诉的，则不受限制，对于符合条件的，人民法院应当受理。这实际上就是当事人诉讼权利平等原则的具体运用，即就婚姻关系而言，双方当事人享有平等的起诉权。

（二）平等原则与同等原则的区别

《民事诉讼法》第5条第1款规定："外国人、无国籍人、外国企业和组织在人民法院起诉、应诉，同中华人民共和国公民、法人和其他组织有同等的诉讼权利义务。"可见，同等原则指在我国民事诉讼中，外国当事人与中国当事人具有平等的诉讼地位，有同等的诉讼权利义务，不因当事人是外国人或者无国籍人而扩大或者限制其诉讼权利、减少或者加重其诉讼义务。

【特别提示】

平等原则既可以适用于国内民事诉讼，也可以适用于涉外民事诉讼，其核心在于一视同仁对待当事人双方。而同等原则仅适用于涉外民事诉讼，其核心在于给予外国当事人以国民待遇，除适用对等原则的情形外。

三、辩论原则

（一）辩论原则的基本理解

《民事诉讼法》第12条明确规定："人民法院审理民事案件时，当事人有权进行辩论。"

辩论原则的内容主要包括以下几个方面：

1. 辩论原则贯穿于民事诉讼的全过程

作为民事诉讼法的一项基本原则，辩论原则贯穿于诉讼案件审理的全部过程，包括第一审程序、第二审程序与审判监督程序。在审判程序的各个阶段，如在第一审程序中，从起诉与受理、审理前的准备到开庭审理阶段，均应当贯彻辩论原则，开庭审理程序中的法庭辩论阶段只是当事人通过口头方式行使辩论权的一个集中体现。

2. 辩论的内容包括程序问题与实体问题

在民事诉讼中，当事人辩论的内容具有广泛性。当事人既可以针对程序问题进行辩论，如受诉法院有无管辖权、当事人是否适格等；也可以针对包括实体事实认定与实体法律适用在内的实体问题进行辩论，如当事人的行为是否构成侵权行为、当事人的诉讼请求应当适用哪个实体法或者实体法中的哪一条法律规定等。

3. 辩论的形式包括口头辩论与书面辩论

在民事诉讼中，当事人既可以采用口头形式进行辩论，也可以采取书面形式进行辩论。前者主要体现在开庭审理程序中的法庭辩论阶段；而后者则体现在审判程序的多个阶段，例如原告提交起诉状、被告提交答辩状等。

4. 人民法院应当保障当事人行使辩论权

在民事诉讼中，对当事人辩论权的保障是人民法院的重要职责。人民法院应当依法为当事人行使辩论权提供充分的机会，并通过对当事人的适度引导，保障当事人辩论权的充分行使。

（二）约束性辩论的运用

约束性辩论原则反映法院审判权行使的范围与当事人辩论内容的关系，具体注意三点：第一、法院审理与裁判的对象应以当事人的诉讼请求为限。基于民事诉讼所解决争议的私权性质，人民法院行使审判权审理与裁判的内容应以当事人主张与辩论的内容为限，即当事人未主张与辩论的对象不得成为人民法院审理与裁判的对象；第二、未经当事人主张与辩论的事实不得成为人民法院裁判的依据；第三、对于当事人无争议的案件事实，人民法院应当直接予以认定。

【经典真题测试】

1. 关于辩论原则的表述，下列哪些选项是正确的？[1]（2009/3/82）

A. 当事人辩论权的行使仅局限于一审程序中开庭审理的法庭调查和法庭辩论阶段

B. 当事人向法院提出起诉状和答辩状是其行使辩论权的一种表现

C. 证人出庭陈述证言是证人行使辩论权的一种表现

D. 督促程序不适用辩论原则

四、处分原则

（一）处分原则的理解

《民事诉讼法》第13条第2款规定：“当事人有权在法律规定的范围内处分自己的民事权利和诉讼权利。”

处分原则是民事诉讼的核心，当事人基于处分原则在民事诉讼中享有广泛的实体权利与诉讼权利的处分权，但是，由于我国并未实行当事人完全自由处分的制度，因此，当事人行使其处分权与人民法院行使审判权对当事人处分其权利的行为予以监督的合理结合就成为一条贯穿民事诉讼始终的主线 。

在理解处分原则时，应注意以下几点：

1. 行使处分权的主体是当事人；

2. 当事人处分的内容是民事权利与诉讼权利，并且当事人对其民事权利的处分通常需要通过对诉讼权利的处分来实现；

3. 当事人行使处分权应在法律规定的范围内进行，即当事人处分其民事权利与诉讼权利不得侵害国家利益、集体利益和他人利益；

4. 处分原则贯穿于民事诉讼的全部过程。在民事诉讼中，当事人行使处分权具体表现

---

〔1〕**【答案】** BD

为以下几个方面：（1）民事诉讼程序是否启动，由当事人决定。（2）诉讼开始后，原告可以通过撤诉申请权的行使结束诉讼程序。（3）当事人有权选择争议案件的结案方式。即对争议案件是否进行调解由双方当事人决定，当然，双方经调解达成的调解协议需经法院审查是否合法。（4）一审法院作出裁判后，是否通过上诉启动第二审程序由当事人自行决定。（5）法律文书生效后，如果义务人拒绝履行生效法律文书所确定的义务，权利人是否申请有管辖权的人民法院强制执行由当事人自行决定。等等。

（二）辩论原则与处分原则适用的区别

辩论原则仅适用于争议案件的审判程序，即第一审程序、第二审程序与审判监督程序，非争议案件的审判程序，即特别程序、督促程序、公示催告程序以及执行程序不适用辩论原则；而处分原则则适用于全部审判程序与执行程序。

（三）处分权与审判权的关系

民事诉讼是在当事人处分权与法院审判权的相互作用下推进的，因此，理顺当事人处分权与法院审判权的关系至关重要。处分权与审判权的关系主要体现在以下几个方面：

1. 处分权制约审判权

就民事诉讼而言，司法的被动属性决定了处分权制约审判权，只是针对诉讼的不同阶段和不同问题，处分权对审判权的制约程度有所不同。在审判权运行的启动方面，审判权绝对受制于处分权，没有当事人的起诉行为，就不可能有法院对民事纠纷审判权的行使；在审判权的作用范围方面，审判权通常受制于当事人提出的诉讼请求与事实证据；在审判权运行的结束方面，审判权通常也会因当事人行使撤诉申请权、自行和解而停止运行。

2. 审判权监督处分权

在民事诉讼中，虽然当事人依法享有处分权，但是，为了确保当事人的处分行为不超越法律规定的范围，法院应当通过行使审判权对当事人的不当处分行为进行干预。由此可见，法院的审判权对当事人处分权的行使具有监督作用。

3. 审判权应保障处分权的行使

保障当事人行使诉讼权利是民事诉讼法的首要任务。在民事诉讼中，当事人行使处分权有赖于法院审判权的保障。审判权应指导处分权的行使，在民事诉讼中，当事人的诉讼能力各有不同，法院应行使审判权对诉讼能力低下的当事人提供指导，对当事人如何行使处分权以及行使处分权的后果予以提示，以保障当事人依法行使处分权。

【经典真题测试】

2. 关于民事诉讼基本原则的表述，下列哪一选项是正确的？[1]（2013/3/45）

A. 外国人在我国进行民事诉讼时，与中国人享有同等的诉讼权利义务，体现了当事人诉讼权利平等原则

B. 法院未根据当事人的自认进行事实认定，违背了处分原则

C. 当事人主张的法律关系与法院根据案件事实作出的认定不一致时，根据处分原则，当事人可以变更诉讼请求

D. 环保组织向法院提起公益诉讼，体现了支持起诉原则

---

〔1〕**【答案】** C

3. 关于民事诉讼法基本原则在民事诉讼中的具体体现，下列哪一说法是正确的?[1]（2011/3/38）

A. 当事人有权决定是否委托代理人代理进行诉讼，是诉讼权利平等原则的体现

B. 当事人均有权委托诉讼代理人代为进行诉讼，是处分原则的体现

C. 原告与被告在诉讼中有一些不同但相对等的权利，是同等原则的体现

D. 当事人达成调解协议不仅要自愿，内容也不得违法，是法院调解自愿和合法原则的体现

五、诚实信用原则

（一）诚实信用原则的理解

《民事诉讼法》第 13 条第 1 款规定："民事诉讼应当遵循诚实信用原则"。

这些年在民事诉讼活动中滥用诉讼权利的情况大量存在，如当事人滥用举证权利，伪造、提供虚假证据；当事人恶意串通，通过诉讼、调解等方式逃避债务、转移财产；当事人滥用管辖权异议权、申请回避权等拖延诉讼程序，规避法律文书的强制执行等。也有的单位拒绝或者妨害人民法院调查取证，拒绝协助人民法院查询、冻结、划拨被执行人的财产等。为此，有必要规定诚实信用原则，从而规制当事人、其他诉讼参与人的诉讼权利滥用甚至恶意诉讼的行为。

诚实信用原则应当贯穿于民事诉讼的全过程，包括：依法行使诉讼权利，履行诉讼义务，遵守诉讼秩序，自觉履行发生法律效力的判决书、裁定书和调解书。既然将诚实信用原则作为民事诉讼法的一项基本原则加以规定，为防止该基本原则的虚设，真正发挥诚实信用原则对滥用诉讼权利，甚至恶意诉讼的规制功能，民事诉讼法也对违反诚实信用原则应当承担的法律责任作了相应的规定。如在对妨害民事诉讼的强制措施部分，《民事诉讼法》第 112 条规定，当事人之间恶意串通，企图通过诉讼、调解等方式侵害他人合法权益的，人民法院应当驳回其请求，并根据情节轻重予以罚款、拘留；构成犯罪的，依法追究刑事责任。该法第 113 条也规定，被执行人与他人恶意串通，通过诉讼、仲裁、调解等方式逃避履行法律文书确定的义务的，人民法院应当根据情节轻重予以罚款、拘留；构成犯罪的，依法追究刑事责任。

诚实信用原则不仅是当事人和其他诉讼参与人应当遵守的原则，人民法院行使审判权也应当遵守这一原则，如遇有应当回避的情形时应主动回避；审理案件应当根据自愿、合法原则进行调解，不得为了追求调解结案率而强迫当事人达成调解协议；应当按照法律规定的条件与程序受理案件、送达诉讼文书、开庭审理，不得徇私舞弊、枉法裁判。

民事诉讼法确立诚实信用原则，不仅有利于保护当事人和其他诉讼参与人的合法权利，有利于保证人民法院及时合法作出裁判，而且有利于维护正常的诉讼秩序，保障诉讼活动顺利进行。

（二）诚实信用原则对诉讼参与人的要求

1. 对当事人的要求

诚实信用原则要求当事人行使诉讼权利，履行诉讼义务均应当诚实、善意，具体要求

---

[1] **【答案】** D

如下：第一，要求当事人履行真实陈述义务；第二，要求当事人履行促进诉讼义务；第三，禁止当事人以欺骗方法形成不正当诉讼状态；第四，禁止当事人反言；第五，禁止当事人滥用诉讼权利。

2. 对法官的要求

诚实信用原则要求法官行使诉讼权利，履行职责应当诚实、善意，具体要求如下：第一，法官在行使自由裁量权认定实体问题与程序问题时，应当本着诚实、善意的理念；第二，在审查证据、认定事实时应当客观中立，不得对当事人提出的证据任意加以取舍和否定；第三，应当切实充分地尊重和保障当事人的程序权益，不得进行突袭裁判。

3. 对证人等其他诉讼参与人的要求

在民事诉讼中，证人向法院提供证人证言，鉴定人对专业问题提供鉴定意见，勘验人员进行对现场等的勘验，都应当诚实、善意。

【经典真题测试】

4. 根据《民事诉讼法》规定的诚信原则的基本精神，下列哪一选项符合诚信原则？[1]（2014/3/37）

A. 当事人以欺骗的方法形成不正当诉讼状态

B. 证人故意提供虚假证言

C. 法院根据案件审理情况对当事人提供的证据不采信

D. 法院对当事人提出的证据任意进行取舍或否定

考点精讲三　基本制度

一、合议制度

合议制度，是指由3名以上的单数人员组成合议庭对民事案件进行集体审理和评议裁判的制度。

（一）合议庭组成

我国民事案件合议庭的组成因案件审理程序的不同而有所不同，具体如下表所示：

程序种类	合议庭组成形式	备　注
一审程序	审判员与陪审员共同组成或者由审判员组成	审判员与陪审员有同等的诉讼权利与义务
二审程序	由审判员组成	
重审程序	按一审程序另行组成合议庭	
再审程序	原来是第一审的，按照第一审程序另行组成合议庭；原来是第二审的，按照第二审程序另行组成合议庭；上级人民法院或者最高人民法院提审的，按照第二审程序另行组成合议庭	

〔1〕**【答案】**C

（二）合议庭的权限

合议庭行使对争议案件的审理和裁判权，合议庭评议案件实行少数服从多数的原则，评议中的不同意见必须如实记入笔录。但是，无法形成多数人意见时，不得按照审判长的意见作出裁判，这一点与仲裁不同。

（三）合议制适用

1. 参审制不同于陪审制：我国实行的是参审制，即陪审员参与案件的审理，与审判员共同组成合议庭，负责认定事实与适用法律，对争议案件作出裁判。这一制度不同于英美法系国家实行的陪审制，即陪审团制度，在陪审团制度中，陪审团成员行使事实认定权，而法官则行使法律适用权。

2. 陪审员仅参加争议案件的合议庭，即适用普通程序审理的第一审案件、发回重审的案件和一审再审的案件；特别程序与公示催告程序中的合议庭不吸收陪审员。

【提示】注意独任制的适用

1. 第一审简易程序实行独任制；

2. 督促程序实行独任制；

3. 适用特别程序审理非重大疑难的宣告公民失踪与死亡案件、认定公民无民事行为能力与限制民事行为能力案件、认定财产无主案件、司法确认调解协议案件和实现担保物权案件实行独任制；

4. 公示催告程序中的审理阶段实行独任制；

5. 独任制仅适用于基层人民法院及其派出法庭。

二、回避制度

回避制度，是指为了保证民事案件的公正审理，要求符合法定回避情形的有关人员退出案件的审理活动或者其他诉讼活动的法律制度。

（一）回避的情形与对象

根据我国《民事诉讼法》第 44 条的规定，审判人员有下列情形之一的，应当自行回避，当事人有权用口头或者书面方式申请他们回避：

（一）是本案当事人或者当事人、诉讼代理人近亲属的；

（二）与本案有利害关系的；

（三）与本案当事人、诉讼代理人有其他关系，可能影响对案件公正审理的。

审判人员接受当事人、诉讼代理人请客送礼，或者违反规定会见当事人、诉讼代理人的，当事人有权要求他们回避。

审判人员有前款规定的行为的，应当依法追究法律责任。

前三款规定，适用于书记员、翻译人员、鉴定人、勘验人。

此次《民诉解释》对审判人员的回避情形作出了进一步的规定，该解释第 43 条规定："审判人员具有下列情形之一的，应当自行回避，当事人有权申请其回避：（一）是本案的当事人或者当事人近亲属的；（二）本人或者其近亲属与本案有利害关系的；（三）担任过本案的证人、鉴定人、辩护人、诉讼代理人、翻译人员的；（四）是本案诉讼代理人近亲属的；（五）本人或者其近亲属持有本案非上市公司当事人的股份或者股权的；（六）与本案当事人或诉讼代理人有其他利害关系，可能影响公正审理的。"

该解释第44条规定："审判人员有下列情形之一的，当事人有权申请其回避：（一）接受本案当事人及其受托人宴请，或者参加由其支付费用的活动的；（二）索取、接受本案当事人及其受托人的财物或者其他利益的；（三）违反规定会见本案当事人、诉讼代理人的；（四）为本案当事人推荐、介绍诉讼代理人，或者为律师、其他人员介绍代理本案的；（五）向本案当事人及其受托人借用款物的；（六）有其他不正当行为，可能影响公正审理的。"

（二）回避的方式与决定权

回避有两种方式：（1）当事人申请回避。当事人提出回避申请，应当说明理由，在案件开始审理时提出；回避事由在案件开始审理后知道的，也可以在法庭辩论终结前提出。被申请回避的人员在人民法院作出是否回避的决定前，应当暂停参与本案的工作，但案件需要采取紧急措施的除外。（2）自行回避。即有关人员遇有法定应回避的情形时，可以自己提出回避申请。

回避申请提出后，是否准许，由法院决定。根据《民事诉讼法》第46条的规定，具体程序为：院长担任审判长时的回避，由审判委员会决定；审判人员的回避，由院长决定；其他人员的回避，由审判长决定。此外，根据《民诉解释》第46条的规定，审判人员有应当回避的情形，没有自行回避，当事人也没有申请其回避的，由院长或者审判委员会决定其回避。

（三）回避申请的处理

根据《民事诉讼法》第47条的规定，人民法院对当事人提出的回避申请，应当在申请提出的3日内，以口头或者书面形式作出决定。申请人对决定不服的，可以在接到决定时申请复议一次。复议期间，被申请回避的人员，不停止参与本案的工作。人民法院对复议申请，应当在3日内作出复议决定，并通知复议申请人。

【经典真题测试】

5. 某区法院审理原告许某与被告某饭店食物中毒纠纷一案。审前，法院书面告知许某合议庭由审判员甲、乙和人民陪审员丙组成时，许某未提出回避申请。开庭后，许某始知人民陪审员丙与被告法定代表人是亲兄弟，遂提出回避申请。关于本案的回避，下列哪一说法是正确的？[1]（2015/3/36）

A. 许某可在知道丙与被告法定代表人是亲兄弟时提出回避申请

B. 法院对回避申请作出决定前，丙不停止参与本案审理

C. 应由审判长决定丙是否应回避

D. 法院作出回避决定后，许某可对此提出上诉

三、公开审判制度

（一）公开审判制度的含义

公开审判制度，是指人民法院审判民事案件，除法律规定的情形外，审判过程应当向当事人以及向群众、社会公开的制度。所谓向群众公开，即允许群众旁听法院民事案件的审理活动；所谓向社会公开，即允许新闻媒体对民事案件的审理进行采访并报道。

---

〔1〕**【答案】** A

公开审判制度的意义体现在以下几个方面：

1. 有利于保障司法公正。公开审判将案件的审判活动置于社会的监督之下，提高了审判活动的透明度，一方面可以促使审判人员依法办案，正确行使审判权，另一方面为社会监督审判活动提供了有效渠道，有效防止司法专断，保障司法公正。

2. 有利于提高司法公信力。公开审判制度不仅能够通过增强审判活动的透明度提高审判的公正性，而且还能够通过公开审判制度的具体环节的构建，从制度和程序上保障当事人充分参与诉讼程序，有利于促使当事人接受司法裁判，提高司法公信力。

（二）不公开审理的情形

公开审判也有例外情况，根据《民事诉讼法》第134条的规定，人民法院审理民事案件，除涉及国家秘密、个人隐私或者法律另有规定的以外，应当公开进行。离婚案件，涉及商业秘密的案件，当事人申请不公开审理的，可以不公开审理。也就是说，涉及国家秘密、个人隐私的案件或者法律另有规定的案件属于法定不公开审理的案件，而离婚案件与涉及商业秘密的案件则属于申请不公开审理的案件，即当事人可以处分的案件。

【特别提示】

注意与不公开质证相区别：根据《民诉解释》第103条第3款的规定，涉及国家秘密、商业秘密、个人隐私或者法律规定应当保密的证据，不得公开质证。

【经典真题测试】

6. 唐某作为技术人员参与了甲公司一项新产品研发，并与该公司签订了为期2年的服务与保密合同。合同履行1年后，唐某被甲公司的竞争对手乙公司高薪挖走，负责开发类似的产品。甲公司起诉至法院，要求唐某承担违约责任并保守其原知晓的产品。关于该案的审判，下列哪一说法是正确的？[1]（2012/3/36）

A. 只有在唐某与甲公司共同提出申请不公开审理此案的情况下，法院才可以不公开审理

B. 根据法律的规定，该案不应当公开审理，但应当公开宣判

C. 法院可以根据当事人的申请不公开审理此案，但应当公开宣判

D. 法院应公开审理此案并公开宣判

四、两审终审制度

（一）两审终审制度的理解

两审终审制度，是指民事案件经过两级法院审理就宣告终结的制度。

两审终审的审级制度并不适用于所有的民事案件。根据民事诉讼理论，民事案件可以分为两大类，即诉讼案件与非诉讼案件。所谓诉讼案件，即因民事法律关系而引起的具体民事权利义务争议案件或者因民事法律关系本身的存在与否以及是否变更、消灭而引起的民事法律关系争议案件；而所谓的非诉讼案件也可以简称为非讼案件，即并未因民事法律关系而发生具体的争议，只是请求人民法院确认一定的事实状态的民事案件。两审终审制度是针对诉讼案件而设置的审级制度。

两审终审制度作为民事审判的一项基本制度，其内容包括以下几个方面：

---

[1] **【答案】** C

1. 两个审级不同的法院。根据我国民事诉讼法关于级别管辖的规定，我国的四级人民法院，即基层人民法院、中级人民法院、高级人民法院和最高人民法院以及依法设立的专门法院均可以作为第一审法院，中级人民法院及其以上级别的人民法院均可以作为第二审法院。

2. 两个审级不同的程序。两审终审制需要设置两个级别不同的程序作为运行的程序保障，为此，我国民事诉讼法规定了包括普通程序和简易程序在内的第一审程序，还规定了第二审程序，以落实两审终审制。

3. 两个审级效力不同的裁判。人民法院适用第一审程序作出的裁判，除了适用小额诉讼程序作出的裁判之外，在法定上诉期内均不发生法律效力，当事人有权提起上诉，而适用第二审程序作出的裁判是发生法律效力的裁判。

4. 两个审级之间具有衔接关系。即民事案件应当先经过第一审程序的审理与裁判，未经过第一审程序审理与裁判的民事案件，不得直接进入第二审程序。

（二）两审终审制度的例外

作为两审终审制度的例外，下列情况适用一审终审制度：

1. 最高人民法院作出的第一审裁判。

2. 基层人民法院及其派出法庭适用小额诉讼程序作出的裁判。

3. 适用特别程序、督促程序、公示催告程序审理的案件。

4. 宣告婚姻无效的案件。

考点精讲四　诉

一、诉的概念与特征

（一）诉的概念

诉，是指当事人向法院提出的解决民事纠纷，维护其合法权益的请求。

在民事诉讼理论界，对诉的含义通常可以从两个方面加以理解：程序意义上的诉和实体意义上的诉。所谓程序意义上的诉，是指当事人根据民事诉讼法的规定，向人民法院提起的对民事纠纷进行审判的请求。所谓实体意义上的诉，是指当事人关于解决民事纠纷，维护其合法权益的请求。

（二）诉的特征

通常来说，诉具有以下特征：

1. 诉的主体是当事人。诉的起因是当事人之间发生了民事权益纠纷，因此，纠纷的当事人是诉的主体。

2. 诉应当向人民法院提出。对于民事纠纷的解决，国家设置了人民调解、商事仲裁、民事诉讼等多种方式，当事人对这些解决纠纷的方式有程序上的选择权，但是只有向人民法院提出的解决纠纷的请求，才能称为诉。

3. 诉是一种请求。诉是当事人向人民法院提出的一种解决特定民事纠纷的请求。

二、诉的要素

诉的要素，是指构成一个诉应当具备的基本因素。通常认为，诉的要素包括诉的主体、诉的标的与诉的理由。

（一）诉的主体

诉的主体，即诉的当事人，也就是为解决民事权利与义务争议而参加诉讼的原告及其相对人。

（二）诉的标的

诉的标的，也称为诉讼标的，即当事人之间发生争议并提请人民法院裁判的实体权利与义务关系。

【特别提示】诉的标的与诉讼标的物、诉讼请求的关系

诉讼标的物，是当事人争议的民事法律关系中的实体权利、义务所指向的对象。例如，原告请求被告依据买卖合同向其交付电脑，该诉的诉讼标的是买卖合同关系，而要求交付的电脑则是本案的诉讼标的物。诉的标的与诉讼标的物虽有联系，但二者又有明显的区别：在民事诉讼中，任何一个诉都有诉的标的，但不一定都有诉讼标的物。诉的标的变更会导致诉的变更，但是仅仅是诉讼标的物的变更则不具有这样的作用。

诉讼请求，是指当事人通过人民法院向对方当事人所提出的具体诉讼主张。诉的标的与诉讼请求，既有联系又有区别。在民事诉讼中，诉的标的发生变更会导致诉的变更，而诉讼请求的变更则不会导致诉的变更。

【经典真题测试】

7. 刘某习惯每晚将垃圾袋放在家门口，邻居王某认为会招引苍蝇并影响自己出入家门。王某为此与刘某多次交涉未果，遂向法院提起诉讼，要求刘某不得将垃圾袋放在家门口，以保证自家的正常通行和维护环境卫生。关于本案的诉讼标的，下列哪一选项是正确的？[1]（2009/3/37）

A. 王某要求刘某不得将垃圾袋放在家门口的请求

B. 王某要求法院保障自家正常通行的请求

C. 王某要求刘某维护环境卫生的请求

D. 王某和刘某之间的相邻关系

（三）诉的理由

诉的理由，即当事人提出诉这一请求所依据的事实与法律依据。作为事实根据的诉的理由通常包括两个方面的事实：一是引起当事人之间民事法律关系发生、变更或消灭的事实，二是当事人民事权益受到侵犯或者发生争议的事实。作为法律依据的诉的理由，是指当事人提出诉讼请求所依据的法律规定。

【经典真题测试】

8. 甲因乙久拖房租不付，向法院起诉，要求乙支付半年房租6000元。在案件开庭审理前，甲提出书面材料，表示时间已过去1个月，乙应将房租增至7000元。关于法院对甲增

---

[1] 【答案】D

加房租的要求的处理，下列哪一选项是正确的？[1]（2011/3/37）

A. 作为新的诉讼受理，合并审理

B. 作为诉讼标的变更，另案审理

C. 作为诉讼请求增加，继续审理

D. 不予受理，告知甲可以另行起诉

二、诉的种类

根据诉的具体内容，可以将诉分为三种，即确认之诉、变更之诉与给付之诉。

（一）确认之诉

确认之诉即当事人向法院提出的要求确认某种法律关系存在或者不存在的诉。根据当事人的具体诉讼要求，确认之诉可以分为肯定的确认之诉与否定的确认之诉。前者即当事人请求法院确认存在某种法律关系，也称为积极的确认之诉。例如甲公司请求法院确认与乙公司之间存在事实上的买卖合同关系。后者则是当事人请求法院确认不存在某种法律关系，也称为消极的确认之诉。例如甲公司请求法院确认其制造产品的行为未侵犯乙某的专利权。

确认之诉是围绕法律关系存在与否进行的，并具有下列特点：第一，当事人提起确认之诉具有现实必要性，即具有确认利益；第二，双方当事人就该法律关系是否存在发生争议；第三，请求法院确认法律关系是否存在。

（二）变更之诉

变更之诉也可以称为形成之诉，即当事人向法院提出的改变或者消灭现存的某种法律关系的请求。例如甲某起诉请求法院判决解除其与丈夫乙某之间的婚姻关系；又如丙公司向法院起诉要求解除与丁公司之间的买卖合同关系等。

变更之诉也是围绕法律关系进行的，但具有以下不同于确认之诉的特点：第一，当事人之间无争议地现实存在某种法律关系；第二，双方当事人就法律关系是否应当变更或者消灭发生争议；第三，变更判决生效之前，原法律关系不变；变更判决生效后，原法律关系即变更或者消灭。

（三）给付之诉

1. 给付之诉的理解

给付之诉即当事人向法院提出的，要求法院责令义务人履行一定的实体义务，以实现自己合法权益的请求。例如甲公司基于买卖合同向法院提出的要求乙公司及时履行交付货物的义务等。

2. 给付之诉的种类

（1）根据给付的内容，通常可以将给付之诉分为物的给付之诉与行为的给付之诉。在物的给付之诉中，又可以根据物的不同而分为特定物给付之诉与种类物给付之诉。此外，在行为给付之诉中，根据当事人要求对方为给付行为的目的，也可以分为积极的给付之诉与消极的给付之诉。前者为请求法院责令对方当事人为一定的给付行为，而后者则是请求法院责令对方当事人不为一定的行为或者停止为一定的行为，如甲公司诉至法院要求责令

---

[1]【答案】C

乙公司停止侵犯其商标权的行为。

（2）根据给付的时间，分为现在给付之诉与将来给付之诉。前者是针对已到期债权债务提出的给付之诉。后者是针对尚未到期的债权债务提出的给付之诉。

- 给付之诉
  - 给付的内容
    - 物的给付之诉
      - 特定物给付之诉
      - 种类物给付之诉
    - 行为的给付之诉
      - 积极的给付之诉
      - 消极的给付之诉
  - 给付的时间
    - 现在给付之诉
    - 将来给付之诉

3. 给付之诉的特点

给付之诉具有以下特点：第一，双方当事人之间存在实体权利义务关系；第二，双方当事人就该实体权利义务关系发生争议；第三，要求义务人履行实体义务，以实现权利人的实体权利。

【特别提示】掌握诉的种类与要素应注意以下几点：

1. 判断个案中诉的种类一定以当事人的诉讼请求为依据。变更之诉与给付之诉是否包含确认之诉，取决于当事人之间对法律关系的存在与否是否提出确认的诉讼请求。

2. 确认之诉与变更之诉是围绕法律关系本身进行的，不涉及具体的实体权利义务，因此，不存在诉讼标的物，标的物仅存在于给付之诉。

3. 诉的种类的适用只能针对诉讼事件，对于非讼事件不存在诉的种类的判断问题。

考点精讲五　反诉

一、反诉的概念与特征

（一）反诉的概念

反诉，是指在诉讼进行过程中，本诉的被告以本诉的原告为被告，向受理本诉的人民法院提出与本诉具有牵连关系的、目的在于抵消或者吞并本诉原告诉讼请求的独立的诉。

民事诉讼法规定反诉制度的目的在于通过反诉与本诉的合并审理，减轻当事人的讼累，降低诉讼成本，节约司法资源。

（二）反诉的特征

反诉是被告所享有的维护自身合法权益的一项特殊的诉讼权利，具有以下特征：

1. 反诉主体具有特定性。反诉是本诉的被告针对本诉的原告提出的请求，也就是说，通过反诉使双方当事人具有双重性的诉讼地位，本诉的被告同时是反诉的原告，而本诉的原告同时是反诉的被告。

2. 反诉目的具有对抗性。被告提起反诉的目的在于通过本诉与反诉的合并审理，抵消或者吞并本诉原告的全部或者部分诉讼请求，因此，被告提起的反诉具有明显的与本诉相对抗的目的。

3. 反诉请求具有独立性。反诉请求应当具有诉的三要素，是一个可以独立于本诉存在的请求。换言之，被告的请求可以反诉的形式在本诉审理过程中提出，也可以在本诉之外以独立的诉讼请求的形式向有管辖权的人民法院提出。

4. 反诉时间具有特定性。反诉应当在本诉中提起，而且根据《民诉解释》第232条的规定，在案件受理后，法庭辩论结束前，被告提出反诉，可以合并审理的，人民法院应当合并审理。

二、反诉的条件

反诉是一个独立的诉，提起反诉必须具备起诉的条件。由于反诉与本诉是一种特殊合并，因此，提起反诉还需要具备特殊条件，具体包括以下几个条件：

1. 反诉是本诉的被告通过人民法院向本诉的原告提出的反请求。

被告提起反诉的目的在于抵消或者吞并本诉的请求，因此，反诉只能由本诉的被告通过人民法院向本诉的原告提起。

2. 反诉只能在本诉进行过程中向受理本诉的人民法院提起。

被告提起反诉应当在本诉的进行过程中，如果本诉尚未开始或者本诉已经结束，均不存在被告提起反诉的问题；而且，被告只能向受理本诉的人民法院提起反诉，否则，无法形成本诉与反诉的合并审理。

3. 反诉应当与本诉具有牵连性。

反诉与本诉的诉讼标的及诉讼请求所依据的事实、理由无关联的，人民法院裁定不予受理，告知其另行起诉。根据《民诉解释》第233条第2款的规定，反诉与本诉的牵连性可以作如下理解：第一、反诉与本诉的诉讼请求基于相同法律关系；第二、反诉与本诉的诉讼请求之间具有因果关系；第三、反诉与本诉的诉讼请求基于相同事实。

4. 反诉与本诉适用同一程序。

民事诉讼法规定的第一审程序包括普通程序与简易程序两种，为实现将反诉与本诉合并审理的目的，要求反诉能够与本诉适用同一程序，如果反诉不能与本诉适用同一程序，则不能实行诉的合并审理。

5. 反诉应当在法定期间内提起。

为了防止因被告提起反诉而造成诉讼程序的拖延，《民事诉讼法》及其司法解释对反诉提起的时间作出了相应的具体规定，即反诉原则上应当在一审中提起，根据《民诉解释》第232条的规定，被告提起反诉，应当在法庭辩论结束前。

三、反诉与反驳

反诉与反驳作为诉讼权利，有明显的区别：

1. 性质不同。反诉是独立的诉，而反驳只是针对对方当事人所提出主张的一种否定或者驳斥，并非独立之诉。

2. 前提不同。被告提出反诉是以承认本诉的存在为前提的，而当事人提出反驳则不以承认对方当事人所提出的主张为前提。

3. 目的不同。被告提出反诉的目的在于通过反诉与本诉的合并审理抵消或者吞并原告的本诉请求，而当事人提出反驳的目的只是为了否定或者驳斥对方提出的主张。

4. 主体不同。反诉的提起主体只能是本诉的被告，而反驳的提出主体则是所有的当事人。

【经典真题测试】

9. 刘某与曹某签订房屋租赁合同，后刘某向法院起诉，要求曹某依约支付租金。曹某向法院提出的下列哪一主张可能构成反诉？[1]（2014/3/43）

A. 刘某的支付租金请求权已经超过诉讼时效

B. 租赁合同无效

C. 自己无支付能力

D. 自己已经支付了租金

10. 关于反诉，下列哪些表述是正确的？[2]（2012/3/80）

A. 反诉应当向受理本诉的法院提出，且该法院对反诉所涉及的案件也享有管辖权

B. 反诉中的诉讼请求是独立的，它不会因为本诉的撤销而撤销

C. 反诉如果成立，将产生本诉的诉讼请求被依法驳回的法律后果

D. 本诉与反诉的当事人具有同一性，因此，当事人在本诉与反诉中诉讼地位是相同的

〔1〕**【答案】** B

〔2〕**【答案】** AB

专题二　主管与管辖

【本专题重点知识结构图】

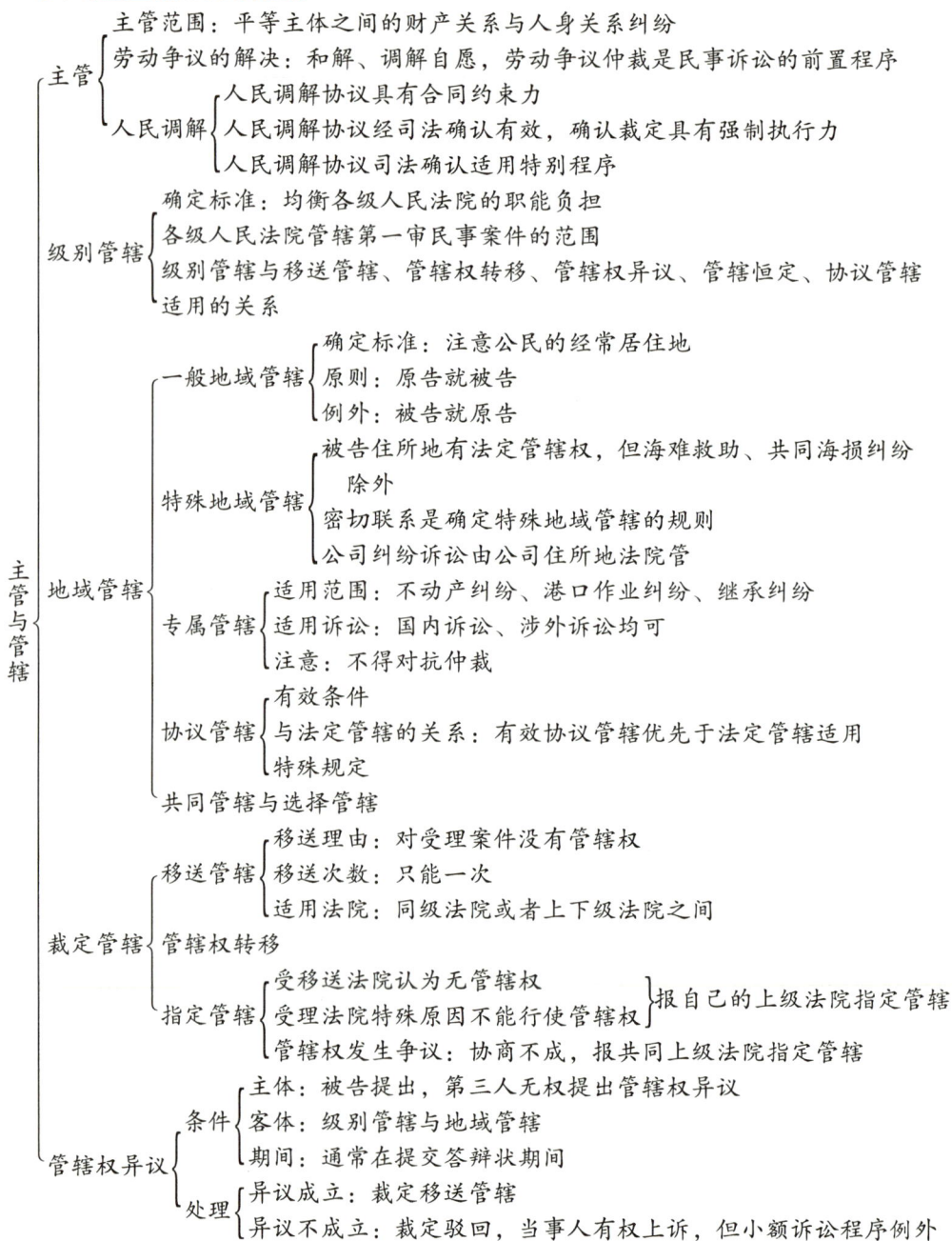

- 主管与管辖
  - 主管
    - 主管范围：平等主体之间的财产关系与人身关系纠纷
    - 劳动争议的解决：和解、调解自愿，劳动争议仲裁是民事诉讼的前置程序
    - 人民调解
      - 人民调解协议具有合同约束力
      - 人民调解协议经司法确认有效，确认裁定具有强制执行力
      - 人民调解协议司法确认适用特别程序
  - 级别管辖
    - 确定标准：均衡各级人民法院的职能负担
    - 各级人民法院管辖第一审民事案件的范围
    - 级别管辖与移送管辖、管辖权转移、管辖权异议、管辖恒定、协议管辖适用的关系
  - 地域管辖
    - 一般地域管辖
      - 确定标准：注意公民的经常居住地
      - 原则：原告就被告
      - 例外：被告就原告
    - 特殊地域管辖
      - 被告住所地有法定管辖权，但海难救助、共同海损纠纷除外
      - 密切联系是确定特殊地域管辖的规则
      - 公司纠纷诉讼由公司住所地法院管
    - 专属管辖
      - 适用范围：不动产纠纷、港口作业纠纷、继承纠纷
      - 适用诉讼：国内诉讼、涉外诉讼均可
      - 注意：不得对抗仲裁
    - 协议管辖
      - 有效条件
      - 与法定管辖的关系：有效协议管辖优先于法定管辖适用
      - 特殊规定
    - 共同管辖与选择管辖
  - 裁定管辖
    - 移送管辖
      - 移送理由：对受理案件没有管辖权
      - 移送次数：只能一次
      - 适用法院：同级法院或者上下级法院之间
    - 管辖权转移
    - 指定管辖
      - 受移送法院认为无管辖权；受理法院特殊原因不能行使管辖权——报自己的上级法院指定管辖
      - 管辖权发生争议：协商不成，报共同上级法院指定管辖
  - 管辖权异议
    - 条件
      - 主体：被告提出，第三人无权提出管辖权异议
      - 客体：级别管辖与地域管辖
      - 期间：通常在提交答辩状期间
    - 处理
      - 异议成立：裁定移送管辖
      - 异议不成立：裁定驳回，当事人有权上诉，但小额诉讼程序例外

考点精讲一　主管

一、主管的概念

现代社会所建立的民事纠纷的多元化纠纷解决机制，也导致产生了人民法院与其他机关、社会团体在解决民事纠纷方面的分工与权限的问题。

民事诉讼主管，又称为法院主管，是指人民法院依法受理并审判一定范围内的民事纠纷的分工和权限，换言之，是指人民法院与其他国家机关、社会团体解决民事纠纷的权限分工。

明确民事诉讼主管，一方面有利于人民法院正确行使民事审判权和履行审判职责，因为确定了一定范围内的民事纠纷由人民法院通过行使审判权来解决，有利于人民法院对民事纠纷案件的审查和立案；另一方面有利于当事人民事纠纷的及时解决，因为明确了民事诉讼的主管，当事人即可判断其所发生的民事纠纷能否向人民法院起诉，通过人民法院行使审判权得到解决。

二、主管范围

主管即人民法院受理民事案件的范围。根据我国《民事诉讼法》第3条的规定，人民法院受理公民之间、法人之间、其他组织之间以及他们相互之间因财产关系和人身关系提起的民事诉讼。可见，人民法院受理的民事案件具有以下特点：第一，主体的平等性；第二，案件是因财产关系和人身关系产生的争议。具体包括以下五个方面：

1. 由民法调整的平等主体之间的财产关系和人身关系产生的案件。
2. 由婚姻法调整的婚姻家庭关系产生的案件。
3. 由经济法调整的部分经济关系产生的案件。
4. 由劳动法调整的劳动合同关系和劳资关系产生的案件。

【特别提示】劳动者与用人单位之间产生的劳动争议，其解决方式有四种：和解、调解、劳动争议仲裁与诉讼。其中和解、调解方式完全由当事人自行选择；而劳动争议仲裁则是一个必经的阶段，而且是劳动争议诉讼的前置程序。

5. 由其他法律调整的社会关系产生的特殊类型案件。如选民资格案件、宣告失踪案件等。

三、法院主管与其他机关、社会组织解决民事纠纷的关系

（一）法院主管与人民调解委员会解决民事纠纷的关系

1. 人民调解不是民事诉讼的必经阶段，即是否经过人民调解完全由当事人自行决定。

2. 人民调解协议不具有与法院的生效法律文书同等的法律效力，也就是说，人民调解协议本身不具有强制执行力。但是，人民调解协议具有合同的约束力。

3. 人民调解协议经法院确认有效后，确认裁定具有强制执行力。即根据《人民调解法》第33条的规定，经人民调解委员会调解达成调解协议后，双方当事人认为有必要的，可以自调解协议生效之日起30日内共同向人民法院申请司法确认，人民法院应当及时对调

解协议进行审查，依法确认调解协议的效力。人民法院依法确认调解协议有效，一方当事人拒绝履行或者未全部履行的，对方当事人可以向人民法院申请强制执行。人民法院依法确认调解协议无效的，当事人可以通过人民调解方式变更原调解协议或者达成新的调解协议，也可以向人民法院提起诉讼。

4. 司法确认人民调解协议效力适用特别程序。

【经典真题测试】

11. 张某与李某产生邻里纠纷，张某将李某打伤。为解决赔偿问题，双方同意由人民调解委员会进行调解。经调解员黄某调解，双方达成赔偿协议。关于该纠纷的处理，下列哪一说法是正确的?[1]（2010/3/35）

A. 张某如反悔不履行协议，李某可就协议向法院提起诉讼

B. 张某如反悔不履行协议，李某可向法院提起人身损害赔偿诉讼

C. 张某如反悔不履行协议，李某可向法院申请强制执行调解协议

D. 张某可以调解委员会未组成合议庭调解为由，向法院申请撤销调解协议

（二）人民法院主管与仲裁机构解决民事纠纷的关系

民事诉讼与仲裁是两种并列的具有法律效力的争议解决方式，为或裁或审的关系，即当事人一旦以协议的形式选择仲裁，就应当提起仲裁，而且仲裁裁决一经作出，立即生效，当事人就该纠纷再向人民法院起诉或者向仲裁机构申请仲裁，人民法院与仲裁机构不应当受理。

【特别提示】 民事诉讼与仲裁的本质区别：

1. 两者所借助的力量不同。诉讼所借助的是国家的公权力，而仲裁则借助的是社会力量，因此，通常认为当事人通过诉讼寻求的是一种公力救济，而通过仲裁则寻求的是一种社会救济。

2. 是否具有强制力不同。这里的强制力是指争议的解决过程，诉讼具有强制力，在争议的解决过程中，法院可以运用国家强制力进行财产保全、证据保全、对妨害民事诉讼行为实施强制措施等；而仲裁则不具有强制力，在仲裁过程中，仲裁机构或者仲裁庭均无权行使以国家强制力为特征的权力。

考点精讲二　管辖概述

一、管辖的概念

管辖，是指各级人民法院之间以及同级人民法院之间受理第一审民事案件的分工和权限。

主管与管辖是相互联系的两个概念。主管只是确定了哪些案件应该归人民法院受理与审判，并没有解决这些案件应该由哪一个具体的人民法院行使审判权受理和审判的问题。而管辖则具体解决某一个民事案件应当由哪一级别的人民法院以及该级别的人民法院中哪

[1] **【答案】** A

一个具体的人民法院行使审判权的问题。由此可见，主管是管辖的前提和基础，而管辖则是主管的具体落实和体现。

二、确定管辖的原则

确定管辖的原则，是指民事诉讼法在对管辖作出具体规定时应当遵循的准则。具体包括以下几项原则：

1. 便利于当事人进行诉讼。便利于当事人行使诉讼权利是我国民事诉讼法的立法指导思想，体现在管辖的确定上，我国民事诉讼法将大多数第一审民事案件规定由基层人民法院管辖，允许当事人协议选择合同纠纷和其他财产纠纷案件的管辖法院等，都体现了便利于当事人进行诉讼的原则。

2. 便利于案件的审理与执行。管辖的确定，不仅要考虑如何便利于法院行使审判权审理民事纠纷，而且要便利于案件裁判的执行。我国民事诉讼法关于地域管辖的规定，一般民事案件大多由被告住所地人民法院管辖，合同纠纷案件由被告住所地或者合同履行地人民法院管辖等，都体现了便利于案件的审理与执行的原则。

3. 均衡各级人民法院的工作负担。各级人民法院的职能不同，其承担的任务也不同。基层人民法院的任务最为简单，只负责审理案件；而中级以上的人民法院既要负责审理第一审和第二审民事案件，又要负责指导、监督下级人民法院的审判工作，而且级别越高的人民法院，指导、监督工作的量就越大。因此，在确定级别管辖时，就应当充分考虑各级人民法院的工作负担，民事诉讼法将大多数第一审民事案件划归基层人民法院管辖，并且使中级以上的人民法院级别越高，管辖的第一审案件越少，就体现了均衡各级人民法院工作负担的原则。

4. 确定性和灵活性相结合。为了便利于当事人进行诉讼、便利于人民法院行使审判权审理案件，民事诉讼法对于管辖的规定应当尽可能具体、明确。但是，司法实践具有复杂性，为保证特殊情况下案件能够得到公正有效的审理，民事诉讼法对于管辖的规定又必须有一定的灵活性。我国民事诉讼法既规定了级别管辖和地域管辖，又规定了移送管辖、指定管辖和管辖权转移，就体现了确定性和灵活性的结合。

5. 有利于维护国家主权。审判权是国家主权的重要组成部分，而管辖权是审判权中的重要内容，我国法院能否充分行使对涉外民事案件的管辖权在一定程度上体现了国家的独立程度。我国民事诉讼法对几类特殊案件规定由中国法院专属管辖就体现了对国家主权的维护。

三、管辖的分类

（一）法律上的管辖分类

我国《民事诉讼法》在第一编第二章专门对管辖作了规定，这些规定将民事诉讼管辖分为级别管辖、地域管辖、移送管辖、指定管辖和管辖权的转移。其中地域管辖又分为一般地域管辖、特殊地域管辖、协议管辖和专属管辖。

（二）理论上的管辖分类

在民事诉讼理论上，根据不同的标准，可以将管辖划分为不同的种类。具体如下：

1. 法定管辖和裁定管辖。根据管辖是由法律直接规定还是由法院裁定确定为标准，可以将管辖分为法定管辖与裁定管辖。法定管辖，是指由法律明确规定的管辖，包括级别管辖、地域管辖。裁定管辖，是指由法院以裁定确定的管辖，包括移送管辖、指定管辖、管辖权转移。

2. 专属管辖和协议管辖。根据管辖是由法律强制性规定还是任意性规定为标准，可以将管辖分为专属管辖与协议管辖。专属管辖，是指法律规定的某些特殊类型的案件只能由特定的人民法院管辖，其他法院无管辖权，当事人也不得协议改变管辖法院的制度。协议管辖，是指双方当事人在争议发生之前或者争议发生之后以书面协议的形式选择管辖法院的制度。

3. 共同管辖和合并管辖。根据诉讼关系为标准，可以将管辖分为共同管辖和合并管辖。共同管辖，是指两个或者两个以上的人民法院对同一案件都有管辖权。合并管辖，又称牵连管辖，是指管辖一个案件的人民法院可以管辖与此案有牵连的其他案件的管辖制度。

考点精讲三　级别管辖

一、概念及划分依据

级别管辖，是指各级人民法院受理第一审民事案件的分工与权限。

划分级别管辖的依据主要是：（1）均衡各级人民法院之间的职能负担。（2）案件的性质。（3）案件的影响大小。除上述案件以外，其余民事案件可以根据案件的影响大小来确定级别管辖，具体可以考虑以下因素：案件的情节；案件涉及的人员多少；案件的影响范围。

二、各级人民法院管辖的第一审民事案件

（一）基层人民法院管辖的第一审民事案件

根据《民事诉讼法》第17条的规定，基层人民法院管辖第一审民事案件，但本法另有规定的除外。

（二）中级人民法院管辖的第一审民事案件

根据《民事诉讼法》第18条的规定，中级人民法院管辖下列第一审民事案件：

1. 重大涉外案件。根据《民诉解释》第1条的规定，“重大涉外案件”包括争议标的额大的案件、案情复杂的案件，或者一方当事人人数众多等具有重大影响的案件。

2. 在本辖区有重大影响的案件。

3. 最高人民法院确定由中级人民法院管辖的案件。注意以下几类案件：（1）专利纠纷案件由知识产权法院和最高人民法院确定的中级人民法院管辖，但也可以由最高人民法院确定基层人民法院管辖。（2）海事、海商案件由相当于中级人民法院的海事法院管辖。（3）消费者公益诉讼与环境公益诉讼由中级人民法院管辖，但是环境公益诉讼经高级人民法院批准，中级人民法院可以交基层人民法院管辖。（4）涉港、澳、台的案件可以参照涉外案件来确定，即重大涉港、澳、台案件由中级人民法院管辖。（5）认定仲裁协议效力的案件、撤销仲裁裁决的案件、仲裁裁决的执行案件、不予执行仲裁裁决的案件、涉外仲裁

中的证据保全与财产保全均由有关中级人民法院管辖。

（三）高级人民法院管辖的第一审民事案件

根据《民事诉讼法》第19条的规定，高级人民法院管辖在本辖区内有重大影响的第一审民事案件。

（四）最高人民法院管辖的第一审民事案件

根据《民事诉讼法》第20条的规定，最高人民法院管辖两类案件：一是在全国范围内有重大影响的案件；二是最高人民法院认为应当由本院审理的案件。换言之，在级别管辖的确定方面，最高人民法院享有自由裁量权。

【关联知识】 移送管辖、管辖权转移、管辖恒定、管辖权异议可以针对级别管辖适用。但是，协议管辖不适用于级别管辖。

【经典真题测试】

12. 根据《民事诉讼法》和司法解释的相关规定，关于级别管辖，下列哪些表述是正确的？[1]（2012/3/78）

A. 级别管辖不适用管辖权异议制度

B. 案件被移送管辖有可能是因为受诉法院违反了级别管辖的规定而发生的

C. 管辖权转移制度是对级别管辖制度的变通和个别的调整

D. 当事人可以通过协议变更案件的级别管辖

13. 关于民事案件的级别管辖，下列哪一选项是正确的？[2]（2009/3/35）

A. 第一审民事案件原则上由基层法院管辖

B. 涉外案件的管辖权全部属于中级法院

C. 高级法院管辖的一审民事案件包括在本辖区内有重大影响的民事案件和它认为应当由自己审理的案件

D. 最高法院仅管辖在全国有重大影响的民事案件

考点精讲四　地域管辖

所谓地域管辖，是指同级人民法院之间受理第一审民事案件的分工与权限。

一、一般地域管辖

一般地域管辖，即按照当事人所在地与人民法院辖区的关系所确定的管辖。

（一）一般地域管辖的确定标准

对于法人而言，确定标准是法人的住所地，即法人的主要办事机构或者主要营业所所在地。对于公民个人而言，确定一般地域管辖有两个标准：一是住所地，即公民的户口所在地；二是经常居住地，即公民离开住所至起诉时已连续居住1年以上的地方，但是，公民住院就医的地方除外。

---

〔1〕**【答案】** BC

〔2〕**【答案】** A

【提示】 在确定一般地域管辖时，如果公民的住所地与经常居住地不一致，经常居住地的适用优先于住所地，即当公民的住所地与经常居住地不一致时，按照经常居住地确定管辖。

例如： 户口在甲区的张某于2013年1月向户口在乙区的李某借款5万元，言明1年内归还，但一直未还。2015年2月，李某多次索要未果，遂决定向人民法院起诉。经查，张某因做生意于2013年4月搬至丙区居住，但2014年12月，张某又搬至丁区居住至今。此时，李某只能向张某的户口所在地甲区人民法院起诉。因为在本案中，张某虽然在丙区居住1年以上，但起诉时张某已不居住在丙区；而起诉时张某虽然居住在丁区，但连续居住尚未满1年，故就张某而言，并未形成诉讼法意义上的经常居住地。

对于一般地域管辖的确定，以被告所在地管辖为原则，以原告所在地管辖为例外。

（二）确定原则——被告所在地人民法院管辖

《民事诉讼法》第21条规定，对公民提起的民事诉讼，由被告住所地人民法院管辖；被告住所地与经常居住地不一致的，由经常居住地人民法院管辖。对法人或者其他组织提起的民事诉讼，由被告住所地人民法院管辖。这就是通常所说的“原告就被告原则”，即原告起诉应当到被告所在地的人民法院提出。

此外，《民诉解释》作了相应的补充规定，其中主要包括：

（1）当事人的户籍迁出后尚未落户，有经常居住地的，由该地人民法院管辖。没有经常居住地的，由其原户籍所在地人民法院管辖 。

（2）双方当事人都是被监禁或者被采取强制性教育措施的，由被告原住所地人民法院管辖；被告被监禁或者被采取强制性教育措施1年以上的，由被告被监禁地或者被采取强制性教育措施地人民法院管辖。这里，实际上将被告被监禁或被采取强制性教育措施1年以上的地方视作被告的经常居住地。

（3）已经离婚的中国公民，双方均定居国外，仅就国内财产分割提起诉讼的，由主要财产所在地人民法院管辖。

（三）例外规定——原告所在地人民法院管辖

《民事诉讼法》第22条规定，下列民事诉讼，由原告住所地人民法院管辖；原告住所地与经常居住地不一致的，由原告经常居住地人民法院管辖：

1. 对不在中华人民共和国领域内居住的人提起的有关身份关系的诉讼；
2. 对下落不明或者宣告失踪的人提起的有关身份关系的诉讼；
3. 对被采取强制性教育措施的人提起的诉讼；
4. 对被监禁的人提起的诉讼。

其中，前两类案件的共性在于身份诉讼，如果是财产诉讼，则仍然由被告所在地人民法院管辖。而后两类案件的共性在于被告被限制了人身自由。

此外，《民诉解释》作出了相应的补充规定，其中主要包括：

（1）追索赡养费、抚养费、抚育费案件的几个被告住所地不在同一辖区的，可以由原告住所地人民法院管辖。

【注意】 确定追索赡养费、抚养费、抚育费案件管辖的标准是一个被告还是多个被告以及多个被告的住所地是否在一个法院辖区。只有一个被告或者几个被告住所地在一个法院辖区，则由该被告住所地的法院管辖；如果不在一个辖区，则原告住所地或者几个被告住所地法院均有管辖权。

(2)夫妻一方离开住所地超过1年，另一方起诉离婚的案件，可以由原告住所地人民法院管辖。夫妻双方离开住所地超过一年，一方起诉离婚的案件，由被告经常居住地人民法院管辖；没有经常居住地的，由原告起诉时被告居住地人民法院管辖。

例如：户口在A区的甲与户口在B区的乙于2010年10月结婚。婚后，因乙经常外出做生意，两人经常发生争议。2013年5月，乙在C区做生意期间犯盗窃罪，同年12月被C区人民法院判处有期徒刑3年并关押在C区监狱。2015年7月，甲决定向法院起诉与乙离婚，其应向哪一个人民法院起诉？

上述案例中，只有被告乙被监禁，因此，原告甲应向自己的住所地A区人民法院起诉。

【提示】准确判断涉及当事人被监禁或者被采取强制性教育措施案件的管辖问题时，需注意两点：第一，如果只有被告被监禁或者被采取强制性教育措施，不论被告被监禁或者被采取强制性教育措施是否超过1年，均由原告所在地法院管辖，即由原告住所地法院管辖；原告住所地与经常居住地不一致时，由原告经常居住地法院管辖。第二，如果双方均被监禁或者被采取强制性教育措施，则由被告原住所地法院管辖；被告被监禁或者被采取强制性教育措施1年以上的，由被告被监禁地或者被采取强制性教育措施地法院管辖。这里的被监禁或者被采取强制性教育措施1年以上指的是实际被监禁或者被采取强制性教育措施的时间。

二、特殊地域管辖

（一）特殊地域管辖的确定规律

特殊地域管辖，是指以当事人住所地、诉讼标的物所在地，或者引起法律关系发生、变更或消灭的法律事实所在地为标准所确定的管辖。

我国《民事诉讼法》第23～32条共10个条文规定了10种特殊地域管辖的情况。

【提示】特殊地域管辖的确定规律：

1. 除因海难救助费用与共同海损引起的纠纷案件以外，因合同纠纷、侵权纠纷、保险合同纠纷、票据纠纷、运输合同纠纷、事故损害赔偿纠纷、船舶碰撞和海损事故纠纷提起的诉讼案件，被告住所地人民法院均有法定管辖权。

2. 密切联系是确定特殊地域管辖的重要原则，也就是说，与纠纷案件密切联系地点的人民法院对特殊地域管辖所涉及的纠纷案件有管辖权。

3. 公司纠纷诉讼由公司住所地法院管辖。

（二）具体案件的管辖

1. 合同纠纷案件的管辖

(1)因合同纠纷提起的诉讼，由被告住所地或者合同履行地人民法院管辖。

(2)《民诉解释》第18条规定：“合同约定履行地点的，以约定的履行地点为合同履行地。合同对履行地点没有约定或约定不明确，争议标的为给付货币的，接收货币一方所在地为合同履行地；交付不动产的，不动产所在地为合同履行地；其他标的，履行义务一方所在地为合同履行地。即时结清的合同，交易行为地为合同履行地。合同没有实际履行，当事人双方住所地都不在合同约定的履行地的，由被告住所地人民法院管辖。”由此可见，《民诉解释》明确了“约定优先”的原则。

（3）《民诉解释》第19条规定："财产租赁合同、融资租赁合同以租赁物使用地为合同履行地。合同对履行地有约定的，从其约定。"

（4）《民诉解释》第20条规定："以信息网络方式订立的买卖合同，通过信息网络交付标的的，以买受人住所地为合同履行地；通过其他方式交付标的的，收货地为合同履行地。合同对履行地有约定的，从其约定。"通过计算机互联网等信息网络进行的数字化产品买卖具有特殊性，它无需以有形载体进行交付，买受人接受产品的终端不具有确定性。为均衡保护当事人程序利益，故规定买受人住所地为合同履行地。如果是"线上订立，线下交货"等其他方式交付标的的，则以收货地为合同履行地。

【注意】信息网络方式订立的买卖合同的被告住所地有法定管辖权。

【提示】合同纠纷法定管辖确定的思路

（1）被告住所地有法定管辖权。

（2）合同履行地的取决于是否约定履行地：第一、合同约定了履行地，以约定的履行地为合同履行地；但是，如果合同没有实际履行，当事人双方住所地都不在合同约定的履行地的，由被告住所地人民法院管辖。第二、合同对履行地点没有约定或约定不明确的，合同履行地的确定取决于争议标的。

2. 侵权纠纷案件的管辖

《民事诉讼法》第28条规定："因侵权行为提起的诉讼，由侵权行为地或者被告住所地人民法院管辖。"这里的侵权行为地既包括侵权行为实施地，也包括侵权结果发生地。

在确定侵权纠纷案件的管辖时，特别应当注意以下三个问题：

（1）产品质量侵权纠纷案件的管辖确定。《民诉解释》第26条规定："因产品、服务质量不合格造成他人财产、人身损害提起的诉讼，产品制造地、产品销售地、服务提供地、侵权行为地和被告住所地的人民法院都有管辖权。"

（2）新闻侵权纠纷案件的管辖确定。在新闻侵权纠纷案件中，往往侵权行为地具有多样性，也就是说，报刊、杂志的发行销售地均可以被理解为侵权行为地。

（3）信息网络侵权案件的管辖。《民诉解释》第25条规定："信息网络侵权行为实施地包括实施被诉侵权行为的计算机等信息设备所在地，侵权结果发生地包括被侵权人住所地。"

3. 保险合同纠纷案件的管辖

《民事诉讼法》第24条规定："因保险合同纠纷提起的诉讼，由被告住所地或者保险标的物所在地人民法院管辖。"《民诉解释》第21条规定："因财产保险合同纠纷提起的诉讼，如果保险标的物是运输工具或者运输中的货物，可以由运输工具登记注册地、运输目的地、保险事故发生地的人民法院管辖。因人身保险合同纠纷提起的诉讼，可以由被保险人住所地人民法院管辖。"

4. 票据纠纷案件的管辖

《民事诉讼法》第25条规定："因票据纠纷提起的诉讼，由票据支付地或者被告住所地人民法院管辖。"《民诉解释》第26条规定："票据支付地是指票据上载明的付款地。票据未载明付款地的，票据付款人（包括代理付款人）的住所地或主营业所所在地为票据付款地。"

5. 公司纠纷案件的管辖

《民事诉讼法》第26条规定："因公司设立、确认股东资格、分配利润、解散等纠纷提起的诉讼，由公司住所地人民法院管辖。”《民诉解释》第22条规定：“因股东名册记载、请求变更公司登记、股东知情权、公司决议、公司合并、公司分立、公司减资、公司增资等纠纷提起的诉讼，由公司住所地人民法院管辖。”

6. 运输合同纠纷案件的管辖

《民事诉讼法》第27条规定：“因铁路、公路、水上、航空运输和联合运输合同纠纷提起的诉讼，由运输始发地、目的地或者被告住所地人民法院管辖。”

7. 铁路等事故损害赔偿纠纷案件的管辖

《民事诉讼法》第29条规定：“因铁路、公路、水上和航空事故请求损害赔偿提起的诉讼，由事故发生地或者车辆、船舶最先到达地、航空器最先降落地或者被告住所地人民法院管辖。”

8. 船舶碰撞或者其他海事损害事故请求损害赔偿纠纷案件的管辖

《民事诉讼法》第30条规定：“因船舶碰撞或者其他海事损害事故请求损害赔偿提起的诉讼，由碰撞发生地、碰撞船舶最先到达地、加害船舶被扣留地或者被告住所地人民法院管辖。”

9. 海难救助费用纠纷案件的管辖

《民事诉讼法》第31条规定：“因海难救助费用提起的诉讼，由救助地或者被救助船舶最先到达地人民法院管辖。”

10. 共同海损纠纷案件的管辖

《民事诉讼法》第32条规定：“因共同海损提起的诉讼，由船舶最先到达地、共同海损理算地或者航程终止地的人民法院管辖。

【经典真题测试】

14. 根据《民事诉讼法》和相关司法解释的规定，法院的下列哪些做法是违法的?[1]（2014/3/78）

A. 在一起借款纠纷中，原告张海起诉被告李河时，李河居住在甲市A区。A区法院受理案件后，李河搬到甲市D区居住，该法院知悉后将案件移送D区法院

B. 王丹在乙市B区被黄玫打伤，以为黄玫居住乙市B区，而向该区法院提起侵权诉讼。乙市B区法院受理后，查明黄玫的居住地是乙市C区，遂将案件移送乙市C区法院

C. 丙省高院规定，本省中院受理诉讼标的额1000万元至5000万元的财产案件。丙省E市中院受理一起标的额为5005万元的案件后，向丙省高院报请审理该案

D. 居住地为丁市H区的孙溪要求居住地为丁市G区的赵山依约在丁市K区履行合同。后因赵山下落不明，孙溪以赵山为被告向丁市H区法院提起违约诉讼，该法院以本院无管辖权为由裁定不予受理

三、专属管辖

（一）专属管辖的范围

专属管辖，是指法律规定的某些特殊类型的案件专门由特定的人民法院管辖，其他人民法院无权管辖，当事人也不得以协议的形式改变这种管辖。专属管辖具有两大特征：一

---

〔1〕【答案】ABC

是强制性，二是排他性。

根据《民事诉讼法》第33条的规定，下列案件由法律规定的人民法院专属管辖：

1. 因不动产纠纷提起的诉讼，由不动产所在地人民法院管辖。

2. 因港口作业中发生纠纷提起的诉讼，由港口所在地人民法院管辖。

3. 因继承遗产纠纷提起的诉讼，由被继承人死亡时住所地或者主要遗产所在地人民法院管辖。

（二）应注意的问题

1. 不动产专属管辖的界定。民事法律关系的性质决定管辖法院的确定，因此，与不动产有关案件的性质界定非常重要。因此，有必要对不动产专属管辖的外延作出相应的规定。基于专属管辖属于强行性规定，不允许当事人通过合意进行变通，其适用范围应当尽可能限定在确有必要的范围内，不动产纠纷专属管辖的设置目的在于便利法院调查相关不动产状况，而不动产债权纠纷通常并不存在调查不动产状况的必要性，因而，宜仅将其限定在不动产物权纠纷的范围内。为此，《民诉解释》第28条规定："民事诉讼法第33条第1款第1项规定的"不动产纠纷"是指因不动产的权利确认、分割和相邻关系引起的物权纠纷。农村土地承包经营合同纠纷、房屋租赁合同纠纷、建设工程施工合同纠纷、政策性房屋买卖合同纠纷，按照不动产纠纷确定管辖。不动产已登记的，以不动产登记簿记载的所在地为不动产所在地；不动产未登记的，以不动产实际所在地为不动产所在地。"

2. 专属管辖各类案件之间具有排他性，主要是不动产纠纷与遗产继承纠纷之间是相互排他的关系。

【提示】《民事诉讼法》第33条与第266条的区别

1. 适用的案件种类不同。《民事诉讼法》第33条是关于专属管辖的一般规定，不是关于国内民事诉讼的专属管辖，因此，该法律规定既可以适用于国内民事诉讼，也可以适用于涉外民事诉讼。而《民事诉讼法》第266条规定仅适用于涉外民事诉讼。

2. 两者的立法目的不同。《民事诉讼法》第266条是对专属于中国法院管辖的特殊类型案件的规定，即在中国境内履行的中外合资经营企业合同、中外合作经营企业合同、中外合作勘探开发自然资源合同引起的纠纷应当专属于中国法院管辖，外国法院无管辖权，因为该规定的目的在于排除外国法院对这些案件的管辖权，从而维护中国法院对特殊案件的司法专属管辖权。而《民事诉讼法》第33条规定的案件，有管辖权的法院可以是中国法院，也可以是外国法院，因为其目的在于排除其他法院对特定案件的管辖权，既便利于当事人进行诉讼，也便利于法院行使审判权。

【经典真题测试】

15. 关于管辖，下列哪一表述是正确的？[1]（2014/3/39）

A. 军人与非军人之间的民事诉讼，都应由军事法院管辖，体现了专门管辖的原则

B. 中外合资企业与外国公司之间的合同纠纷，应由中国法院管辖，体现了维护司法主权的原则

C. 最高法院通过司法解释授予部分基层法院专利纠纷案件初审管辖权，体现了平衡法院案件负担的原则

---

〔1〕**【答案】** C

D. 不动产纠纷由不动产所在地法院管辖，体现了管辖恒定的原则

四、协议管辖

协议管辖相对于法定管辖而言，是指当事人就法律允许协议管辖的案件，在争议发生之前或者争议发生之后，以书面形式或者默示的方式对管辖法院予以选择的制度。

（一）协议管辖的法律规定

1.《民事诉讼法》第 34 条：合同或者其他财产权益纠纷的当事人可以书面协议选择被告住所地、合同履行地、合同签订地、原告住所地、标的物所在地等与争议有实际联系的地点的人民法院管辖，但不得违反本法对级别管辖和专属管辖的规定。

2.《民诉解释》第 30 条：根据管辖协议，起诉时能够确定管辖法院的，从其约定；不能确定的，依照民事诉讼法的相关规定确定管辖。管辖协议约定两个以上与争议有实际联系地点的人民法院管辖，原告可以向其中一个人民法院起诉。

3.《民事诉讼法》第 127 条第 2 款规定了默示协议管辖制度，即当事人未提出管辖异议，并应诉答辩的，视为受诉人民法院有管辖权，但违反级别管辖和专属管辖规定的除外。

（二）协议管辖的有效要件

1. 协议管辖适用于合同纠纷案件或者其他财产权益纠纷案件。这里的财产权益纠纷案件主要是侵权纠纷案件，当然，因物权、知识产权中的财产权而产生的纠纷，也应认定为其他财产权益纠纷。此外，《民诉解释》第 34 条还规定，当事人因同居或者在解除婚姻、收养关系后发生财产争议，约定管辖的，可以适用民事诉讼法第 34 条规定确定管辖。

2. 协议管辖只适用于第一审的地域管辖，第一审的级别管辖以及第二审法院的管辖不得适用协议管辖。

3. 协议管辖应采取法定方式。当事人协议选择管辖法院可以采用书面形式，即明示协议管辖，口头协议一律无效；但是，当事人未提出管辖异议，并应诉答辩的，视为当事人之间形成对管辖法院选择的默示协议。

4. 只能在法律规定的范围，即被告住所地、原告住所地、合同签订地、合同履行地、标的物所在地等与争议有实际联系的地点的人民法院之中进行选择，管辖协议约定两个以上与争议有实际联系地点的人民法院管辖，协议管辖有效，原告可以向其中一个人民法院起诉。

5. 不得违反级别管辖和专属管辖的规定。

【注意】合同纠纷案件或者财产权益纠纷案件法定管辖与协议管辖制度的关系。

例如：A 区甲公司和 B 区乙公司签订一份化工原材料买卖合同。合同约定：A 区甲公司向 B 区乙公司提供一批化工原材料，交货地为 C 区乙公司第一仓库。请根据假设回答下列问题：（1）假设合同约定，在合同履行过程中发生争议，双方应友好协商，协商不成时，合同履行地人民法院有管辖权。后来，因甲公司未向乙公司供货，双方发生争议，乙公司决定向法院提起诉讼。哪个法院有管辖权？（2）假设合同签订后，双方未约定管辖问题，因甲公司未向乙公司供货，双方为此发生争议。乙公司决定向法院提起诉讼。那么，该案的管辖法院应如何确定？

［辨析］（1）合同履行地 C 区法院有管辖权。因为在第 1 问中存在一个假设，即双方当事人约定，如果发生争议，协商解决不成的，由合同履行地法院管辖。也就是说，双方

当事人之间存在一个有效的约定管辖协议。此外，双方当事人在合同中约定交货地为C区乙公司第一仓库，根据履行地确定的规则，该交货地即为双方当事人约定的合同履行地，因此，合同履行地C区法院有管辖权。请注意，合同是否实际履行不影响对协议管辖是否有效的判断。

（2）被告住所地A区法院有管辖权。在第2问中，不存在有效的协议管辖的约定，只能按照法定管辖的规定来确定本案的管辖法院。在本案中，虽然双方当事人以交货地方式约定的合同履行地在C区，但是，由于本案合同未实际履行，而C区未在双方当事人的住所地，因此C区法院对该合同纠纷案件无管辖权，只有被告住所地A区法院有管辖权。

【特别提示】由于在确定合同纠纷和财产权益纠纷案件的管辖法院时，既涉及协议管辖问题，也涉及法定管辖问题，因此，正确处理协议管辖与法定管辖的关系，应当遵循有效协议管辖优先于法定管辖适用的原则。

（三）协议管辖的特殊适用

1. 格式化合同中管辖协议的适用

《民诉解释》第31条规定，经营者使用格式条款与消费者订立管辖协议，未采取合理方式提请消费者注意，消费者主张管辖协议无效的，人民法院应予支持。

2. 当事人住所地变更时协议管辖的适用

《民诉解释》第32条规定，管辖协议约定由一方当事人住所地人民法院管辖，协议签订后当事人住所地变更的，由签订管辖协议时的住所地人民法院管辖，但当事人另有约定的除外。

3. 合同转让时纠纷协议管辖的适用

《民诉解释》第33条规定，合同转让的，合同的管辖协议对合同受让人有效，但转让时受让人不知道有管辖协议，或者转让协议时另有约定且原合同相对人同意的除外。

五、共同管辖与选择管辖

共同管辖，是指根据法律规定，两个或者两个以上的人民法院对同一纠纷案件都有管辖权。选择管辖，是指在两个或者两个以上人民法院对同一案件都有管辖权的情况下，当事人可以从中选择其一作为纠纷案件的管辖法院。可见，共同管辖与选择管辖实际上是一个问题的两个侧面，共同管辖是从法院的角度来看，而选择管辖是从当事人的角度来看。

通常认为，发生共同管辖和选择管辖的原因主要有以下三种：（1）普通民事案件有两个以上被告，并且不在同一法院辖区内；（2）特殊民事案件数个联结因素所在地法院都有管辖权，并且数个联结因素都不在同一法院辖区内；（3）案件中的同一联结因素涉及两个以上法院的辖区。

我国《民事诉讼法》第35条规定，两个以上人民法院都有管辖权的诉讼，原告可以向其中一个人民法院起诉；原告向两个以上有管辖权的人民法院起诉的，由最先立案的人民法院管辖。此外，《民诉解释》第36条规定，两个以上人民法院都有管辖权的诉讼，先立案的人民法院不得将案件移送给另一个有管辖权的人民法院。人民法院在立案前发现其他有管辖权的人民法院已先立案的，不得重复立案；立案后发现其他有管辖权的人民法院已先立案的，裁定将案件移送给先立案的人民法院。

【提示】共同管辖可以产生于一般地域管辖、特殊地域管辖、专属管辖与协议管辖。

【经典真题测试】

16. 关于管辖制度的表述，下列哪些选项是不正确的？[1]（2013/3/79）

A. 对下落不明或者宣告失踪的人提起的民事诉讼，均应由原告住所地法院管辖

B. 因共同海损或者其他海损事故请求损害赔偿提起的诉讼，被告住所地法院享有管辖权

C. 甲区法院受理某技术转让合同纠纷案后，发现自己没有级别管辖权，将案件移送至甲市中院审理，这属于管辖权的转移

D. 当事人可以书面约定纠纷的管辖法院，这属于选择管辖

考点精讲五　裁定管辖

级别管辖与地域管辖形成了我国的法定管辖制度。与法定管辖相对应，裁定管辖是人民法院以裁定形式所确定的管辖。作为法定管辖的必要补充，裁定管辖主要包括移送管辖、指定管辖与管辖权转移制度。

一、移送管辖

移送管辖，是指人民法院受理民事案件后，发现自己对案件无管辖权，依法将案件移送给有管辖权的人民法院审理的制度。

（一）移送管辖的条件

根据《民事诉讼法》第36条的规定，移送管辖需要符合以下三个条件：

1. 移送法院已经受理案件；
2. 移送法院对案件无管辖权；
3. 受移送法院对案件有管辖权。

（二）移送管辖需注意的程序问题

1. 移送管辖系法院对管辖权的自我判断，受理案件法院以自己无管辖权为由将案件移送给自己认为有管辖权的法院，其移送管辖的做法是正确的；以其他法院管辖更合适等其他原因为由移送是错误的。移送管辖既可以适用于同级法院之间，也可以适用于上下级法院之间。

2. 移送管辖只能一次，因此，受移送法院即使认为自己对受理的案件没有管辖权，既不能再将案件移送给其他法院，也不能将案件退回移送法院或者拒绝接受移送，只能报请上级法院指定管辖。这里的上级法院是指自己的上级法院。

3. 移送管辖的期限。《民诉解释》第35条规定，当事人在答辩期届满后未应诉答辩，人民法院在一审开庭前，发现案件不属于本院管辖的，应当裁定移送有管辖权的人民法院。

4. 管辖恒定问题。人民法院的管辖权以受理案件时有无管辖权为标准，即受理案件时有管辖权的法院受案后，根据管辖恒定原则，其管辖权不受当事人住所地、经常居住地变更以及行政区划变更的影响。此外，《民诉解释》增加了关于管辖恒定的适用，即该解释第

---

〔1〕**【答案】** ABCD

39 条规定，人民法院对管辖异议审查后确定有管辖权的，不因当事人提起反诉、增加或者变更诉讼请求等改变管辖，但违反级别管辖、专属管辖规定的除外。人民法院发回重审或者按第一审程序再审的案件，当事人提出管辖权异议的，人民法院不予审查。

5. 根据《民诉解释》第 36 条的规定，两个以上人民法院都有管辖权的诉讼，先立案的人民法院不得将案件移送给另一个有管辖权的人民法院。人民法院在立案前发现其他有管辖权的人民法院已先立案的，不得重复立案；立案后发现其他有管辖权的人民法院已先立案的，裁定将案件移送给先立案的人民法院。

二、管辖权转移

（一）管辖权转移的理解

管辖权转移，是指经上级人民法院决定或者同意，将某个案件的管辖权由上级人民法院转交给下级人民法院，或者由下级人民法院转交给上级人民法院。与移送管辖不同，管辖权转移是上、下级人民法院之间进行的一种管辖权的转移。根据《民事诉讼法》第 38 条的规定，管辖权转移包括两种情况：

1. 自下而上的转移

自下而上的转移有两种：一是报请上级人民法院管辖，即下级人民法院对它所管辖的第一审民事案件，认为需要由上级人民法院审理的，可以报请上级人民法院审理；二是上级人民法院提审案件，即上级人民法院有权审理下级人民法院管辖的第一审民事案件。

2. 自上而下的转移

自上而下的转移，即上级人民法院确有必要将本院管辖的第一审民事案件交下级人民法院审理的，应当报请其上级人民法院批准。为防止上级人民法院滥用自上而下转移管辖权的权力，此次《民诉解释》第 42 条对此范围作出了明确的规定，即下列第一审民事案件，人民法院依照民事诉讼法第 38 条第 1 款规定，可以在开庭前交下级人民法院审理：（1）破产程序中有关债务人的诉讼案件；（2）当事人人数众多且不方便诉讼的案件；（3）最高人民法院确定的其他类型案件。

（二）管辖权转移与移送管辖的区别

比较内容	移送管辖	管辖权转移（也称移转管辖）
前提不同	受理法院对案件没有管辖权	受理法院对案件有管辖权
转移内容不同	案件	管辖权
法院级别不同	同级法院之间，上下级法院之间	上下级法院之间
程序要求不同	无需上级法院同意	需要上级法院同意或者批准

三、指定管辖

指定管辖，是指上级人民法院以裁定的形式指定下级人民法院对某一案件行使管辖权。根据民事诉讼法的相关规定，指定管辖发生在以下三种情况：

1. 受移送人民法院认为自己对移送的案件无管辖权时，可以报请自己的上级人民法院指定管辖。

2. 有管辖权的人民法院由于特殊原因，不能行使管辖权的，由自己的上级人民法院指定管辖。通常认为，这里的“特殊原因”，既包括法律方面的原因，也包括事实方面的原因。法律方面的原因，主要指法律规定的情形，比如，有管辖权的人民法院的全体审判人员与本案有利害关系，被当事人申请回避或自行回避，因而不能执行职务。事实方面的原因，主要表现为：有管辖权的人民法院所在地发生了严重的自然灾害，如台风、地震、水灾等，致使该法院无法办案。

3. 人民法院因管辖权发生争议协商不成时，由共同上级人民法院指定管辖。

（1）管辖权发生争议的原因通常有两点：第一，因共同管辖发生争议；第二，因辖区界限不明确发生争议。法院之间的管辖权争议包括管辖权积极争议和管辖权消极争议。前者是指两个或者两个以上的人民法院对同一案件都认为自己有管辖权，从而争夺该案件的管辖权。后者是指两个或者两个以上的人民法院对同一案件都认为自己没有管辖权，从而推诿该案件的管辖权。

（2）需要注意以下两点：

第一，报请共同上级人民法院指定管辖的程序。《民诉解释》第 40 条规定：“依照《民事诉讼法》第 37 条第 2 款规定，发生管辖权争议的两个人民法院因协商不成报请它们的共同上级人民法院指定管辖时，双方为同属一个地、市辖区的基层人民法院，由该地、市的中级人民法院及时指定管辖；同属一个省、自治区、直辖市的两个人民法院，由该省、自治区、直辖市的高级人民法院及时指定管辖；双方为跨省、自治区、直辖市的人民法院，高级人民法院协商不成的，由最高人民法院及时指定管辖。依前款规定报请上级人民法院指定管辖时，应当逐级进行。”

第二，禁止抢管辖。《民诉解释》第 41 条规定：“人民法院依照民事诉讼法第 37 条第 2 款的规定指定管辖，应当作出裁定。对报请上级人民法院指定管辖的案件，下级人民法院应当中止审理。指定管辖裁定作出前，下级人民法院对案件作出判决、裁定的，上级人民法院应当在裁定指定管辖的同时，一并撤销下级人民法院的判决和裁定。”

考点精讲六　管辖权异议

一、管辖权异议的条件

管辖权异议，是指当事人向受诉人民法院提出的该人民法院对所受理案件无管辖权的意见和主张。

根据民事诉讼法及司法解释的规定，提出管辖权异议应当具备以下条件：

1. 异议的主体是当事人，但通常是被告。《民事诉讼法》第 127 条规定，人民法院受理案件后，当事人对管辖权有异议的，应当在提交答辩状期间提出。《民诉解释》第 66 条规定，无独立请求权的第三人在一审中无权对案件的管辖权提出异议。此外，最高人民法院在相关司法解释中也明确规定，有独立请求权的第三人无权提出管辖权异议，因此，在司法实践之中，有权提出管辖权异议的主体通常是被告。

2. 异议的时间通常是提交答辩状期间。但是，根据《民事诉讼法》第 127 条第 2 款的规定，当事人未提出管辖异议，并应诉答辩的，视为受诉人民法院有管辖权，但违反级别管辖和专属管辖规定的除外。

3. 异议的对象只能是第一审法院的管辖权，既可以针对地域管辖异议，也可以针对级别管辖异议。

最高人民法院在《关于审理民事级别管辖异议案件若干问题的规定》中对有关级别管辖异议作出了如下具体规定：

第一，在管辖权异议裁定作出前，原告申请撤回起诉，受诉人民法院作出准予撤回起诉裁定的，对管辖权异议不再审查，并在裁定书中一并写明。（第2条）

第二，提交答辩状期间届满后，原告增加诉讼请求致使案件标的额超过受诉人民法院级别管辖标准，被告提出管辖权异议，请求由上级人民法院管辖的，人民法院应审查并作出裁定。异议不成立的，裁定驳回，异议成立的，裁定移送有管辖权的人民法院。（第3条）

第三，被告以受诉人民法院同时违反级别管辖与地域管辖规定为由提出管辖权异议的，受诉人民法院应当一并作出裁定。（第6条）

第四，对于将案件移送上级人民法院管辖的裁定，当事人未提出上诉，但受移送的上级人民法院认为确有错误的，可以依职权裁定撤销。（第9条）

二、管辖权异议的处理

当事人提出管辖权异议后，人民法院应当审查。异议成立的，裁定将案件移送有管辖权的人民法院；异议不成立的，裁定驳回，对该驳回管辖权异议的裁定不服的，当事人可以依法上诉。

【特别提示】对管辖权异议上诉的例外

适用小额诉讼程序审理案件，当事人提出管辖权异议，法院裁定驳回的，当事人不得上诉。

【经典真题测试】

17. 法院受理案件后，被告提出管辖异议，依据法律和司法解释规定，其可以采取下列哪些救济措施？[1]（2016/3/78）

A. 向受诉法院提出管辖权异议，要求受诉法院对管辖权的归属进行审查

B. 向受诉法院的上级法院提出异议，要求上级法院对案件的管辖权进行审查

C. 在法院对管辖异议驳回的情况下，可以对该裁定提起上诉

D. 在法院对案件审理终结后，可以以管辖错误作为法定理由申请再审

---

〔1〕**【答案】**AC

专题三　诉讼参加人

【本专题知识结构图】

- 诉讼参加人
  - 当事人资格
    - 民事诉讼权利能力
    - 非实体当事人的范围
    - 当事人适格的判断
  - 原被告的确定
    - 以民事法律关系为依据
    - 劳务关系、行为人、法人与分支机构、村民委员会与村民小组
  - 共同诉讼人
    - 必要共同诉讼人
      - 法定情形
      - 诉讼标的共同的理解
      - 关系：注意内部关系
      - 追加
      - 与有独立请求权第三人的区别
    - 普通共同诉讼人
      - 独立性
        - 诉讼行为独立
        - 特殊情形适用独立
        - 裁判结果独立
      - 与必要性共同诉讼人的区别
  - 诉讼代表人
    - 代表人诉讼的种类
      - 起诉时人数确定的代表人诉讼
      - 起诉时人数不确定的代表人诉讼
    - 诉讼代表人
      - 确定
        - 起诉时人数确定的代表人诉讼：当事人推选
        - 起诉时人数不确定的代表人诉讼
          - 当事人推选
          - 法院与当事人协商
          - 法院指定
      - 权限：注意需经被代表当事人同意的权利
  - 第三人
    - 有独立请求权的第三人
      - 参诉依据：有独立的请求权
      - 参诉地位：参加之诉的原告
      - 参诉方式：起诉，法院不得依职权追加
      - 诉讼权利：享有原告的诉讼权利
    - 无独立请求权的第三人
      - 参诉依据：法律上的利害关系
      - 参诉地位：原告与被告之外的当事人
      - 诉讼权利
        - 无权行使的诉讼权利
        - 有权行使的诉讼权利
        - 附条件行使的诉讼权利
      - 参诉方式
        - 申请参加
        - 法院通知参加

- 诉讼参加人
  - 诉讼代理人
    - 法定代理人
      - 代理权的产生与消灭
      - 代理权限
    - 委托代理人
      - 代理人的范围
      - 代理权限
      - 授权委托书
      - 本人出庭问题
  - 诉讼参与人
    - 人民法院与人民检察院
    - 诉讼参加人
      - 当事人：原告、被告、共同诉讼人、诉讼代表人、第三人
      - 诉讼代理人：法定代理人与委托代理人
    - 其他诉讼参与人
      - 证人
      - 鉴定人
      - 翻译人员
      - 勘验人员

考点精讲一　当事人资格

一、当事人的概念与特征

民事诉讼中的当事人，是指因民事权利与义务发生争议，以自己的名义进行诉讼，并受法院裁判约束的人。

当事人具有以下几个特征：

1. 以自己的名义进行诉讼。当事人是以自己的名义进行诉讼，而不是以别人的名义进行诉讼。

2. 因自己的合法权益或者自己所管理、支配的民事权益发生争议。作为当事人应当与民事纠纷所涉及的民事权益有关，具体有两种情况：（1）自己的民事权益受到侵犯或者与他人发生争议。（2）自己所管理、支配的民事权益受到侵犯或者与他人发生争议。

根据当事人与民事诉讼所涉及的实体利益的关系，当事人可以表现为实体当事人与非实体当事人两种。民事法律关系的主体作为当事人，是基于自己的实体利益发生争议而成为诉讼当事人，属于实体当事人；非民事法律关系主体作为当事人，即基于管理、支配他人的实体利益发生争议而成为诉讼当事人的，则属于非实体当事人。

二、民事诉讼权利能力与诉讼行为能力

（一）民事诉讼权利能力

1. 民事诉讼权利能力的理解。

民事诉讼权利能力是能够成为民事诉讼当事人，享有诉讼权利，承担诉讼义务的资格。对于自然人而言，其民事诉讼权利能力始于出生，终于死亡；对于法人而言，始于依法成立，终于法人终止，如法人合并、分立等。

民事诉讼权利能力与民事权利能力有密切的联系。在一般情况下，有民事权利能力的人，就有民事诉讼权利能力。在特殊情况下，没有民事权利能力的人，即非民事法律关系

的主体，因其管理和支配的民事权益发生争议时，可以作为独立的民事诉讼主体，享有诉讼权利，承担诉讼义务。这种特殊的当事人通常称为非实体当事人。

【提示】未成年人与精神病患者可以作为当事人。

2. 非实体当事人。

非实体当事人主要包括：（1）其他组织。《民诉解释》第52条规定了其他组织的具体范围。（2）失踪人的财产代管人。这里需要注意，失踪人是由人民法院经过法定程序宣告失踪的人，如果仅仅只是一个处于下落不明状态的人，其财产代管人没有诉权，不能成为民事诉讼中的当事人。（3）遗产管理人、遗嘱执行人。（4）为保护死者名誉权、著作权等而提起诉讼的死者的近亲属。

（二）民事诉讼行为能力

民事诉讼行为能力是当事人亲自进行诉讼活动，以自己的行为行使诉讼权利和承担诉讼义务的能力。

民事诉讼行为能力与民事行为能力有密切的联系，即有完全民事行为能力的人是有民事诉讼行为能力的人；无民事行为能力的人或者限制民事行为能力的人是无民事诉讼行为能力的人。

三、当事人适格

当事人适格，也称为当事人正当，是当事人就其所参加的诉讼符合法律规定的条件，即可以作为其所参加的诉讼的当事人的资格。

【特别提示】民事诉讼权利能力与当事人适格的区别

比较内容	民事诉讼权利能力（当事人能力）	当事人适格（正当当事人）
特点	抽象、概括的当事人资格	具体个案中的当事人资格
与诉讼联系	不以具体民事诉讼为基础	以具体民事诉讼为基础
与法律的关系	无需法律规定	由法律加以规定
判断	自然人始于出生，终于死亡；法人或者组织始于依法设立，终于依法终止	1. 在变更之诉与给付之诉中，以是否是本案所涉及法律关系的主体或者对该法律关系中的利益是否享有权利或者管理权利作为当事人是否适格的判断标准；2. 在确认之诉中，以对确认法律关系存在与否是否具有确认的必要性、即确认利益作为判断当事人是否适格的标准。

【经典真题测试】

18. 根据民事诉讼理论和相关法律法规，关于当事人的表述，下列哪些选项是正确的？[1]（2014/3/81）

A. 依法解散、依法被撤销的法人可以自己的名义作为当事人进行诉讼

B. 被宣告为无行为能力的成年人可以自己的名义作为当事人进行诉讼

〔1〕【答案】BCD

C. 不是民事主体的非法人组织依法可以自己的名义作为当事人进行诉讼

D. 中国消费者协会可以自己的名义作为当事人，对侵害众多消费者权益的企业提起公益诉讼

19. 关于当事人能力和正当当事人的表述，下列哪一选项是正确的？[1]（2013/3/38）

A. 一般而言，应以当事人是否对诉讼标的有确认利益，作为判断当事人适格与否的标准

B. 一般而言，诉讼标的的主体即是本案的正当当事人

C. 未成年人均不具有诉讼行为能力

D. 破产企业清算组对破产企业财产享有管理权，可以该企业的名义起诉或应诉

20. 关于当事人能力与当事人适格的概念，下列哪些表述是正确的？[2]（2012/3/81）

A. 当事人能力又称当事人诉讼权利能力，当事人适格又称正当当事人

B. 有当事人能力的人一定是适格当事人

C. 适格当事人一定具有当事人能力

D. 当事人能力与当事人适格均由法律明确加以规定

考点精讲二　原告与被告

一、原告与被告确定的基础

所谓原告，是指因民事权利义务发生争议，以自己的名义向人民法院提起民事诉讼，并引起诉讼程序发生的人。

所谓被告，是指被原告指称侵犯其合法权利或者与原告发生权利义务争议，并被人民法院通知应诉的人。

在民事诉讼中确定原、被告时，应当以民事法律关系为基础，而不应当以民事责任的承担作为标准，因为在民事诉讼中，毕竟还存在无独立请求权第三人承担民事责任的问题。也就是说，基于民事诉讼法律关系，为实现自己的民事权益或者自己所管理、支配的民事权益而提起诉讼的主体为原告，法律关系的相对一方即为被告。

二、确定原告与被告的法律规定

（一）劳务关系中的当事人

《民诉解释》第57条规定，提供劳务一方因劳务造成他人损害的，受害人提起诉讼的，以接受劳务一方为被告。

（二）行为人作为当事人

《民诉解释》第62条规定，下列情形，以行为人为当事人：（一）法人或者其他组织应登记而未登记，行为人即以该法人或者其他组织名义进行民事活动的；（二）行为人没有

---

[1]【答案】B

[2]【答案】AC

代理权、超越代理权或者代理权终止后以被代理人名义进行民事活动的，但相对人有理由相信行为人有代理权的除外；（三）法人或者其他组织依法终止后，行为人仍以其名义进行民事活动的。

（三）法人与分支机构的关系

《民诉解释》第53条规定，法人非依法设立的分支机构，或者虽依法设立，但没有领取营业执照的分支机构，以设立该分支机构的法人为当事人。换言之，法人依法设立并领取营业执照的分支机构，则以分支机构为当事人。

（四）法人解散当事人的确定

《民诉解释》第64条规定，企业法人解散的，依法清算并注销前，以该企业法人为当事人；未依法清算即被注销的，以该企业法人的股东、发起人或者出资人为当事人。

（五）村民委员会或者村民小组的当事人

《民诉解释》第68条规定，村民委员会或者村民小组与他人发生民事纠纷的，村民委员会或者有独立财产的村民小组为当事人。

（六）侵害死者利益的当事人

《民诉解释》第69条规定，对侵害死者遗体、遗骨以及姓名、肖像、名誉、荣誉、隐私等行为提起诉讼的，死者的近亲属为当事人。

（七）因新闻报道或其他作品引起的名誉权纠纷案件的当事人

最高人民法院《关于审理名誉权案件若干问题的解答》第6条规定，因新闻报道或其他作品发生的名誉权纠纷，应根据原告的起诉确定被告。只诉作者的，列作者为被告；只诉新闻出版单位的，列新闻出版单位为被告；对作者和新闻出版单位都提起诉讼的，将作者和新闻出版单位均列为被告，但作者与新闻出版单位为隶属关系，作品系作者履行职务所形成的，只列单位为被告。如下图：

作者与出版单位是非职务关系
- 以作者为被告
- 以出版单位为被告
- 以作者与出版单位为共同被告

作者与出版单位是职务关系
- 以作者为被告
- 以出版单位为被告

考点精讲三　共同诉讼人

一、共同诉讼与共同诉讼人

（一）共同诉讼的概念

共同诉讼，是指当事人一方或者双方为两人以上，其诉讼标的是共同的或者是同一种类，人民法院合并审理的诉讼。

在民事诉讼中，通常情况下，原告和被告一方都只有一人；但是，由于社会关系的复杂，多种关系的交叉、混合经常发生，反映在民事诉讼中就可能出现当事人一方或者双方为两人以上的情况。共同诉讼是诉的主观合并，即当事人的合并，其设置不仅可以防止人民法院就同一问题作出相互矛盾的判决，而且可以简化诉讼程序，节约司法资源，实现诉讼经济的目的。

在民事诉讼理论中，原告为两人以上的共同诉讼称为积极的共同诉讼，被告为两人以上的共同诉讼称为消极的共同诉讼。

（二）共同诉讼的特征

共同诉讼具有以下特征：

1. 当事人一方或者双方为两人以上。

2. 诉讼标的是共同的或者同一种类。共同诉讼必须遵循一定的标准，只有诉讼标的是共同的或者同一种类的，人民法院才能合并审理。

3. 人民法院合并审理。共同诉讼属于诉的主体合并，即人民法院将两个以上的当事人合并为一方进行审理。

（三）共同诉讼的种类

在我国民事诉讼中，共同诉讼可以分为两种类型：即必要共同诉讼与普通共同诉讼，区分两者的依据主要是共同诉讼人之间诉讼标的的不同。其中，必要共同诉讼的标的是共同的或者同一的，而普通共同诉讼的标的是同一种类。由此可见，必要共同诉讼的目的主要在于防止人民法院对同一诉讼标的作出相互矛盾的判决，而普通共同诉讼的目的主要在于实现诉讼经济。

（四）共同诉讼人

共同诉讼人，是指在因诉讼标的共同或者同一种类，基于法院合并审理而形成的共同诉讼中，一同进行诉讼的人。

共同诉讼人是当事人的一种，属于广义的当事人。原告一方为两人以上的，称为共同原告；被告一方为两人以上的，称为共同被告。共同原告与共同被告，称为共同诉讼人。

共同诉讼人与共同诉讼是两个既紧密联系又相互区别的概念。其联系表现在：只有在共同诉讼中才能产生共同诉讼人，如果诉讼不属于共同诉讼的类型，当事人就不可能是共同诉讼人。两者的区别在于：共同诉讼，是从诉的角度来讲的，是诉的合并的形式之一；而共同诉讼人是从诉讼主体的角度来讲的，是当事人制度的一种形式。

二、必要共同诉讼人

必要共同诉讼即当事人一方或双方为两人以上，诉讼标的是共同的，人民法院必须合并审理的诉讼。在共同诉讼中，一同进行诉讼的原告为共同原告，一同进行诉讼的被告为共同被告。共同原告与共同被告统称为共同诉讼人。

（一）必要共同诉讼人的法定情形

1. 挂靠关系。《民诉解释》第 54 条规定，以挂靠形式从事民事活动，当事人请求由挂靠人和被挂靠人依法承担民事责任的，该挂靠人和被挂靠人为共同诉讼人。

2. 劳务派遣关系。《民诉解释》第 58 条规定，在劳务派遣期间，被派遣的工作人员因执行工作任务造成他人损害的，以接受劳务派遣的用工单位为当事人。当事人主张劳务派遣单位承担责任的，该劳务派遣单位为共同被告。

【经典真题测试】

21. 小桐是由菲特公司派遣到苏拉公司工作的人员，在一次完成苏拉公司分配的工作任务时，失误造成路人周某受伤，因赔偿问题周某起诉至法院。关于本案被告的确定，下列哪一选项是正确的？[1]（2016/3/37）

A. 起诉苏拉公司时，应追加菲特公司为共同被告

B. 起诉苏拉公司时，应追加菲特公司为无独立请求权第三人

C. 起诉菲特公司时，应追加苏拉公司为共同被告

D. 起诉菲特公司时，应追加苏拉公司为无独立请求权第三人

3. 个体工商户登记的经营者与实际经营者不一致。《民诉解释》第 59 条第 2 款规定，营业执照上登记的经营者与实际经营者不一致的，以登记的经营者和实际经营者为共同诉讼人。

【经典真题测试】

22. 徐某开设打印设计中心并以自己名义登记领取了个体工商户营业执照，该中心未起字号。不久，徐某应征入伍，将该中心转让给同学李某经营，未办理工商变更登记。后该中心承接广告公司业务，款项已收却未能按期交货，遭广告公司起诉。下列哪一选项是本案的适格被告？[2]（2015/3/39）

A. 李某

B. 李某和徐某

C. 李某和该中心

D. 李某、徐某和该中心

4. 个人合伙问题。《民诉解释》第 60 条规定，在诉讼中，未依法登记领取营业执照的个人合伙的全体合伙人为共同诉讼人。个人合伙有依法核准登记的字号的，应在法律文书中注明登记的字号。全体合伙人可以推选代表人；被推选的代表人，应由全体合伙人出具推选书。

该情形需要与《民诉解释》第 52 条规定的合伙组织作为当事人参加诉讼相区别。合伙组织具有三个必要因素：第一，合法成立；第二，有一定的组织机构和财产；第三，不具备法人资格。

【经典真题测试】

23. 甲乙丙三人合伙开办电脑修理店，店名为“一通电脑行”，依法登记。甲负责对外执行合伙事务。顾客丁进店送修电脑时，被该店修理人员戊的工具碰伤。丁拟向法院起诉。关于本案被告的确定，下列哪一选项是正确的？[3]（2010/3/40）

A. “一通电脑行”为被告

B. 甲为被告

C. 甲乙丙三人为共同被告，并注明“一通电脑行”字号

D. 甲乙丙戊四人为共同被告

5. 企业法人分立问题。《民诉解释》第 63 条规定，企业法人分立的，因分立前的民事

---

[1] 【答案】C

[2] 【答案】B

[3] 【答案】C

活动发生的纠纷，以分立后的企业为共同诉讼人。

6. 借用关系。《民诉解释》第65条规定，借用业务介绍信、合同专用章、盖章的空白合同书或者银行账户的，出借单位和借用人为共同诉讼人。

7. 保证合同关系。《民诉解释》第66条规定，因保证合同纠纷提起的诉讼，债权人向保证人和被保证人一并主张权利的，人民法院应当将保证人和被保证人列为共同被告；保证合同约定为一般保证，债权人仅起诉保证人的，人民法院应当通知被保证人作为共同被告参加诉讼；债权人仅起诉被保证人，可只列被保证人为被告。

【经典真题测试】

24. 甲向大恒银行借款100万元，乙承担连带保证责任，甲到期未能归还借款，大恒银行向法院起诉甲乙二人，要求其履行债务。关于诉的合并和共同诉讼的判断，下列哪些选项是正确的?[1](2013/3/77)

A. 本案属于诉的主体的合并

B. 本案属于诉的客体的合并

C. 本案属于必要共同诉讼

D. 本案属于普通共同诉讼

8. 监护关系。《民诉解释》第67条规定：无民事行为能力人、限制民事行为能力人造成他人损害的，无民事行为能力人、限制民事行为能力人和其监护人为共同被告。

【经典真题测试】

25. 精神病人姜某冲入向阳幼儿园将入托的小明打伤，小明的父母与姜某的监护人朱某及向阳幼儿园协商赔偿事宜无果，拟向法院提起诉讼。关于本案当事人的确定，下列哪一选项是正确的?[2](2016/3/36)

A. 姜某是被告，朱某是无独立请求权第三人

B. 姜某与朱某是共同被告，向阳幼儿园是无独立请求权第三人

C. 向阳幼儿园与姜某是共同被告

D. 姜某、朱某、向阳幼儿园是共同被告

9. 继承遗产关系。《民诉解释》第70条规定，在继承遗产诉讼中，部分继承人起诉的，人民法院应通知其他继承人作为共同原告参加诉讼；被通知的继承人不愿意参加诉讼又未明确表示放弃实体权利的，人民法院仍应把其列为共同原告。

10. 代理关系。《民诉解释》第71条规定，原告起诉被代理人和代理人，要求承担连带责任的，被代理人和代理人为共同被告。

11. 共有财产关系。《民诉解释》第72条规定，共有财产权受到他人侵害，部分共有权人起诉的，其他共有权人为共同诉讼人。

此外，有关实体法及司法解释也有关于必要共同诉讼人的规定，主要有以下内容：

1. 共同侵权案件中的共同被告。《侵权责任法》第8条规定，二人以上共同实施侵权行为，造成他人损害的，应当承担连带责任。

2. 从事住宿、餐饮等经营活动引起的纠纷。《人身损害赔偿解释》第6条规定：从事住宿、餐饮、娱乐等经营活动或者其他社会活动的自然人、法人、其他组织，未尽合理限

---

〔1〕【答案】AC

〔2〕【答案】D

度范围内的安全保障义务，致使他人遭受人身损害，赔偿权利人请求其承担相应赔偿责任的，人民法院应予支持。因第三人侵权导致损害结果发生的，由实施侵权行为的第三人承担赔偿责任。安全保障义务人有过错的，应当在其能够防止或者制止损害的范围内承担相应的补充赔偿责任。安全保障义务人承担责任后，可以向第三人追偿。赔偿权利人起诉安全保障义务人的，应当将第三人作为共同被告，但第三人不能确定的除外。

3. 动产质押引起的纠纷。《最高人民法院关于适用〈中华人民共和国担保法〉若干问题的解释》第106条规定，质权人向出质人、出质债权的债务人行使质权时，出质人、出质债权的债务人拒绝的，质权人可以起诉出质人和出质债权的债务人，也可以单独起诉出质债权的债务人。

4. 企业法人的分支机构提供保证引起的纠纷。《最高人民法院关于适用〈中华人民共和国担保法〉若干问题的解释》第124条规定，企业法人的分支机构为他人提供保证的，人民法院在审理保证纠纷案件中可以将该企业法人作为共同被告参加诉讼，但是商业银行、保险公司的分支机构提供保证的除外。

5. 担保物权实现引起的纠纷。《最高人民法院关于适用〈中华人民共和国担保法〉若干问题的解释》第128条规定：债权人向人民法院请求行使担保物权时，债务人和担保人应当作为共同被告参加诉讼。同一债权既有保证又有物的担保的，当事人发生纠纷提起诉讼的，债务人与保证人、抵押人或者出质人可以作为共同被告参加诉讼。

（二）诉讼标的共同

所谓诉讼标的共同，即诉讼标的同一，具体来说就是指当事人之间具有共同的权利义务关系。通常来说，诉讼标的共同可以基于以下几个原因而产生：

1. 权利义务共同。具体包括两种情形：

（1）共同诉讼人之间存在特定身份。一般可以包括两种具体情形：一是指基于婚姻家庭关系而形成的特定身份，如父母子女，兄弟姐妹，夫妻关系，如上述法定情形中的继承关系中的共同诉讼人即如此。二是基于法律上的共有权关系形成的特定身份，如甲与乙是共同著作权人等。

（2）共同诉讼人之间存在着连带债权或者连带债务。这种债权或者债务的连带性使得涉讼时各连带债权人或者连带债务人之间具有了共同的权利或者义务。

2. 原因共同。具体包括两种情形：

（1）基于合法约定而形成的必要共同诉讼人。如合伙人通过合伙协议对合伙财产所享有的共同权利，担保人通过担保合同约定对债权人的债权实现，与债务人承担连带责任等等，这种权利义务的共同性是基于合法约定而形成的。

（2）基于某一事实而形成的必要共同诉讼人。如共同侵权人对受害人应承担连带责任就是因为原本不存在共同权利和义务关系的数人在同一事件中实施了共同侵权行为，这种权利义务的共同性是基于某一事实而形成的。

（三）必要共同诉讼人的关系

1. 外部关系。即必要共同诉讼人与对方当事人之间的关系。在外部关系问题上，必要共同诉讼人因共同权利与义务关系而与对方当事人处于对立状态。

2. 内部关系。内部关系即必要共同诉讼人之间的关系。在必要共同诉讼中，各共同诉讼人均是独立的诉讼主体，都有权根据民事诉讼法的规定独立行使诉讼权利、实施一定的诉讼行为；但是，必要共同诉讼人之间存在的共同的不可分的权利义务关系，又使得其中一人的诉讼行为必然对其他共同诉讼人产生影响，因此，必要共同诉讼人的内部关系主要体现在其中一人的诉讼行为对他人的效力问题。对此，《民事诉讼法》第52条第2款规定，共同诉讼的一方当事人对诉讼标的有共同权利义务的，其中一人的诉讼行为经其他共同诉讼人承认，对其他共同诉讼人发生效力。可见，我国民事诉讼法所确立的“承认原则”实际上是建立于以意思自治为核心的私权处分原则基础上。但是，必要共同诉讼人一人行使上诉权除外。

（四）必要共同诉讼人的追加

《民诉解释》第74条规定：“人民法院追加共同诉讼的当事人时，应通知其他当事人。应当追加的原告，已明确表示放弃实体权利的，可不予追加；既不愿意参加诉讼，又不放弃实体权利的，仍追加为共同原告，其不参加诉讼，不影响人民法院对案件的审理和依法作出判决。”

【提示】必要共同诉讼人的参诉方式

1. 必要共同诉讼人可以申请参加诉讼。

2. 人民法院可依职权追加必要共同诉讼人，追加时应区分实体权利人与义务人。实体权利人放弃实体权利可以不追加，实体义务人应当追加。

二、普通共同诉讼人

（一）普通共同诉讼的形成条件

普通共同诉讼，是指当事人一方或者双方为两人以上，其诉讼标的是同一种类，人民法院认为可以合并审理，而且当事人也同意合并审理的诉讼。普通共同诉讼中的共同原告与共同被告统称为普通共同诉讼人。可见，形成普通共同诉讼需要具备以下条件：

1. 几个当事人具有同一种类的诉讼标的，这是构成普通共同诉讼的实质条件；
2. 几个诉讼必须属于同一个人民法院管辖；
3. 当事人同意合并审理；
4. 人民法院认为合并审理有利于提高诉讼效率，简化诉讼程序。

（二）普通共同诉讼人的独立性

形成普通共同诉讼后，普通共同诉讼人仍然具有独立性，具体体现为以下三个方面：

1. 共同诉讼人各自的行为独立，即普通共同诉讼人的诉讼行为仅对行为人自己有效，对其他共同诉讼人不发生任何法律效力；

2. 诉讼中止等特殊情形可以独立适用，即普通共同诉讼人一人出现诉讼中止等特殊情形，不影响其他共同诉讼人的诉讼活动的继续进行；

3. 裁判结果独立，即人民法院对普通共同诉讼人的诉讼请求及其相应证据的审查应当分别进行，并根据审查的结果，对普通共同诉讼的不同当事人可以作出实体结果相同或者不同的裁判。

（三）必要共同诉讼人与普通共同诉讼人之比较

比较内容	必要共同诉讼人	普通共同诉讼人
标的	同一标的，即一个标的	同一种类标的，即多个标的
诉讼请求数量	一个或者多个诉讼请求	多个诉讼请求
诉讼请求的内容	相同	可以相同，可以不同
合并	强制合并	任意合并
内部关系	相关性	独立性
裁判结果	裁判结果同一	裁判结果独立
诉讼行为	可以一致，可以不一致	可以一致，可以不一致

考点精讲四　诉讼代表人

一、诉讼代表人的概念与特点

所谓诉讼代表人，是指由人数众多的一方当事人推选出来，代表该方当事人进行诉讼活动的人。

代表人诉讼具有以下特点：

（1）人数众多，根据《民诉解释》第 75 条的规定 ，当事人一方或双方的人数众多，一般指 10 人以上。

（2）诉讼主体的代表性。代表人诉讼的一方或者双方当事人人数众多，无法均参加诉讼，因此，在代表人诉讼中，不要求众多的当事人都参加诉讼活动，诉讼活动由他们的代表人代为进行。

（3）法律文书效力的扩张性，即人民法院对代表人诉讼作出的裁判，不仅对亲自参加诉讼的代表人有效，而且其效力还可以扩张及于没有亲自参加诉讼的其他当事人，甚至对起诉时人数不确定的代表人诉讼，还可以扩张到在诉讼时效内起诉的人。

代表人诉讼实际上是在共同诉讼的基础上，因为当事人一方或者双方人数众多，无法都参加诉讼而形成的。如因产品质量、虚假广告、环境污染等引起的民事案件，当事人一方可能是一个人数众多的群体，不可能都参加诉讼，只能推选代表，由代表人代为进行诉讼，由此产生的结果对其他被代表的未参加诉讼的当事人均有效。

现代社会经济的飞速发展，带来了纠纷的日益群体化。为了一次性解决这些群体化的大型纠纷，实现诉讼的经济目的，群体性纠纷解决制度必不可少。代表人诉讼制度就是我国民事诉讼法为了适应现代社会民事纠纷群体化的现实需要而设立的一种独特的诉讼制度，同时，该制度的设立也完善了我国民事诉讼中当事人进行诉讼的制度。

二、代表人诉讼的相关程序问题

（一）代表人诉讼的种类

1. 起诉时人数确定的代表人诉讼。此类代表人诉讼，其诉讼标的既可以是共同的，也可以是同一种类的。也就是说，这种代表人诉讼的基础既可以是必要共同诉讼，也可以是普通共同诉讼。

2. 起诉时人数不确定的代表人诉讼。此类代表人诉讼，其诉讼标的只能是同一种类，即这种代表人诉讼的基础只能是普通的共同诉讼。

（二）诉讼代表人的确定

诉讼代表人的确定方式因代表人诉讼的种类不同而不同。具体如下表：

种类	代表人的确定方式	未推选代表的当事人的行为
人数确定的代表人诉讼	全体当事人推选共同的代表人或者由部分当事人推选自己的代表人	必要共同诉讼中自己参加诉讼，普通共同诉讼中可以另行起诉
人数不确定的代表人诉讼	按照顺序三个方法：1. 当事人推选代表人；2. 法院提出人选与当事人协商确定诉讼代表人；3. 法院指定诉讼代表人	可以另行起诉

（三）诉讼代表人的权限

理解诉讼代表人的权限之前，需理解当事人的诉讼权利。当事人的诉讼权利分为两类：第一，一般诉讼权利，即仅产生程序作用的诉讼权利，包括委托代理人、申请回避、收集和提供证据、提起上诉等诉讼权利；第二，特殊诉讼权利，即该诉讼权利的行使会影响当事人的实体性利益，包括自行和解的权利，放弃、变更诉讼请求的权利，承认对方诉讼请求的权利，提出反诉的权利。诉讼代表人作为一种特殊的当事人，其权限因其所行使诉讼权利性质的不同而有所不同。对于一般性诉讼权利，如委托代理人、提供证据、参与庭审等，诉讼代表人可以根据自己的意志行使，并且对被代表的当事人有效；但是对于特殊性诉讼权利，如变更、放弃诉讼请求或者承认对方当事人的诉讼请求，进行和解，必须经被代表的当事人同意。

（四）人数不确定的代表人诉讼的特殊程序

与人数确定的代表人诉讼相比，人数不确定的代表人诉讼的程序较为特殊，主要有以下几个方面：

1. 发布公告

人民法院在受理多数人诉讼时，如果发现起诉时一方当事人的人数尚未确定，可以发出公告，通知权利人在一定期间内向人民法院登记。公告期间由人民法院根据具体案件的情况确定，但不得少于 30 日。公告的方式可以由人民法院根据纠纷涉及的范围具体确定，如在人民法院公告栏内张贴公告，或者在报纸等宣传媒介上发布公告。

2. 登记

登记的目的在于确定当事人的人数，以便为诉讼做好各方面的准备。在公告期间，权利人应当向发出公告的人民法院登记，权利人应当证明其与对方当事人的法律关系和所受到的损害。证明不了的，人民法院不予登记，权利人可以另行起诉。

（五）代表人诉讼裁判的效力

人民法院所作出的裁判，对于人数确定的代表人诉讼而言，对诉讼代表人及被代表的当事人有效；对于人数不确定的代表人诉讼，不仅对诉讼代表人及其所代表的在法院登记权利的当事人有效，而且还可以对在诉讼时效内起诉的人有效，即未参加登记的权利人在诉讼时效内向作出的裁判人民法院提起诉讼，人民法院认为其诉讼请求成立的，裁定适用人民法院已作出的判决、裁定，而无须另行裁判。

【经典真题测试】

26. 某企业使用霉变面粉加工馒头，潜在受害人不可确定。甲、乙、丙、丁等 20 多名受害者提起损害赔偿诉讼，但未能推选出诉讼代表人。法院建议由甲、乙作为诉讼代表人，但丙、丁等人反对。关于本案，下列哪一选项是正确的？[1]（2011/3/48）

A. 丙、丁等人作为诉讼代表人参加诉讼

B. 丙、丁等人推选代表人参加诉讼

C. 诉讼代表人由法院指定

D. 在丙、丁等人不认可诉讼代表人情况下，本案裁判对丙、丁等人没有约束力

27. A 厂生产的一批酱油由于香精投放过多，对人体有损害。报纸披露此消息后，购买过该批酱油的消费者纷纷起诉 A 厂，要求赔偿损失。甲和乙被推选为诉讼代表人参加诉讼。下列哪一选项是正确的？[2]（2008/3/48）

A. 甲和乙因故不能参加诉讼，法院可以指定另一名当事人为诉讼代表人代表当事人进行诉讼

B. 甲因病不能参加诉讼，可以委托一至两人作为诉讼代理人，而无需征得被代表的当事人的同意

C. 甲和乙可以自行决定变更诉讼请求，但事后应当及时告知其他当事人

D. 甲和乙经超过半数原告方当事人同意，可以和 A 厂签订和解协议

考点精讲五　第三人

一、第三人的概念和特征

民事诉讼中的第三人，是指对原告和被告之间争议的诉讼标的有独立的请求权，或者虽然没有独立的请求权，但是同案件处理结果有法律上的利害关系，因而参加到他人之间正在进行的诉讼中去的第三方当事人。

我国《民事诉讼法》第 56 条对第三人作出了明确的规定，包括有独立请求权的第三人与无独立请求权的第三人。

第三人有以下几个特征：

---

〔1〕**【答案】**C

〔2〕**【答案】**B

1. 第三人是与案件有利害关系的人。这种利害关系主要包括两种情形：一是原告和被告争议的诉讼标的涉及到第三人的利益，即第三人可以对原、被告争议的诉讼标的提出独立的实体主张；二是人民法院对本诉的处理结果，可能会对第三人产生有利或不利的影响。

2. 第三人在诉讼中具有独立的诉讼地位。第三人既不同于共同诉讼人，又不同于当事人以外的其他诉讼参与人，属于广义上的当事人，有独立的诉讼地位。

3. 第三人参加诉讼的时间是他人之间的诉讼已经开始但尚未审理终结。第三人是相对于原告和被告而言的，他是加入原、被告的诉讼中，因此，第三人的加入，以原告和被告的诉讼已经开始但尚未审理终结为前提。

二、有独立请求权的第三人

（一）有独立请求权的第三人的概念和条件

有独立请求权的第三人，是指对他人之间争议的诉讼标的主张独立的请求权，因而参加到他人已经开始的诉讼中的第三方当事人。

有独立请求权的第三人参加诉讼需具备下列几个条件：

1. 对原告与被告之间争议的诉讼标的主张全部或者部分独立的请求权，即第三人认为自己对本诉原告与被告之间争议的诉讼标的享有全部或者部分实体利益。

2. 本诉已经开始但尚未审理终结。有独立请求权第三人参加诉讼的目的是通过参加之诉与本诉的合并审理，来维护自己的民事权益，因此，只能在本诉进行过程中参加诉讼。

3. 以提起诉讼的方式参加诉讼。有独立请求权的第三人是对本诉的原、被告双方当事人提出独立的诉讼请求，因此，应当以起诉的方式参加诉讼。

（二）有独立请求权第三人的诉讼地位

有独立请求权第三人参加他人已经开始诉讼的依据，是对本诉原、被告之间争议的诉讼标的主张全部或者部分独立的请求权，也就是说，有独立请求权第三人既不同意本诉原告的主张，也不同意本诉被告的主张，而是为了维护自己的民事权益，以本诉的原告与被告作为被告，向受理本诉的人民法院提起了一个新的诉讼。因此，有独立请求权第三人参加诉讼后，实际上形成了两个独立之诉的合并：一是原告与被告之间的本诉；二是第三人参加之诉，即有独立请求权第三人作为原告、本诉的原告和被告作为被告的参加之诉。例如，甲、乙之间因买卖一幅字画发生争议，甲向法院起诉要求乙向其交付所买的字画，而丙则主张字画的合法所有人应当是自己，因为该字画是一画家送给自己的。丙作为有独立请求权的第三人参加诉讼后，实际上处于参加之诉的原告地位，即形成两个独立之诉的合并，其一是本诉，即该案中甲与乙之间的买卖合同纠纷；其二是第三人参加之诉，即该案中丙与甲、乙之间的纠纷。因此，有独立请求权的第三人作为参加之诉的原告，享有与本诉原告完全相同的诉讼权利。

【提示】有独立请求权第三人参加诉讼后撤诉申请权的行使：有独立请求权的第三人参加诉讼后，如果申请撤销参加之诉，本诉可以继续审理；本诉原告申请撤销本诉，有独立请求权的第三人作为另案原告，原案原告、被告作为另案被告，诉讼另行进行。

（三）有独立请求权第三人与必要共同诉讼人之区别

区别项	有独立请求权的第三人	必要共同诉讼人
参诉依据	有独立的请求权	存在共同的权利义务关系
参诉地位	参加之诉的原告	可以为共同原告，也可以为共同被告
参诉方式	主动参加，即起诉方式	可以主动参加，也可以被人民法院依职权追加
参诉目的	仅维护自己的合法权益	维护自己以及共同诉讼人的合法权益
争议对象	本诉的原、被告双方当事人	仅争议对方当事人
合并种类	两个独立之诉的合并	诉讼主体的合并

【经典真题测试】

28. 李立与陈山就财产权属发生争议提起确权诉讼。案外人王强得知此事，提起诉讼主张该财产的部分产权，法院同意王强参加诉讼。诉讼中，李立经法院同意撤回起诉。关于该案，下列哪些选项是正确的？[1]（2017/3/78）

A. 王强是有独立请求权的第三人

B. 王强是必要的共同诉讼人

C. 李立撤回起诉后，法院应裁定终结诉讼

D. 李立撤回起诉后，法院应以王强为原告、李立和陈山为被告另案处理，诉讼继续进行

29. 丁一诉弟弟丁二继承纠纷一案，在一审中，妹妹丁爽向法院递交诉状，主张应由自己继承系争的遗产，并向法院提供了父亲生前所立的其过世后遗产全部由丁爽继承的遗嘱。法院予以合并审理，开庭审理前，丁一表示撤回起诉，丁二认为该遗嘱是伪造的，要求继续进行诉讼。法院裁定准予丁一撤诉后，在程序上，下列哪一选项是正确的？[2]（2016/3/38）

A. 丁爽为另案原告，丁二为另案被告，诉讼继续进行

B. 丁爽为另案原告，丁一、丁二为另案被告，诉讼继续进行

C. 丁一、丁爽为另案原告，丁二为另案被告，诉讼继续进行

D. 丁爽、丁二为另案原告，丁一为另案被告，诉讼继续进行

30. 甲与乙对一古董所有权发生争议诉至法院。诉讼过程中，丙声称古董属自己所有，主张对古董的所有权。下列哪一说法是正确的？[3]（2009/3/39）

A. 如丙没有起诉，法院可以依职权主动追加其作为有独立请求权第三人

B. 如丙起诉后认为受案法院无管辖权，可以提出管辖权异议

C. 如丙起诉后经法院传票传唤，无正当理由拒不到庭，应当视为撤诉

D. 如丙起诉后，甲与乙达成协议经法院同意而撤诉，应当驳回丙的起诉

---

〔1〕【答案】AD

〔2〕【答案】B

〔3〕【答案】C

三、无独立请求权的第三人

（一）无独立请求权的第三人的概念与特征

无独立请求权的第三人，是指对他人之间的诉讼标的虽然没有独立的请求权，但是案件最后的处理结果与其有法律上的利害关系，因而参加到他人已经开始的诉讼中去的人。

无独立请求权的第三人具有以下特征：

1. 与案件处理结果有法律上的利害关系。所谓法律上的利害关系，是指当事人之间争议的法律关系，与第三人参加的另一法律关系有实体权利、义务上的牵连。从学理的角度理解，法律上的利害关系通常包括以下情况：第一，权利型关系，即案件的处理结果涉及无独立请求权第三人的实体权利。第二，义务型关系，即案件的处理结果涉及无独立请求权第三人的实体义务。第三、权利义务型关系，即案件的处理结果不仅涉及无独立请求权的第三人的实体权利，而且还涉及该第三人的实体义务。应当指出，法律上的利害关系和事实上的利害关系并非完全一致，有法律上利害关系，必然存在事实上的利害关系；但是，有事实上的利害关系并不一定有法律上的利害关系。

2. 参加到原被告已经开始、尚未审理终结的诉讼中。与有独立请求权第三人参加诉讼的时间相同，无独立请求权的第三人也是在原、被告之间的诉讼进行过程中参加诉讼的。

3. 自己申请参加诉讼或由人民法院通知其参加诉讼。原告与被告之间本诉的处理结果涉及无独立请求权的第三人的实体权利或者义务，因此，其可以申请参加诉讼，人民法院也可以依职权通知其参加诉讼。

（二）无独立请求权第三人的诉讼地位与参诉方式

1. 诉讼地位

无独立请求权的第三人未向人民法院提出诉讼请求，其参加到本诉一方当事人进行诉讼，是为了维护自己的民事权益，避免因被参加一方当事人败诉而影响自身的民事权益，因此，其无论是参加原告一方进行诉讼，还是参加被告一方进行诉讼，都不具有与该方当事人完全相同的诉讼地位。可见，无独立请求权第三人作为原告与被告之外的第三方当事人，其诉讼地位既有从属性，又有相对独立性。

2. 参诉方式

根据《民事诉讼法》第56条的规定，无独立请求权的第三人可以申请参加诉讼，也可以由人民法院通知其参加诉讼。

（三）无独立请求权第三人的法定情形

1. 不得作为无独立请求权的第三人的情形

根据最高人民法院《关于在经济审判工作中严格执行〈中华人民共和国民事诉讼法〉的若干规定》中第9～11条中关于不能作为无独立请求权的第三人的具体规定：

第一，受诉人民法院对与原被告双方争议的诉讼标的无直接牵连和不负有返还或者赔偿等义务的人，以及与原告或被告约定仲裁或有约定管辖的案外人，或者专属管辖案件的一方当事人，均不得作为无独立请求权的第三人通知其参加诉讼。例如，甲公司与乙公司签订设备买卖合同，约定：因合同发生的争议，协商不成的，提交A仲裁委员会仲裁解决。此后，乙公司将其从甲公司购买的设备卖给丙公司后，丙公司在使用过程中发现该设备存在严重的质量缺陷，为此，丙公司向法院起诉要求乙公司承担违约责任。在本案中，甲公司不应作为无独立请求权的第三人参加诉讼，因为甲公司与乙公司之间存在仲裁协议。

第二，人民法院在审理产品质量纠纷案件中，对原被告之间法律关系以外的人，证据已证明其已经提供了合同约定或者符合法律规定的产品的，或者案件中的当事人未在规定的质量异议期内提出异议的，或者作为收货方已经认可该产品质量的，不得作为无独立请求权的第三人通知其参加诉讼。例如，贸易公司将按照合同约定标准经质量检测合格的不锈钢卖给不锈钢制品公司，不锈钢制品公司又将从贸易公司买进的不锈钢加工成不锈钢制品卖给 A 公司，A 公司使用不到半年，不锈钢制品出现严重的锈迹，为此向法院起诉要求不锈钢制品公司接受退货。在本案中，贸易公司不应作为无独立请求权的第三人参加诉讼，因为其有证据证明提供给不锈钢制品公司的不锈钢是符合合同约定的质量的。

第三，人民法院对已经履行了义务，或者依法取得了一方当事人的财产，并支付了相应对价的原被告之间法律关系以外的人，不得作为无独立请求权的第三人通知其参加诉讼。例如，甲某将电脑放在经营电脑回收销售与维修的个体户乙某处进行修理，乙某将电脑卖给丙某。甲某得知后向法院起诉要求乙某退还电脑，在本案中，丙某不应作为无独立请求权的第三人参加诉讼，因为丙某属于善意第三人。

2. 应作为无独立请求权第三人的情形

根据最高人民法院《关于适用中华人民共和国合同法若干问题的解释（一）》的相关规定，下列人员应作为无独立请求权的第三人：

第一，代位权诉讼中的第三人。债权人以次债务人为被告向人民法院提起代位权诉讼，未将债务人列为第三人的，人民法院可以追加债务人为第三人。

第二，撤销权诉讼中的第三人。债权人依照《合同法》第 74 条的规定提起撤销权诉讼的，由被告住所地人民法院管辖。债权人提起撤销权诉讼时只以债务人为被告，未将受益人或者受让人列为第三人的，人民法院可以追加该受益人或者受让人为第三人。

第三，合同转让中的第三人。债权人转让合同权利后，债务人与受让人之间因履行合同发生纠纷诉至人民法院，债务人对债权人的权利提出抗辩的，可以将债权人列为第三人。经债权人同意，债务人转移合同义务后，受让人与债权人之间因履行合同发生纠纷诉至人民法院，受让人就债务人对债权人的权利提出抗辩的，可以将债务人列为第三人。合同当事人一方经对方同意将其在合同中的权利义务一并转让给受让人，对方与受让人因履行合同发生纠纷诉至人民法院，对方就合同权利义务提出抗辩的，可以将出让方列为第三人。

3. 法律上利害关系的核心。理解法律上的利害关系时，核心在于两点：

第一，三个主体之间存在两个内容、客体相牵连的法律关系；

第二，无独立请求权的第三人与本诉一方当事人之间的法律关系有发生争议的可能，并且该争议直接影响本诉当事人之间的法律关系。

（四）无独立请求权第三人的诉讼权利

无独立请求权的第三人作为原告与被告之外的独立的当事人，是一个诉讼权利受到相应限制的当事人。因此，无独立请求权的第三人的诉讼权利分为三类：

1. 有权行使的诉讼权利。无独立请求权第三人通常有权行使一般性的诉讼权利，如提供证据、委托诉讼代理人、参与庭审、进行辩论等。

2. 无权行使的诉讼权利。根据《民诉解释》第 82 条的规定，无独立请求权第三人在一审中无权对案件的管辖权提出异议，无权放弃、变更诉讼请求或者申请撤诉。

3. 附条件行使的诉讼权利。根据《民诉解释》第 82 条与第 150 条的规定，无独立请求权的第三人是否可以行使上诉权与对调解的同意权以及对调解书的签收权，取决于是否由其直接承担义务。

（五）有独立请求权的第三人与无独立请求权的第三人之比较

比较内容	有独立请求权的第三人	无独立请求权的第三人
参诉依据	对原告与被告争议的诉讼标的提出独立的实体主张	与原告与被告之间案件的处理结果有法律上的利害关系
参诉地位	参加之诉的原告	原告与被告之外的独立当事人
诉讼权利	享有原告的诉讼权利，无权提出管辖权异议	无权提出管辖权异议，无权放弃、变更诉讼请求与申请撤诉；是否有权上诉与同意和签收调解书取决于是否直接承担民事责任
参诉方式	起诉方式	申请参加或者法院通知其参加

【经典真题测试】

31. 关于无独立请求权第三人，下列哪些说法是错误的？[1]（2011/3/80）

A. 无独立请求权第三人在诉讼中有自己独立的诉讼地位

B. 无独立请求权第三人有权提出管辖异议

C. 一审判决没有判决无独立请求权第三人承担民事责任的，无独立请求权的第三人不可以作为上诉人或被上诉人

D. 无独立请求权第三人有权申请参加诉讼和参加案件的调解活动，与案件原、被告达成调解协议

32. 甲为有独立请求权第三人，乙为无独立请求权第三人，关于甲、乙诉讼权利和义务，下列哪一说法是正确的？[2]（2010/3/41）

A. 甲只能以起诉的方式参加诉讼，乙以申请或经法院通知的方式参加诉讼

B. 甲具有当事人的诉讼地位，乙不具有当事人的诉讼地位

C. 甲的诉讼行为可对本诉的当事人发生效力，乙的诉讼行为对本诉的当事人不发生效力

D. 任何情况下，甲有上诉权，而乙无上诉权

33. 赵某与刘某将共有商铺出租给陈某。刘某瞒着赵某，与陈某签订房屋买卖合同，将商铺转让给陈某，后因该合同履行发生纠纷，刘某将陈某诉至法院。赵某得知后，坚决不同意刘某将商铺让与陈某。关于本案相关人的诉讼地位，下列哪一说法是正确的？[3]（2015/3/38）

A. 法院应依职权追加赵某为共同原告

B. 赵某应以刘某侵权起诉，陈某为无独立请求权第三人

C. 赵某应作为无独立请求权第三人

D. 赵某应作为有独立请求权第三人

---

[1]【答案】BC

[2]【答案】A

[3]【答案】D

考点精讲五　诉讼代理人

一、诉讼代理人的概念与特征

诉讼代理人，是指依据法律规定或者授权委托，在民事诉讼中为维护被代理当事人的民事权益而代为进行诉讼活动的人。

在民事诉讼中，诉讼代理人代为当事人进行民事诉讼活动的权限，称为诉讼代理权。诉讼代理人代为当事人实施的诉讼行为，称为诉讼代理行为。

诉讼代理人具有以下特征：

1. 诉讼代理人以被代理人的名义进行诉讼活动

诉讼代理的目的在于维护被代理人的民事权益，为其提供法律服务，因此，诉讼代理人只能以被代理人的名义进行诉讼，而不能以自己的名义进行诉讼。

2. 诉讼代理人是有诉讼行为能力的人

诉讼代理人的职责，是在代理权限范围内代理被代理当事人实施诉讼行为，这就决定了诉讼代理人需要有诉讼行为能力。

3. 诉讼代理人应在代理权限的范围内进行诉讼活动

诉讼代理人的代理权限或者来源于法律规定，或者来源于当事人或法定代理人的授权，因此，必须严格在代理权限范围内实施诉讼行为。凡是超越代理权限范围所实施的诉讼行为都属于无效行为。

4. 诉讼代理的法律后果由被代理人承担

诉讼代理人只要在代理权限范围内进行诉讼活动，其代理行为的法律后果由被代理人来承担，而不是由代理人来承担。

5. 在同一诉讼中只能代理一方当事人

诉讼代理人代理实施诉讼行为的目的在于维护被代理人的民事利益，因此，在民事诉讼中，诉讼代理人只能代理争议的一方当事人进行诉讼，而不得代理双方当事人，否则，可能会造成诉讼代理人故意偏袒一方当事人，而忽视甚至损害另一方当事人民事权益的情况。

二、法定代理人

法定代理人是依据法律规定行使代理权的人。在民事诉讼中，无民事诉讼行为能力人由其监护人作为法定代理人代为进行诉讼。

（一）法定诉讼代理人的代理权限

法定诉讼代理人是为补充无民事诉讼行为能力人在诉讼上行为能力的欠缺而设置的，因此，法定诉讼代理是一种全权代理，即法定诉讼代理人的代理权限是当事人的全部诉讼权利，可以按照自己的意志以有利于维护被代理人民事权益的方式实施全部诉讼行为，如起诉、应诉、放弃或变更诉讼请求、反诉、上诉，等等。同时，法定诉讼代理人也应该履行当事人所应承担的一切诉讼义务，如及时到庭、遵守法庭秩序，等等。因此，法定诉讼代理人所实施的一切诉讼行为，都视为被代理当事人本人所实施的诉讼行为，与被代理当事人本人的诉讼行为产生相同的法律后果。

（二）法定代理人的诉讼地位

尽管法定诉讼代理人是全权代理，在民事诉讼中处于类似于当事人的诉讼地位，但是，法定诉讼代理人毕竟不是当事人，他们仍然存在着以下区别：

1. 进行诉讼的名义不同。法定诉讼代理人只能以被代理当事人的名义进行诉讼；而当事人是以自己的名义进行诉讼。

2. 承担诉讼结果不同。法定诉讼代理人并不直接承担本案的裁判结果；而当事人直接承担本案的裁判结果。

3. 对诉讼的影响不同。在民事诉讼中，法定诉讼代理人死亡，只产生诉讼中止的后果，可以由被代理人的其他监护人作为法定诉讼代理人继续进行诉讼；而当事人死亡，对债权债务纠纷引起诉讼中止的后果，而对于身份关系的纠纷则引起诉讼终结的后果。

（三）法定诉讼代理权的取得和消灭

法定诉讼代理权取得的依据是法律规定，而根据法律规定，只有代理人与被代理人之间存在监护关系，才能依法取得法定诉讼代理权。

在民事诉讼中，当法定诉讼代理人与被代理人之间的监护关系消灭时，法定诉讼代理权即消灭。具体情况主要有以下几种：（1）被代理人取得或者恢复了民事诉讼行为能力。（2）法定诉讼代理人丧失民事诉讼行为能力。（3）婚姻关系或者收养关系解除。（4）被代理人或者法定诉讼代理人死亡。（5）诉讼结束。

【经典真题测试】

34. 关于法定诉讼代理人，下列哪些认识是正确的？[1]（2011/3/82）

A. 代理权的取得不是根据其所代理的当事人的委托授权

B. 在诉讼中可以按照自己的意志代理被代理人实施所有诉讼行为

C. 在诉讼中死亡的，产生与当事人死亡同样的法律后果

D. 所代理的当事人在诉讼中取得行为能力的，法定诉讼代理人则自动转化为委托代理人

二、委托代理人

委托代理人是基于当事人、法定代表人、法定代理人的授权委托而行使代理权的人。

（一）委托代理人的范围

根据《民事诉讼法》第58条的规定，当事人、法定代理人可以委托一至二人作为诉讼代理人。下列人员可以被委托为诉讼代理人：

1. 律师、基层法律服务工作者。

2. 当事人的近亲属或者工作人员。根据《民诉解释》第85条的规定，与当事人有夫妻、直系血亲、三代以内旁系血亲、近姻亲关系以及其他有抚养、赡养关系的亲属，可以当事人近亲属的名义作为诉讼代理人。根据该解释第86条的规定，与当事人有合法劳动人事关系的职工，可以当事人工作人员的名义作为诉讼代理人。

3. 当事人所在的社区、单位以及有关社会团体推荐的公民。根据《民诉解释》第87

---

〔1〕**【答案】** AB

条的规定，有关社会团体推荐公民担任诉讼代理人的，应当符合下列条件：（一）社会团体属于依法登记设立或者依法免予登记设立的非营利性法人组织；（二）被代理人属于该社会团体的成员，或者当事人一方住所地位于该社会团体的活动地域；（三）代理事务属于该社会团体章程载明的业务范围；（四）被推荐的公民是该社会团体的负责人或者与该社会团体有合法劳动人事关系的工作人员。此外，专利代理人经中华全国专利代理人协会推荐，可以在专利纠纷案件中担任诉讼代理人。

但是，根据《民诉解释》第84条的规定，下列人员不能作为诉讼代理人：（1）无民事行为能力人；（2）限制民事行为能力人；（3）其他依法不能作为诉讼代理人的。

（二）代理权限

委托代理权是基于当事人、法定代表人、法定代理人的授权委托而产生的，具体来说，是基于委托合同关系与单方授权而产生的。当授权委托合同关系消失时，委托代理权即随之消灭，如诉讼终结，当事人解除委托或者代理人辞去委托，委托代理人死亡或者丧失行为能力。

委托代理人的代理权限分为两种情况：

1. 一般代理权限。代理人只能进行一般性诉讼权利的代理，如代理起诉、提供证据等。

2. 特殊代理权限。根据《民事诉讼法》第59条第2款的规定，授权委托书必须记明委托事项和权限。诉讼代理人代为承认、放弃、变更诉讼请求，进行和解，提起反诉或者上诉，必须有委托人的特别授权。如果授权委托书中仅写全权代理而无具体授权，只能理解为一般代理，诉讼代理人无权代为承认、放弃、变更请求，进行和解，提起反诉或者上诉。

（三）授权委托书

当事人委托诉讼代理人参加诉讼，应当向法院提交由当事人签名或者盖章的授权委托书。诉讼代理人的权限如果变更或者解除，当事人应当书面告知人民法院，并由人民法院通知对方当事人。如果当事人居住在中国领域外，其委托诉讼代理人的授权委托书需从中国领域外寄交或是托交给我国法院时，民事诉讼法对其规定的程序因当事人是中国人还是外国人而有所不同：

《民事诉讼法》第59条第3款规定："侨居在国外的中华人民共和国公民从国外寄交或者托交的授权委托书，必须经中华人民共和国驻该国的使领馆证明；没有使领馆的，由与中华人民共和国有外交关系的第三国驻该国的使领馆证明，再转由中华人民共和国驻该第三国使领馆证明，或者由当地的爱国华侨团体证明。"

《民事诉讼法》第264条规定："在中华人民共和国领域内没有住所的外国人、无国籍人、外国企业和组织委托中华人民共和国律师或者其他人代理诉讼，从中华人民共和国领域外寄交或者托交的授权委托书，应当经所在国公证机关证明，并经中华人民共和国驻该国使领馆认证，或者履行中华人民共和国与该所在国订立的有关条约中规定的证明手续后，才具有效力。"

（四）委托诉讼代理人的诉讼地位

当事人、法定代表人或者法定代理人委托诉讼代理人代为进行诉讼后，该诉讼代理人即取得了独立的诉讼参加人的诉讼地位。

当事人委托诉讼代理人后，本人可以出庭参加诉讼，也可以不再出庭参加诉讼，但是，离婚案件例外。根据我国《民事诉讼法》第62条的规定，离婚案件有诉讼代理人的，本人除不能表达意思的以外，仍应出庭；确因特殊情况无法出庭的，必须向人民法院提交书面意见。

（五）委托诉讼代理权的取得、变更和消灭

1. 委托诉讼代理权的取得与变更

委托诉讼代理权是基于当事人、法定代表人、法定代理人的授权委托而产生的，具体来说，委托诉讼代理人与被代理人之间的代理关系实际上是基于委托合同关系而产生的，而委托诉讼代理人的具体代理权限范围则是基于委托人的单方授权而产生的。委托代理关系成立后，委托人可以在法律许可的范围内变更或者解除代理事项。根据《民事诉讼法》第60条的规定，诉讼代理人的权限如果变更或者解除，当事人应当书面告知人民法院，并由人民法院通知对方当事人。否则，代理权限的变更或者解除不能约束人民法院和对方当事人。

2. 委托诉讼代理权的消灭

委托诉讼代理权基于当事人的授权委托而产生，当授权委托合同关系消失时，委托代理权即随之消灭，主要包括下列原因：（1）诉讼终结。（2）委托人解除委托或者代理人辞去委托。（3）委托诉讼代理人死亡或者丧失行为能力。

专题四　民事诉讼证据与证明

【本专题重点知识结构图】

- 民事诉讼证据与证明
  - 证据特征
    - 客观性
    - 关联性
    - 合法性：注意证据形式与收集手段的合法
  - 证据种类
    - 书证、物证、视听资料与电子数据的判断
    - 证人证言
      - 证人资格
      - 证人不出庭的法定情形
      - 证人出庭作证的费用及签署保证书
    - 鉴定意见
      - 鉴定程序的启动与鉴定人的确定
      - 鉴定人出庭及其不出庭的法律后果
      - 鉴定意见的质证：专家辅助人的相关问题
    - 当事人陈述
      - 当事人陈述的效力
      - 和解与调解过程中不适用自认
    - 不能单独作为认定案件事实依据的情形
  - 证据分类
    - 本证与反证
      - 与当事人的诉讼地位无关
      - 本证是完成证明责任的证据，反证是反驳对方主张的证据
      - 本证证明的事实是证明对象，反证证明的事实不是证明对象
    - 直接证据与间接证据：前者的证明力一般大于后者
    - 原始证据与传来证据：前者的证明力一般大于后者
  - 证明对象
    - 证明对象的范围
      - 实体法事实：法律要件分类说的理解
      - 程序法事实
      - 证据事实
      - 外国法律和地方性法规、习惯
    - 免证事实的范围
      - 诉讼自认的适用
      - 其他事实
  - 证明责任
    - 证明责任含义：行为责任与结果责任
    - 证明责任分配
      - 原则：谁主张（该主张是作为证明对象的事实主张），谁举证
      - 例外情况
  - 其他规定
    - 证明标准：一般证明标准与提高的证明标准
    - 举证期限
    - 交换证据
    - 证据的收集
    - 证据保全
    - 质证
    - 证据的审查判断
    - 妨碍举证

考点精讲一　证据及其特征

一、证据与证据材料

所谓证据材料是指当事人收集并向法院提供的或者法院依法收集的能够证明案件真实情况的事实资料。所谓证据则是法院依照法定程序经过审查判断，采纳作为认定案件真实情况的事实材料。可见，先有证据材料，后有证据。

民事诉讼证据与证据材料既相互联系又相互区别。两者的联系主要表现在：民事诉讼证据来源于证据材料，证据材料是民事诉讼证据的初始形态，没有证据材料，民事诉讼证据也就成为无源之水、无本之木。两者的区别主要表现在以下两点：第一，两者的作用不同。民事诉讼证据是作为人民法院认定案件事实并作出裁判的根据。而证据材料，除人民法院依法收集以外，其主要是当事人基于完成证明责任的需要而收集并向人民法院提供的各种材料，经法定程序由人民法院审查判断后可能转化为民事诉讼证据，也可能无法转化为民事诉讼证据。第二，两者出现的诉讼阶段不同。民事诉讼证据通常形成于诉讼后期的开庭审理直至评议阶段；而证据材料通常出现于诉讼早期的起诉、答辩与审理前准备阶段。

二、证据的特征

1. 客观性，即证据是客观存在的或者是对客观存在的客观反映。

2. 关联性，即证据与待证事实之间需存在一定的内在联系，证据只有具有关联性才能起到对争议案件事实的证明作用。

3. 合法性，即证据需符合法定要求以及收集证据的程序应合法。合法性应从以下几个方面进行理解：

第一，证据的形式合法，即证据必须以民事诉讼法规定的证据种类形式表现出来。另外，如果民事实体法律对民事法律行为有特殊形式要求的，反映该民事法律行为的证据还应符合该特殊形式要求。

第二，收集证据的手段与程序合法。在我国，法院调查收集证据，应当由两个以上的人共同进行，不得由一名审判员或者书记员前去调查。至于当事人、诉讼代理人收集证据的合法性，《民诉解释》第 106 条规定，对以严重侵害他人合法权益、违反法律禁止性规定或者严重违背公序良俗的方法形成或者获取的证据，不能作为认定案件事实的依据。在我国，“以严重侵害他人合法权益的方法取得的证据”通常理解为以严重侵犯他人隐私的方法取得的证据；而以“违反法律禁止性规定的方法取得的证据”通常理解为使用在他人住所私自安装窃听窃录设施的方法取得的证据等。使用上述方法取得的证据不具有合法性。立法规定加入了“严重”这一程度用语，包含着对运用该证据证明待证事实所保护的当事人民事权益与收集该证据所侵犯的他人合法权益之间的利益衡量。

第三，证据材料转化为诉讼证据的程序合法。即证据材料转化为诉讼证据必须经过法律规定的质证程序，未经质证，任何证据材料均不得作为认定案件事实的依据，否则，人民法院的审判程序即视为违反法定程序，但是，法院依职权主动收集的证据除外。

考点精讲二　证据的立法种类

一、书证、物证、视听资料与电子数据

这四种证据侧重于掌握对具体案件中证据种类的判断。

（一）书证

1. 书证的理解

书证是以文字、符号、图案等所记载的内容或者表达的思想内容来证明案件事实的证据。也就是说，书证的本质特征是以具体物质载体（如纸张、石碑、布等）中的文字、符号、图案等所记载的内容证明案件事实。

书证具有以下几个特征：

（1）书证具有较强的真实性和客观性。书证一般形成于民事诉讼之前，是在某一特定物质载体上对案件事实的记载，由于书证一般不易被更改，而且即使更改也较易被发现，因此，书证的客观真实性较强。

（2）书证往往能够直接证明案件的主要事实。在现实生活中，当事人实施民事法律行为时，通常都会留下有关该民事权利义务关系的记载，一旦该民事权利义务关系发生争议，进行诉讼，这些书证都可以起到直接证明案件主要事实的作用。

（3）书证一般以其所记载的内容或者表达的思想证明案件事实，而不是以其外形等标志来证明案件事实。

2. 书证的提出

（1）书证提交的原则与例外

书证应以提交原件为原则。根据《民事诉讼法》第 70 条的规定，书证应当以提交原件为原则，提交原件确有困难时可以提交复印件。《民诉解释》第 111 条规定，民事诉讼法第 70 条规定的提交书证原件确有困难，包括下列情形：（一）书证原件遗失、灭失或者毁损的；（二）原件在对方当事人控制之下，经合法通知提交而拒不提交的；（三）原件在他人控制之下，而其有权不提交的；（四）原件因篇幅或者体积过大而不便提交的；（五）承担举证证明责任的当事人通过申请人民法院调查收集或者其他方式无法获得书证原件的。前款规定情形，人民法院应当结合其他证据和案件具体情况，审查判断书证复制品等能否作为认定案件事实的根据。

（2）书证提出义务

当书证为提出证据一方当事人持有时，该当事人可以直接将书证提交给人民法院，但如果该书证为对方当事人持有时，就涉及到当事人如何向对方当事人收集书证的问题，也就是持有书证当事人的书证提出义务问题。所谓书证提出义务，是指在民事诉讼中，经举证人申请，持有书证的一方当事人在特定情形下具有向法院提出该书证的义务。

《民诉解释》第 112 条规定，书证在对方当事人控制之下的，承担举证证明责任的当事人可以在举证期限届满前书面申请人民法院责令对方当事人提交。申请理由成立的，人民法院应当责令对方当事人提交，因提交书证所产生的费用，由申请人负担。对方当事人无正当理由拒不提交的，人民法院可以认定申请人所主张的书证内容为真实。

（3）毁灭书证的法律后果。

《民诉解释》第113条规定，持有书证的当事人以妨碍对方当事人使用为目的，毁灭有关书证或者实施其他致使书证不能使用行为的，人民法院可以依照《民事诉讼法》第111条的规定，对其处以罚款、拘留。

【经典真题测试】

35. 叶某诉汪某借款纠纷案，叶某向法院提交了一份内容为汪某向叶某借款3万元并收到该3万元的借条复印件，上有“本借条原件由汪某保管，借条复印件与借条原件具有同等效力”字样，并有汪某的署名。法院据此要求汪某提供借条原件，汪某以证明责任在原告为由拒不提供，后又称找不到借条原件。证人刘某作证称，他是汪某向叶某借款的中间人，汪某向叶某借款的事实确实存在；另外，汪某还告诉刘某，他在叶某起诉之后把借条原件烧毁，汪某在法院质证中也予以承认。在此情况下，下列哪些选项是正确的？[1]（2017/3/80）

A. 法院可根据叶某提交的借条复印件，结合刘某的证言对案涉借款事实进行审查判断

B. 叶某提交给法院的借条复印件是案涉借款事实的传来证据

C. 法院可认定汪某向叶某借款3万元的事实

D. 法院可对汪某进行罚款、拘留

36. 哥哥王文诉弟弟王武遗产继承一案，王文向法院提交了一份其父生前关于遗产分配方案的遗嘱复印件，遗嘱中有“本遗嘱的原件由王武负责保管”字样，并有王武的签名。王文在举证责任期间书面申请法院责令王武提交遗嘱原件，法院通知王武提交，但王武无正当理由拒绝提交。在此情况下，依据相关规定，下列哪些行为是合法的？[2]（2016/3/80）

A. 王文可只向法院提交遗嘱的复印件

B. 法院可依法对王武进行拘留

C. 法院可认定王文所主张的该遗嘱能证明的事实为真实

D. 法院可根据王武的行为而判决支持王文的各项诉讼请求

（二）物证

物证是以物品本身所存在的物理性特征来证明案件事实的证据，如长、宽、高、质量、字迹、痕迹等特征。

物证具有以下几个特征：

1. 物证具有较强的可靠性与稳定性。物证是以其本身的某种客观存在的标志或者特征作为证据来证明待证事实，除非物证是伪造的，否则其不会受到物证提供者主观因素的影响。此外，除非属于易腐烂变质的物品，物证一旦形成后，通常在短期内，其本身的特征与属性不发生变化，因此，物证具有较强的可靠性与稳定性。

2. 物证的证明作用具有间接性。物证本身是一个“哑巴证据”，其本身的标志或者特征是如何形成的以及与待证事实之间的关系通常需要借助于提供者的说明才能为人所知，才能发挥证明待证事实的作用。

但是需要注意，在一起案件中，从不同角度观察同一个证据，该证据可能既是书证又是物证。例如，甲某持一张借条向法院起诉，要求乙某归还所借的2万元，而乙某则称该

[1] **【答案】** ABCD

[2] **【答案】** AC

借条不是自己亲笔书写，而是甲某伪造的。则该借条相对于原告是书证，因为原告希望用借条所反映的思想内容来证明与被告之间的借款关系，而相对于被告它就是物证，因为被告希望用字迹特征来证明。

（三）视听资料

视听资料，是指利用录音、录像等技术手段反映的声音、图像来证明待证事实的证据。视听资料作为证据种类是现代科技发展与实践运用的结果。

根据《民诉解释》第116条第1、3款的规定，视听资料包括录音资料和录像资料。存储在电子介质中的录音资料和影像资料，适用电子数据的规定。视听资料具有以下几个特征：

1. 信息量大、形象逼真。视听资料将法律行为或者法律事件发生时的声音、图像以声光学方法存储起来，可以记载和再现事件发生的整个过程，具有信息量大且形象逼真的特点。

2. 视听资料便于收集、保管和使用。视听资料作证内容的特殊性，决定了视听资料的制作需要借助于录音、录像等设备，但是，一旦制作完毕，其体积小，重量轻，便于保存，只要保管适当，即使经过很长时间，也能清晰再现事件的真实状况，因此，视听资料的收集、保管和使用是较为便利的。

3. 视听资料具有动态连续性和直感性。视听资料往往是在纠纷发生之前，通过录音、录像设备对当事人之间的民事法律关系成立、变更或者消灭之时的状态形成的记录，或者是在纠纷发生之后，对当事人为解决该纠纷的一些交涉所作出的记录，该资料对待证事实的反映通常具有动态连续性与直感性。

4. 视听资料容易被修改或者伪造。视听资料的制作需要借助于录音、录像设备，这就决定了视听资料如果没有人为因素的干扰，通常具有较强的客观真实性；但是，同时也使得视听资料一旦受到人为因素的干扰，则极其容易通过技术手段篡改其内容，而且不易被发现。

【特别提示】**书证与视听资料的比较**

1. 二者的相同之处在于两者均以所载明的内容证明案件事实。

2. 二者的核心区别在于：（1）是否具有直观性不同。书证的内容因已经固定于一定的物质载体之上，具有直观性；而视听资料的内容则存储于特定的仪器之中，不具有直观性。（2）是否具有可更改性不同。书证具有不可更改的特征；而视听资料不具有直观性，其内容较为容易更改，而且不易发现。

（四）电子数据

电子数据是指通过电子邮件、电子数据交换、网上聊天记录、博客、微博客、手机短信、电子签名、域名等形成或者存储在电子介质中的信息。

随着电子技术特别是计算机网络技术的发展，电子商务、网络侵权、计算机犯罪等涉及电子数据的案件逐年增加，由于电子数据证据本身就具有较强的复杂性和特殊性，依靠对已有各类证据规则的修改难以解决电子数据证据所带来的诸多法律难题，也无法充分发挥电子数据证据的证明价值，电子数据作为一种证据形式日益凸显其重要地位。将电子数据作为一种新类型证据，建立一套自身统一的有关电子数据证据调查收集、质证、证明力等的运用规则，有利于实践操作并真正解决司法实践中电子数据证据的运用问题。

【特别提示】视听资料与电子数据的区别

1. 视听资料受众门槛低，一般人即可录制、播放；而电子数据在收集、审查上往往需要借助专业机构。2. 视听资料具有形象性；而电子数据具有抽象性，在阅读和理解上需要专业人士的判断。

【经典真题测试】

37. 张某驾车与李某发生碰撞，交警赶到现场后用数码相机拍摄了碰撞情况，后李某提起诉讼，要求张某赔偿损失，并向法院提交了一张光盘，内附交警拍摄的照片。该照片属于下列哪一种证据？[1]（2014/3/48）

A. 书证　　B. 鉴定意见

C. 勘验笔录　　D. 电子数据

二、证人证言

（一）证人证言的概念与特征

证人是指就其感知的案件事实向人民法院提供证人证言的人。证人证言，是指知道案件情况的人就其所了解的案件事实向人民法院所作出的叙述。

证人证言具有如下特征：

1. 证人证言具有不可替代性。证人证言的形成是以证人对案件事实的感知为基础的，而案件事实发生时的特定情景具有不可逆转的特性，即使在证人通过他人转述案件事实的间接方式感知案件事实的情况下，这种感知也具有不可逆转的特性，因此，证人对案件事实的感知具有不可替代性。

2. 证人证言只能是证人就其所感知的案件事实所作的陈述，而不包括对这些事实所作的评价。

3. 证人证言的客观真实性易受影响。证人证言的形成通常要经过证人对案件事实的感知、记忆和叙述三个阶段，受制于证人与当事人之间的关系以及证人在感知案件事实时的外界环境等主、客观因素的影响，证人的感知能力、记忆能力、叙述能力都可能影响证言的可靠性。

（二）证人的范围

根据我国《民事诉讼法》第72条的规定，凡是知道案件情况的单位和个人，都有义务出庭作证。也就是说，单位和个人均可以成为证人。此外，根据《证据规定》第53条的规定，待证事实与其年龄、智力状况或者精神健康状况相适应的无民事行为能力人和限制民事行为能力人，可以作为证人。但是，不能正确表达意志的人不能作为证人。

【特别提示】单位能否作为证人是民事诉讼与刑事诉讼证人范围的重要区别。在民事诉讼中，单位可以作为证人，由其法定代表人或者责任人以单位的名义提供证人证言；而在刑事诉讼中，单位则不可以作为证人。

（三）证人的提出

《民诉解释》第117条规定，当事人申请证人出庭作证的，应当在举证期限届满前提出。符合本解释第96条第1款关于人民法院依职权调查取证情形之一的，人民法院可以依

---

[1]【答案】D

职权通知证人出庭作证。未经人民法院通知，证人不得出庭作证，但双方当事人同意并经人民法院准许的除外。

（四）证人确有困难不能出庭的法定情形

在民事诉讼中，出庭作证是证人的义务。根据《民事诉讼法》第73条的规定，经人民法院通知，证人应当出庭作证。有下列情形之一的，经人民法院许可，可以通过书面证言、视听传输技术或者视听资料等方式作证：

第一，因健康原因不能出庭的；

第二，因路途遥远，交通不便不能出庭的；

第三，因自然灾害等不可抗力不能出庭的；

第四，其他有正当理由不能出庭的。

（五）证人出庭作证的费用

根据《民事诉讼法》第74条的规定，证人因履行出庭作证义务而支出的交通、住宿、就餐等必要费用以及误工损失，由败诉一方当事人负担。当事人申请证人作证的，由该当事人先行垫付；当事人没有申请，人民法院通知证人作证的，由人民法院先行垫付。根据《民诉解释》第118条的规定，证人因履行出庭作证义务而支出的交通、住宿、就餐等必要费用，按照机关事业单位工作人员差旅费用和补贴标准计算；误工损失按照国家上年度职工日平均工资标准计算。人民法院准许证人出庭作证申请的，应当通知申请人预缴证人出庭作证费用。

（六）证人签署保证书及其法律后果

根据《民诉解释》第119条和第120条规定，人民法院在证人出庭作证前应当告知证人如实作证的义务以及作伪证的法律后果，并责令其签署保证书，但无民事行为能力人和限制民事行为能力人除外。证人签署保证书适用本解释关于当事人签署保证书的规定。证人拒绝签署保证书的，不得作证，并自行承担相关费用。

【经典真题测试】

38. 杨青（15岁）与何翔（14岁）两人经常嬉戏打闹，一次，杨青失手将何翔推倒，致何翔成了植物人。当时在场的还有何翔的弟弟何军（11岁）。法院审理时，何军以证人身份出庭。关于何军作证，下列哪些说法不能成立？[1]（2017/3/79）

A. 何军只有11岁，无诉讼行为能力，不具有证人资格，故不可作为证人

B. 何军是何翔的弟弟，应回避

C. 何军作为未成年人，其所有证言依法都不具有证明力

D. 何军作为何翔的弟弟，证言具有明显的倾向性，其证言不能单独作为认定案件事实的根据

39. 张志军与邻居王昌因琐事发生争吵并相互殴打，之后，张志军诉至法院要求王昌赔偿医药费等损失共计3000元。在举证期限届满前，张志军向法院申请事发时在场的方强（26岁）、路芳（30岁）、蒋勇（13岁）出庭作证，法院准其请求。开庭时，法院要求上列证人签署保证书，方强签署了保证书，路芳拒签保证书，蒋勇未签署保证书。法院因此允许方强、蒋勇出庭作证，未允许路芳出庭作证。张志军在开庭时向法院提供了路芳的书面

---

〔1〕**【答案】**ABC

证言，法院对该证言不同意组织质证。关于本案，法院的下列哪些做法是合法的?[1]（2015/3/79）

A. 批准张志军要求事发时在场人员出庭作证的申请

B. 允许蒋勇出庭作证

C. 不允许路芳出庭作证

D. 对路芳的证言不同意组织质证

三、当事人陈述

（一）当事人陈述的概念与特征

当事人陈述即当事人就案件情况向法院作出的叙述。

当事人陈述具有下列特征：第一，客观性。因为当事人是案件的经历者，因此，当事人对案件事实的了解应当是最全面、真切的，其陈述应当具有客观性的一面。第二，虚假性。因为当事人是案件的利害关系人，案件的处理结果直接关系到当事人的实体利益，基于趋利避害的本性，当事人在诉讼中对案件事实的陈述可能具有虚假的一面，即对自己有利的事实可能夸大甚至虚构，而对自己不利的事实可能隐瞒。

（二）当事人陈述的证明力

鉴于当事人陈述具有不同于其他证据的特殊特点，在民事诉讼中，法院在认定当事人陈述的证明力时往往需要借助其他证据来证明当事人陈述本身的真实性。因此，在民事诉讼中，根据《民事诉讼法》第75条的规定，人民法院对当事人的陈述，应当结合本案的其他证据，审查确定能否作为认定事实的根据。当事人拒绝陈述的，不影响人民法院根据证据认定案件事实。此外，根据《证据规定》第76条规定，如果当事人对自己的主张，只有本人陈述而不能提出其他相关证据的，其主张不予支持。但对方当事人认可的除外。

（三）当事人陈述保证书

根据《民诉解释》第110条的规定，人民法院认为有必要的，可以要求当事人本人到庭，就案件有关事实接受询问。在询问当事人之前，可以要求其签署保证书。保证书应当载明据实陈述、如有虚假陈述愿意接受处罚等内容。当事人应当在保证书上签名或者捺印。负有举证证明责任的当事人拒绝到庭、拒绝接受询问或者拒绝签署保证书，待证事实又欠缺其他证据证明的，人民法院对其主张的事实不予认定。

【特别提示】 和解与调解中当事人陈述的特殊适用

《民诉解释》第107条还规定，在诉讼中，当事人为达成调解协议或者和解协议作出妥协而认可的事实，不得在后续的诉讼中作为对其不利的根据，但法律另有规定或者当事人均同意的除外。该规定的理解应注意两点：第一，除特殊情况，和解或者调解中不适用自认制度。第二，当事人在调解或者和解过程中对案件事实的认可不发生诉讼自认的效力。

四、鉴定意见

（一）鉴定意见的理解

鉴定意见，即在民事诉讼中，由法院聘请或者当事人委托的专业机构的专业人员对民

[1] **【答案】** ABCD

事案件中的专门性问题经过分析、研究后所出具的专业性意见。

修正后的民事诉讼法对鉴定意见的相关程序问题作出了具体的规定，需注意以下几点程序问题：

1. 鉴定程序的启动与鉴定人的确定

根据《民事诉讼法》第 76 条的规定，当事人可以就查明事实的专门性问题向人民法院申请鉴定。当事人申请鉴定的，由双方当事人协商确定具备资格的鉴定人；协商不成的，由人民法院指定。

当事人未申请鉴定，人民法院对专门性问题认为需要鉴定的，应当委托具备资格的鉴定人进行鉴定。

《民诉解释》第 121 条对此作出了进一步的补充，即当事人申请鉴定，可以在举证期限届满前提出。申请鉴定的事项与待证事实无关联，或者对证明待证事实无意义的，人民法院不予准许。人民法院准许当事人鉴定申请的，应当组织双方当事人协商确定具备相应资格的鉴定人。当事人协商不成的，由人民法院指定。符合依职权调查收集证据条件的，人民法院应当依职权委托鉴定，在询问当事人的意见后，指定具备相应资格的鉴定人。

2. 鉴定人出庭作证

根据《民事诉讼法》第 78 条的规定，当事人对鉴定意见有异议或者人民法院认为鉴定人有必要出庭的，鉴定人应当出庭作证。经人民法院通知，鉴定人拒不出庭作证的，鉴定意见不得作为认定事实的根据；支付鉴定费用的当事人可以要求返还鉴定费用。

3. 有专门知识的人出庭

随着现代科学技术的迅猛发展，民事案件中越来越多地涉及与科学技术方面的新知识、新手段密切相关的专门性问题，当事人因其自身知识的局限往往难以适应诉讼的需要，为了充分保障当事人的诉讼权利，维护当事人的合法权益，有助于法院正确认定争议案件事实，此次修改民事诉讼法增加了当事人可以申请有专门知识的人出庭参加诉讼的制度。即根据《民事诉讼法》第 79 条的规定，当事人可以申请人民法院通知有专门知识的人出庭，就鉴定人作出的鉴定意见或者专业问题提出意见。

《民诉解释》第 122 条与第 123 条对专家辅助人的申请及相关问题作出了进一步的如下规定：

（1）专家辅助人的申请。根据该解释第 122 条第 1 款的规定，当事人可以根据民事诉讼法第 79 条的规定，在举证期限届满前申请一至二名具有专门知识的人员出庭，代表当事人对鉴定意见进行质证，或者对案件事实所涉及的专业问题提出意见。

（2）专家辅助人陈述的性质。根据该解释第 122 条第 2 款的规定，具有专门知识的人在法庭上就专业问题提出的意见，视为当事人的陈述。

（3）专家辅助人费用的负担。根据该解释第 122 条第 3 款的规定，人民法院准许当事人申请的，相关费用由提出申请的当事人负担。

（4）对专家辅助人的询问。根据该解释第 123 条的规定，人民法院可以对出庭的具有专门知识的人进行询问。经法庭准许，当事人可以对出庭的具有专门知识的人进行询问，当事人各自申请的具有专门知识的人可以就案件中的有关问题进行对质。具有专门知识的人不得参与专业问题之外的法庭审理活动。

（二）鉴定人与证人的比较

比较内容	鉴定人	证　人
法律要求	需要具备一定的专业知识	无须具备一定的专业知识
可替代性	可以替代，适用回避制度	不可替代，不适用回避制度
作证内容	对需鉴定问题作出科学判断	对案件事实作客观陈述，无须判断
范围	个人	单位与个人
了解案件时间（相同）	诉讼前或者诉讼中	诉讼前或者诉讼中

【经典真题测试】

40. 甲公司诉乙公司专利侵权，乙公司是否侵权成为焦点。经法院委托，丙鉴定中心出具了鉴定意见书，认定侵权。乙公司提出异议，并申请某大学燕教授出庭说明专业意见。关于鉴定的说法，下列哪一选项是正确的？[1]（2013/3/50）

A. 丙鉴定中心在鉴定过程中可以询问当事人

B. 丙鉴定中心应当派员出庭，但有正当理由不能出庭的除外

C. 如果燕教授出庭，其诉讼地位是鉴定人

D. 燕教授出庭费用由乙公司垫付，最后由败诉方承担

五、勘验笔录

勘验笔录，是指为了查明案件事实，法院对与案件有关的物品或现场进行勘查、调查后制作的笔录。

通过对与案件有关的现场和物品的勘验，可以再现现场和物品的情况，有助于及时收集、固定证据，查明案件事实。因此，勘验笔录在我国民事诉讼中是一种独立的证据。

勘验笔录具有以下特征：

1. 勘验笔录具有较强的客观性。勘验笔录是对与案件有关的物品或现场的情况的客观记载，而不是记录人员的主观判断或分析，因此，具有较强的客观性。

2. 勘验笔录具有综合的证明力。勘验笔录不是孤立地反映现场的情况，而是综合性地反映现场各种事实之间的相互关系以及现场与周围环境之间的相互关系，是一种具有综合证明力的证据形式。

【特别提示】**不能单独作为认定案件事实依据的证据**

《证据规定》第69条规定，下列证据不能单独作为认定案件事实的依据：

第一，未成年人所作的与其年龄和智力状况不相当的证言；

第二，与一方当事人或者其代理人有利害关系的证人出具的证言；

第三，存有疑点的视听资料；

第四，无法与原件、原物核对的复印件、复制品；

第五，无正当理由未出庭作证的证人证言。

---

[1] **【答案】** A

考点精讲三　证据的理论分类

一、本证与反证

（一）基本含义

按照证据与举证责任的关系，可以将证据分为本证与反证。

所谓本证，即对主张事实负有举证责任的当事人所提出的支持其主张的证据；而反证则是对该事实不负有举证责任的当事人所提出的反驳对方主张的证据。本证通常先于反证而提出，反证的提出目的在于削弱或者动摇本证对待证事实的证明力。

本证通常先于反证而提出，反证的提出目的在于削弱或者动摇本证的证明力。例如，在交通损害赔偿纠纷诉讼中，原告诉称被告将其撞伤，为此提供医院的诊断证明、医疗费收据等证据，这些证据属于原告完成其证明责任的本证；被告辩称开车撞伤原告的并非自己，并提供证明其不在场的证人证言，该证人证言属于被告为反驳原告主张事实所提出的反证。但需要注意，有时同一证据可能既是本证，又是反证。张某以李某亲笔书写的借条为证据，要求李某偿还所借的 2 万元钱，并提供证人王某与陈某作证。诉讼中，李某主张实际只借张某 1 万元，并出示张某亲笔写的借给李某 1 万元，原来的借 2 万元借条作废的书证。在本案中，张某向法院提供的李某所写借 2 万元的借条为支持张某主张的本证，而李某所提供的张某亲笔所写字条则既是反驳张某主张的反证，又是支持自己所提出的只借 1 万元主张的本证。

【特别提示】在理解本证与反证时须注意：

1. 本证与反证与当事人的诉讼地位无关，原告与被告均可以既提出本证，又提出反证。

2. 当事人提出本证的目的在于完成证明责任，而提出反证的目的在于反驳对方当事人的主张 。

3. 本证证明的事实是证明对象；而反证证明的事实不是证明对象。

（二）反证与证据抗辩

所谓证据抗辩，是指一方当事人针对对方当事人所提出的证据不具有客观真实性进行的言词反驳。如在上例中，李某同时还主张，张某向法院提供的证人王某与陈某系张某的同学，其证人证言不真实，此时，李某所述的内容为证据抗辩。因此，反证与证据抗辩，从其目的上看是一致的，都是为了反驳对方当事人，其区别在于反证体现为独立的证据，而证据抗辩不是独立的证据，仅仅体现为对对方所提供证据的真实性提出的反驳。

（三）划分本证与反证的意义

1. 有助于明确提供证据的顺序。当事人对其提出的需要作为证明对象的主张所依据的事实应先提出本证，而对方当事人对该主张所依据的事实，是否需要提出反证予以反驳则取决于有证明责任的当事人对其所主张的事实予以证明的情况。

2. 有助于人民法院作出裁判。对待证事实负有证明责任的一方当事人只有运用本证将待证事实证明到符合证明标准的要求时，才能使法官形成该事实存在的内心确信，否则，法院即可以认定本证所证明的待证事实真伪不明，从而作出不利于该当事人的裁判；而对待证事实不负证明责任的当事人提出反证的目的，在于动摇法官形成对本证所证明事实成立的内心确信，而且，反证只要达到使法官无法判断该事实是否成立即可，而无须达到使法官形成本证所证明的事实不成立的内心确信。由此可见，对本证证明力的要求要比对反证证明力的要求高。

二、原始证据与传来证据

按照证据的来源，可以将证据区分为原始证据与传来证据。

原始证据是来源于案件事实本身的证据，即第一手资料，如合同原本、侵权行为中的受损害物品等；而传来证据，也称为派生证据，则是来源于证据的证据，即第二手资料，如合同的复印件、依据受损害物品制作的录像带等。

划分原始证据与传来证据的意义：

1. 区分两者的证明力。原始证据与传来证据的证明力是不同的，原始证据来源于案件事实，通常比传来证据更可靠，具有更高的证明力。

2. 慎重使用传来证据认定案件事实。传来证据在经过中间环节时可能导致信息失真，而且经过的中间环节越多，传来证据的可靠度越差，因此，使用传来证据认定案件事实时，必须与原物、原件核对无误，否则不能根据传来证据认定案件事实。

三、直接证据与间接证据

（一）直接证据与间接证据的理解

按照证据与待证事实之间的关系，可以将证据分为直接证据与间接证据。

直接证据是能够单独、直接证明待证事实的全部或者部分的证据；而间接证据是通过与其他证据结合在一起才能证明待证事实的证据。

例如，在一起因交通事故引起的索赔案件中，原告张某主张被告陈某侵权应赔偿给其造成的经济损失4000元。原告提供以下证据：（1）肇事车辆为黑色奥迪汽车；（2）陈某的车辆为黑色奥迪汽车；（3）证人作证肇事车辆的车牌号为WJ—62156；（4）医院证明因治疗撞伤花费4000元。在上述证据中，医院的证明因其能够直接证明张某的损害，属于直接证据，其余证据均属于间接证据。

【特别提示】1. 直接证据是一个证据单一、直接证明待证事实，而将待证事实证明到何种程度是证据的证明力问题，一个证据的证明力取决于证据的种类及其具体情况。

2. 间接证据是单一证据，虽然没有证明力瑕疵，但其不能单独证明待证事实，而需要与其他间接证据结合成证据链证明待证事实。

3. 直接证据的证明力一般大于间接证据。

（二）划分直接证据与间接证据的意义

1. 区分两者的证明力。直接证据与间接证据具有不同的证明力，直接证据的证明力一般高于间接证据，运用直接证据认定案件事实较之运用间接证据更为便捷。因此，在诉讼中，应当尽量收集和运用直接证据来证明和认定案件事实。

2. 可以用间接证据补充直接证据的证明力。在民事诉讼中，有时难以收集到直接证据，或者直接证据的证明力较低，未达到证明标准的要求，此时可以运用多个间接证据，形成证据链，证明待证事实，或者运用间接证据补充直接证据的证明力，从而证明待证事实。

正是因为间接证据的这一非单独、直接证明待证事实的特点，运用间接证据认定案件事实时，应当遵守下列规则：（1）各个间接证据本身具有客观真实性。（2）一定数量的各个间接证据必须构成完整的证据链。（3）间接证据本身具有一致性，相互之间不存在矛盾。

【经典真题测试】

41. 关于证据理论分类的表述，下列哪一选项是正确的？[1]（2009/3/40）

A. 传来证据有可能是直接证据

B. 诉讼中原告提出的证据都是本证，被告提出的证据都是反证

C. 证人转述他人所见的案件事实都属于间接证据

D. 一个客观与合法的间接证据可以单独作为认定案件事实的依据

考点精讲四　证明对象

证明对象，也称为待证事实，是指需要证明主体运用证据予以证明的，对解决争议案件具有法律意义的事实。

一、证明对象的范围

在民事诉讼中，需要运用证据加以证明的对象包括四种：

1. 实体法事实。根据《民诉解释》第91条的规定，人民法院应当依照下列原则确定举证证明责任的承担，但法律另有规定的除外：（一）主张法律关系存在的当事人，应当对产生该法律关系的基本事实承担举证证明责任；（二）主张法律关系变更、消灭或者权利受到妨害的当事人，应当对该法律关系变更、消灭或者权利受到妨害的基本事实承担举证证明责任。

【特别提示】实体法事实证明责任的分配

民诉解释的上述规定，可以细化成下列具体事实证明责任的分配：（1）权利或者法律关系产生所依据的事实由原告承担证明责任，这一事实通常是实体法所规定的各类构成要件；（2）法律关系消灭所依据的事实由原告或者被告承担证明责任，取决于原告或者被告谁提出该事实主张，这一事实通常是合同的解除、终止等；（3）权利的消灭所依据的事实由被告承担证明责任，这一事实通常是债务的清偿、义务的履行等；（4）排除权利所依据的事实由被告承担证明责任，这一事实通常是法律规定的免责事由等；（5）权利或者法律关系变更所依据的事实由被告承担证明责任，这一事实通常是合同的变更；（6）妨碍权利或者法律关系产生所依据的事实由被告承担证明责任，这一事实通常是行为人无民事行为能力等。

2. 程序法事实。如管辖权问题、当事人资格以及行为能力等问题。

3. 证据事实。如书证、物证等是否客观真实，所反映内容与本案待证事实是否相关等。

4. 外国法律和地方性法规、习惯。即在审理涉外案件的时候，如果涉及适用外国法律，或者在审理国内案件时适用地方性法规、习惯，需要证明该外国法律或者地方性法规、习惯是否真实。

---

〔1〕**【答案】** A

二、不需要证明的事实

《民诉解释》第93条规定，下列事实，当事人无须举证证明：

1. 自然规律以及定理、定律；
2. 众所周知的事实；
3. 根据法律规定推定的事实；
4. 根据已知的事实和日常生活经验法则推定出的另一事实；
5. 已为人民法院发生法律效力的裁判所确认的事实；
6. 已为仲裁机构的生效裁决所确认的事实；
7. 已为有效公证文书所证明的事实。

前款第二至四项规定的事实，当事人有相反证据足以反驳的除外；第五至第七项规定的事实，当事人有相反证据足以推翻的除外。

三、诉讼自认

诉讼上的自认，是指在诉讼过程中，一方当事人对另一方当事人所主张的于己不利的案件事实予以承认。

（一）诉讼上自认的构成要件

构成诉讼上的自认应当具备以下要件：

1. 自认的对象是案件事实。自认是一方当事人对另一方当事人所主张案件事实予以承认，因此，自认的对象是案件事实，而且是有关财产关系事实的承认，对于身份关系的事实不适用自认。自认不同于认诺。认诺，是指被告对原告诉讼请求的承认。尽管认诺也会发生作为诉讼请求根据的事实无须证明的效果，但二者存在如下区别：其一，自认的对象为案件事实；而认诺的对象是诉讼请求，也即认诺是承认对方当事人关于法律上效果的主张。其二，自认的效果是免除对方对该事实的举证责任，但自认者不一定败诉，因为其在自认的同时可能提出新的抗辩事实；而认诺的后果则是导致法院根据认诺作出被告全部或者部分败诉的判决。其三，自认的主体可以是双方当事人；而认诺的主体仅限于被告。其四，自认的主要理论基础是辩论主义；而认诺的主要理论基础是处分权主义。

2. 自认是一种于己不利的陈述。即自认是一方当事人对另一方当事人主张于己不利事实的承认。

3. 自认必须是与对方当事人所主张的案件事实相一致的陈述。既可以针对对方当事人所主张的全部事实作出相一致的陈述，也可以针对对方当事人所主张的部分事实作出相一致的陈述。

4. 自认应当是在诉讼过程中向法院所作的陈述。一方当事人在诉讼程序之外对另一方当事人主张的事实作相一致的陈述，属于诉讼外的自认，不具有诉讼上自认的法律效力。此外，在诉讼过程中，诉讼自认应当是一方当事人向法院所作的陈述，否则也不能发生诉讼上自认的法律效力。

（二）诉讼上自认的效力

1. 对自认方当事人的效力。即自认方当事人必须受自认内容的约束，根据禁止反言规定，自认方当事人不能再对自认所涉及的事实提出相反的主张。除有法律规定的特殊情形外，自认方当事人不得任意予以撤回。

2. 对对方当事人的效力。诉讼上的自认具有免除对方当事人举证责任的效力，即主张该事实的对方当事人无需举证证明该事实。

3. 对法院的效力。即法院应当对自认事实予以认定，在当事人自认的事实范围内不得再进行证据调查，自认事实应作为法院裁判的基础。

（三）自认的具体适用

根据《民诉解释》第92条和《证据规定》第8条的规定，诉讼上自认的适用有以下几种情况：

1. 当事人的明示自认。即一方当事人在法庭审理中，或者在起诉状、答辩状、代理词等书面材料中，对于己不利的事实明确表示承认的，另一方当事人无需举证证明。但对于涉及身份关系、国家利益、社会公共利益等应当由人民法院依职权调查的事实，不适用关于自认的规定。自认的事实与查明的事实不符的，人民法院不予确认。

2. 当事人的默示自认。即对一方当事人陈述的事实，另一方当事人既未表示承认，也未否认，经审判人员充分说明并询问后，其仍不明确表示肯定或者否定的，视为对该项事实的承认。换言之，该事实因当事人默认而直接可以认定。

3. 诉讼代理人的自认。即当事人委托代理人参加诉讼的，代理人的承认视为当事人的承认，但未经特别授权的代理人对事实的承认直接导致承认对方诉讼请求的除外；当事人在场但对其代理人的承认不作否认表示的，视为当事人的承认。

4. 自认的撤回。根据《证据规定》第8条第4款的规定，在以下三种情形下，自认可以撤回：第一，作出自认的当事人在法庭辩论终结以前撤回自认，并且该撤回是经对方当事人同意的；第二，有充分的证据证明其自认行为是在受胁迫的情况下作出的，且与事实不符；第三，有充分证据证明其自认是在重大误解的情况下作出的，且与事实不符。

【经典真题测试】

42. 郭某诉张某财产损害一案，法院进行了庭前调解，张某承认对郭某财产造成损害，但在赔偿数额上双方无法达成协议。关于本案，下列哪一选项是正确的？[1]（2010/3/48）

A. 张某承认对郭某财产造成损害，已构成自认

B. 张某承认对郭某财产造成损害，可作为对张某不利的证据使用

C. 郭某仍需对张某造成财产损害的事实举证证明

D. 法院无需开庭审理，本案事实清楚可直接作出判决

考点精讲五 证明责任

一、证明责任的基本含义

根据《民诉解释》第90条的规定，当事人对自己提出的诉讼请求所依据的事实或者反驳对方诉讼请求所依据的事实，应当提供证据加以证明，但法律另有规定的除外。在作出

---

〔1〕【答案】C

判决前，当事人未能提供证据或者证据不足以证明其事实主张的，由负有举证责任的当事人承担不利的后果。因此，证明责任也称为举证责任，是指当事人对其负有证明责任的主张提供证据加以证明，以及当作为裁判基础的法律要件事实在诉讼中处于真伪不明的状态时，该方当事人因此而承担诉讼上的不利后果的制度。由此可见，证明责任包含行为责任与结果责任双重责任。

【经典真题测试】

43. 下列关于证明的哪一表述是正确的?[1]（2014/3/45）

A. 经过公证的书证，其证明力一般大于传来证据和间接证据

B. 经验法则可验证的事实都不需要当事人证明

C. 在法国居住的雷诺委托赵律师代理在我国的民事诉讼，其授权委托书需要经法国公证机关证明，并经我国驻法国使领馆认证后，方发生效力

D. 证明责任是一种不利的后果，会随着诉讼的进行，在当事人之间来回转移

44. 关于证明责任，下列哪些说法是正确的?[2]（2011/3/84）

A. 只有在待证事实处于真伪不明情况下，证明责任的后果才会出现

B. 对案件中的同一事实，只有一方当事人负有证明责任

C. 当事人对其主张的某一事实没有提供证据证明，必将承担败诉的后果

D. 证明责任的结果责任不会在原、被告间相互转移

二、证明责任分配

证明责任的分配，是指人民法院在诉讼中按照一定的规范或标准，将待证事实真伪不明时所要承担的不利后果在双方当事人之间进行划分。

（一）证明责任分配的一般原则

证明责任分配的一般原则是“谁主张（该主张指需要作为证明对象的主张），谁举证”，也就是说，当事人对自己主张的需要作为证明对象的事实，应当提供证据加以证明。但是，在具体的民事争议案件中，针对任何一个需要证明的对象通常可能存在两个相互对立的主张。

例如、甲公司以乙公司违约给自己造成1万元损失为由，要求乙公司承担因违约给自己造成的经济损失1万元的赔偿责任。在诉讼中，乙公司主张自己并未违约。

在该例中，需证明的一个重要的实体法事实就是乙公司是否违约，针对这一证明对象存在两个相互对立的事实主张，即甲公司主张乙公司违约，而乙公司则主张自己未违约。那么，就这一证明对象的证明责任不可能同时分配给主张相互对立事实的双方当事人，因此，只能将“谁主张，谁举证”的原则进一步细化为**“主张积极事实，该事实是证明对象，主张者有证明责任；而主张消极事实，该事实不是证明对象，主张者无证明责任”**，即甲公司应就乙公司违约给自己造成经济损失1万元承担举证责任。

【经典真题测试】

45. 王某诉钱某返还借款案审理中，王某向法院提交了一份有钱某签名、内容为钱某向王某借款5万元的借条，证明借款的事实；钱某向法院提交了一份有王某签名、内容为王

---

〔1〕【答案】C

〔2〕【答案】ABD

某收到钱某返还借款5万元并说明借条因王某过失已丢失的收条。经法院质证，双方当事人确定借条和收条所说的5万元是相对应的款项。关于本案，下列哪一选项是错误的?[1]（2017/3/39）

A. 王某承担钱某向其借款事实的证明责任

B. 钱某自认了向王某借款的事实

C. 钱某提交的收条是案涉借款事实的反证

D. 钱某提交的收条是案涉还款事实的本证

46. 薛某雇杨某料理家务。一天，杨某乘电梯去楼下扔掉厨房垃圾时，袋中的碎玻璃严重划伤电梯中的邻居乔某。乔某诉至法院，要求赔偿其各项损失3万元。关于本案，下列哪一说法是正确的?[2]（2017/3/40）

A. 乔某应起诉杨某，并承担杨某主观有过错的证明责任

B. 乔某应起诉杨某，由杨某承担其主观无过错的证明责任

C. 乔某应起诉薛某，由薛某承担其主观无过错的证明责任

D. 乔某应起诉薛某，薛某主观是否有过错不是本案的证明对象

（二）证明责任分配的例外规定

根据《证据规定》第4条以及《侵权责任法》的相关规定，侵权诉讼按照以下规定承担证明责任：

1. 因新产品制造方法发明专利引起的专利侵权诉讼，由制造同样产品的单位或者个人对其产品制造方法不同于专利方法承担举证责任。在这类案件中，原告应当对被告实施侵权行为以及因此所遭受的具体损失承担证明责任；被告的生产方法属于技术秘密，原告难以收集相关证据，因此，为了公平合理地分配证明责任，应当由被告就其产品制造方法不同于专利方法承担证明责任。

2. 高度危险作业致人损害的侵权诉讼，由加害人就受害人故意造成损害的事实承担举证责任。

《侵权责任法》对高度危险作业的相关问题做出了如下具体规定：(1)《侵权责任法》第73条规定，从事高空、高压、地下挖掘活动或者使用高速轨道运输工具造成他人损害的，经营者应当承担侵权责任，但能够证明损害是因受害人故意或者不可抗力造成的，不承担责任。被侵权人对损害的发生有过失的，可以减轻经营者的责任。(2)《侵权责任法》第70条规定，民用核设施发生核事故造成他人损害的，民用核设施的经营者应当承担侵权责任，但能够证明损害是因战争等情形或者受害人故意造成的，不承担责任。(3)《侵权责任法》第71条规定，民用航空器造成他人损害的，民用航空器的经营者应当承担侵权责任，但能够证明损害是因受害人故意造成的，不承担责任。(4)《侵权责任法》第72条规定，占有或者使用易燃、易爆、剧毒、放射性等高度危险物造成他人损害的，占有人或者使用人应当承担侵权责任，但能够证明损害是因受害人故意或者不可抗力造成的，不承担责任。被侵权人对损害的发生有重大过失的，可以减轻占有人或者使用人的责任。

3. 因环境污染引起的损害赔偿诉讼，由加害人就法律规定的免责事由及其行为与损害结果之间不存在因果关系承担举证责任。

---

[1] **【答案】** C

[2] **【答案】** D

《侵权责任法》第66条规定，因污染环境发生纠纷，污染者应当就法律规定的不承担责任或者减轻责任的情形及其行为与损害之间不存在因果关系承担举证责任。在这类诉讼中，根据2015年2月9日最高人民法院审判委员会第1644次会议通过的《最高人民法院关于审理环境侵权责任纠纷案件适用法律若干问题的解释》第6条的规定，被侵权人根据侵权责任法第65条规定请求赔偿的，应当提供证明以下事实的证据材料：（1）污染者排放了污染物；（2）被侵权人的损害；（3）污染者排放的污染物或者其次生污染物与损害之间具有关联性。该司法解释第7条规定，污染者举证证明下列情形之一的，人民法院应当认定其污染行为与损害之间不存在因果关系：（1）排放的污染物没有造成该损害可能的；（2）排放的可造成该损害的污染物未到达该损害发生地的；（3）该损害于排放污染物之前已发生的；（4）其他可以认定污染行为与损害之间不存在因果关系的情形。

【经典真题测试】

47. 王某承包了20亩鱼塘。某日，王某发现鱼塘里的鱼大量死亡，王某认为鱼的死亡是因为附近的腾达化工厂排污引起，遂诉腾达化工厂请求赔偿。腾达化工厂辩称，根本没有向王某的鱼塘进行排污。关于化工厂是否向鱼塘排污的事实的举证责任，下列哪一选项是正确的？[1]（2008/3/33）

A. 根据“谁主张，谁举证”的原则，应当由主张存在污染事实的王某负举证责任

B. 根据“谁主张、谁举证”的原则，应当由主张自己没有排污行为的腾达化工厂负举证责任

C. 根据“举证责任倒置”的规则，应当由腾达化工厂负举证责任

D. 根据本证与反证的分类，应当由腾达化工厂负举证责任

4. 建筑物或者其他设施以及建筑物上的搁置物、悬挂物发生倒塌、脱落、坠落致人损害的侵权诉讼，所有人或者管理人对其无过错承担举证责任。

《侵权责任法》对此作出了一定的修改，应当适用《侵权责任法》的下列规定：该法第85条规定，建筑物、构筑物或者其他设施及其搁置物、悬挂物发生脱落、坠落造成他人损害，所有人、管理人或者使用人不能证明自己没有过错的，应当承担侵权责任。所有人、管理人或者使用人赔偿后，有其他责任人的，有权向其他责任人追偿。该法第87条规定，从建筑物中抛掷物品或者从建筑物上坠落的物品造成他人损害，难以确定具体侵权人的，除能够证明自己不是侵权人的外，由可能加害的建筑物使用人给予补偿。

5. 饲养动物致人损害的侵权诉讼，由动物饲养人或者管理人就受害人有过错或者第三人有过错承担举证责任。

《侵权责任法》第78条对此作出了一定的修改，应当按照《侵权责任法》第78条的规定分配证明责任，即饲养动物致人损害的侵权诉讼，动物饲养人或者管理人应当承担侵权责任，但能够证明损害是因被侵权人故意或者重大过失造成的，可以不承担或者减轻责任。也就是说，如果被侵权人起诉要求动物饲养人或者管理人承担侵权赔偿责任，侵权人不得再以第三人过错作为自己的免责事由。

6. 因缺陷产品致人损害的侵权诉讼，由产品的生产者就法律规定的免责事由承担举证责任。根据《产品质量法》第41条第2款的规定，生产者能够证明有下列情形之一的，不承担赔偿责任：（1）未将产品投入流通的；（2）产品投入流通时，引起损害的缺陷尚不存

---

〔1〕**【答案】**A

在的；（3）将产品投入流通时的科学技术水平尚不能发现缺陷的存在的。

7. 因共同危险行为致人损害的侵权诉讼，由实施危险行为的人就其行为与损害结果之间不存在因果关系承担举证责任。

8. 因医疗行为引起的侵权诉讼，由医疗机构就医疗行为与损害结果之间不存在因果关系及不存在医疗过错承担举证责任。

2017 年 12 月 14 日起实施的《最高人民法院关于审理医疗损害责任纠纷案件适用法律若干问题的解释》对医疗损害赔偿诉讼的举证责任作出了如下更加细致的规定：

（1）因医疗损害引起的赔偿诉讼。该司法解释第 4 条规定，患者依据侵权责任法第 54 条规定主张医疗机构承担赔偿责任的，应当提交到该医疗机构就诊、受到损害的证据。患者无法提交医疗机构及其医务人员有过错、诊疗行为与损害之间具有因果关系的证据，依法提出医疗损害鉴定申请的，人民法院应予准许。医疗机构主张不承担责任的，应当就侵权责任法第 60 条第 1 款规定情形等抗辩事由承担举证证明责任。

由此可见，根据该司法解释规定，在医疗损害赔偿侵权诉讼中，原告应当就医疗机构及其医务人员有过错以及诊疗行为与损害之间具有因果关系承担举证责任，为了缓解原告直接证明医疗机构有过错的难度，《侵权责任法》第 58 条规定，患者有损害，因下列情形之一的，推定医疗机构有过错：第一，违反法律、行政法规、规章以及其他有关诊疗规范的规定；第二，隐匿或者拒绝提供与纠纷有关的病例资料；第三，伪造、篡改或者销毁病例资料。该司法解释第 6 条规定：侵权责任法第 58 条规定的病历资料包括医疗机构保管的门诊病历、住院志、体温单、医嘱单、检验报告、医学影像检查资料、特殊检查（治疗）同意书、手术同意书、手术及麻醉记录、病理资料、护理记录、医疗费用、出院记录以及国务院卫生行政主管部门规定的其他病历资料。患者依法向人民法院申请医疗机构提交由其保管的与纠纷有关的病历资料等，医疗机构未在人民法院指定期限内提交的，人民法院可以依照侵权责任法第 58 条第二项规定推定医疗机构有过错，但是因不可抗力等客观原因无法提交的除外。

被告医疗机构应当就下列免责事由承担举证责任，即《侵权责任法》第 60 条规定，患者有损害，因下列情形之一的，医疗机构不承担赔偿责任：第一，患者或者其近亲属不配合医疗机构进行符合诊疗规范的诊疗；第二，医务人员在抢救生命垂危的患者等紧急情况下已经尽到合理诊疗义务；第三，限于当时的医疗水平难以诊疗。在第一种情形中，医疗机构及其医务人员也有过错的，应当承担相应的赔偿责任。

（2）因医务人员在医疗活动中未向患者说明病情或者医疗措施引起的诉讼。该司法解释第 5 条规定：患者依据侵权责任法第 55 条[1]规定主张医疗机构承担赔偿责任的，应当按照该解释第 4 条第一款规定提交证据。实施手术、特殊检查、特殊治疗的，医疗机构应当承担说明义务并取得患者或者患者近亲属书面同意，但属于侵权责任法第 56 条[2]规定情形的除外。医疗机构提交患者或者患者近亲属书面同意证据的，人民法院可以认定医疗

---

〔1〕《侵权责任法》第 55 条规定：医务人员在诊疗活动中应当向患者说明病情和医疗措施。需要实施手术、特殊检查、特殊治疗的，医务人员应当及时向患者说明医疗风险、替代医疗方案等情况，并取得其书面同意；不宜向患者说明的，应当向患者的近亲属说明，并取得其书面同意。医务人员未尽到前款义务，造成患者损害的，医疗机构应当承担赔偿责任

〔2〕《侵权责任法》第 56 条规定：因抢救生命垂危的患者等紧急情况，不能取得患者或者其近亲属意见的，经医疗机构负责人或者授权的负责人批准，可以立即实施相应的医疗措施

机构尽到说明义务，但患者有相反证据足以反驳的除外。此外，该司法解释第18条规定：因抢救生命垂危的患者等紧急情况且不能取得患者意见时，下列情形可以认定为侵权责任法第56条规定的不能取得患者近亲属意见：第一，近亲属不明的；第二，不能及时联系到近亲属的；第三，近亲属拒绝发表意见的；第四，近亲属达不成一致意见的；第五，法律、法规规定的其他情形。前款情形，医务人员经医疗机构负责人或者授权的负责人批准立即实施相应医疗措施，患者因此请求医疗机构承担赔偿责任的，不予支持；医疗机构及其医务人员怠于实施相应医疗措施造成损害，患者请求医疗机构承担赔偿责任的，应予支持。

（3）因药品、消毒药剂、医疗器械的缺陷，或者输入不合格的血液造成患者损害引起的诉讼。该司法解释第7条规定：患者依据侵权责任法第59条[1]规定请求赔偿的，应当提交使用医疗产品或者输入血液、受到损害的证据。患者无法提交使用医疗产品或者输入血液与损害之间具有因果关系的证据，依法申请鉴定的，人民法院应予准许。医疗机构，医疗产品的生产者、销售者或者血液提供机构主张不承担责任的，应当对医疗产品不存在缺陷或者血液合格等抗辩事由承担举证证明责任。

【特别提示】关于上述八类案件证明责任的分配，应当注意以下几点：

第一，被告对原告实施侵权行为的事实由原告承担证明责任；

第二，原告因侵权行为所遭受具体损失的事实由原告承担证明责任；

第三，全部或者部分免除被告赔偿责任的事实由被告承担证明责任；

第四，因环境污染引起的损害赔偿诉讼和因共同危险行为致人损害引起的侵权诉讼应当由被告就行为与损害无因果关系承担证明责任，其他案件由原告就被告的侵权行为与自己的损害存在因果关系承担证明责任。

【注意】被告的主观过错不是证明对象，无论分配给原告证明，还是分配给被告证明均是错误的，不是证明对象的事实不产生证明责任分配。

考点精讲六　证明标准

一、证明标准的概念与意义

证明标准，是指运用证据证明待证事实所要达到的程度。也就是说，证明标准是法院在诉讼中依据当事人履行其证明责任的情况认定案件事实所要达到的程度，是法院认定待证事实的基准。

在民事诉讼中，当事人总是力求充分证明自己所主张的待证事实，如果当事人对该待证事实的证明没有达到一定的程度，该待证事实就处于真伪不明的状态，此时对待证事实承担证明责任的一方当事人就可能被法院裁判承担不利的诉讼后果。可见，证明标准与当事人运用证据证明待证事实的活动以及法院行使审判权认定争议案件事实的活动都有重要的意义。对当事人而言，证明标准的作用就在于，如果当事人提供证据证明待证事实达到

[1]《侵权责任法》第59条规定：因药品、消毒药剂、医疗器械的缺陷，或者输入不合格的血液造成患者损害的，患者可以向生产者或者血液提供机构请求赔偿，也可以向医疗机构请求赔偿。患者向医疗机构请求赔偿的，医疗机构赔偿后，有权向负有责任的生产者或者血液提供机构追偿

了证明标准的要求，则意味着该方当事人已成功地完成了自己的证明责任，即免除了当事人继续收集证据、提供证据的责任。对于法官而言，证明标准的作用在于，为法官认定事实提供了依据，即当法官经过判断，认为当事人运用证据证明待证事实已达到证明标准的要求时，法官即可以认定该事实真实，并将其作为裁判的基础。因此，证明标准是对诉讼证明的最低要求。

二、民事诉讼的证明标准

《民诉解释》根据民事诉讼中需要证明的待证事实的不同情况，对证明标准作出了区别性规定，具体包括以下两种：

（一）高度可能性的证明标准

高度可能性的证明标准，也称为一般证明标准，是适用于一般情形或者大多数事实的证明标准。根据《民诉解释》第 108 条的规定，对负有举证证明责任的当事人提供的证据，人民法院经审查并结合相关事实，确信待证事实的存在具有高度可能性的，应当认定该事实存在。对一方当事人为反驳负有举证证明责任的当事人所主张事实而提供的证据，人民法院经审查并结合相关事实，认为待证事实真伪不明的，应当认定该事实不存在。法律对于待证事实所应达到的证明标准另有规定的，从其规定。高度可能性标准是基于对事物发展的盖然性规律的科学认识所确立的认定案件事实的证明标准，是一种虽然没有使法官确信无疑，但是已经能使法官相信其极有可能存在的证明程度。针对大多数待证事实适用高度可能性的证明标准，一方面，该标准要求人民法院只有在确信待证事实的存在具有高度可能性时，才能认定该事实；另一方面，该证明标准使权利人更容易完成对待证事实的证明责任，从而获得司法救济。

（二）排除合理怀疑的证明标准

排除合理怀疑的证明标准，也称为特殊的证明标准，是适用于法律规定的特殊事实的证明标准。根据《民诉解释》第 109 条的规定，当事人对欺诈、胁迫、恶意串通事实的证明，以及对口头遗嘱或赠与事实的证明，人民法院确信该待证事实存在的可能性能够排除合理怀疑的，应当认定该事实存在。之所以对欺诈、胁迫、恶意串通事实的证明标准采用排除合理怀疑这样的高标准，是基于维护交易的安定性，如果采用相对较低的高度可能性的证明标准，则当事人很容易通过行使撤销权推翻既定的法律关系，不利于社会秩序的稳定。此外，口头遗嘱和赠与这两类事实在现实社会生活中，通常属于特殊行为，而且均涉及财产的处分，因此，法院认定口头遗嘱与赠与的事实需要更加谨慎。

考点精讲七 举证时限制度与交换证据制度

一、举证时限制度

举证期限制度与当事人及时提供证据义务密切相关。根据《民事诉讼法》第 65 条规定，“当事人对自己提出的主张应当及时提供证据。人民法院根据当事人的主张和案件审理情况，确定当事人应当提供的证据及其期限。当事人在该期限内提供证据确有困难的，可以向人民法院申请延长期限，人民法院根据当事人的申请适当延长。当事人逾期提供证据的，人民法院应当责令其说明理由；拒不说明理由或者理由不成立的，人民法院根据不同情形可以不予采纳该证据，或者采纳该证据但予以训诫、罚款。”理解举证时限制度应注意以下几点：

1. 当事人有义务及时提供证据。

当事人及时提供证据义务是指在民事诉讼中，当事人应当根据诉讼进行情况，在合理、适当的期间内对自己的主张提供证据。当事人违反及时提供证据义务的，根据不同情形应承担一定的法律后果。

2. 举证期限的确定

根据《民诉解释》第99条的规定，举证期限的确定有两种方式：

（1）当事人协商确定举证期限。即举证期限可以由当事人协商，并经人民法院准许。

（2）人民法院指定举证期限。即人民法院应当在审理前的准备阶段确定当事人的举证期限。第一审普通程序案件不得少于十五日，当事人提供新的证据的第二审案件不得少于十日。举证期限届满后，当事人对已经提供的证据，申请提供反驳证据或者对证据来源、形式等方面的瑕疵进行补正的，人民法院可以酌情再次确定举证期限，该期限不受前款规定的限制。

3. 举证期限的延长

根据《民诉解释》第100条的规定，当事人申请延长举证期限的，应当在举证期限届满前向人民法院提出书面申请。申请理由成立的，人民法院应当准许，适当延长举证期限，并通知其他当事人。延长的举证期限适用于其他当事人。申请理由不成立的，人民法院不予准许，并通知申请人。

4. 逾期提供证据的处理

根据《民诉解释》第101条的规定，当事人逾期提供证据的，人民法院应当责令其说明理由，必要时可以要求其提供相应的证据。当事人因客观原因逾期提供证据，或者对方当事人对逾期提供证据未提出异议的，视为未逾期。

5. 逾期提供证据的后果

根据《民诉解释》第102条的规定，当事人因故意或者重大过失逾期提供的证据，人民法院不予采纳。但该证据与案件基本事实有关的，人民法院应当采纳，并依照民事诉讼法第65条、第115条第1款的规定予以训诫、罚款。当事人非因故意或者重大过失逾期提供证据，人民法院应当采纳，并对当事人予以训诫。当事人一方要求另一方赔偿因逾期提供证据致使其增加的交通、住宿、就餐、误工、证人出庭作证等必要费用的，人民法院可予支持。

【经典真题测试】

48. 李某起诉王某要求返还10万元借款并支付利息5000元，并向法院提交了王某亲笔书写的借条。王某辩称，已还2万元，李某还出具了收条，但王某并未在法院要求的时间内提交证据。法院一审判决王某返还李某10万元并支付5000元利息，王某不服提起上诉，并称一审期间未找到收条，现找到了并提交法院。关于王某迟延提交收条的法律后果，下列哪一选项是正确的?〔1〕(2016/3/41)

---

〔1〕**【答案】** B

A. 因不属于新证据，法院不予采纳
B. 法院应采纳该证据，并对王某进行训诫
C. 如果李某同意，法院可以采纳该证据
D. 法院应当责令王某说明理由，视情况决定是否采纳该证据

二、交换证据制度

证据交换，是指在开庭审理之前，双方当事人在审判人员的主持下，彼此交换己方所持有的证据的制度。

（一）证据交换的适用

根据《证据规定》第 37 条的规定，证据交换可以在下列两种情况下适用：

1. 申请交换。即经当事人申请，人民法院可以组织当事人在开庭审理前交换证据。

2. 决定交换。即人民法院对于证据较多或者复杂疑难的案件，应当组织当事人在答辩期满后，开庭审理前交换证据。

（二）证据交换的时间

根据《证据规定》第 38 条第 1 款的规定，证据交换时间的确定方式有两种：一种是当事人协商一致，经人民法院认可；另一种是人民法院指定。

（三）证据交换的主持

根据《证据规定》第 39 条的规定，证据交换应当在审判人员主持下进行。

（四）证据交换的次数

根据《证据规定》第 40 条的规定，证据交换一般不超过两次。但重大、疑难和案情特别复杂的案件，人民法院认为确有必要再次进行证据交换的除外。

考点精讲八　证据的收集与保全

一、证据的收集

（一）法院自行调查收集证据

我国民事诉讼法确定以当事人举证为主，同时也规定，人民法院认为审理案件需要的证据，可以调查收集。根据《民诉解释》第 96 条和第 97 条规定，民事诉讼法第 64 条第 2 款规定的“人民法院认为审理案件需要的证据”包括：第一，涉及可能损害国家利益、社会公共利益的；第二，涉及身份关系的；第三，涉及民事诉讼法第 55 条规定诉讼的；第四，当事人有恶意串通损害他人利益可能的；第五，涉及依职权追加当事人、中止诉讼、终结诉讼、回避等程序性事项。除前款规定外，人民法院调查收集证据，应当依照当事人的申请进行。人民法院调查收集证据，应当由 2 人以上进行。

【特别提示】法院依职权主动调查事实主要是两种事实：第一，当事人无权进行私权处分的事实；第二，涉及到诉讼程序正当性的事实。

（二）依据当事人或者诉讼代理人申请调查收集证据

《民诉解释》第 94 条规定，民事诉讼法第 64 条第 2 款规定的当事人及其诉讼代理人因

客观原因不能自行收集的证据包括：第一，证据由国家有关部门保存，当事人及其诉讼代理人无权查阅调取的；第二，涉及国家秘密、商业秘密或者个人隐私的；第三，当事人及其诉讼代理人因客观原因不能自行收集的其他证据。人民法院对当事人及其诉讼代理人因客观原因不能自行收集的证据，可以在举证期限届满前书面申请人民法院调查收集。

【特别提示】法院依当事人或者代理人申请调查的事实是当事人因客观原因无法收集的事实。

（三）法院不予调查的情况

《民诉解释》第95条规定，当事人申请调查收集的证据，与待证事实无关联，对证明待证事实无意义或者其他无调查收集必要的，人民法院不予准许。

【经典真题测试】

49. 关于法院依职权调查事项的范围，下列哪些选项是正确的？[1]（2012/3/83）

A. 本院是否享有对起诉至本院案件的管辖权

B. 委托诉讼代理人的代理权限范围

C. 当事人是否具有诉讼权利能力

D. 合议庭成员是否存在回避的法定事由

二、证据保全

根据《民事诉讼法》第81条的规定，“在证据可能灭失或者以后难以取得的情况下，当事人可以在诉讼过程中向人民法院申请保全证据，人民法院也可以主动采取保全措施。因情况紧急，在证据可能灭失或者以后难以取得的情况下，利害关系人可以在提起诉讼或者申请仲裁前向证据所在地、被申请人住所地或者对案件有管辖权的人民法院申请保全证据。证据保全的其他程序，参照适用本法第九章保全的有关规定。”与原民事诉讼法相比较，修改后的《民事诉讼法》不仅增加了诉前证据保全，而且增加了仲裁前的证据保全。

诉讼中证据保全与诉前或仲裁前证据保全比较

比较内容	诉讼中证据保全	诉前或者仲裁前证据保全
条件	证据可能灭失或以后难以取得	情况紧急，证据可能灭失或以后难以取得
开始	当事人申请或者法院依职权采取	利害关系人申请
管辖法院	受诉法院	证据所在地、被申请人住所地或者对案件有管辖权的人民法院

【经典真题测试】

50. 甲县吴某与乙县宝丰公司在丙县签订了甜橙的买卖合同，货到后发现甜橙开始腐烂，未达到合同约定的质量标准。吴某退货无果，拟向法院起诉，为了证明甜橙的损坏状况，向法院申请诉前证据保全。关于诉前保全，下列哪一表述是正确的？[2]（2013/3/46）

A. 吴某可以向甲、乙、丙县法院申请诉前证据保全

B. 法院应当在收到申请15日内裁定是否保全

[1]【答案】ABCD

[2]【答案】D

C. 法院在保全证据时，可以主动采取行为保全措施，减少吴某的损失

D. 如果法院采取了证据保全措施，可以免除吴某对甜橙损坏状况提供证据的责任

考点精讲九　民事诉讼证据的其他规定

一、质证

质证，是指在审判人员的主持下，当事人对在法庭上出示的各种证据材料，针对证据的客观性、关联性、合法性以及证明力的有无和大小进行询问、辨认、说明和质辩的活动。

（一）质证的主体

根据《民事诉讼法》第68条的规定，证据应当在法庭上出示，并由当事人互相质证。根据《民诉解释》第103条的规定，未经当事人质证的证据，不得作为认定案件事实的根据。当事人在审理前的准备阶段认可的证据，经审判人员在庭审中说明后，视为质证过的证据。涉及国家秘密、商业秘密、个人隐私或者法律规定应当保密的证据，不得公开质证。

（二）质证的内容

根据《民诉解释》第104条的规定，人民法院应当组织当事人围绕证据的真实性、合法性以及与待证事实的关联性进行质证，并针对证据有无证明力和证明力大小进行说明和辩驳。能够反映案件真实情况、与待证事实相关联、来源和形式符合法律规定的证据，应当作为认定案件事实的根据。

【经典真题测试】

51. 高某诉张某合同纠纷案，终审高某败诉。高某向检察院反映，其在一审中提交了透露双方谈判过程的录音带，其中有张某承认货物存在严重质量问题的陈述，足以推翻原判，但法院从未组织质证。对此，检察院提起抗诉。关于再审程序中证据的表述，下列哪些选项是正确的？[1]（2013/3/85）

A. 再审质证应当由高某、张某和检察院共同进行

B. 该录音带属于电子数据，高某应当提交原件进行质证

C. 虽然录音带系高某偷录，但仍可作为质证对象

D. 如再审法院认定该录音带涉及商业秘密，应当依职权决定不公开质证

二、认证

认证，是指法庭对经过质证或者当事人在证据交换中认可的各种证据材料作出审查判断，确认其能否作为认定案件事实的根据的活动。

（一）认证的基本要求

根据《民诉解释》第105条的规定，人民法院应当按照法定程序，全面、客观地审核证据，依照法律规定，运用逻辑推理和日常生活经验法则，对证据有无证明力和证明力大小进行判断，并公开判断的理由和结果。

---

〔1〕**【答案】**CD

（二）认证的方法

根据《证据规定》第65条的规定，审判人员对单一证据可以从下列方面进行审核认定：（1）证据是否原件、原物，复印件、复制品与原件、原物是否相符；（2）证据与本案事实是否相关；（3）证据的形式、来源是否符合法律规定；（4）证据的内容是否真实；（5）证人或者提供证据的人，与当事人有无利害关系。

（三）证据证明力的认定

1. 证据证明力的认定。

证据证明力的认定应注意以下几点：（1）根据《证据规定》第70条的规定，一方当事人提出的下列证据，对方当事人提出异议但没有足以反驳的相反证据的，人民法院应当确认其证明力：第一，书证原件或者与书证原件核对无误的复印件、照片、副本、节录本；第二、物证原物或者与物证原物核对无误的复制件、照片、录像资料等；第三、有其他证据佐证并以合法手段取得的、无疑点的视听资料或者与视听资料核对无误的复制件；第四、一方当事人申请人民法院依照法定程序制作的对物证或者现场的勘验笔录。（2）根据《证据规定》第72条的规定，一方当事人提出的证据，另一方当事人认可或者提出的相反证据不足以反驳的，人民法院可以确认其证明力。一方当事人提出的证据，另一方当事人有异议并提出反驳证据，对方当事人对反驳证据认可的，可以确认反驳证据的证明力。（3）根据《证据规定》第73条第1款的规定，双方当事人对同一事实分别举出相反的证据，但都没有足够的依据否定对方证据的，人民法院应当结合案件情况，判断一方提供证据的证明力是否明显大于另一方提供证据的证明力，并对证明力较大的证据予以确认。（4）根据《证据规定》第69条的规定，下列证据不能单独作为认定案件事实的依据：第一，未成年人所作的与其年龄和智力状况不相当的证言；第二，与一方当事人或者其代理人有利害关系的证人出具的证言；第三，存有疑点的视听资料；第四，无法与原件、原物核对的复印件、复制品；第五，无正当理由未出庭作证的证人证言。

2. 数个证据证明力的认定。

根据《证据规定》第77条的规定，人民法院就数个证据对同一事实的证明力，可以依照下列原则认定：（1）国家机关、社会团体依职权制作的公文书证的证明力一般大于其他书证；（2）物证、档案、鉴定意见、勘验笔录或者经过公证、登记的书证，其证明力一般大于其他书证、视听资料和证人证言；（3）原始证据的证明力一般大于传来证据；（4）直接证据的证明力一般大于间接证据；（5）证人提供的对与其有亲属或者其他密切关系的当事人有利的证言，其证明力一般小于其他证人证言。

三、证明妨害的效力

根据《证据规定》第75条的规定，有证据证明一方当事人持有证据无正当理由拒不提供，如果对方当事人主张该证据的内容不利于证据持有人，可以推定该主张成立。

专题五　法院调解与诉讼和解

【本专题重点知识结构图】

- 法院调解
  - 法院调解的适用范围
    - 第一审程序、第二程序程序与审判监督程序可以适用
    - 特别程序、督促程序、公示催告程序与执行程序不能适用
    - 身份关系的确认案件不能适用，但身份关系的解除案件可以适用
  - 法院调解原则
    - 自愿原则
    - 合法原则
    - 保密原则
  - 调解协议内容
    - 超出诉讼请求达成调解协议的处理
    - 调解涉及担保的处理
    - 调解涉及民事责任的处理
    - 不予确认调解协议的法定情形
  - 调解的效力
    - 无需制作调解书的法定情形
    - 调解协议与调解书的生效
    - 调解的法律效力

考点精讲一　法院调解

一、法院调解的概念与特征

（一）法院调解的概念

法院调解，是指在人民法院的主持下，双方当事人在自愿协商的基础上，就争议的权利义务关系达成协议，以解决争议的活动及结案方式。法院调解包含两层含义：第一，法院调解是人民法院行使审判权解决民事纠纷的一种诉讼活动与结案方式，法院调解书与判决具有同等的法律效力。第二，法院调解的基础是当事人的私权处分，因此，法院调解适用于当事人可以私权处分的民事权利义务争议。

（二）法院调解的特征

法院调解具有以下特征：

1. 法院调解需由人民法院审判人员主持。法院调解是在法院审判人员的主持下，当事人相互协商解决纠纷的诉讼活动。法院调解既可以由合议庭或者独任庭全体审判人员主持，也可以由合议庭的部分审判人员主持。

2. 法院调解贯穿于民事诉讼程序的全过程。人民法院根据审理民事案件的需要，在诉讼过程中根据案件的具体情况，能够调解的，随时都可以进行调解。就审级而言，法院调

解既可以适用于第一审程序，也可以适用于第二审程序，还可以在审判监督程序中适用；就诉讼阶段而言，法院调解从案件立案阶段、审理前的准备阶段、开庭审理阶段，直至法庭辩论终结后、法院宣判之前，都可以进行。

3. 法院调解是人民法院解决民事纠纷的一种结案方式。在审判人员的主持下，双方当事人经过协商，如能自愿达成调解协议并经人民法院审查认可，调解书送达双方当事人后具有与生效判决同等的法律效力。

二、法院调解的适用

（一）法院调解的适用范围

根据《民诉解释》第 143 条的规定，适用特别程序、督促程序、公示催告程序的案件，婚姻等身份关系确认案件以及其他依案件性质不能进行调解的民事案件，人民法院不得调解。

【特别提示】调解的适用应注意两点：

1. 法院调解适用于争议案件的审判程序，即第一审程序、第二审程序与审判监督程序可以适用调解；特别程序、督促程序与公示催告程序以及执行程序不适用调解。

2. 法院调解适用于可以处分的案件。身份关系的确认案件不适用法院调解，但身份关系的解除案件可以适用法院调解。

（二）调解主体的社会化

《调解规定》第 3 条规定，人民法院可以邀请与当事人有特定关系或者与案件有一定联系的企业事业单位、社会团体或者其他组织，和具有专门知识、特定社会经验、与当事人有特定关系并有利于促成调解的个人协助调解工作。经各方当事人同意，人民法院可以委托上述的单位或者个人对案件进行调解，达成调解协议后，人民法院应当依法予以确认。

协助调解与委托调解实际上是调解主体社会化，即借助社会化力量进行调解的一种具体体现。

三、法院调解的原则

（一）自愿原则

法院调解应遵循自愿原则，具体体现在以下两个方面：第一，程序自愿。即调解的开始应当事人自愿，当事人不愿调解的，人民法院不得主持进行调解。但是法律规定先行调解的案件除外。第二，实体自愿。即当事人达成调解协议的内容应当自愿。

（二）合法原则

法院调解应遵循合法原则，具体体现在以下两个方面：第一，程序合法。即调解的开始、进行以及调解的结束应合法，应尊重当事人意愿。第二，实体合法。即调解达成协议的内容应合法。

（三）保密原则

《民诉解释》第 146 条规定了调解保密原则，即人民法院审理民事案件，调解过程不公开，但当事人同意公开的除外。调解协议内容不公开，但为保护国家利益、社会公共利益、他人合法权益，人民法院认为确有必要公开的除外。主持调解以及参与调解的人员，对调解过程以及调解过程中获悉的国家秘密、商业秘密、个人隐私和其他不宜公开的信息，应当保守秘密，但为保护国家利益、社会公共利益、他人利益的除外。可见，调解保密性的内容包括两个层面：第一层面是调解程序保密性，指在调解过程中，除特殊情形外，与案件无涉的其他公民不得旁听，新闻媒体不得采访与报道，参与调解或者参加旁听的人员不得随意泄露调解过程中公开的调解信息。调解程序保密性是调解保密性的最基本涵义。第二层面是调解信息保密性。调解信息保密性可以从两个方面理解：一是调解协议内容保密；二是调解过程以及调解过程中获悉的不宜公开的信息应当保密。当然，为了保护国家利益、社会公共利益、他人利益的除外。

四、调解协议的内容及不予确认

（一）调解协议的内容

1. 调解协议内容超出诉讼请求的处理

根据《调解规定》第 9 条的规定，调解协议内容超出诉讼请求的，人民法院可以准许。

2. 调解约定担保的处理

根据《调解规定》第 11 条规定，调解协议约定一方提供担保或者案外人同意为当事人提供担保的，人民法院应当准许。案外人提供担保的，人民法院制作调解书应当列明担保人，并将调解书送交担保人。担保人不签收调解书的，不影响调解书生效。

【提示】担保条件成就，可以执行。

3. 调解协议约定民事责任的处理

根据《调解规定》第 10 条还规定，人民法院对于调解协议约定一方不履行协议应当承担民事责任的，应予准许。调解协议约定一方不履行协议，另一方可以请求人民法院对案件作出裁判的条款，人民法院不予准许。

（二）不予确认调解协议的情形

当事人行使其处分权需在法律规定的范围内，故根据《调解规定》第 12 条的规定，调解协议具有下列情形之一的，人民法院不予确认：第一，侵害国家利益、社会公共利益的；第二，侵害案外人利益的；第三，违背当事人真实意思的；第四，违反法律、行政法规禁止性规定的。

【提示】该条文所规定法定情形的特点是调解协议违反了法院调解的自愿、合法原则。

（三）和解与调解后的文书制作

根据《民诉解释》第 148 条的规定，当事人自行和解或者调解达成协议后，请求人民法院按照和解协议或者调解协议的内容制作判决书的，人民法院不予准许。但是，应注意两个例外：

第一，无民事行为能力人的离婚案件例外。根据《民诉解释》第 148 条第 2 款的规定，无民事行为能力人的离婚案件，由其法定代理人进行诉讼。法定代理人与对方达成协议要求发给判决书的，可根据协议内容制作判决书。

第二，涉外案件例外。根据《民诉解释》第 530 条的规定，涉外民事诉讼中，经调解双方达成协议，应当制发调解书。当事人要求发给判决书的，可以依协议的内容制作判决书送达当事人。

（四）虚假调解后的制裁

《民诉解释》第144条规定，人民法院审理民事案件，发现当事人之间恶意串通，企图通过和解、调解方式侵害他人合法权益的，应当根据民事诉讼法第112条的规定处理。

【经典真题测试】

52. 甲诉乙损害赔偿一案，双方在诉讼中达成和解协议。关于本案，下列哪一说法是正确的？[1]（2012/3/39）

A. 当事人无权向法院申请撤诉

B. 因当事人已达成和解协议，法院应当裁定终结诉讼程序

C. 当事人可以申请法院依和解协议内容制作调解书

D. 当事人可以申请法院依和解协议内容制作判决书

53. 根据《民事诉讼法》及相关司法解释，关于法院调解，下列哪一选项是错误的？[2]（2011/3/42）

A. 法院可以委托与当事人有特定关系的个人进行调解，达成协议的，法院应当依法予以确认

B. 当事人在诉讼中自行达成和解协议的，可以申请法院依法确认和解协议并制作调解书

C. 法院制作的调解书生效后都具有执行力

D. 法院调解书确定的担保条款的条件成就时，当事人申请执行的，法院应当依法执行

五、调解书及调解的效力

（一）不需要制作调解书的案件

根据《民事诉讼法》第98条规定，下列案件调解达成协议，人民法院可以不制作调解书：（1）调解和好的离婚案件；（2）调解维持收养关系的案件；（3）能够即时履行的案件；（4）其他不需要制作调解书的案件。

（二）法院调解的生效时间

1. 不需要制作调解书的生效时间

经过调解达成协议后，对于不需要制作调解书的案件，自双方当事人及审判人员在协议上签字盖章，调解协议立即生效。但是，《调解规定》第13条规定，根据《民事诉讼法》第98条第1款第4项规定，即其他不需要制作调解书的案件，当事人各方同意在调解协议上签名或者盖章后生效，经人民法院审查确认后，应当记入笔录或者将协议附卷，并由当事人、审判人员、书记员签名或者盖章后即具有法律效力。当事人请求制作调解书的，人民法院应当制作调解书送交当事人。当事人拒收调解书的，不影响调解协议的效力。一方不履行调解协议的，另一方可以持调解书向人民法院申请执行。

2. 调解书的生效时间

调解达成协议的，对于需要制作调解书的案件，应当自双方当事人签收调解书后生效。

---

[1] **【答案】** C

[2] **【答案】** C

（三）法院调解的法律效力体现

法院调解生效后，即具有以下法律效力：

1. 诉讼结束，当事人不得以同一事实和理由再行起诉；

2. 该案的诉讼法律关系消灭；

3. 对调解书不得上诉；

4. 当事人在诉讼中的实体权利义务争议消灭，但是，这里需注意，当事人之间的实体权利义务关系并不因此而消灭；

5. 具有给付内容的调解书具有强制执行效力。

考点精讲二　诉讼和解

一、诉讼和解的概念

诉讼和解，是指在民事诉讼过程中，当事人双方在相互协商的基础上达成解决争议的协议，并请求法院结束诉讼程序的一种制度。

二、诉讼和解与法院调解、人民调解的区别

比较内容	诉讼和解	人民调解	法院调解
发生时间	诉讼全过程	诉讼之外	诉讼案件的审判程序
参与人	无主持人，双方当事人参加	人民调解委员会主持，三方参加	法院主持，三方参加
效力	审判中达成和解协议，当事人可以请求制作调解书；但执行和解协议履行完毕，可以终结执行程序	调解协议具有合同约束力，经法院司法确认有效后具有强制执行力	调解达成协议，制作的调解书与生效判决书具有相同的法律效力

【经典真题测试】

54. 关于民事诉讼中的法院调解与诉讼和解的区别，下列哪些选项是正确的？[1]（2009/3/84）

A. 法院调解是法院行使审判权的一种方式，诉讼和解是当事人对自己的实体权利和诉讼权利进行处分的一种方式

B. 法院调解的主体包括双方当事人和审理该案的审判人员，诉讼和解的主体只有双方当事人

C. 法院调解以《民事诉讼法》为依据，具有程序上的要求，诉讼和解没有严格的程序要求

D. 经过法院调解达成的调解协议生效后如有给付内容则具有强制执行力，经过诉讼和

---

〔1〕【答案】ABCD

解达成的和解协议即使有给付内容也不具有强制执行力

三、当事人达成和解协议后的处理

根据《调解规定》第 4 条的规定，当事人在诉讼过程中自行达成和解协议的，人民法院可以根据当事人的申请依法确认和解协议制作调解书。双方当事人申请庭外和解的期间，不计入审限。

【特别提示】

在诉讼过程中，当事人自行达成和解协议后，即可能出现两种结果：一是申请人民法院依据和解协议制作调解书；二是申请撤诉。

专题六　民事诉讼保障制度

考点精讲一　期间与送达

一、期间

（一）期间的概念与种类

期间，是人民法院或者诉讼参与人进行或者完成某种诉讼行为应遵守的期限和日期。

期间分为法定期间与指定期间两种。法定期间是指由法律明文规定的期间，通常也称为不变期间，特殊的法定期间也具有可变性，如法院适用普通程序审理一审案件的审限。指定期间是指人民法院根据案件审理时遇到的具体情况和案件审理的需要，依职权指定的期间。也称为可变期间。

（二）期间的计算

1. 期间的计算单位是时、日、月、年。

2. 期间开始的时、日，不计算在期间内。期间以月、年为计算单位，期间届满日为开始日的对应日，没有对应日的，以最后一个月的最后一天为期间届满日。

3. 期间的最后一日为法定节假日的，以节假日后的第一日为期间届满日。

4. 诉讼文书的在途期间不包括在内。如诉讼文书通过邮局邮寄的，以邮戳日期为准。

（三）期间的耽误和顺延

期间的耽误，是指当事人在法定期间或者指定期间内，因为某种原因没有实施或完成应当实施或完成行为的状态。

《民事诉讼法》第 83 条对期间的顺延作出了相应的规定，主要包括以下内容：

1. 申请顺延的事由。如果当事人有正当理由在规定的期间内没有实施或完成应实施或完成的诉讼行为的，可以申请顺延期间。该正当理由包括：（1）不可抗拒的事由，即不能预见、不能避免和无法克服的客观情况；（2）其他正当事由，具体情形可由法官根据案情来裁量。

2. 申请顺延的时间。当事人因不可抗拒的事由或者其他正当理由耽误期限的，在障碍消除后的 10 日内，可以申请顺延期限，是否准许，由人民法院决定。

【经典真题测试】

55. 张兄与张弟因遗产纠纷诉至法院，一审判决张兄胜诉。张弟不服，却在赴法院提交上诉状的路上被撞昏迷，待其经抢救苏醒时已超过上诉期限一天。对此，下列哪一说法是

正确的?[1] (2015/3/41)

A. 法律上没有途径可对张弟上诉权予以补救

B. 因意外事故耽误上诉期限，法院应依职权决定顺延期限

C. 张弟可在清醒后10日内，申请顺延期限，是否准许，由法院决定

D. 上诉期限为法定期间，张弟提出顺延期限，法院不应准许

56. 关于《民事诉讼法》规定的期间制度，下列哪一选项是正确的?[2] (2012/3/38)

A. 法定期间都属于绝对不可变期间

B. 涉外案件的审理不受案件审结期限的限制

C. 当事人从外地到法院参加诉讼的在途期间不包括在期间内

D. 当事人有正当理由耽误了期间，法院应当依职权为其延展期间

二、送达

（一）送达的概念与特征

送达，是指人民法院依法定程序和方式，向当事人以及其他诉讼参与人送交诉讼文书的行为。

送达作为一项重要的诉讼行为，具有以下特征：

1. 送达的主体是人民法院。

2. 送达的对象是当事人以及其他诉讼参与人。送达是人民法院在诉讼过程中对当事人以及其他诉讼参与人所进行的诉讼行为。

3. 送达的客体是各种诉讼文书。人民法院送达的诉讼文书主要有判决书、裁定书、决定书、调解书、传票、通知书等。

4. 送达必须严格依照法定的程序和方式进行。

（二）送达方式

根据我国《民事诉讼法》的规定，送达有七种方式：直接送达、留置送达、电子送达、委托送达、邮寄送达、转交送达、公告送达。其中，需要注意以下几点：

1. 直接送达

直接送达，是指人民法院指派专人将诉讼文书直接送交受送达人签收的送达方式。

直接送达应当将诉讼文书直接送交受送达人本人。根据《民事诉讼法》第85条的规定，下列几种情形也属于直接送达：

（1）受送达人是公民的，本人不在时，交他的同住成年家属签收。

（2）受送达人是法人或者其他组织的，应当由法人的法定代表人、该组织的主要负责人或者办公室、收发室、值班室等负责收件的人签收。

（3）受送达人有诉讼代理人的，可以送交其代理人签收。

（4）人民法院直接送达诉讼文书的，可以通知当事人到人民法院领取。当事人到达人民法院，拒绝签署送达回证的，视为送达。审判人员、书记员应当在送达回证上注明送达情况并签名。

---

[1] 【答案】C

[2] 【答案】B

（5）受送达人已向人民法院指定代收人的，送交代收人签收。受送达的同住成年家属，法人或者其他组织的负责收件的人，诉讼代理人或者代收人在送达回证上签收的时间为送达日期。

2. 留置送达

（1）适用留置送达的，应当将诉讼文书放在受送达人的住所。根据《民事诉讼法》第86条的规定，受送达人或者他的同住成年家属拒绝接收诉讼文书的，送达人可以邀请有关基层组织或者所在单位的代表到场，说明情况，在送达回证上记明拒收事由和日期，由送达人、见证人签名或者盖章，把诉讼文书留在受送达人的住所；也可以把诉讼文书留在受送达人的住所，并采用拍照、录像等方式记录送达过程，即视为送达。但是，人民法院适用简易程序审理民事案件时，将诉讼文书留在受送达人的住所或者从业场所，即视为送达。可见在简易程序中，适用留置送达可以将诉讼文书留放在受送达人的从业场所。

（2）调解书应当直接送达当事人本人，不适用留置送达。当事人本人因故不能签收的，可由其代收人签收。

3. 电子送达

根据《民事诉讼法》第87条的规定，“经受送达人同意，人民法院可以采用传真、电子邮件等能够确认其收悉的方式送达诉讼文书，但判决书、裁定书、调解书除外。采用前款方式送达的，以传真、电子邮件等到达受送达人特定系统的日期为送达日期。”适用该送达方式应注意三点：第一，坚持自愿原则，即以受送达人同意为适用的前提；第二，适用范围有限，排除判决书、裁定书、调解书的适用；第三，电子送达日期为传真、电子邮件等到达受送达人特定系统的日期。

4. 委托送达

委托送达，是指受诉法院直接送达诉讼文书有困难时，委托其他人民法院代为送达的送达方式。

5. 邮寄送达

邮寄送达，是指人民法院将需要送达的诉讼文书通过邮局以挂号信形式邮寄给受送达人的送达方式。

6. 转交送达

转交送达，是指人民法院将诉讼文书交受送达人所在部队或有关单位代收后转交给受送达人的送达方式。

根据《民事诉讼法》第89条至第91条的规定，转交送达有三种情形：（1）受送达人是军人的，通过其所在部队团以上单位的政治机关转交。（2）受送达人被监禁的，通过其所在监所转交。（3）受送达人被采取强制性教育措施的，通过其所在强制性教育机构转交。代为转交的机关、单位收到诉讼文书后，必须立即交受送达人签收，以在送达回证上的签收日期，为送达日期。

7. 公告送达

公告送达，是指在受送达人下落不明或者在采用上述方式无法送达时，人民法院以张贴公告、登报等方法将诉讼文书公之于众，经过法定时间，法律上即视为送达的送达方式。

适用公告送达应注意以下几点：第一，采用公告送达的前提是受送达人下落不明，或者采用其他方式均无法送达的；第二，公告送达的，自发出公告之日起，经过60日，即视为送达。第三，适用简易程序的案件，不适用公告送达。

【经典真题测试】

57. 张某诉美国人海斯买卖合同一案，由于海斯在我国无住所，法院无法与其联系，遂要求张某提供双方的电子邮件地址，电子送达了诉讼文书，并在电子邮件中告知双方当事人在收到诉讼文书后予以回复，但开庭之前法院只收到张某的回复，一直未收到海斯的回复。后法院在海斯缺席的情况下，对案件作出判决，驳回张某的诉讼请求，并同样以电子送达的方式送达判决书。关于本案诉讼文书的电子送达，下列哪一做法是合法的？[1]（2014/3/42）

A. 向张某送达举证通知书　　B. 向张某送达缺席判决书

C. 向海斯送达举证通知书　　D. 向海斯送达缺席判决书

考点精讲二　保全制度

一、财产保全

（一）财产保全的概念

在民事诉讼中，从人民法院受理当事人的起诉开始，到作出生效法律文书并实现生效法律文书所确定的实体权利，往往是一个较长的时间周期，在这一过程中，如果出现当事人恶意转移财产的行为或者其他可能导致财产灭失的客观原因，则会导致将来作出的法律文书难以执行，因此，适用财产保全制度的目的就在于通过保全被申请人的财产或者与本案有关的财产，防止当事人转移其财产或者使财产灭失。

所谓财产保全，是指因当事人行为或者其他原因，从而可能造成利害关系人难以弥补的损失或者可能使法院将来的生效法律文书无法或者难以执行时，人民法院对有关财产所采取的保护性措施。

（二）财产保全的种类

根据我国民事诉讼法的规定，财产保全包括诉前财产保全和诉讼财产保全两种。

1. 诉前财产保全

诉前财产保全，是指在诉讼程序开始之前，人民法院根据利害关系人的申请，对被申请人的有关财产采取保护措施的制度。

根据《民事诉讼法》第 101 条的规定，诉前财产保全必须具备以下条件：

（1）情况紧急，来不及起诉。在客观上有必须立即采取保全措施的紧急情况，否则利害关系人的合法权益将受到难以弥补的损害。

（2）利害关系人向人民法院提出申请。由于诉讼尚未发生，人民法院对利害关系人是否起诉等情况尚不了解，因此，诉前财产保全只能由利害关系人提出申请，人民法院不得依职权实施财产保全。

（3）向有管辖权的法院申请诉前财产保全。根据《民事诉讼法》第 101 条的规定，诉前财产保全申请向被保全财产所在地、被申请人住所地或者对案件有管辖权的人民法院

[1] 【答案】A

提出。

（4）申请人必须提供相应的担保。为了防止给被申请人造成损失，法律规定诉前财产保全申请人必须提供担保，申请人提供担保财产的数额须与保全财产的数额大体相当。申请人如不愿意或不能提供担保，人民法院将驳回其申请。

2. 诉讼财产保全

诉讼财产保全，是指在诉讼进行过程中，为了保证人民法院将来作出的生效法律文书能够顺利实现，人民法院根据当事人的申请，或在必要时依职权决定对有关财产采取保护措施的制度。

根据《民事诉讼法》第100条的规定，人民法院裁定采取财产保全措施需具备下列条件：

（1）需具有法定事由。因当事人一方的行为或者其他原因可能使人民法院将来作出的判决难以执行或者造成当事人其他损害。“当事人一方的行为”，是指一方当事人有转移、转让、隐匿、挥霍财产等行为；“其他原因”，主要是指当事人争议的标的物或者与本案有关的财产，因其本身的自然属性，如季节性商品、鲜活、易腐烂变质而使其不宜长期保存等。

（2）可以由当事人向受诉人民法院提出申请，必要时也可以由人民法院依职权采取财产保全措施。

（3）人民法院可以责令申请人提供担保。人民法院责令申请人提供担保的，申请人应当提供与被保全财产大体相当的担保财产，申请人不提供担保，则人民法院不予采取保全措施；如果人民法院未责令申请人提供担保，则无须提供担保财产。

3. 诉前财产保全与诉讼中财产保全之比较

比较内容	诉前财产保全	诉讼中财产保全
时间不同	诉讼开始之前	诉讼进行过程中
管辖不同	财产所在地人民法院、被申请人住所地人民法院或者对案件有管辖权的人民法院	1. 在一审诉讼中，由第一审法院保全； 2. 当事人提出上诉，第二审法院接到报送的案件之前当事人有转移和隐匿出卖或者毁损的行为产生，必须采取财产保全措施的，由第一审法院依当事人申请或依职权采取； 3. 第二审人民法院裁定对第一审人民法院采取的保全措施予以续保或者采取新的保全措施，可以自行实施，也可以委托第一审人民法院实施； 4. 再审人民法院裁定对原保全措施予以续保或者采取新的保全措施，可以自行实施，也可以委托原审人民法院或者执行法院实施； 5. 法律文书生效后，进入执行程序前，债权人因对方当事人转移财产等紧急情况，不申请保全将可能导致生效法律文书不能执行或者难以执行的，可以向执行法院申请采取保全措施。
理由不同	利害关系人面临紧急情况	因一方当事人的行为或者其他原因，使判决难以执行或者造成当事人其他损害
开始不同	利害关系人提出申请	当事人提出申请或者法院依职权保全

续表

比较内容	诉前财产保全	诉讼中财产保全
担保不同	应当提供相当于请求保全数额的担保；情况特殊的，人民法院可以酌情处理	1. 法院应当根据案件的具体情况，决定当事人是否提供担保以及担保的数额。担保数额不超过请求保全数额的30%；申请保全的财产系争议标的的，担保数额不超过争议标的的价值的30%。财产保全期间，申请保全人提供的担保不足以赔偿可能给被保全人造成的损失的，人民法院可以责令其追加相应的担保；拒不追加的，可以裁定解除或者部分解除保全。 2. 例外：当事人在诉讼中申请财产保全，有下列情形之一的，人民法院可以不要求其提供担保：（1）追索赡养费、扶养费、抚育费、抚恤金、医疗费用、劳动报酬、工伤赔偿、交通事故人身损害赔偿的；（2）婚姻家庭纠纷案件中遭遇家庭暴力且经济困难的；（3）人民检察院提起的公益诉讼涉及损害赔偿的；（4）因见义勇为遭受侵害请求损害赔偿的；（5）案件事实清楚、权利义务关系明确，发生保全错误可能性较小的；（6）申请保全人为商业银行、保险公司等由金融监管部门批准设立的具有独立偿付能力的金融机构及其分支机构的。 3. 法律文书生效后，进入执行程序前，债权人申请财产保全的，人民法院可以不要求其提供担保
法院裁定时间不同	必须在48小时之内作出裁定，申请人在人民法院采取保全措施后30日内不依法提起诉讼或者申请仲裁的，人民法院应当解除保全	紧急情况的，48小时内作裁定；非紧急情况，人民法院接受财产保全申请后，应当在5日内作出裁定；需要提供担保的，应当在提供担保后5日内作出裁定；裁定采取保全措施的，应当在5日内开始执行

【经典真题测试】

58. 李某与温某之间债权债务纠纷经甲市M区法院审理作出一审判决，要求温某在判决生效后15日内偿还对李某的欠款。双方均未提起上诉。判决履行期内，李某发现温某正在转移财产，温某位于甲市N区有可供执行的房屋一套，故欲申请法院对该房屋采取保全措施。关于本案，下列哪一选项是正确的？[1]（2016/3/43）

A. 此时案件已经审理结束且未进入执行阶段，李某不能申请法院采取保全措施

B. 李某只能向作出判决的甲市M区法院申请保全

C. 李某可向甲市M区法院或甲市N区法院申请保全

D. 李某申请保全后，其在生效判决书指定的履行期间届满后15日内不申请执行的，法院应当解除保全措施

---

〔1〕**【答案】** C

（三）财产保全的范围、措施

1. 财产保全的范围

根据《民事诉讼法》第 102 条的规定，财产保全的范围限于请求的范围或者与本案有关的财物。其中，请求的范围，一般是针对金钱之诉，即被保全财产的价值应当大体相当于诉讼请求的数额。与本案有关的财物，一般针对非金钱之诉，通常是当事人之间争议的标的物，也可以是与本案有关的其他财物，例如抵押物、质押物、留置物。

2. 财产保全措施

根据我国《民事诉讼法》第 103 条的规定，财产保全可以采取查封、扣押、冻结或者法律规定的其他方法。人民法院保全财产后，应当立即通知被保全财产的人。财产已被查封、冻结的，不得重复查封、冻结。其中，查封措施即贴封条就地封存，一般针对不动产或者体积较大、不易移动的财产；扣押则是异地扣留；而冻结则一般针对银行存款或者股票等有价证券。法律规定的其他方法通常指以下几种方法：

（1）保存价款，即如果查封、扣押的财产不易长期保存或者保存所需成本过高，则可以责令当事人及时处理，由人民法院保存价款；必要时，也可以由人民法院予以变卖，保存价款。

（2）扣押房屋、车辆等财产权证照，并通知有关产权登记部门。

（3）人民法院可以保全抵押物、质押物、留置物，但是，抵押权人、质权人、留置权人有优先受偿权。这是因为当事人以其财产设立抵押、质押、留置属于民事担保行为，而财产保全属于人民法院的司法行为，虽然人民法院可以对存在抵押、质押、留置担保形式的财产进一步采取查封、扣押等保全措施，但是，这一司法行为并不能否定民事抵押、质押、留置行为的法律效力，因此，抵押权人、质权人、留置权人仍然有优先受偿权。

（4）根据《民诉解释》第 158 条规定，人民法院对债务人到期应得的收益，可以采取财产保全措施，限制其支取，通知有关单位协助执行。

（5）保全被申请人到期债权。即债务人的财产不能满足保全请求，但对第三人有到期债权的，人民法院可以依债权人的申请裁定该第三人不得对本案债务人清偿。该第三人要求偿付的，由人民法院提存财物或者价款。

（四）查封、扣押、冻结财产的保管

1. 人民法院在财产保全中采取查封、扣押、冻结财产措施时，应当妥善保管被查封、扣押、冻结的财产。不宜由人民法院保管的，人民法院可以指定被保全人负责保管；不宜由被保全人保管的，可以委托他人或者申请保全人保管。

2. 查封、扣押、冻结担保物权人占有的担保财产，一般由担保物权人保管；由人民法院保管的，质权、留置权不因采取保全措施而消灭。

3. 由人民法院指定被保全人保管的财产，如果继续使用对该财产的价值无重大影响，可以允许被保全人继续使用；由人民法院保管或者委托他人、申请保全人保管的财产，人民法院和其他保管人不得使用。

（五）保全措施的解除

根据《民诉解释》第 166 条的规定，裁定采取保全措施后，有下列情形之一的，人民法院应当作出解除保全裁定：（一）保全错误的；（二）申请人撤回保全申请的；（三）申请人的起诉或者诉讼请求被生效裁判驳回的；（四）人民法院认为应当解除保全的其他情形。解除以登记方式实施的保全措施的，应当向登记机关发出协助执行通知书。

（六）错误申请的赔偿

根据《民事诉讼法》第105条的规定，申请有错误的，申请人应当赔偿被申请人因保全所遭受的损失。

【经典真题测试】

59. 李根诉刘江借款纠纷一案在法院审理，李根申请财产保全，要求法院扣押刘江向某小额贷款公司贷款时质押给该公司的两块名表。法院批准了该申请，并在没有征得该公司同意的情况下采取保全措施。对此，下列哪些选项是错误的？[1]（2015/3/80）

A. 一般情况下，某小额贷款公司保管的两块名表应交由法院保管

B. 某小额贷款公司因法院采取保全措施而丧失了对两块名表的质权

C. 某小额贷款公司因法院采取保全措施而丧失了对两块名表的优先受偿权

D. 法院可以不经某小额贷款公司同意对其保管的两块名表采取保全措施

二、行为保全

（一）行为保全的概念

行为保全是指为了防止他人正在实施的行为或者将要实施的行为给相关人员造成难以弥补的损害，人民法院采取的责令行为人作出一定行为或者禁止其作出一定行为的措施。

根据《民事诉讼法》第100条的规定，人民法院对于可能因当事人一方的行为或者其他原因，使判决难以执行或者造成当事人其他损害的案件，根据对方当事人的申请，可以裁定责令其作出一定行为或者禁止其作出一定行为；当事人没有提出申请，人民法院在必要时也可以裁定采取保全措施。人民法院采取保全措施，可以责令申请人提供担保，申请人不提供担保的，裁定驳回申请。

（二）行为保全与财产保全的区别

比较内容	行为保全	财产保全
针对对象不同	针对被保全人的行为	针对被保全人的财产
措施不同	责令作出一定行为或者禁止作出一定行为	查封、扣押、冻结或者法律规定的其他方法
目的不同	防止造成难以弥补的损害	保证生效判决的执行

考点精讲三　先予执行

一、先予执行的概念

先予执行，是指人民法院在案件受理后，终审判决作出前，因为一方当事人生活或生

[1]【答案】ABC

产的紧迫需要，根据一方当事人的申请，裁定对方当事人预先给付申请一方当事人一定数额的金钱或其他财产，或者实施或停止某种行为，并立即付诸执行的法律制度。

在人民法院受理案件后、判决作出前，必然要经过一段很长时间，在此期间，可能存在申请人因经济困难已难以维持正常的生活或生产经营活动的情况，为使申请人在诉讼期间能够维持正常生活与生产，人民法院根据申请人的申请，采取先予执行措施，在诉讼期间责令一方当事人预先给付另一方当事人一定数额的金钱或其他财物，或者预先履行一定的义务。可见，先予执行制度对于及时保护当事人的合法权益、维护社会稳定都具有十分重要的作用。

二、先予执行的适用范围

根据我国《民事诉讼法》第106条的规定，人民法院对下列案件，根据当事人的申请，可以裁定先予执行：

1. 追索赡养费、扶养费、抚育费、抚恤金、医疗费用的案件；
2. 追索劳动报酬的案件；
3. 因情况紧急需要先予执行的案件。《民诉解释》第170条对属于情况紧急的案件作出了明确的规定：第一，需要立即停止侵害，排除妨碍的。该情形经常适用于相邻权纠纷案件。第二，需要立即制止某项行为的。该情形经常适用于人身权利与知识产权的侵权纠纷案件。第三，追索恢复生产、经营急需的保险理赔费的。第四，需要立即返还社会保险金、社会救助资金的。第五，不立即返还款项，将严重影响权利人生活和生产经营的。

三、先予执行的条件

根据《民事诉讼法》第107条的规定，人民法院裁定先予执行，应当符合下列条件：

1. 当事人之间的权利义务关系明确。
2. 申请人具有实现权利的迫切需要。即如果申请人不通过先予执行预先实现一定权利，则其生活或者生产经营就会遭受到极大的困难。
3. 当事人向人民法院提出申请，人民法院认为有必要的可以责令申请人提供担保。
4. 被申请人有履行义务的能力。

此次《民诉解释》第173条规定了先予执行不当利益的返还，即人民法院先予执行后，根据发生法律效力的判决，申请人应当返还因先予执行所取得的利益的，适用《民事诉讼法》第233条的规定。

四、错误申请的赔偿

根据《民事诉讼法》第107条第2款的规定，申请人败诉的，应当赔偿被申请人因先予执行遭受的财产损失。

【经典真题测试】

60. 关于财产保全和先予执行，下列哪些选项是正确的？[1]（2012/3/82）

A. 二者的裁定都可以根据当事人申请或法院依职权作出

B. 二者适用的案件范围相同

---

〔1〕**【答案】** CD

C. 当事人提出财产保全或先予执行的申请时，法院可以责令其提供担保，当事人拒绝提供担保的，驳回申请

D. 对财产保全和先予执行的裁定，当事人不可以上诉，但可以申请复议一次

五、保全或者先予执行后的救济

1. 当事人对保全或者先予执行裁定不服的，可以自收到裁定书之日起五日内向作出裁定的人民法院申请复议。人民法院应当在收到复议申请后十日内审查。裁定正确的，驳回当事人的申请；裁定不当的，变更或者撤销原裁定。

2. 利害关系人对保全或者先予执行的裁定不服申请复议的，由作出裁定的人民法院依照民事诉讼法第 108 条的规定处理。

考点精讲四　对妨害民事诉讼的强制措施

一、对妨害民事诉讼行为的强制措施的概念

对妨害民事诉讼行为的强制措施，是指人民法院在民事诉讼过程中，为了维护诉讼秩序，保障审判和执行活动的正常进行，对实施妨害民事诉讼行为的人依法采取的各种强制手段的总称。

争议案件的及时、正确处理，有赖于一个正常的诉讼秩序的保障，在民事诉讼中，经常出现一些妨害诉讼秩序的行为，如当事人伪造证据，殴打、辱骂有关人员，扰乱法庭秩序等，这些行为的存在不同程度地影响了争议案件的尽快解决。为排除妨害诉讼行为，人民法院可以针对妨害行为采取强制措施。

二、妨害民事诉讼行为的构成要件

妨害民事诉讼行为，是指在民事诉讼过程中，行为主体故意破坏和扰乱正常诉讼秩序，妨害民事诉讼活动正常进行的行为。

这种行为的构成需要具备以下条件：

1. 行为主体要件。即任何人，不论是当事人，还是其他诉讼参与人，甚至是与本案无任何关系的人，只要实施妨害民事诉讼的行为，都可以成为妨害诉讼行为的主体。

2. 主观要件。即实施妨害诉讼行为的人一定具有主观的故意，否则，即使其行为妨害了诉讼秩序，人民法院也不得对其行为采取强制措施。

3. 后果要件。即行为人实施的主观故意行为必须造成妨害诉讼的实际后果。

4. 时间要件。即妨害诉讼的行为必须发生在民事诉讼过程中，如果民事诉讼尚未开始，或者诉讼已经结束，则行为人的行为不能视为妨害诉讼的行为。

三、妨害民事诉讼行为的种类

根据《民事诉讼法》第 109 条至第 114 条以及《民诉解释》的相关规定，妨害民事诉讼的行为包括：

1. 必须到庭的被告，经两次传票传唤，无正当理由拒不到庭。必须到庭的被告，是指

负有赡养、抚育、扶养义务和不到庭无法查清案情的被告。

2. 必须到庭才能查清案件基本事实的原告，经两次传票传唤，无正当理由拒不到庭的。

3. 诉讼参与人和其他人违反法庭规则，哄闹、冲击法庭，侮辱、诽谤、威胁、殴打审判人员，严重扰乱法庭秩序的。

4. 诉讼参与人或者其他人有下列行为之一的，人民法院可以根据情节轻重予以罚款、拘留；构成犯罪的，依法追究刑事责任：(1) 伪造、毁灭重要证据，妨害人民法院审理案件的。(2) 以暴力、威胁、贿买方法阻止证人作证或指使、贿买、胁迫他人作伪证的。(3) 隐藏、转移、变卖、毁损已被查封、扣押的财产或已被清点并责令其保管的财产，转移已被冻结的财产的。(4) 对司法工作人员、诉讼参加人、证人、翻译人员、鉴定人、勘验人、协助执行的人，进行侮辱、诽谤、诬陷、殴打或打击报复的。(5) 以暴力、威胁或者其他方法阻碍司法工作人员执行职务的。根据《民诉解释》第 187 条的规定，以暴力、威胁或者其他方法阻碍司法工作人员执行职务的行为，包括：第一，在人民法院哄闹、滞留，不听从司法工作人员劝阻的；第二，故意毁损、抢夺人民法院法律文书、查封标志的；第三，哄闹、冲击执行公务现场，围困、扣押执行或者协助执行公务人员的；第四，毁损、抢夺、扣留案件材料、执行公务车辆、其他执行公务器械、执行公务人员服装和执行公务证件的；第五，以暴力、威胁或者其他方法阻碍司法工作人员查询、查封、扣押、扣留、冻结、划拨、拍卖、变卖财产的；第六，以暴力、威胁或者其他方法阻碍司法工作人员执行职务的其他行为。(6) 拒不履行人民法院已经发生法律效力的判决、裁定的。根据《民诉解释》第 188 条的规定，拒不履行人民法院已经发生法律效力的判决、裁定的行为，包括：第一，在法律文书发生法律效力后隐藏、转移、变卖、毁损财产或者无偿转让财产、以明显不合理的价格交易财产、放弃到期债权、无偿为他人提供担保等，致使人民法院无法执行的；第二，隐藏、转移、毁损或者未经人民法院允许处分已向人民法院提供担保的财产的；第三，违反人民法院限制高消费令进行消费的；第四，有履行能力而拒不按照人民法院执行通知履行生效法律文书确定的义务的；第五，有义务协助执行的个人接到人民法院协助执行通知书后，拒不协助执行的。人民法院对有上述行为之一的单位，可以对其主要负责人或者直接责任人予以罚款、拘留；构成犯罪的，依法追究刑事责任。《民诉解释》第 189 条规定，诉讼参与人或者其他人有下列行为之一的，人民法院适用民事诉讼法第 111 条的规定处理：(1) 冒充他人提起诉讼或者参加诉讼的；(2) 证人签署保证书后作虚假证言，妨碍人民法院审理案件的；(3) 伪造、隐藏、毁灭或者拒绝交出有关被执行人履行能力的重要证据，妨碍人民法院查明被执行人财产状况的；(4) 擅自解冻已被人民法院冻结的财产的；(5) 接到人民法院协助执行通知书后，给当事人通风报信，协助其转移、隐匿财产的。

5. 恶意诉讼行为。根据《民事诉讼法》第 112 条的规定，当事人之间恶意串通，企图通过诉讼、调解等方式侵害他人合法权益的，人民法院应当驳回其请求，并根据情节轻重予以罚款、拘留；构成犯罪的，依法追究刑事责任。该条规定的他人合法权益，包括案外人的合法权益、国家利益、社会公共利益。第三人根据民事诉讼法第 56 条第 3 款规定提起撤销之诉，经审查，原案当事人之间恶意串通进行虚假诉讼的，适用该条规定处理。

6. 恶意逃避履行义务。根据《民事诉讼法》第 113 条的规定，被执行人与他人恶意串通，通过诉讼、仲裁、调解等方式逃避履行法律文书确定的义务的，人民法院应当根据情节轻重予以罚款、拘留；构成犯罪的，依法追究刑事责任。

7. 有义务协助调查、执行的单位有下列行为之一的，人民法院除责令其履行协助义务外，并可以予以罚款：（1）有关单位拒绝或妨碍人民法院调查取证的。（2）有关单位接到人民法院协助执行通知书后，拒不协助查询、扣押、冻结、划拨、变价财产的。（3）有关单位接到人民法院协助执行通知书后，拒不协助扣留被执行人的收入、办理有关财产权证照转移手续、转交有关票证、证照或其他财产的。（4）其他拒绝协助执行的。人民法院对有前款规定的行为之一的单位，可以对其主要负责人或者直接责任人员予以罚款；对仍不履行协助义务的，可以予以拘留；并可以向监察机关或者有关机关提出予以纪律处分的司法建议。《民诉解释》第 192 条规定，有关单位接到人民法院协助执行通知书后，有下列行为之一的，人民法院可以适用民事诉讼法第 114 条规定处理：（1）允许被执行人高消费的；（2）允许被执行人出境的；（3）拒不停止办理有关财产权证照转移手续、权属变更登记、规划审批等手续的；（4）以需要内部请示、内部审批，有内部规定等为由拖延办理的。

四、强制措施的适用

我国《民事诉讼法》规定了五种强制措施，即拘传、训诫、责令退出法庭、罚款和拘留。重点注意以下强制措施的适用。

（一）拘传的适用

拘传，是指在法定情形下，人民法院派出司法警察，依法强制被传唤人到庭参加诉讼活动的一种强制措施。

根据《民事诉讼法》第 109 条及《民诉解释》的规定，拘传的适用需注意以下两点：

1. 对必须到庭的被告经人民法院两次传票传唤，无正当理由拒不到庭时，才能适用。必须到庭的被告包括：

第一，追索赡养费、扶养费、抚育费案件的被告；

第二，不到庭无法查明案件事实的被告。

此外，根据《民诉解释》第 174 条第 2 款的规定，人民法院对必须到庭才能查清案件基本事实的原告，经两次传票传唤，无正当理由拒不到庭的，可以拘传。

2. 适用拘传必须经院长批准，签发拘传票。在拘传前，应当向被拘传人说明拒不到庭的后果，经批评教育仍拒不到庭的，可以拘传其到庭。

（二）训诫及其适用

训诫，是指人民法院对实施妨害民事诉讼行为情节较轻的人，以口头方式严肃地批评、教育，并指出其行为的违法性和危害性，令其以后不可再犯的一种强制措施。

根据《民事诉讼法》第 110 条的规定，训诫的适用对象是违反法庭规则且情节轻微的人。适用训诫措施，由独任审判员或者合议庭决定，以口头方式指出行为人的错误事实、性质及危害后果，并当庭责令行为人立即改正。训诫的内容应当记入庭审笔录，并由被训诫人签名或盖章。

（三）责令退出法庭及其适用

责令退出法庭，是指人民法院对于违反法庭规则的人，强制其离开法庭的措施。

根据《民事诉讼法》第 110 条的规定，责令退出法庭的适用对象是违反法庭规则且情节轻微的诉讼参与人或者其他人，但其强度要高于训诫。适用责令退出法庭，由独任审判员或者合议庭决定，以口头方式责令行为人退出法庭。作出责令退出法庭的决定后，行为人应当主动退出法庭，否则，司法警察可以强制其退出法庭。

（四）罚款的适用

罚款，是人民法院对实施妨害民事诉讼行为情节较重的人，责令其在规定的时间内，交纳一定数额金钱的强制措施。

根据《民事诉讼法》第115条、第116条以及《民诉解释》的规定，适用罚款应注意以下两点：

1. 罚款的数额。根据《民事诉讼法》第115条的规定，对个人的罚款，为人民币10万元以下；对单位的罚款，为人民币5万元以上100万元以下。

2. 罚款由院长批准，制作罚款决定书。被罚款人不服的，可以向上一级人民法院申请复议一次。但是，复议期间不停止执行。

（五）拘留的适用

拘留，是人民法院对实施妨害民事诉讼行为情节严重的人，将其留置在特定的场所，在一定期限内限制其人身自由的强制措施。

根据《民事诉讼法》第115条、第116条以及《民诉解释》的规定，适用拘留应当注意以下两点：

1. 拘留的期限为15日以下。

2. 拘留由人民法院院长批准，制作拘留决定书。被拘留人不服，可以向上一级人民法院申请复议一次；但是，复议期间不停止执行。被拘留人提出复议申请后，上级人民法院应当及时复议，如果发现拘留不当，应当及时口头通知解除拘留，然后在3日内补作复议决定书。

【特别提示】拘留与罚款的适用规则

对同一妨害民事诉讼行为，罚款、拘留不得连续适用，但罚款和拘留可以合并适用，也可以单独适用。如发生了新的妨害民事诉讼的行为，人民法院可以重新予以罚款、拘留。

专题七　第一审普通程序

【本专题重点知识结构图】

- 普通程序
  - 普通程序基础性审判程序的理解
  - 程序启动
    - 起诉条件
      - 原告是与本案有直接利害关系的公民、法人和其他组织
      - 有明确的被告
      - 有具体的诉讼请求、事实和理由
      - 属于法院受理民事诉讼的范围与受诉人民法院管辖
    - 立案登记制
    - 裁定不予受理、裁定驳回起诉与判决驳回诉讼请求的适用
    - 对起诉的审查处理
      - 撤诉后的再起诉
      - 离婚案件、收养关系案件的再起诉
      - 赡养费、抚养费、抚育费案件的再起诉
      - 超过诉讼时效起诉的处理
  - 召开庭前会议与争点的归纳
  - 开庭审理
  - 特殊情形
    - 撤诉：申请撤诉与按撤诉处理
    - 缺席判决
    - 延期审理
    - 诉讼中止
    - 诉讼终结
  - 民事判决、裁定与决定的适用

考点精讲一　普通程序的理解

普通程序是人民法院审理第一审民事案件通常适用的程序。

相对于简易程序而言，第一审普通程序具有以下基本特点：

（一）完整性与系统性

在我国民事诉讼法所规定的审判程序中，第一审普通程序从其内容来看具有完整性，从诉讼程序的启动，到案件的审判以及诉讼程序中可能出现的各种问题的处理均在第一审普通程序中得到了相应的体现。此外，第一审普通程序的完整内容体现出程序环节衔接有序、操作规程严谨完整、程序制度详尽细致的特征，这就使得第一审普通程序的全部内容形成了一个完整的系统，具有系统性。

（二）普适性

第一审普通程序虽然是人民法院审理第一审民事案件通常所适用的基础性程序，但是，由于该程序所具有的完整性与系统性使其成为具有普适性的一种程序。首先，适用法院的普适性。即第一审普通程序可以适用于我国法院系统中的各级人民法院。其次，适用程序的普适性。即人民法院根据民事诉讼法适用第一审简易程序、第二审程序、审判监督程序等程序审理民事案件时，对于该程序中未作出明确规定的具体内容，仍然可以适用普通程序中的相关规定。

考点精讲二　普通程序的启动

一、起诉的条件与方式

（一）起诉的条件

起诉，是指公民、法人或者其他组织，认为自己所享有的或者依法由自己管理、支配的民事权益受到他人侵害，或者与他人发生争议时，以自己的名义向人民法院提起诉讼，请求人民法院依法审判，以解决权利义务关系争议的诉讼行为。

根据我国《民事诉讼法》第119条的规定，起诉应当具备以下条件：

1. 原告必须是与本案有直接利害关系的公民、法人或者其他组织，也就是说，原告必须适格；

2. 有明确的被告；

3. 有具体的诉讼请求、事实和理由；

4. 属于人民法院受理民事诉讼的范围和受诉人民法院管辖。

【特别提示】 对起诉条件的理解，需注意以下几点：

第一，原告应当适格。原告的适格是起诉必须具备的条件，如果原告不适格，该起诉从程序上不符合条件，人民法院应裁定不予受理；人民法院受理案件后，如果发现原告不适格，则应裁定驳回起诉。

第二，被告下落不明与被告不明确的区别。被告明确是起诉必须具备的条件，但是，被告下落不明不等于被告不明确，因此，对于被告下落不明的案件，人民法院应当受理，受理后可以适用公告送达方式。

第三，权利的可诉性与可保护性的区别。原告的诉讼请求所依据的权利可以是现行实体法所规定的权利，也可能是现行实体法所未规定的权利。换言之，需注意权利的可诉性与可保护性是不同的。例如近年来司法实践中出现的基于法无规定的权利“青春费”、“亲吻权”、“电视收视权”等的起诉现象，因为具有可诉性，人民法院应当受理当事人提起的诉讼，但是，当事人所提出的诉讼请求是否能够得到支持取决于法院的司法判断。

第四，注意起诉证据与胜诉证据的区别。起诉证据即原告向法院提起诉讼时应提供的符合法律规定条件的证据；而胜诉证据则是当事人的诉讼请求得到法院支持所依据的证据。胜诉证据需要符合法律关于证明标准的要求。

（二）起诉的方式

当事人起诉应当向人民法院递交起诉状，并按照被告人数提出副本。书写起诉状确有困难的，可以口头起诉，由人民法院记入笔录，并告知对方当事人。

根据《民事诉讼法》第121条的规定，起诉状应当记明下列事项：

1. 当事人的基本情况。具体包括：原告的姓名、性别、年龄、民族、职业、工作单位、住所、联系方式；法人或者其他组织的名称、住所和法定代表人或者主要负责人的姓名、职务、联系方式；被告的姓名、性别、工作单位、住所等信息；法人或者其他组织的名称、住所等信息。

2. 诉讼请求和所根据的事实与理由。

3. 证据和证据来源，证人姓名和住所。

原告除在起诉状中载明上述内容外，还应当写明受诉人民法院的名称、起诉人或具状人签名或盖章、起诉状提交的时间（年、月、日）。在起诉状的附项中还应记明起诉状的副本份数及证据清单。

二、立案登记制

立案登记制的目的在于保证当事人起诉权的行使，防止起诉难问题的出现。根据《民事诉讼法》第123条和《民诉解释》第208条的规定，人民法院应当保障当事人依照法律规定享有的起诉权利。人民法院接到当事人提交的民事起诉状时，对符合民事诉讼法第119条的规定，且不属于第124条规定情形的，应当登记立案；对当场不能判定是否符合起诉条件的，应当接收起诉材料，并出具注明收到日期的书面凭证。需要补充必要相关材料的，人民法院应当及时告知当事人。在补齐相关材料后，应当在七日内决定是否立案。经过审查，对于符合起诉条件的，应当在七日内立案，并通知当事人；不符合起诉条件的，应当在七日内作出裁定书，不予受理。原告对裁定不服的，可以提起上诉。立案后发现不符合起诉条件或者属于民事诉讼法第124条规定情形的，裁定驳回起诉。

人民法院受理民事案件后，就产生以下法律后果：

1. 人民法院取得了对该争议案件的审判权；

2. 人民法院取得对该争议案件的排他管辖权，其他法院不得重复受理案件，受理案件的法院也不得将案件再移送给其他有管辖权的人民法院；

3. 双方当事人取得相应的原、被告诉讼地位；

4. 诉讼时效中断。

【经典真题测试】

61. 何某因被田某打伤，向甲县法院提起人身损害赔偿之诉，法院予以受理。关于何某起诉行为将产生的法律后果，下列哪一选项是正确的？[1]（2013/3/44）

A. 何某的诉讼时效中断　　B. 田某的答辩期开始起算

C. 甲县法院取得排他的管辖权　　D. 田某成为适格被告

三、不予受理、驳回起诉与驳回诉讼请求的适用

在审查起诉阶段，如果法院发现起诉不符合受理条件，即可裁定不予受理；受理案件后，在对争议案件进行审理过程中，如果发现起诉不符合受理条件，则裁定驳回起诉；如果发现虽然符合起诉条件，但是原告已丧失实体胜诉权，例如超过诉讼时效起诉等，则判

---

〔1〕**【答案】** A

决驳回诉讼请求。

不予受理、驳回起诉与驳回诉讼请求的区别，参见下表：

比较内容	不予受理	驳回起诉	驳回诉讼请求
适用文书	裁定	裁定	判决
解决问题性质	程序问题	程序问题	实体问题
适用诉讼阶段	审查起诉阶段	受理案件后	受理案件后
适用条件	起诉不符合受理条件	起诉不符合受理条件	起诉符合条件，但诉讼请求不能获得支持
当事人针对文书的权利	可以上诉、申请再审	可以上诉、申请再审	可以上诉、申请再审
当事人针对案件的权利	可以再起诉	可以再起诉	不得再起诉，因为一事不再理
上诉期	10 日	10 日	15 日
适用组织	立案庭	审判组织	审判组织

四、对起诉的审查与处理

根据《民事诉讼法》第 124 条及民诉解释的相关规定，人民法院对起诉进行审查时，出现下列情况，分别处理：

1. 依照行政诉讼法的规定，属于行政诉讼受案范围的，告知原告提起行政诉讼。

2. 依照法律规定，双方当事人对合同纠纷自愿达成书面仲裁协议向仲裁机构申请仲裁，不得向人民法院起诉的，告知原告向仲裁机构申请仲裁，其坚持起诉的，裁定不予受理，但仲裁条款或者仲裁协议不成立、无效、失效、内容不明确无法执行的除外。根据《民诉解释》第 215 条的规定，当事人在书面合同中订有仲裁条款，或者在发生纠纷后达成书面仲裁协议，一方向人民法院起诉的，人民法院应当告知原告向仲裁机构申请仲裁。其坚持起诉的，裁定不予受理，但仲裁条款或者仲裁协议不成立、无效、失效或者内容不明确无法执行的除外。此外，《民诉解释》第 216 条还规定，在人民法院首次开庭前，被告以有书面仲裁协议为由对受理民事案件提出异议的，人民法院应当进行审查。经审查符合下列情形之一的，人民法院应当裁定驳回起诉：（1）仲裁机构或者人民法院已经确认仲裁协议有效的；（2）当事人没有在仲裁庭首次开庭前对仲裁协议的效力提出异议的；（3）仲裁协议符合仲裁法第 16 条规定且不具有仲裁法第 17 条规定情形的。

3. 依照法律规定，应当由其他机关处理的争议，告知原告向有关机关申请解决。

4. 对不属于本院管辖的案件，告知原告向有管辖权的人民法院起诉。

5. 对判决、裁定、调解书已经发生法律效力的案件，当事人又起诉的，告知原告申请再审，但人民法院准许撤诉的裁定除外。

6. 依照法律规定，在一定期限内不得起诉的案件，在不得起诉期限内起诉的，不予受理。如女方怀孕期间，男方起诉离婚的，法院不予受理。

7. 判决不准离婚和调解和好的离婚案件，判决、调解维持收养关系的案件，没有新情况、新理由，原告在 6 个月内又起诉的，不予受理。但是，如果被告在 6 个月以内起诉的，人民法院应当受理，因为就原、被告双方而言，其起诉权具有平等性。此外，根据《民诉解释》第214条的规定，原告撤诉或者按撤诉处理的离婚案件，没有新情况、新理由，6个月内又起诉的，人民法院应裁定不予受理。

8. 赡养费、扶养费、抚育费案件，裁判发生法律效力后，因新情况、新理由，一方当事人再行起诉要求增加或减少费用的，人民法院应当作为新案受理。

9. 当事人超过诉讼时效期间起诉的，人民法院应予以受理。受理后对方当事人提出时效抗辩，人民法院经审理认为抗辩事由成立的，判决驳回其诉讼请求。根据《诉讼时效规定》第3、4条的规定，当事人未提出诉讼时效抗辩，人民法院不应对诉讼时效问题进行释明及主动适用诉讼时效的规定进行裁判。当事人在一审期间未提出诉讼时效抗辩，在二审期间提出的，人民法院不予支持，但其基于新的证据能够证明对方当事人的请求权已过诉讼时效期间的除外。

10. 夫妻一方下落不明，另一方诉至人民法院，只要求离婚，不申请宣告下落不明人失踪或死亡的案件，人民法院应当受理，对下落不明人用公告送达诉讼文书。

【特别提示】对起诉审查的特殊处理

1. 裁定不予受理、裁定驳回起诉、裁定准予撤诉或者按撤诉处理后当事人可以再起诉，但是判决驳回诉讼请求之后当事人不得再起诉。

2. 赡养费、抚养费、抚育费案件，当事人因新情况、新理由要求增加或者减少费用的，可以作为新案再起诉。

3. 判决不准离婚、调解和好的离婚案件或者申请撤诉以及按撤诉处理的离婚案件、判决、调解维持收养关系的案件需注意：第一、原告在6个月内有新情况、新理由再行起诉，应当受理；第二、原告在6个月之后再起诉，应当受理；第三、被告起诉，应当受理。

【经典真题测试】

62. 张丽因与王旭感情不和，长期分居，向法院起诉要求离婚。法院向王旭送达应诉通知书，发现王旭已于张丽起诉前因意外事故死亡。关于本案，法院应作出下列哪一裁判？[1]（2015/3/48）

A. 诉讼终结的裁定

B. 驳回起诉的裁定

C. 不予受理的裁定

D. 驳回诉讼请求的判决

63. 执法为民是社会主义法治的本质要求，据此，法院和法官应在民事审判中遵守诉讼程序，履行释明义务。下列哪一审判行为符合执法为民的要求？[2]（2013/3/36）

A. 在李某诉赵某的欠款纠纷中，法官向赵某释明诉讼时效，建议赵某提出诉讼时效抗辩

B. 在张某追索赡养费的案件中，法官依职权作出先予执行裁定

C. 在杜某诉阎某的离婚案件中，法官向当事人释明可以同时提出离婚损害赔偿

D. 在罗某诉华兴公司房屋买卖合同纠纷中，法官主动走访现场，进行勘查，并据此支持了罗某的请求

64. 关于起诉与受理的表述，下列哪些选项是正确的？[3]（2012/3/79）

---

[1] 【答案】B

[2] 【答案】C

[3] 【答案】ABD

A. 法院裁定驳回起诉的，原告再次起诉符合条件的，法院应当受理

B. 法院按撤诉处理后，当事人以同一诉讼请求再次起诉的，法院应当受理

C. 判决不准离婚的案件，当事人没有新事实和新理由再次起诉的，法院一律不予受理

D. 当事人超过诉讼时效起诉的，法院应当受理

五、诉的合并

为了提高诉讼效率，防止同案不同判现象的发生，《民诉解释》第221条规定了诉的合并，即基于同一事实发生的纠纷，当事人分别向同一法院起诉的，人民法院可以合并审理。

六、重复起诉及其处理

根据《民诉解释》第247条的规定，当事人就已经提起诉讼的事项在诉讼过程中或者裁判生效后再次起诉，同时符合下列条件的，构成重复起诉：（一）后诉与前诉的当事人相同；（二）后诉与前诉的诉讼标的相同；（三）后诉与前诉的诉讼请求相同，或者后诉的诉讼请求实质上否定前诉裁判结果。当事人重复起诉的，裁定不予受理；已经受理的，裁定驳回起诉，但法律、司法解释另有规定的除外。

此外，《民诉解释》第248条规定，裁定发生法律效力后，发生新的事实，当事人再次提起诉讼的，人民法院应当依法受理。

【经典真题测试】

65. 甲、乙两公司签订了一份家具买卖合同，因家具质量问题，甲公司起诉乙公司要求更换家具并支付违约金3万元。法院经审理判决乙公司败诉，乙公司未上诉。之后，乙公司向法院起诉，要求确认该家具买卖合同无效。对乙公司的起诉，法院应采取下列哪一处理方式？[1]（2017/3/42）

A. 予以受理

B. 裁定不予受理

C. 裁定驳回起诉

D. 按再审处理

七、当事人恒定和诉讼承继原则

《民诉解释》第249条规定了当事人恒定和诉讼承继原则，具体包括以下几点：

1. 在诉讼中，争议的民事权利义务转移的，不影响当事人的诉讼主体资格和诉讼地位。人民法院作出的发生法律效力的判决、裁定对受让人具有拘束力。

2. 受让人申请以无独立请求权第三人身份参加诉讼的，人民法院可予准许。受让人申请替代当事人承担诉讼的，人民法院可以根据案件的具体情况决定是否准许；不予准许的，可以追加其为无独立请求权第三人。

3. 人民法院准许受让人替代当事人承担诉讼的，裁定变更当事人。变更当事人后，诉讼程序以受让人为当事人继续进行，原当事人应当退出诉讼。原当事人已经完成的诉讼行为对受让人具有约束力。

【经典真题测试】

66. 程某诉刘某借款诉讼过程中，程某将对刘某因该借款而形成的债权转让给了谢某。

---

〔1〕【答案】B

依据相关规定，下列哪些选项是正确的？[1]（2016/3/79）

A. 如程某撤诉，法院可以准许其撤诉

B. 如谢某申请以无独立请求权第三人身份参加诉讼，法院可予以准许

C. 如谢某申请替代程某诉讼地位的，法院可以根据案件的具体情况决定是否准许

D. 如法院不予准许谢某申请替代程某诉讼地位的，可以追加谢某为无独立请求权的第三人

考点精讲三　审理前准备工作

审理前准备，是指人民法院受理原告的起诉之后到开庭审理之前，由案件承办人员依法进行的一系列准备工作的总称。

根据我国民事诉讼法以及司法解释的相关规定，需要做好以下准备工作：

1. 送达起诉状副本，被告提交答辩状并送达答辩状副本。

2. 告知当事人诉讼权利与义务及合议庭的组成人员。

3. 审阅诉讼材料，调查收集必要的证据。

4. 追加当事人。

5. 解决管辖权问题，如移送管辖、管辖权转移、指定管辖等问题。

6. 预收诉讼费用，诉讼费用是保证法院的审理活动顺利进行必不可少的经费，如果当事人接到人民法院的预交诉讼费用的通知，既不申请诉讼费用的缓交、减交与免交，也不按时交费的，人民法院可以按撤诉处理。

理解审理前准备工作，重点注意《民诉解释》新增加的两项工作，即召开庭前会议与归纳争点。

1. 召开庭前会议

根据《民诉解释》第224条的规定，依照民事诉讼法第133条第4项规定，人民法院可以在答辩期届满后，通过组织证据交换、召集庭前会议等方式，作好审理前的准备。该解释第225条对庭前会议的内容做出了具体规定，即根据案件具体情况，庭前会议可以包括下列内容：（一）明确原告的诉讼请求和被告的答辩意见；（二）审查处理当事人增加、变更诉讼请求的申请和提出的反诉，以及第三人提出的与本案有关的诉讼请求；（三）根据当事人的申请决定调查收集证据，委托鉴定，要求当事人提供证据，进行勘验，进行证据保全；（四）组织证据交换；（五）归纳争议焦点；（六）进行调解。

2. 争点归纳

《民诉解释》第226条与第229条对争点归纳作出如下具体规定：

（1）人民法院应当根据当事人的诉讼请求、答辩意见以及证据交换的情况，归纳争议焦点，并就归纳的争议焦点征求当事人的意见。

（2）当事人在庭审中对其在审理前的准备阶段认可的事实和证据提出不同意见的，人民法院应当责令其说明理由。必要时，可以责令其提供相应证据。人民法院应当结合当事人的诉讼能力、证据和案件的具体情况进行审查。理由成立的，可以列入争议焦点进行审理。

---

[1] **【答案】** ABCD

考点精讲四　开庭审理

开庭审理，是指人民法院在完成审理前准备阶段的各项工作后，于确定的期日在双方当事人及其他诉讼参与人的参加下，在法庭上依照法定的形式与程序，对争议案件进行审理的诉讼活动。

一、开庭审理的形式与内容

（一）开庭审理的形式

开庭审理必须严格依照法定程序和要求进行，具体需注意以下几点：

1. 开庭审理必须采取法庭审理的方式。

2. 开庭审理应当采取法定审理方式。根据《民事诉讼法》第 134 条的规定，人民法院审理民事案件，除涉及国家秘密、个人隐私或者法律另有规定的以外，应当公开进行。离婚案件、涉及商业秘密的案件，当事人申请不公开审理的，可以不公开审理。

3. 开庭审理应当采取言词审理的方式，不能采取书面审理方式。言词审理，也称为口头审理，是相对于书面审理方式而言的，是指法院进行的证据调查程序和双方当事人的辩论程序必须以口头方式进行，否则不得作为判决的基础。

（二）开庭审理的内容

根据《民诉解释》第 228 条的规定，法庭审理应当围绕当事人争议的事实、证据和法律适用等焦点问题进行。此外，《民诉解释》第 229 条增加了关于禁止反言原则的规定，即当事人在庭审中对其在审理前的准备阶段认可的事实和证据提出不同意见的，人民法院应当责令其说明理由。必要时，可以责令其提供相应的证据。人民法院应当结合当事人的诉讼能力、证据和案件的具体情况进行审查。理由成立的，可以列入争议焦点进行审理。

【注意】为了提高庭审效率，法庭审理的范围是当事人争议的焦点问题，而不是全案事实。

二、开庭审理的顺序

根据我国民事诉讼法的规定，开庭审理应当按照下列顺序进行：

1. 开庭审理前的准备。

根据《民事诉讼法》第 137 条第 1 款的规定，开庭审理前，书记员应当查明当事人和其他诉讼参与人是否到庭，宣布法庭纪律。

2. 开庭开始阶段。

根据《民事诉讼法》第 137 条第 2 款的规定，开庭审理时，由审判长核对当事人，宣布案由，宣布审判人员、书记员名单，告知当事人有关的诉讼权利义务，询问当事人是否提出回避申请。

3. 法庭调查阶段。

根据《民事诉讼法》第 138 条的规定，法庭调查按照下列顺序进行：（1）当事人陈述；（2）告知证人的权利义务，证人作证，宣读未到庭的证人证言；（3）出示书证、物证、视听资料和电子数据；（4）宣读鉴定意见；（5）宣读勘验笔录。

4. 法庭辩论阶段。

根据《民事诉讼法》第141条的规定，法庭辩论按照下列顺序进行：（1）原告及其诉讼代理人发言；（2）被告及其诉讼代理人答辩；（3）第三人及其诉讼代理人发言或者答辩；（4）互相辩论。法庭辩论终结，由审判长按照原告、被告、第三人的先后顺序征询各方最后意见。

【注意】《民诉解释》第230条的规定，人民法院根据案件具体情况并征得当事人同意，可以将法庭调查与法庭辩论合并进行。

5. 判决前的调解。

根据《民事诉讼法》第142条的规定，法庭辩论终结，应当依法作出判决。判决前能够调解的，还可以进行调解，调解不成的，应当及时判决。

6. 评议与裁判阶段。合议庭评议案件，应当不公开进行。评议作出裁判时采取少数服从多数的原则，按照多数人的意见作出，少数人的意见应当记入评议笔录，但该审判人员必须在裁判文书上署名。需要注意与仲裁的区别。

7. 宣判。裁判作出后可以采取两种方式宣判：一是定期宣判，并在宣判的同时发送裁判文书；二是当庭宣判，并在宣判后10日内发送裁判文书。无论是公开审理还是不公开审理，宣告裁判一律公开进行。

三、审理期限

审理期限，也称为审限，是指人民法院从立案到审结民事案件的法定期间。《民事诉讼法》规定审理期限，既有利于提高审判效率，也有利于遏制诉讼拖延。

根据《民事诉讼法》第149条的规定，人民法院适用普通程序审理的案件，应当在立案之日起6个月内审结。有特殊情况需要延长的，由本院院长批准，可以延长6个月；还需要延长的，报请上级人民法院批准。根据《民诉解释》第243条的规定，《民事诉讼法》第149条规定的审限，是指从立案之日起至裁判宣告、调解书送达之日止的期间，但公告期间、鉴定期间、双方当事人和解期间、审理当事人提出的管辖异议以及处理人民法院之间的管辖争议期间不应计算在内。根据最高人民法院《关于严格执行案件审理期限制度的若干规定》的有关规定，因当事人、诉讼代理人申请通知新的证人到庭，调取新的证据，申请重新鉴定或者勘验，法院决定延期审理1个月之内的期间，也不计入审理期限。此外，根据最高人民法院《调解规定》的有关规定，在答辩期满前人民法院对案件进行调解，适用普通程序的案件在当事人同意调解之日起15天内未达成调解协议的，适用简易程序的案件在当事人同意调解之日起7天内未达成调解协议的，经各方当事人同意，可以继续调解。延长的调解期间不计入审限。并且，双方当事人申请庭外和解的期间也不计入审限。

【经典真题测试】

67. 下列哪一选项中法院的审判行为，只能发生在开庭审理阶段？[1]（2013/3/43）

A. 送达诉讼文书

B. 组织当事人进行质证

C. 调解纠纷，促进当事人达成和解

---

〔1〕**【答案】** B

D. 追加必须参加诉讼的当事人

68. 关于民事案件的开庭审理，下列哪一选项是正确的？[1]（2012/3/40）

A. 开庭时由书记员核对当事人身份和宣布案由

B. 法院收集的证据是否需要进行质证，由法院决定

C. 合议庭评议实行少数服从多数，形成不了多数意见时，以审判长意见为准

D. 法院定期宣判的，法院应当在宣判后立即将判决书发给当事人

考点精讲五 不同程序中原告增加诉讼请求、被告反诉、有独立请求权第三人提出请求的处理

一、一审中的处理

《民诉解释》第232条规定，在案件受理后，法庭辩论结束前，原告增加诉讼请求，被告提出反诉，第三人提出与本案有关的诉讼请求，可以合并审理的，人民法院应当合并审理。

二、二审发回重审的处理

《民诉解释》第251条规定，二审裁定撤销一审判决发回重审的案件，当事人申请变更、增加诉讼请求或者提出反诉，第三人提出与本案有关的诉讼请求的，依照民事诉讼法第140条规定处理，即合并处理。

三、再审发回重审的处理

《民诉解释》第252条规定，再审裁定撤销原判决、裁定发回重审的案件，当事人变更、增加诉讼请求或者提出反诉，符合下列情形之一的，人民法院应当准许：（一）原审未合法传唤缺席判决，影响当事人行使诉讼权利的；（二）追加新的诉讼当事人的；（三）诉讼标的物灭失或者发生变化致使原诉讼请求无法实现的；（四）当事人申请变更、增加的诉讼请求或者提出的反诉，无法通过另诉解决的。

考点精讲六 审理中的特殊情形

一、撤诉

（一）申请撤诉

申请撤诉是原告或者上诉人主动要求撤回诉讼的行为。申请撤诉需要符合以下法定条件：

---

[1] **【答案】** D

1. 申请撤诉的主体是原告、上诉人及其法定代理人，其他人无权申请撤诉。这里的原告是广义上的原告，包括本诉的原告、反诉的原告、第三人参加之诉的原告。

2. 申请撤诉应当在人民法院受理案件后、宣告判决之前。

【注意】被告对撤诉的否决权，即法庭辩论终结后原告申请撤诉，被告不同意的，人民法院可以不予准许。

3. 申请撤诉应当自愿、合法。

（二）按撤诉处理

按撤诉处理是人民法院根据当事人所实施的行为作出的法律上的推断，由于按撤诉处理产生与申请撤诉完全相同的法律后果，因此，只有出现下列法定情形时，人民法院才可以裁定按撤诉处理：

1. 原告或者上诉人接到人民法院预交案件受理费的通知后，既不预交费用，也不申请缓交、减交、免交诉讼费用，或者申请缓交、减交或者免交未获准许后仍不交费的。

2. 原告经人民法院传票传唤，无正当理由拒不到庭，或者未经法庭许可中途退庭的。

3. 有独立请求权的第三人经法院传票传唤，无正当理由拒不到庭，或者未经法庭许可中途退庭的。

4. 无行为能力的原告的法定代理人，经法院传票传唤，无正当理由拒不到庭的。

（三）撤诉的法律后果

无论是申请撤诉，还是法院按撤诉处理的案件，撤诉裁定一经作出，立即产生以下法律效力：

1. 终结诉讼程序；

2. 诉讼时效重新开始计算；

3. 诉讼费用由原告或者上诉人负担，减半征收；

4. 诉讼法律关系消灭。需要注意的是，撤诉后仅仅引起诉讼法律关系的消灭，并不能引起当事人之间的民事法律关系的消灭，因此撤诉后，当事人仍然可以再行起诉。

二、缺席判决

缺席判决是人民法院仅在一方当事人参与陈述与辩论，并对另一方当事人提供的书面材料进行审查的基础上，对争议案件作出的判决。由于一方当事人不到庭就无法参与庭审质证、陈述与辩论等诉讼活动，从一定意义上说，缺席判决实际上是对未到庭一方当事人的惩罚。因此，只有出现以下法定情形时才能作出缺席判决：

1. 原告经法院传票传唤，无正当理由拒不到庭，或者未经法庭许可中途退庭，被告反诉的。需要注意的是，在这种情况下，人民法院只能对反诉作出判决，而不得将本诉与反诉一并作出缺席判决。因为本诉部分，法院应当按撤诉处理，但由于被告提出反诉后，本诉原告成为反诉的被告，因此，法院可以针对反诉被告不到庭的行为依法缺席判决。

2. 被告经传票传唤，无正当理由拒不到庭，或者未经法庭许可中途退庭的。

3. 无民事行为能力的被告的法定代理人，经法院传票传唤，无正当理由拒不到庭的。

4. 无独立请求权的第三人经法院传票传唤，无正当理由拒不到庭，或者未经法庭许可中途退庭的。

5. 人民法院裁定不准撤诉的，原告经传票传唤，无正当理由拒不到庭的。

6. 在借贷纠纷案件中，债权人起诉时，债务人下落不明的，人民法院受理案件后可以公告送达并传唤债务人应诉。公告期限届满，债务人仍然不应诉，借贷关系明确的，经审理后可以作出缺席判决。在审理中债务人出走，下落不明，借贷关系明确的，可以缺席判决。

【经典真题测试】

69. 万某起诉吴某人身损害赔偿一案，经过两级法院审理，均判决支持万某的诉讼请求，吴某不服，申请再审。再审中万某未出席开庭审理，也未向法院说明理由。对此，法院的下列哪一做法是正确的？[1]（2014/3/50）

A. 裁定撤诉，视为撤回起诉　　B. 裁定撤诉，视为撤回再审申请

C. 裁定诉讼中止　　D. 缺席判决

三、延期审理

延期审理，是针对开庭审理这个特殊阶段而设置的专门性诉讼制度，即人民法院确定开庭审理时间后或者在进行开庭审理的过程中，由于发生某种特殊情况，使开庭审理无法按期或者继续进行，从而将开庭审理推延到另一期日的诉讼制度。

根据《民事诉讼法》第146条的规定，下列情形可以延期审理：

1. 必须到庭的当事人和其他诉讼参与人有正当理由没有到庭的；

2. 当事人临时提出回避申请的；

3. 需要通知新的证人到庭，调取新的证据，重新鉴定、勘验或者需要补充调查的；

4. 其他需要延期审理的情形，如必须到庭的被告无正当理由未到庭、责令当事人及其诉讼代理人退出法庭等。

四、诉讼中止

延期审理是针对开庭审理这一特殊的诉讼阶段，而诉讼中止则是针对整个审判程序而言，即在诉讼进行过程中，如果出现一些法定的特殊原因，使诉讼程序无法继续进行时，法院裁定暂停诉讼程序，等特殊原因消失以后再行恢复诉讼程序的法律制度。

根据我国《民事诉讼法》第150条的规定，有下列情况之一的，应当裁定中止诉讼：

1. 一方当事人死亡，需要等待继承人表明是否参加诉讼的。这一情形实际是自然人作为当事人时，当事人法定更换制度在民事诉讼中的具体运用。

2. 一方当事人丧失诉讼行为能力，尚未确定法定代理人的。

3. 作为一方当事人的法人或者其他组织终止，尚未确定权利与义务承受人的。这一情形实际是法人作为当事人时，当事人法定变更制度在民事诉讼中的具体运用。

4. 一方当事人因不可抗拒的事由，不能参加诉讼的。

5. 本案必须以另一案的审理结果为依据，而另一案尚未审结的。例如，根据最高人民法院《关于审理名誉权案件若干问题的解答》第3条规定，当事人提起名誉权诉讼后，以同一事实和理由又要求追究被告刑事责任的，应中止民事诉讼，待刑事案件审结后，根据不同情况分别处理；对于犯罪情节轻微，没有给予被告人刑事处罚的，或者刑事自诉已由原告撤回或者被驳回的，应恢复民事诉讼；对于民事诉讼请求已在刑事附带民事诉讼中解

---

[1] **【答案】** D

决的，应终结民事案件的审理。

在民事诉讼过程中，需以刑事诉讼、行政诉讼、破产程序、特别程序等审理结果为依据的，该案中止诉讼。

6. 其他应当中止诉讼的情形。例如在借贷案件中，债权人起诉时，债务人下落不明的，法院应要求债权人提供证明借贷关系存在的证据，受理后公告传唤债务人应诉。公告期限届满，债务人仍不应诉，借贷关系无法查明的，裁定中止诉讼。在审理中债务人出走，下落不明，事实难以查清的，裁定中止诉讼。

五、诉讼终结

诉讼中止仅仅是诉讼过程的暂停，引起诉讼中止的特殊原因消失后，诉讼程序可以恢复；而诉讼终结则是诉讼程序的永久性结束，即在诉讼进行过程中，因发生某种法定的特殊原因，使诉讼程序无法继续进行或者继续进行已无必要时，由人民法院裁定终结诉讼程序的法律制度。

根据《民事诉讼法》第151条的规定，出现下列情形之一的，人民法院应当终结诉讼：

1. 原告死亡，没有继承人，或者继承人放弃诉讼权利的。

2. 被告死亡，没有遗产，也没有应当承担义务的人的。

3. 离婚案件一方当事人死亡的。这类案件需要注意，婚姻关系因当事人一方死亡自行消灭，但是，存续一方当事人的继承权并未丧失。这是因为在一方当事人死亡这个时间点上，身份关系的消灭、诉讼终结和继承权的产生是同时发生的。

4. 追索赡养费、扶养费、抚育费以及解除收养关系案件的一方当事人死亡的。由于这类案件是基于人的特定身份关系而产生的，在诉讼进行过程中，无论是享有权利的一方当事人死亡，还是需要承担义务的一方当事人死亡，身份关系的消失自然导致基于特定身份关系而产生的实体权利与义务关系的消失，诉讼无法继续进行。

【经典真题测试】

70. 甲县法院受理居住在乙县的成某诉居住在甲县的罗某借款纠纷案。诉讼过程中，成某出差归途所乘航班失踪，经全力寻找仍无成某生存的任何信息，主管方宣布机上乘客不可能生还，成妻遂向乙县法院申请宣告成某死亡。对此，下列哪一说法是正确的？[1]（2015/3/43）

A. 乙县法院应当将宣告死亡案移送至甲县法院审理

B. 借款纠纷案与宣告死亡案应当合并审理

C. 甲县法院应当裁定中止诉讼

D. 甲县法院应当裁定终结诉讼

71. 法院开庭审理时一方当事人未到庭，关于可能出现的法律后果，下列哪些选项是正确的？[2]（2011/3/81）

A. 延期审理

B. 按原告撤诉处理

C. 缺席判决

---

〔1〕【答案】C

〔2〕【答案】ABCD

D. 采取强制措施拘传未到庭的当事人到庭

72. 法院对于诉讼中有关情况的处理，下列哪些做法是正确的？[1] (2009/3/85)

A. 甲起诉其子乙请求给付赡养费。开庭审理前，法院依法对甲、乙进行了传唤，但开庭时乙未到庭，也未向法院说明理由。法院裁定延期审理

B. 甲、乙人身损害赔偿一案，甲在前往法院的路上，胃病发作住院治疗。法院决定延期审理

C. 甲诉乙离婚案件，在案件审理中甲死亡。法院裁定按甲撤诉处理

D. 原告在诉讼中因车祸成为植物人，在原告法定代理人没有确定的期间，法院裁定中止诉讼

考点精讲七 民事判决、裁定和决定

一、民事判决

（一）民事判决的概念

民事判决，是指人民法院对争议案件经过审理后，对案件中所涉及的当事人之间的实体问题所作出的权威性判定。

民事判决是人民法院行使审判权对民事权利义务争议案件进行审结的基本方式，也是人民法院严格适用实体法解决民事纠纷的结果。民事判决必须采取书面形式，即判决书，判决书是人民法院行使审判权的重要体现，是诉讼中最为重要的法律文书。

（二）民事判决的种类

民事判决按照不同的标准，可以作出以下不同的分类：

1. 给付判决、确认判决和变更判决

根据所解决诉的性质不同，民事判决可以分为给付判决、确认判决和变更判决。

给付判决，是指在认定当事人之间实体权利义务关系的基础上，责令负有义务的当事人履行一定义务的判决。确认判决，是指确认当事人之间的某种法律关系存在或者不存在的判决。变更判决，是指改变或者消灭当事人之间原有法律关系的判决。

2. 全部判决和部分判决

根据是否为对案件所有须判事项而作出的判决，民事判决可以分为全部判决和部分判决。

全部判决，是指在案件全部审理结束后，法院针对当事人之间争议的所有应判事项依法作出的判决。部分判决，是指在诉讼过程中，法院对可分的权利、义务或者实体请求的一部分所作出的判决。

全部判决与部分判决在上诉的处理上有所不同。原则上全部判决的事项在上诉时须统一处理，即当事人就判决的一部分上诉时，上诉效力及于所有被判决事项。也就是说，即使判决中没有上诉的事项，同样会因为整个判决的上诉而不发生法律效力。但应当注意，

---

〔1〕【答案】BD

这里并不意味着没有上诉的事项也被纳入上诉的审理范围。相反，部分判决之间在上诉效力方面牵连性，当事人没有上诉的部分判决在当事人放弃上诉后即发生法律效力。[1]

3. 对席判决和缺席判决

根据双方当事人是否出庭参加诉讼，民事判决可以分为对席判决和缺席判决。

对席判决，是指在双方当事人或者他们的代理人参加法庭审理后作出的判决。缺席判决，是指在一方当事人拒不到庭参加法庭审理的条件下所作出的判决。

4. 一审判决、二审判决和再审判决

根据制作判决的人民法院的审级，民事判决可以分为一审判决、二审判决和再审判决。

一审判决，是指各级人民法院对第一审民事案件经过审理所作出的判决。二审判决，是指中级以上人民法院对上诉案件经过审理后所作出的判决。再审判决，是指案件原审人民法院或其上级人民法院、最高人民法院，按照审判监督程序对案件再次审理后所作出的判决。

5. 原判决和补充判决

根据判决作出的时间，民事判决可以分为原判决和补充判决。

原判决，是指人民法院对争议案件经过审理后，最初作出的判决。补充判决，是指人民法院对其已作出判决中遗漏的内容所作出的判决。原判决和补充判决共同形成一份完整的判决，当事人既可以针对原判决上诉，也可以针对补充判决上诉。

如果人民法院作出判决后，发现所作出的民事判决中存在事实认定错误或者法律适用等错误，则只能通过法定程序予以纠正，即一审宣判后，原审人民法院发现判决有错误，当事人在上诉期内提起上诉的，原审人民法院可以提出原判决有错误的意见，报送第二审人民法院，由第二审人民法院按照第二审程序进行审理；当事人不上诉的，按照审判监督程序处理。由此可见，判决作出后，人民法院对发现漏判的事项，可以直接作出补充判决；而对发现错判的事项，只能借助法定程序予以纠正。

6. 诉讼判决和非讼判决

根据判决的内容是否涉及民事权益争议，民事判决可以分为诉讼判决和非讼判决。

诉讼判决，是指对于涉及民事权利义务争议的案件，法院经过审理后作出的判决。非讼判决，是指法院对某些不直接涉及民事权利义务争议的案件，适用诉讼法所规定的特殊程序进行审理后作出的判决。由于所处理案件的性质不同，非讼判决与诉讼判决在许多方面都存在区别，例如，非讼判决均不得提出上诉。

（三）民事判决的内容

民事判决的表现形式是民事判决书，根据我国《民事诉讼法》第152条的规定，民事判决书的内容包括以下几个部分：

1. 诉讼参加人的基本情况。

判决书应当写明诉讼参加人的基本情况，即当事人及其诉讼代理人的姓名、性别、民族、籍贯、所在单位、职业、住所等；当事人为法人或者其他组织的，应当写明法人或者其他组织的基本情况以及法定代表人或者负责人的基本情况。

2. 案由、诉讼请求、争议的事实和理由。

---

〔1〕 张卫平：《民事诉讼法》，法律出版社2016年版，第416页。

案由是案件内容和性质的概括，例如专利权属纠纷案、建设工程施工合同纠纷案等。最高人民法院出台的规范案由的有关规定，是各级人民法院确定案由的根据，案由在人民法院立案时就应加以明确，案由应当准确反映案件争议的性质和焦点。诉讼请求应记明当事人的诉讼主张，既包括原告的诉讼请求，也包括被告的反诉请求和有独立请求权第三人提出的诉讼请求。争议的事实和理由是双方争议的焦点与各方所持的理由。

3. 判决认定的事实和理由、适用的法律和理由。

判决认定的事实是法院经过审理已经查明的事实，而适用的法律是判决的根据。为了增强判决的公信力，修正后的民事诉讼法要求人民法院在判决中阐明认定事实的理由以及适用法律的理由。民事诉讼法的这一修改，不仅有助于提升审判的水平，保障审判的公正性，也有助于吸收当事人对审判结果的不满。

4. 判决结果和诉讼费用的负担。

判决结果是法院经过审理后对当事人诉讼请求是否被支持以及在何种程度上被支持的处理意见。诉讼费用的负担，是法院在案件审理终结后根据案件审理的具体情况，按照诉讼费用负担的原则对诉讼费用的承担作出的裁判。

5. 上诉期间和上诉法院。

除了最高人民法院作出的一审判决以及基层人民法院适用小额诉讼程序和特别程序作出的判决以外，地方各级人民法院作出的一审判决均是可以上诉的判决，因此，法院在制作判决书时，应当写明上诉期间和上诉的法院，这是对当事人诉权的保护和释明，应告知当事人拥有上诉权利和行使这一权利的方式。

此外，民事判决书还应当写明人民法院的全称、案件年号和编号，最后由审判人员、书记员署名，加盖人民法院印章。

【特别提示】 人民法院对判决中问题的处理区别

1. 漏判实体事项的处理。人民法院对当事人之间的实体权利义务争议经过审理并作出判决后，如果发现漏判了实体性事项，可以直接作出补充判决，该补充判决与之前作出的原判决共同构成一份完整的民事判决。

2. 错判实体事项的处理。人民法院发现错判了某个实体事项，如何处理取决于当事人是否上诉：当事人在上诉期内提出上诉的，原审人民法院可以提出原判决有错误的意见，报送第二审人民法院，由第二审人民法院按照第二审程序进行审理；当事人不上诉的，按审判监督程序处理（《民诉解释》第242条）。

3. 程序性错误的处理。人民法院发现判决存在文字打印错误、计算错误等程序错误，则裁定补正判决书中的笔误。

【经典真题测试】

73. 甲公司诉乙公司货款纠纷一案，A市B区法院在审理中查明甲公司的权利主张已超过诉讼时效（乙公司并未提出时效抗辩），遂判决驳回甲公司的诉讼请求。判决作出后上诉期间届满之前，B区法院发现其依职权适用诉讼时效规则是错误的。关于本案的处理，下列哪一说法是正确的？[1]（2012/3/41）

A. 因判决尚未发生效力，B区法院可以将判决书予以收回，重新作出新的判决

B. B区法院可以将判决书予以收回，恢复庭审并向当事人释明时效问题，视具体情况

---

[1] **【答案】** D

重新作出判决

C. B区法院可以作出裁定，纠正原判决中的错误

D. 如上诉期间届满当事人未上诉的，B区法院可以决定再审，纠正原判决中的错误

二、民事裁定

（一）民事裁定的理解

民事裁定是人民法院在审理民事案件的过程中，为保证审理工作的顺利进行，就诉讼中的程序性问题所作出的司法判定。

民事判决与民事裁定之比较，参见下表：

比较事项	民事判决	民事裁定
适用事项	实体性事项	主要解决程序事项，少数解决实体事项
作出的依据	实体事实与实体法	程序事实与民事诉讼法
形式	书面形式	书面形式与口头形式
上诉的范围	地方各级法院适用普通程序、简易程序作出的判决、发回重审的判决以及适用第一审再审作出的判决	不予受理裁定、驳回起诉裁定、驳回审判管辖权异议裁定、移送管辖的裁定、管辖权转移的裁定、驳回破产申请裁定
上诉期	15日	10日

（二）民事裁定的适用范围及当事人的诉讼权利

裁定种类	当事人的诉讼权利
不予受理	上诉、申请再审
驳回起诉	上诉、申请再审
对审判管辖权的异议	上诉
移送管辖	上诉
管辖权转移	上诉
驳回破产申请	上诉
保全与先予执行	向作出法院申请复议
准许或者不准许撤诉	申请再审
中止或者终结诉讼	申请再审
中止或者终结执行	申请再审
补正判决书中的笔误	申请补正
撤销或者不予执行仲裁裁决	无诉讼权利
不予执行公证机关赋予强制执行效力的债权文书	无诉讼权利
驳回执行异议	向上一级法院申请复议
对执行管辖权的异议	向上一级法院申请复议
撤销仲裁裁决	无诉讼权利

（三）民事裁定的内容

民事裁定通常以书面形式作出，裁定书主要写明以下内容：

1. 案由、当事人及诉讼代理人的基本情况。裁定案由应依据《民事诉讼法》第154条规定的适用裁定的案件类型来确定和书写。

2. 认定的事实、理由、法律依据。裁定书应当写明认定事实的理由与根据认定的事实应适用的具体的民事诉讼法律规范。

3. 裁定的结果。裁定的结果，是裁定书的主文，也裁定的主要内容。在这部分要针对所要解决的具体问题，写明作出的具体处理结果，例如，驳回管辖权异议、不准撤诉等。

4. 救济途径。允许上诉的裁定，应写明上诉期间和上诉的法院；允许复议的裁定，应写明当事人复议的权利和复议的法院；如果是终审裁定，应写明该裁定为终审裁定。

5. 审判人员、书记员署名，加盖人民法院印章，记明作出裁定的日期。

【经典真题测试】

74. 关于民事诉讼程序中的裁判，下列哪些表述是正确的？[1]（2014/3/82）

A. 判决解决民事实体问题，而裁定主要处理案件的程序问题，少数涉及实体问题

B. 判决都必须以书面形式作出，某些裁定可以口头方式作出

C. 一审判决都允许上诉，一审裁定有的允许上诉，有的不能上诉

D. 财产案件的生效判决都有执行力，大多数裁定都没有执行力

75. 关于民事诉讼的裁定，下列哪一选项是正确的？[2]（2012/3/47）

A. 裁定可以适用于不予受理、管辖权异议和驳回诉讼请求

B. 当事人有正当理由没有到庭的，法院应当裁定延期审理

C. 裁定的拘束力通常只及于当事人、诉讼参与人和审判人员

D. 当事人不服一审法院作出的裁定，可以向上一级法院提出上诉

三、民事决定

（一）民事决定的概念

民事决定是在诉讼进行过程中，为保证人民法院能够公正地审理民事案件，维护正常的诉讼秩序，正确处理人民法院内部的工作关系，人民法院对诉讼中发生的特殊事项所作出的职务上的判定。

通常在下列两种情况下适用民事决定：

第一，用于处理回避问题以及对妨害民事诉讼行为的问题；

第二，用于处理人民法院内部的工作关系方面的相关问题，如对当事人申请缓交、减交或者免交诉讼费用的处理，对人民法院提起再审案件的处理等。

【特别提示】当事人有权申请复议的决定

1. 回避决定；2. 罚款决定；3. 拘留决定；4. 法院对当事人申请调查证据作出的决定。

（二）民事决定的内容

民事决定可以采取书面形式，即决定书，也可以采取口头形式，口头决定由书记员记

---

[1] **【答案】**AB

[2] **【答案】**C

入笔录。决定书除应记明事实、理由和决定内容外，还应在首部写明作出决定的人民法院全称、决定书编号、案由、当事人或者被决定人的基本情况，在尾部由作出决定的组织、人员署名，注明作出决定的时间并加盖人民法院的印章。

专题八　简易程序

【本专题重点知识结构图】

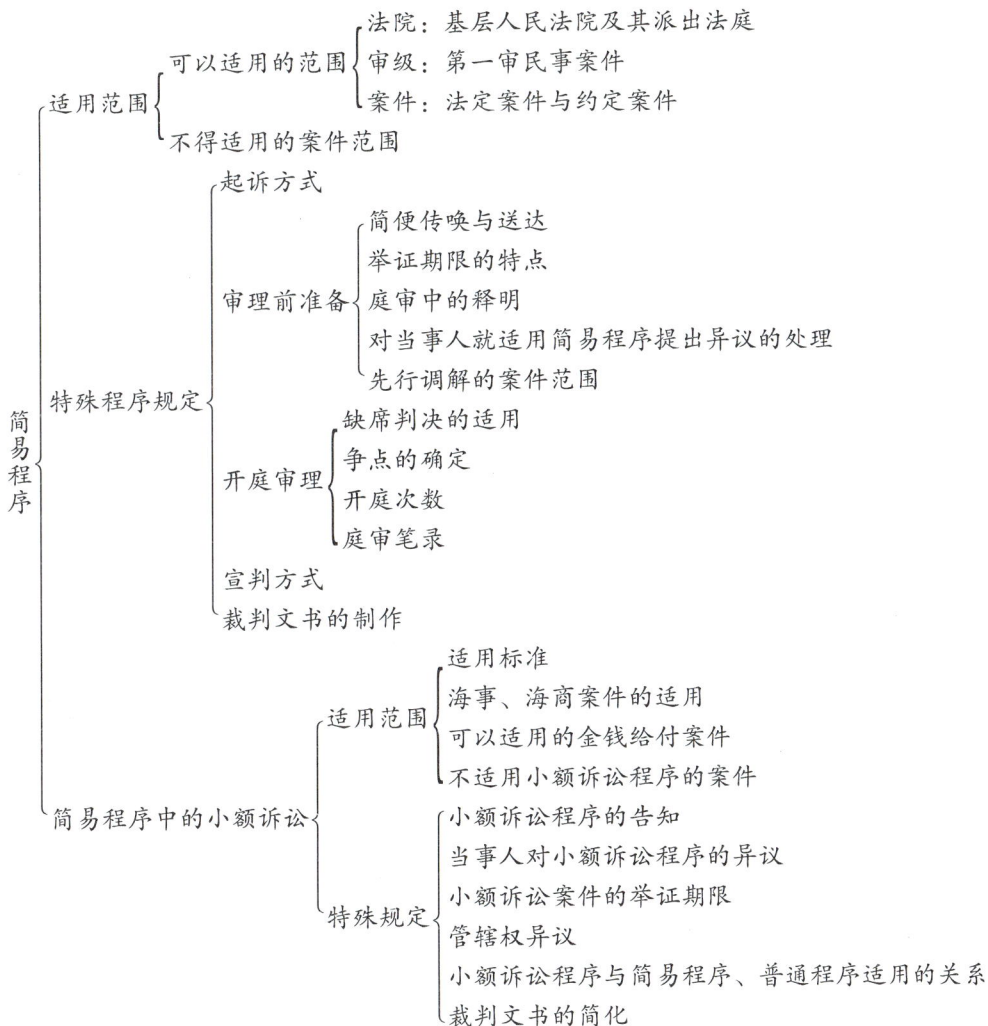

- 简易程序
  - 适用范围
    - 可以适用的范围
      - 法院：基层人民法院及其派出法庭
      - 审级：第一审民事案件
      - 案件：法定案件与约定案件
    - 不得适用的案件范围
  - 特殊程序规定
    - 起诉方式
    - 审理前准备
      - 简便传唤与送达
      - 举证期限的特点
      - 庭审中的释明
      - 对当事人就适用简易程序提出异议的处理
      - 先行调解的案件范围
    - 开庭审理
      - 缺席判决的适用
      - 争点的确定
      - 开庭次数
      - 庭审笔录
    - 宣判方式
    - 裁判文书的制作
  - 简易程序中的小额诉讼
    - 适用范围
      - 适用标准
      - 海事、海商案件的适用
      - 可以适用的金钱给付案件
      - 不适用小额诉讼程序的案件
    - 特殊规定
      - 小额诉讼程序的告知
      - 当事人对小额诉讼程序的异议
      - 小额诉讼案件的举证期限
      - 管辖权异议
      - 小额诉讼程序与简易程序、普通程序适用的关系
      - 裁判文书的简化

考点精讲一　简易程序的适用

简易程序，是指基层人民法院及其派出法庭审理简单的民事案件，以及非简单的民事案件的当事人基于程序选择权选择所适用的简便易行的诉讼程序。

一、可以适用简易程序的范围

1. 适用简易程序的人民法院，只能是基层人民法院和它的派出法庭。

2. 适用简易程序的审级，只能适用于人民法院审理第一审民事案件。这里的第一审民事案件是指人民法院受理的当事人起诉的案件，因为发回重审以及适用第一审程序再审时只能适用普通程序。

3. 适用简易程序的案件。

（1）法定适用案件。

根据《民事诉讼法》第157条第1款的规定，基层人民法院和它派出的法庭审理事实清楚、权利义务关系明确、争议不大的简单民事案件，适用简易程序的规定。其中，事实清楚，是指当事人双方对争议的案件事实陈述基本一致，并能提供可靠的证据，无须人民法院调查收集证据即可判明事实、分清是非；权利义务关系明确，是指谁是责任的承担者，谁是权利的享有者，关系明确；争议不大，是指当事人对案件的是非、责任以及诉讼标的争执无原则性分歧。

（2）约定适用案件。

根据《民事诉讼法》第157条第2款的规定，基层人民法院和它派出的法庭审理简单的民事案件以外的民事案件，当事人双方也可以约定适用简易程序，应当在开庭前提出。口头提出的，记入笔录，由双方当事人签名或者捺印确认。

根据《民诉解释》第258条第2款的规定，人民法院发现案情复杂，需要转为普通程序审理的，应当在审理期限届满前作出裁定并将合议庭组成人员及相关事项书面通知双方当事人。案件转为普通程序审理的，审理期限自人民法院立案之日起计算。该意见第260条同时规定，已经按照普通程序审理的案件，在开庭后不得转为简易程序审理。

【注意】 应当适用普通程序审理的案件，当事人可以约定适用简易程序；但应当适用简易程序的案件，当事人不得约定不适用简易程序，即不得约定适用普通程序。

【经典真题测试】

76. 当事人可对某些诉讼事项进行约定，法院应尊重合法有效的约定。关于当事人的约定及其效力，下列哪些表述是错误的？[1]（2014/3/79）

A. 当事人约定“合同是否履行无法证明时，应以甲方主张的事实为准”，法院应根据该约定分配证明责任

B. 当事人在诉讼和解中约定“原告撤诉后不得以相同的事由再次提起诉讼”，法院根据该约定不能再受理原告的起诉

C. 当事人约定“如果起诉，只能适用普通程序”，法院根据该约定不能适用简易程序审理

D. 当事人约定“双方必须亲自参加开庭审理，不得无故缺席”，如果被告委托了代理人参加开庭，自己不参加开庭，法院应根据该约定在对被告两次传唤后对其拘传

二、不能适用简易程序的案件

根据《民诉解释》第257条的规定，下列情形不得适用简易程序：

---

〔1〕**【答案】** ABCD

1. 起诉时被告下落不明的。

2. 发回重审的。

3. 当事人一方人数众多的。该类诉讼实际上是代表人诉讼，因涉及人数众多的一方或者双方当事人的民事权益，因此，不宜适用程序较为简化的简易程序进行审理。但是，应当注意，共同诉讼的案件可以适用简易程序。

4. 适用审判监督程序的。应当适用审判监督程序审理的民事案件，其生效裁判均确有错误或者生效调解书违反自愿原则或内容违法，此时，从保证当事人合法权益以及保证案件公正审判的角度，不得再适用简易程序进行审理。

5. 涉及国家利益、社会公共利益的。

6. 第三人起诉请求改变或者撤销生效判决、裁定、调解书的。

7. 其他不宜适用简易程序的案件。

考点精讲二　简易程序的特殊规定

一、起诉的方式

根据《民事诉讼法》第158条第1款的规定，对简单的民事案件，原告可以口头起诉。此外，《民诉解释》第265条规定，原告口头起诉的，人民法院应当将当事人的姓名、性别、工作单位、住所、联系方式等基本信息，诉讼请求、事实及理由等准确记入笔录，由原告核对无误后签名或者捺印。对当事人提交的证据材料应当出具收据。

【特别提示】民事诉讼简易程序实质上确立了书面起诉为原则，口头起诉为例外的做法。

二、审理前准备

（一）简便传唤与送达

根据《民诉解释》第261条的规定，人民法院可以采取捎口信、电话、短信、传真、电子邮件等简便方式传唤双方当事人、通知证人和送达裁判文书以外的诉讼文书。

法院按照原告提供的被告送达地址或者其他联系方式无法通知被告应诉的，应当按以下情况分别处理：

1. 原告提供了被告准确的送达地址，但法院无法向被告直接送达或者留置送达应诉通知书的，应当将案件转入普通程序审理。

2. 原告不能提供被告准确的送达地址，法院经查证后仍不能确定被告送达地址的，可以被告不明确为由裁定驳回原告起诉。

（二）举证期限的特点

根据《民诉解释》第266条的规定，适用简易程序案件的举证期限由人民法院确定，也可以由当事人协商一致并经人民法院准许，但不得超过15日。被告要求书面答辩的，人民法院可在征得其同意的基础上，合理确定答辩期间。人民法院应当将举证期限和开庭日期告知双方当事人，并向当事人说明逾期举证以及拒不到庭的法律后果，由双方当事人在笔录和开庭传票的送达回证上签名或者捺印。当事人双方均表示不需要举证期限、答辩期间的，人民法院可以立即开庭审理或者确定开庭日期。

（三）庭审中的释明

根据《民诉解释》第 268 条的规定，对没有委托律师、基层法律服务工作者代理诉讼的当事人，人民法院在庭审过程中可以对回避、自认、举证证明责任等相关内容向其作必要的解释或者说明，并在庭审过程中适当提示当事人正确行使诉讼权利、履行诉讼义务。

（四）对当事人就简易程序提出异议的处理

根据《民诉解释》第 269 条的规定，当事人就案件适用简易程序提出异议，人民法院经审查，异议成立的，裁定转为普通程序；异议不成立的，口头告知当事人，并记入笔录。转为普通程序的，人民法院应当将合议庭组成人员及相关事项以书面形式通知双方当事人。转为普通程序前，双方当事人已确认的事实，可以不再进行举证、质证。

【特别提示】

简易程序转化为普通程序有三种法定情形：一是案情复杂不适宜适用简易程序审理；二是原告提供被告的准确送达地址，但法院无法直接送达或者留置送达应诉通知书的；三是当事人提出的异议成立。

简易程序转化为普通程序后需注意两点程序事项：一是审理期限自立案次日起计算；二是应以书面形式告知当事人合议庭组成等相关事项。

（五）先行调解的案件范围

根据《简易程序规定》第 14 条的规定，下列民事案件，人民法院在开庭审理时应当先行调解：（1）婚姻家庭纠纷和继承纠纷；（2）劳务合同纠纷；（3）交通事故和工伤事故引起的权利义务关系较为明确的损害赔偿纠纷；（4）宅基地和相邻关系纠纷；（5）合伙协议纠纷；（6）诉讼标的额较小的纠纷。但是根据案件的性质和当事人的实际情况不能调解或者显然没有调解必要的除外。

三、开庭审理

（一）缺席判决的适用

以简便方式送达的开庭通知，未经当事人确认或者没有其他证据证明当事人已经收到的，人民法院不得缺席判决 。

（二）审理

1. 争议焦点的确定。开庭时，审判人员可以根据当事人的诉讼请求和答辩意见归纳出争议焦点，经当事人确认后，由当事人围绕争议焦点举证、质证、辩论。当事人对案件事实无争议的，审判人员可以在听取当事人就适用法律方面的辩论意见后径行判决、裁定。

2. 开庭次数。根据《简易程序规定》第 23 条的规定，适用简易程序审理的民事案件，应当一次开庭审结，但人民法院认为确有必要再次开庭的除外。

3. 庭审笔录。书记员应当将适用简易程序审理民事案件的全部活动记入笔录。对于下列事项应当详细记载：第一，审判人员关于当事人诉讼权利义务的告知、争议焦点的概括、证据的认定和裁判的宣告等重大事项；第二，当事人申请回避、自认、撤诉、和解等重大事项；第三，当事人当庭陈述的与其诉讼权利直接相关的其他事项。

四、宣判

（一）宣判方式

根据《简易程序规定》第27条的规定，适用简易程序审理的民事案件，判决结案的，应当公开宣判。宣判方式有当庭宣判和定期宣判两种。除人民法院认为不宜当庭宣判的以外，应当当庭宣判。

【特别提示】简易程序实质上以一次开庭审结与当庭宣判为原则，以再次开庭与定期宣判为例外。

（二）裁判文书的制作

根据《民诉解释》第270条的规定，适用简易程序审理的民事案件，有下列情形之一的，人民法院在制作判决书、裁定书、调解书时对认定事实或者判决理由部分可以适当简化：

1. 当事人达成调解协议并需要制作民事调解书的；

2. 一方当事人在诉讼过程中明确表示承认对方当事人全部诉讼请求或者部分诉讼请求的；

3. 涉及商业秘密或者个人隐私的案件，当事人一方要求简化裁判文书中的相关内容，人民法院认为理由正当的；

4. 当事人双方同意简化裁判文书的。

【经典真题测试】

77. 章俊诉李泳借款纠纷案在某县法院适用简易程序审理。县法院判决后，章俊上诉，二审法院以事实不清为由发回重审。县法院征得当事人同意后，适用简易程序重审此案。在答辩期间，李泳提出管辖权异议，县法院不予审查。案件开庭前，章俊增加了诉讼请求，李泳提出反诉，县法院受理了章俊提出的增加诉讼请求，但以重审不可提出反诉为由拒绝受理李泳的反诉。关于本案，该县法院的下列哪些做法是正确的？[1]（2015/3/82）

A. 征得当事人同意后，适用简易程序重审此案

B. 对李泳提出的管辖权异议不予审查

C. 受理章俊提出的增加诉讼请求

D. 拒绝受理李泳的反诉

78. 关于简易程序的简便性，下列哪一表述是不正确的？[2]（2013/3/41）

A. 受理程序简便，可以当即受理，当即审理

B. 审判程序简便，可以不按法庭调查、法庭辩论的顺序进行

C. 庭审笔录简便，可以不记录诉讼权利义务的告知、原被告的诉辩意见等通常性程序内容

D. 裁判文书简便，可以简化裁判文书的事实认定或判决理由部分

---

〔1〕**【答案】**BC

〔2〕**【答案】**C

考点精讲三　简易程序中的小额诉讼

一、小额诉讼程序的适用范围

根据《民事诉讼法》第162条的规定，基层人民法院和它派出的法庭审理符合本法第157条第1款规定的简单的民事案件，标的额为各省、自治区、直辖市上年度就业人员年平均工资百分之三十以下的，实行一审终审。民事诉讼法设置小额诉讼程序，不仅有利于大众接近司法，而且有利于合理配置司法资源，是有限司法资源效益最大化的体现。

1. 适用小额诉讼程序年平均工资标准界定。《民诉解释》第272条规定，民事诉讼法第162条规定的各省、自治区、直辖市上年度就业人员年平均工资是指已经公布的各省、自治区、直辖市上一年度就业人员年平均工资。在上一年度就业人员年平均工资公布前，以已经公布的最近年度就业人员年平均工资为准。

2. 海事、海商案件的适用。《民诉解释》第273条规定，海事法院可以审理海事、海商小额诉讼案件。案件标的额应当以实际受理案件的海事法院或者其派出法庭所在的省、自治区、直辖市上年度就业人员年平均工资百分之三十为限。

3. 适用小额诉讼程序案件类型。《民诉解释》第274条规定，下列金钱给付的案件，适用小额诉讼程序审理：（一）买卖合同、借款合同、租赁合同纠纷；（二）身份关系清楚，仅在给付的数额、时间、方式上存在争议的赡养费、抚育费、扶养费纠纷；（三）责任明确，仅在给付的数额、时间、方式上存在争议的交通事故损害赔偿和其他人身损害赔偿纠纷；（四）供用水、电、气、热力合同纠纷；（五）银行卡纠纷；（六）劳动关系清楚，仅在劳动报酬、工伤医疗费、经济补偿金或者赔偿金给付数额、时间、方式上存在争议的劳动合同纠纷；（七）劳务关系清楚，仅在劳务报酬给付数额、时间、方式上存在争议的劳务合同纠纷；（八）物业、电信等服务合同纠纷；（九）其他金钱给付纠纷。

4. 不适用小额诉讼程序的案件。《民诉解释》第275条规定，下列案件，不适用小额诉讼程序审理：（一）人身关系、财产确权纠纷；（二）涉外民事纠纷；（三）知识产权纠纷；（四）需要评估、鉴定或者对诉前评估、鉴定结果有异议的纠纷；（五）其他不宜适用一审终审的纠纷。

二、小额诉讼程序的特殊规定

1. 小额诉讼程序的告知。《民诉解释》第276条规定，人民法院受理小额诉讼案件，应当向当事人告知该类案件的审判组织、一审终审、审理期限、诉讼费用交纳标准等相关事项。

2. 当事人对小额诉讼程序的异议。根据《民诉解释》第281条的规定，当事人对按照小额诉讼案件审理有异议的，应当在开庭前提出。人民法院经审查，异议成立的，适用简易程序的其他规定审理；异议不成立的，告知当事人，并记入笔录。

3. 小额诉讼案件的举证期限。《民诉解释》第277条规定，小额诉讼案件的举证期限由人民法院确定，也可以由当事人协商一致并经人民法院准许，但一般不超过七日。被告要求书面答辩的，人民法院可以在征得其同意的基础上合理确定答辩期间，但最长不得超过十五日。当事人到庭后表示不需要举证期限和答辩期间的，人民法院可立即开庭审理。

4. 管辖权异议。《民诉解释》第 278 条规定，当事人对小额诉讼案件提出管辖异议的，人民法院应当作出裁定。裁定一经作出即生效。

5. 小额诉讼程序与简易程序、普通程序适用的关系。《民诉解释》第 280 条规定，因当事人申请增加或者变更诉讼请求、提出反诉、追加当事人等，致使案件不符合小额诉讼案件条件的，应当适用简易程序的其他规定审理。前款规定案件，应当适用普通程序审理的，裁定转为普通程序。适用简易程序的其他规定或者普通程序审理前，双方当事人已确认的事实，可以不再进行举证、质证。

6. 裁判文书的简化。《民诉解释》第 282 条规定，小额诉讼案件的裁判文书可以简化，主要记载当事人基本信息、诉讼请求、裁判主文等内容。

【经典真题测试】

79. 赵洪诉陈海返还借款 100 元，法院决定适用小额诉讼程序审理。关于该案的审理，下列哪一选项是错误的？[1]（2014/3/40）

A. 应在开庭审理时先行调解

B. 应开庭审理，但经过赵洪和陈海的书面同意后，可书面审理

C. 应当庭宣判

D. 应一审终审

---

〔1〕**【答案】** B

专题九　公益诉讼与第三人撤销之诉

【本专题重点知识结构图】

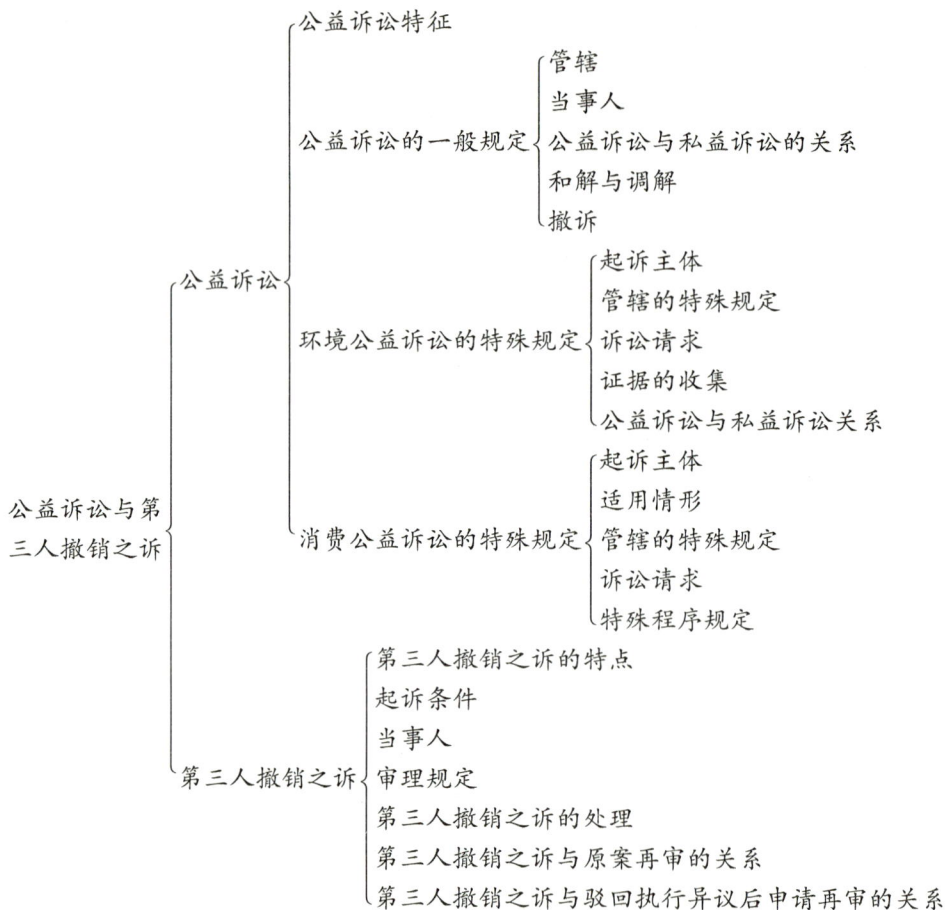

- 公益诉讼与第三人撤销之诉
  - 公益诉讼
    - 公益诉讼特征
    - 公益诉讼的一般规定
      - 管辖
      - 当事人
      - 公益诉讼与私益诉讼的关系
      - 和解与调解
      - 撤诉
    - 环境公益诉讼的特殊规定
      - 起诉主体
      - 管辖的特殊规定
      - 诉讼请求
      - 证据的收集
      - 公益诉讼与私益诉讼关系
    - 消费公益诉讼的特殊规定
      - 起诉主体
      - 适用情形
      - 管辖的特殊规定
      - 诉讼请求
      - 特殊程序规定
  - 第三人撤销之诉
    - 第三人撤销之诉的特点
    - 起诉条件
    - 当事人
    - 审理规定
    - 第三人撤销之诉的处理
    - 第三人撤销之诉与原案再审的关系
    - 第三人撤销之诉与驳回执行异议后申请再审的关系

考点精讲一　公益诉讼

一、公益诉讼的理解

公益诉讼，是指法定主体以维护公共利益为目的而依法提起的民事诉讼。

《民事诉讼法》第55条对公益诉讼作出了具体规定，即对污染环境、侵害众多消费者合法权益等损害社会公共利益的行为，法律规定的机关和有关组织可以向人民法院提起诉讼。人民检察院在履行职责中发现破坏生态环境和资源保护、食品药品安全领域侵害众多消费者合法权益等损害社会公共利益的行为，在没有前款规定的机关和组织或者前款规定的机关和组织不提起诉讼的情况下，可以向人民法院提起诉讼。前款规定的机关或者组织提起诉讼的，人民检察院可以支持起诉。

与普通私益诉讼相比较，公益诉讼主要具有以下几个特点：

1. 诉讼目的不同。公益诉讼的主要目的是维护公共利益；而普通私益诉讼的目的是解决民事法律关系主体之间的权利义务争议，维护当事人的权益。

2. 维护利益的特点不同。公益诉讼所维护的是公共利益，往往具有抽象性、不特定性特点；而普通私益诉讼所维护的主要是个体利益，往往具有具体性、特定性的特点。

3. 起诉主体不同。公益诉讼的起诉主体具有法定性、特定性与广泛性。法定性是指公益诉讼的主体以获得法律授权为前提；特殊性与广泛性是指公益诉讼的原告不限于受违法行为侵害的直接利害关系人。而普通私益诉讼的起诉主体是与本案有直接利害关系的公民、法人或者其他组织。

4. 提起的前提不同。公益诉讼的提起不以存在实际损害为前提条件，可以针对存在潜在危害的不法行为提起。而普通私益诉讼的提起应以存在民事权利义务争议或者民事权利受到损害为前提。

5. 损害的范围不同。公益诉讼纠纷主要涉及环境污染、侵害众多消费者合法权益的行为，这些行为所造成的损害往往具有广泛性、严重性和长期性，有些损害甚至具有潜在性、不可弥补性。而普通私益诉讼主要涉及公民、法人或者其他组织及其相互之间的民事纠纷，其损害往往具有特定性、暂时性、现实性和可弥补性。

二、公益诉讼的一般性规定

《民诉解释》第 284 条至第 291 条对环境公益诉讼与消费者公益诉讼作出了一般性程序规定，主要包括以下内容：

1. 受理条件

环境保护法、消费者权益保护法等法律规定的机关和有关组织对污染环境、侵害众多消费者合法权益等损害社会公共利益的行为，根据民事诉讼法第 55 条规定提起公益诉讼，符合下列条件的，人民法院应当受理：（一）有明确的被告；（二）有具体的诉讼请求；（三）有社会公共利益受到损害的初步证据；（四）属于人民法院受理民事诉讼的范围和受诉人民法院管辖。

2. 管辖

（1）公益诉讼案件由侵权行为地或者被告住所地中级人民法院管辖，但法律、司法解释另有规定的除外。

（2）因污染海洋环境提起的公益诉讼，由污染发生地、损害结果地或者采取预防污染措施地海事法院管辖。

（3）对同一侵权行为分别向两个以上人民法院提起公益诉讼的，由最先立案的人民法院管辖，必要时由它们的共同上级人民法院指定管辖。

3. 公益诉讼的当事人

人民法院受理公益诉讼案件后，依法可以提起诉讼的其他机关和有关组织，可以在开庭前向人民法院申请参加诉讼。人民法院准许参加诉讼的，列为共同原告。

4. 公益诉讼与私益诉讼的并行

人民法院受理公益诉讼案件，不影响同一侵权行为的受害人根据民事诉讼法第 119 条规定提起诉讼。

5. 和解与调解

对公益诉讼案件，当事人可以和解，人民法院可以调解。当事人达成和解或者调解协议后，人民法院应当将和解或者调解协议进行公告。公告期间不得少于 30 日。公告期满后，人民法院经审查，和解或者调解协议不违反社会公共利益的，应当出具调解书；和解或者调解协议违反社会公共利益的，不予出具调解书，继续对案件进行审理并依法作出裁判。

6. 申请撤诉的处理

公益诉讼案件的原告在法庭辩论终结后申请撤诉的，人民法院不予准许。

7. 重复起诉的处理

公益诉讼案件的裁判发生法律效力后，其他依法具有原告资格的机关和有关组织就同一侵权行为另行提起公益诉讼的，人民法院裁定不予受理，但法律、司法解释另有规定的除外。

【经典真题测试】

80. 某品牌手机生产商在手机出厂前预装众多程序，大幅侵占标明内存，某省消费者保护协会以侵害消费者知情权为由提起公益诉讼，法院受理了该案。下列哪一说法是正确的？[1]（2015/3/35）

A. 本案应当由侵权行为地或者被告住所地中级法院管辖

B. 本案原告没有撤诉权

C. 本案当事人不可以和解，法院也不可以调解

D. 因该案已受理，购买该品牌手机的消费者甲若以前述理由诉请赔偿，法院不予受理

81. 根据 2012 年修改的《民事诉讼法》，关于公益诉讼的表述，下列哪一选项是错误的？[2]（2013/3/35）

A. 公益诉讼规则的设立，体现了依法治国的法治理念

B. 公益诉讼的起诉主体只限于法律授权的机关或团体

C. 公益诉讼规则的设立，有利于保障我国经济社会全面协调发展

D. 公益诉讼的提起必须以存在实际损害为前提

三、消费者公益诉讼的特殊规定

根据《消费者权益保护法》（2014 年 3 月 15 日生效）第 37 条的规定："消费者协会履行下列公益性职责：……（七）就损害消费者合法权益的行为，支持受损害的消费者提起诉讼或者依照本法提起诉讼；……。"此外，根据该法第 47 条的规定："对侵害众多消费者合法权益的行为，中国消费者协会以及在省、自治区、直辖市设立的消费者协会，可以向人民法院提起诉讼。"由此可见，消费者协会有两项重要职能：第一、支持受损害的消费者提起诉讼，此种情形之下，起诉的原告仍然是受损害的消费者，而消费者协会只是一个支持者，体现的是支持起诉原则。第二、中国消费者协会以及省、自治区、直辖市设立的消

[1] 【答案】A

[2] 【答案】D

费者协会直接提起公益诉讼，体现的是直接起诉原则。

《最高人民法院关于审理消费民事公益诉讼案件适用法律若干问题的解释》自 2016 年 5 月 1 日期开始实施。因此，消费公益诉讼应注意以下几点：

1. 起诉主体

中国消费者协会以及省、自治区、直辖市设立的消费者协会直接提起公益诉讼，体现的是直接起诉原则。

【注意】消费者协会可以支持受损害的消费者提起诉讼，此种情形之下，起诉的原告仍然是受损害的消费者，而消费者协会只是一个支持者，体现的是支持起诉原则。

2. 消费公益诉讼的适用情形

经营者提供的商品或者服务具有下列情形之一的，适用消费者权益保护法第 47 条（公益诉讼）规定：

（1）提供的商品或者服务存在缺陷，侵害众多不特定消费者合法权益的；

（2）提供的商品或者服务可能危及消费者人身、财产安全，未作出真实的说明和明确的警示，未标明正确使用商品或者接受服务的方法以及防止危害发生方法的；对提供的商品或者服务质量、性能、用途、有效期限等信息作虚假或引人误解宣传的；

（3）宾馆、商场、餐馆、银行、机场、车站、港口、影剧院、景区、娱乐场所等经营场所存在危及消费者人身、财产安全危险的；

（4）以格式条款、通知、声明、店堂告示等方式，作出排除或者限制消费者权利、减轻或者免除经营者责任、加重消费者责任等对消费者不公平、不合理规定的；

（5）其他侵害众多不特定消费者合法权益或者具有危及消费者人身、财产安全危险等损害社会公共利益的行为。

3. 诉讼请求

（1）诉讼请求的范围：停止侵害、排除妨碍、消除危险、赔礼道歉等；

（2）显失公平、不合理的请求：经营者利用格式条款或者通知、声明、店堂告示等，排除或者限制消费者权利、减轻或者免除经营者责任、加重消费者责任，原告认为对消费者不公平、不合理，有权主张无效；

（3）预防性费用请求：原告为停止侵害、排除妨碍、消除危险采取合理预防、处置措施而发生的费用，有权请求被告承担；

（4）合理费用请求：原告及其诉讼代理人对侵权行为进行调查、取证的合理费用、鉴定费用、合理的律师代理费用；

（5）消费民事公益诉讼案件审理过程中，被告提出反诉的，人民法院不予受理。

4. 消费公益诉讼的特殊程序规定

（1）证据保全。有权提起消费民事公益诉讼的机关或者社会组织，可以依据民事诉讼法第 81 条规定申请保全证据。

（2）消费公益诉讼与私益诉讼的关系

第一，人民法院受理消费民事公益诉讼案件后，因同一侵权行为受到损害的消费者申请参加诉讼的，人民法院应当告知其根据民事诉讼法第 119 条规定主张权利。

第二，消费民事公益诉讼案件受理后，因同一侵权行为受到损害的消费者请求对其根据民事诉讼法第 119 条规定提起的诉讼予以中止，人民法院可以准许。

四、环境公益诉讼

根据《环境保护法》(2014 年 4 月 24 日通过,2015 年 1 月 1 日起实施)第 58 条规定:"对污染环境、破坏生态,损害社会公共利益的行为,符合下列条件的社会组织可以向人民法院提起诉讼:(一)依法在设区的市级以上人民政府民政部门登记;(二)专门从事环境保护公益活动连续五年以上且无违法记录。符合前款规定的社会组织向人民法院提起诉讼,人民法院应当依法受理。提起诉讼的社会组织不得通过诉讼牟取经济利益。"

《最高人民法院关于审理环境民事公益诉讼案件适用法律若干问题的解释》自 2015 年 1 月 7 日起开始施行。因此,环境公益诉讼应注意以下几点:

1. 环境公益诉讼的适用范围。环境公益诉讼的提起针对已经损害社会公共利益或者具有损害社会公共利益重大风险的污染环境、破坏生态的行为。

2. 环境公益诉讼的提起主体。有权提起环境公益诉讼的主体是依法在设区的市级以上人民政府民政部门登记的,专门从事环境保护公益活动连续五年以上且无违法记录的社会组织。根据司法解释第 2 条的规定,依照法律、法规的规定,在设区的市级以上人民政府民政部门登记的社会团体、民办非企业单位以及基金会等,可以认定为环境保护法第 58 条规定的社会组织。根据该解释第 3 条的规定,设区的市,自治州、盟、地区,不设区的地级市,直辖市的区以上人民政府民政部门,可以认定为环境保护法第 58 条规定的"设区的市级以上人民政府民政部门"。

3. 环境公益诉讼的管辖。该司法解释第 6 条与第 7 条以及《民诉解释》第 285 条对环境公益诉讼的诉讼管辖作出如下具体规定:

(1)级别管辖。第一审环境民事公益诉讼案件由污染环境、破坏生态行为发生地、损害结果地或者被告住所地的中级以上人民法院管辖。

(2)集中管辖。经最高人民法院批准,高级人民法院可以根据本辖区环境和生态保护的实际情况,在辖区内确定部分中级人民法院受理第一审环境民事公益诉讼案件。中级人民法院管辖环境民事公益诉讼案件的区域由高级人民法院确定。

(3)管辖权转移。中级人民法院认为确有必要的,可以在报请高级人民法院批准后,裁定将本院管辖的第一审环境民事公益诉讼案件交由基层人民法院审理。

(4)原告向两个以上法院起诉的处理。同一原告或者不同原告对同一污染环境、破坏生态行为分别向两个以上有管辖权的人民法院提起环境民事公益诉讼的,由最先立案的人民法院管辖,必要时由共同上级人民法院指定管辖。

4. 环境公益诉讼请求及其释明。该司法解释第 18 条至第 24 条对环境公益诉讼的诉讼请求作出了如下具体规定:

(1)诉讼请求的范围。对污染环境、破坏生态,已经损害社会公共利益或者具有损害社会公共利益重大风险的行为,原告可以请求被告承担停止侵害、排除妨碍、消除危险、恢复原状、赔偿损失、赔礼道歉等民事责任。

(2)预防性诉讼请求。原告为防止生态环境损害的发生和扩大,请求被告停止侵害、排除妨碍、消除危险的,人民法院可以依法予以支持。

(3)金钱请求。原告为停止侵害、排除妨碍、消除危险采取合理预防、处置措施而发生的费用,请求被告承担的,人民法院可以依法予以支持。

(4)环境修复或者修复费用请求。原告请求恢复原状的,人民法院可以依法判决被告将生态环境修复到损害发生之前的状态和功能。无法完全修复的，可以准许采用替代性修复方式。人民法院可以在判决被告修复生态环境的同时，确定被告不履行修复义务时应承担的生态环境修复费用；也可以直接判决被告承担生态环境修复费用。生态环境修复费用包括制定、实施修复方案的费用和监测、监管等费用。生态环境修复费用难以确定或者确定具体数额所需鉴定费用明显过高的，人民法院可以结合多种因素合理确定。

（5）服务功能损失请求。原告请求被告赔偿生态环境受到损害至恢复原状期间服务功能损失的，人民法院可以依法予以支持。

（6）其他合理费用。原告请求被告承担检验、鉴定费用，合理的律师费以及为诉讼支出的其他合理费用的，人民法院可以依法予以支持。

（7）诉讼请求的释明。人民法院认为原告提出的诉讼请求不足以保护社会公共利益的，可以向其释明变更或者增加停止侵害、恢复原状等诉讼请求。

（8）环境民事公益诉讼案件审理过程中，被告以反诉方式提出诉讼请求的，人民法院不予受理。

5. 环境公益诉讼的证据收集以及证明责任。

（1）妨碍举证。根据该司法解释第 13 条的规定，原告请求被告提供其排放的主要污染物名称、排放方式、排放浓度和总量、超标排放情况以及防治污染设施的建设和运行情况等环境信息，法律、法规、规章规定被告应当持有或者有证据证明被告持有而拒不提供，如果原告主张相关事实不利于被告的，人民法院可以推定该主张成立。

（2）证据的收集。根据该司法解释第 14 条的规定，对于审理环境民事公益诉讼案件需要的证据，人民法院认为必要的，应当调查收集。对于应当由原告承担举证责任且为维护社会公共利益所必要的专门性问题，人民法院可以委托具备资格的鉴定人进行鉴定。

（3）申请专家辅助人出庭。根据该司法解释第 15 条的规定，当事人申请通知有专门知识的人出庭，就鉴定人作出的鉴定意见或者就因果关系、生态环境修复方式、生态环境修复费用以及生态环境受到损害至恢复原状期间服务功能的损失等专门性问题提出意见的，人民法院可以准许。前款规定的专家意见经质证，可以作为认定事实的根据。

（4）自认事实的限制。根据该司法解释第 16 条的规定，原告在诉讼过程中承认的对己方不利的事实和认可的证据，人民法院认为损害社会公共利益的，应当不予确认。

6. 环境公益诉讼与环境私益诉讼的关系

（1）环境私益诉讼的证明责任。该司法解释第 30 条规定，已为环境民事公益诉讼生效裁判认定的事实，因同一污染环境、破坏生态行为依据民事诉讼法第 119 条规定提起诉讼的原告、被告均无需举证证明，但原告对该事实有异议并有相反证据足以推翻的除外。对于环境民事公益诉讼生效裁判就被告是否存在法律规定的不承担责任或者减轻责任的情形、行为与损害之间是否存在因果关系、被告承担责任的大小等所作的认定，因同一污染环境、破坏生态行为依据民事诉讼法第 119 条规定提起诉讼的原告主张适用的，人民法院应予支持，但被告有相反证据足以推翻的除外。被告主张直接适用对其有利的认定的，人民法院不予支持，被告仍应举证证明。

（2）被告财产不足以清偿环境公益诉讼与私益诉讼的处理。该司法解释第 31 条规定，被告因污染环境、破坏生态在环境民事公益诉讼和其他民事诉讼中均承担责任，其财产不足以履行全部义务的，应当先履行其他民事诉讼生效裁判所确定的义务，但法律另有规定的除外。

考点精讲二　第三人撤销之诉

一、第三人撤销之诉的理解

近年来的司法实践中，当事人以恶意串通、虚假自认、恶意利用调解等方式损害第三人利益的现象日益突出，虽然第三人参加诉讼在一定程度上有利于维护第三人的合法权益，然而，如果第三人因不能归责于本人的原因未能参加诉讼，则必然涉及到判决、裁定、调解书生效后第三人利益如何获得保护的问题。2013 年修正民事诉讼法确立了第三人撤销之诉制度。

第三人撤销之诉，是指未参加诉讼的第三人，有证据证明发生法律效力的判决、裁定、调解书的部分或者全部内容错误，损害其民事权益的，在法定期间内向作出该判决、裁定、调解书的人民法院提起诉讼，请求改变或者撤销原判决、裁定、调解书的制度。

第三人撤销之诉具有以下特点：

1. 属于一种事后救济机制。
2. 属于一种特殊、非通常的救济机制。
3. 属于一种以保护第三人的民事实体权益为目的的诉讼程序。
4. 提起主体具有法定性与特定性。

二、第三人撤销之诉的条件

根据《民事诉讼法》第 56 条第 3 款的规定，第三人撤销之诉应具备以下条件：

1. 需符合法定前提。第三人提起撤销之诉的前提是因不能归责于自己的事由未参加诉讼。根据《民诉解释》第 295 条的规定，“因不能归责于本人的事由未参加诉讼”，是指没有被列为生效判决、裁定、调解书当事人，且无过错或者无明显过错的情形。包括：（1）不知道诉讼而未参加的；（2）申请参加未获准许的；（3）知道诉讼，但因客观原因无法参加的；（4）因其他不能归责于本人的事由未参加诉讼的。如果受到本诉损害，但是能够参加本诉而未参加诉讼的第三人不得提起撤销之诉，这样既可以防止第三人怠于行使其诉讼权利，又有利于避免生效法律文书长期处于不稳定状态。

2. 需符合法定情形。第三人提起撤销之诉需要有证据证明发生法律效力的判决、裁定、调解书的部分或者全部内容错误，损害其民事权益。根据《民诉解释》第 296 条的规定，“判决、裁定、调解书的部分或者全部内容”，是指判决、裁定的主文，调解书中处理当事人民事权利义务的结果。第三人撤销之诉不同于普通的民事诉讼，其主要目的在于改变或者撤销已经发生法律效力的判决、裁定或者调解书，为了防止第三人滥用其诉讼权利提起撤销之诉，从而影响生效判决、裁定或调解书的稳定性与权威性，有必要设置较为严格的提起撤销之诉的法定情形。

3. 需符合法定期间。第三人撤销之诉作为一种特殊的第三人利益的救济制度，其以改变或者撤销生效法律文书为目的，必然涉及到如何在维护第三人利益与维护生效法律文书稳定性之间寻求平衡的问题。为了避免因第三人撤销之诉的存在，对法律关系的稳定、交易秩序与交易安全构成长期潜在的威胁，有必要督促第三人及时行使其撤销权，因此，第三人应当自知道或者应当知道其民事权益受到损害之日起6个月内提起撤销之诉。

4. 需符合法定管辖。第三人撤销之诉应当向作出原生效判决、裁定、调解书的人民法院提出，因为该人民法院最为了解案件情况，有利于案件的及时审理，同时也有利于发挥原人民法院自我监督的功能。

三、第三人撤销之诉的审理与裁判

《民诉解释》第292条至第303条对第三人撤销之诉的审理与裁判作出如下规定：

1. 第三人撤销之诉的当事人

第三人提起撤销之诉，人民法院应当将该第三人列为原告，生效判决、裁定、调解书的当事人列为被告，但生效判决、裁定、调解书中没有承担责任的无独立请求权的第三人列为第三人。

2. 人民法院不予受理第三人撤销之诉的情形

根据《民诉解释》第297条的规定，对于下列情形提起第三人撤销之诉的，人民法院不予受理：（一）适用特别程序、督促程序、公示催告程序、破产程序等非讼程序处理的案件；（二）婚姻无效、撤销或者解除婚姻关系等判决、裁定、调解书中涉及身份关系的内容；（三）民事诉讼法第54条规定的未参加登记的权利人对代表人诉讼案件的生效裁判；（四）民事诉讼法第55条规定的损害社会公共利益行为的受害人对公益诉讼案件的生效裁判。

3. 第三人撤销之诉的效力

人民法院受理第三人撤销之诉案件后，原告提供相应担保，请求中止执行的，人民法院可以准许。

4. 审判组织

人民法院对第三人撤销之诉案件，应当组成合议庭开庭审理。

5. 人民法院对第三人撤销之诉的处理

对第三人撤销或者部分撤销发生法律效力的判决、裁定、调解书内容的请求，人民法院经审理，按下列情形分别处理：（一）请求成立且确认其民事权利的主张全部或部分成立的，改变原判决、裁定、调解书内容的错误部分；（二）请求成立，但确认其全部或部分民事权利的主张不成立，或者未提出确认其民事权利请求的，撤销原判决、裁定、调解书内容的错误部分；（三）请求不成立的，驳回诉讼请求。对前款规定裁判不服的，当事人可以上诉。

四、第三人撤销之诉与相关制度的关系

1. 第三人撤销之诉与再审程序的关系

第三人撤销之诉案件审理期间，人民法院对生效判决、裁定、调解书裁定再审的，受理第三人撤销之诉的人民法院应当裁定将第三人的诉讼请求并入再审程序。但有证据证明原审当事人之间恶意串通损害第三人合法权益的，人民法院应当先行审理第三人撤销之诉案件，裁定中止再审诉讼。

此外，该解释第302条规定，第三人诉讼请求并入再审程序审理的，按照下列情形分别处理：（一）按照第一审程序审理的，人民法院应当对第三人的诉讼请求一并审理，所作的判决可以上诉；（二）按照第二审程序审理的，人民法院可以调解，调解达不成协议的，

应当裁定撤销原判决、裁定、调解书，发回一审法院重审，重审时应当列明第三人。

2. 第三人撤销之诉与驳回案外人异议后申请再审的关系

根据《民诉解释》第303条的规定，第三人提起撤销之诉后，未中止生效判决、裁定、调解书执行的，执行法院对第三人依照民事诉讼法第227条规定提出的执行异议，应予审查。第三人不服驳回执行异议裁定，申请对原判决、裁定、调解书再审的，人民法院不予受理。案外人对人民法院驳回其执行异议裁定不服，认为原判决、裁定、调解书内容错误损害其合法权益的，应当根据民事诉讼法第227条规定申请再审，提起第三人撤销之诉的，人民法院不予受理。

【经典真题测试】

82. 丙公司因法院对甲公司诉乙公司工程施工合同案的一审判决（未提起上诉）损害其合法权益，向A市B县法院提起撤销诉讼。案件审理中，检察院提起抗诉，A市中级法院对该案进行再审，B县法院裁定将撤销诉讼并入再审程序。关于中级法院对丙公司提出的撤销诉讼请求的处理，下列哪一表述是正确的?[1]（2017/3/38）

A. 将丙公司提出的诉讼请求一并审理，作出判决

B. 根据自愿原则进行调解，调解不成的，告知丙公司另行起诉

C. 根据自愿原则进行调解，调解不成的，裁定撤销原判发回重审

D. 根据自愿原则进行调解，调解不成的，恢复第三人撤销诉讼程序

83. 关于第三人撤销之诉，下列哪一说法是正确的?[2]（2014/3/41）

A. 法院受理第三人撤销之诉后，应中止原裁判的执行

B. 第三人撤销之诉是确认原审裁判错误的确认之诉

C. 第三人撤销之诉由原审法院的上一级法院管辖，但当事人一方人数众多或者双方当事人为公民的案件，应由原审法院管辖

D. 第三人撤销之诉的客体包括生效的民事判决、裁定和调解书

---

〔1〕**【答案】**C

〔2〕**【答案】**D

专题十　第二审程序

【本专题重点知识结构图】

- 第二审程序
  - 第二审程序与第一审程序的关系
  - 上诉条件
    - 实质条件
      - 可以上诉的判决
      - 可以上诉的裁定
    - 形式条件
      - 上诉人与被上诉人：注意必要共同诉讼人的上诉问题
      - 上诉期：判决 15 日，裁定 10 日
      - 上诉状：口头上诉无效
  - 第二审程序中撤诉
    - 原审原告撤回起诉
    - 当事人撤回上诉
  - 上诉案件审理
    - 审理范围
      - 上诉请求的有关事实与适用法律
      - 例外
    - 审理方式
      - 开庭审理为原则：有新证据的应当开庭
      - 不开庭审理为例外：当事人没有提出新的事实、证据或者理由
  - 上诉案件调解
    - 调解成功：制作调解书，因为调解书影响到一审裁判效力
    - 调解不成
      - 通常情况：及时裁判
      - 特殊情况
        - 发回重审
          - 遗漏诉讼请求（解释 326）
          - 遗漏必要共同诉讼人与有独立请求权第三人（解释 327）
          - 一审判决不准离婚，二审认为应当离婚，对子女抚养、财产分割（但双方同意二审法院一并裁判除外）（解释 328）
        - 告知另诉：原审原告增加独立请求或被告反诉（但双方同意二审法院一并裁判除外）（解释 329）
  - 对判决上诉的处理
    - 判决驳回上诉，维持原判：认定事实清楚，适用法律正确
    - 依法改判
      - 认定事实错误 } 法定改判
      - 适用法律错误 } 法定改判
      - 认定基本事实不清：可以改判
    - 裁定撤销原判，发回重审（只能一次）
      - 认定基本事实不清
      - 遗漏当事人或违法缺席判决等严重违反法定程序
    - 裁定撤销原判，移送管辖：一审法院违反专属管辖规定受理案件
    - 裁定撤销原判，驳回起诉：起诉不符合受理条件
  - 对裁定上诉的处理
    - 裁定驳回上诉，维持原裁定：认定事实清楚，适用法律正确
    - 裁定撤销或者变更
      - 认定事实错误
      - 适用法律错误

考点精讲一　第二审程序与第一审程序的关系

第二审程序是指基于当事人在法定期间的上诉行为，上一级人民法院审理上诉案件所适用的程序。

第二审程序与第一审程序之间存在着一定的联系，主要体现在：第一审程序是第二审程序的前提和基础，第二审程序是第一审程序的继续和发展。

二审程序与一审程序的区别，参见下表：

比较内容	一审程序	二审程序
程序发生的原因	当事人起诉权与法院的管辖权	当事人的上诉权与法院的审判监督权
审理的对象	当事人之间的争议	当事人上诉请求的内容，法律另有规定的除外
审理的法院	各级人民法院	一审法院的上一级法院
适用的程序	普通程序或者简易程序	二审程序
审理方式	开庭审理	开庭审理为原则，不开庭审理为例外
裁判效力	上诉期内未生效	生效

【经典真题测试】

84. 关于民事诉讼二审程序的表述，下列哪一选项是错误的？[1]（2012/3/43）

A. 二审案件的审理，遇有二审程序没有规定的情形，应当适用一审普通程序的相关规定

B. 二审案件的审理，以开庭审理为原则

C. 二审案件调解的结果变更了一审判决内容的，应当在调解书中写明“撤销原判”

D. 二审案件的审理，应当由法官组成的合议庭进行审理

考点精讲二　上诉的提起

上诉，是指当事人不服第一审人民法院所作的尚未生效的裁判，在法定期间内请求上一级人民法院适用第二审程序对上诉请求进行审理，并要求撤销或者变更一审裁判的诉讼行为。

一、上诉的提起条件

（一）上诉的实质条件

上诉的实质条件，即当事人可以针对哪些判决与裁定提起上诉。

1. 允许上诉的判决包括：（1）地方各级人民法院适用普通程序以及基层人民法院和它

[1]【答案】C

的派出法庭适用简易程序审理后作出的第一审判决；(2) 人民法院对发回重审案件作出的判决；(3) 按照一审程序对案件进行再审后作出的判决。下列三类判决不能上诉：一是最高人民法院作出的一审判决；二是基层人民法院及其派出法庭适用小额诉讼程序作出的判决；三是人民法院适用特别程序、公示催告程序作出的判决。

2. 允许上诉的裁定。即管辖权异议裁定、移送管辖的裁定、管辖权转移的裁定、不予受理裁定、驳回起诉裁定。

【经典真题测试】

85. 下列哪些情况下，法院不应受理当事人的上诉请求？[1] (2013/3/78)

A. 宋某和卢某借款纠纷一案，卢某终审败诉，宋某向区法院申请执行，卢某提出执行管辖异议，区法院裁定驳回卢某异议。卢某提起上诉

B. 曹某向市中院诉刘某侵犯其专利权，要求赔偿损失1元钱，中院驳回其请求。曹某提起上诉

C. 孙某将朱某打伤，经当地人民调解委员会调解达成协议，并申请法院进行了司法确认。后朱某反悔提起上诉

D. 尹某诉与林某离婚，法院审查中发现二人系禁婚的近亲属，遂判决二人婚姻无效。尹某提起上诉

(二) 上诉的形式条件

当事人提起上诉除具备上述实质条件以外，还应当符合下列形式条件：

1. 上诉人与被上诉人。在民事诉讼中，有权提起上诉而成为上诉人的应当是一审判决中的实体权利义务的承受人，具体包括一审中的原告、被告、共同诉讼人、有独立请求权的第三人和判决承担实体义务的无独立请求权的第三人。也就是说，当事人是否享有上诉权取决于依据一审判决是否享有实体权利或者承担实体义务。此外还需要注意两个问题的处理：

(1) 一审当事人及第三人都上诉问题的处理。根据《民诉解释》第317条的规定，双方当事人和第三人都提起上诉的，均列为上诉人。

【特别提示】**一审与二审中当事人诉讼地位的区别**

二审程序不同于一审程序，一审程序审理的是当事人之间的实体权利义务关系争议，必须有诉讼地位对立的原、被告双方当事人；而二审程序审理的是当事人对一审判决不服而提起上诉的内容，因此，二审程序中既可以存在诉讼地位对立的双方当事人，即上诉人与被上诉人，也可以不存在诉讼地位对立的双方当事人，即如果一审原被告、第三人都提出上诉，则都列为上诉人，没有被上诉人。

(2) 必要共同诉讼中部分共同诉讼人上诉问题的处理。《民诉解释》第319条对这类情况作出了明确的规定，即必要共同诉讼人中的一人或者部分人提出上诉的，按照下列情况处理：

第一，上诉仅对与对方当事人之间权利与义务分担有意见，不涉及其他共同诉讼人利益的，对方当事人为被上诉人，未上诉的同一方当事人依原审诉讼地位列明。

第二，上诉仅对共同诉讼人之间权利与义务分担有意见，不涉及对方当事人利益的，

[1] **【答案】** ACD

未上诉的同一方当事人为被上诉人，对方当事人依原审诉讼地位列明。

第三，上诉对双方当事人之间以及共同诉讼人之间权利与义务分担有意见的，未提出上诉的其他当事人均为被上诉人。

【特别提示】确定必要共同诉讼人二审中诉讼地位的规律：有权上诉的当事人谁提出上诉谁就是上诉人，上诉人对与谁之间的权利与义务分担有意见，谁就是被上诉人；未提出上诉并且上诉人的上诉请求不涉及的人依原审诉讼地位列明即可。

二、上诉的提起与受理程序

根据《民事诉讼法》第166、167条的规定，上诉状应当通过原审人民法院提出，并按照对方当事人或者代表人的人数提出副本。当事人直接向第二审人民法院上诉的，第二审人民法院应当在5日内将上诉状移交原审人民法院。原审人民法院收到上诉状后，应当在5日内将上诉状副本送达对方当事人，对方当事人在收到之日起15日内提出答辩状。人民法院应当在收到答辩状之日起5日内将副本送达上诉人。对方当事人不提出答辩状的，不影响人民法院审理。原审人民法院收到上诉状、答辩状，应当在5日内连同全部案卷和证据，报送第二审人民法院。

【经典真题测试】

86. 甲、乙、丙三人共同致丁身体损害，丁起诉三人要求赔偿3万元。一审法院经审理判决甲、乙、丙分别赔偿2万元、8000元和2000元，三人承担连带责任。甲认为丙赔偿2000元的数额过低，提起上诉。关于本案二审当事人诉讼地位的确定，下列哪一选项是正确的?〔1〕(2017/3/44)

A. 甲为上诉人，丙为被上诉人，乙为原审被告，丁为原审原告

B. 甲为上诉人，丙、丁为被上诉人，乙为原审被告

C. 甲、乙为上诉人，丙为被上诉人，丁为原审原告

D. 甲、乙、丙为上诉人，丁为被上诉人

87. 甲对乙享有10万元到期债权，乙无力清偿，且怠于行使对丙的15万元债权，甲遂对丙提起代位权诉讼，法院依法追加乙为第三人。一审判决甲胜诉，丙应向甲给付10万元。乙、丙均提起上诉，乙请求法院判令丙向其支付剩余5万元债务，丙请求法院判令甲对乙的债权不成立。关于二审当事人地位的表述，下列哪一选项是正确的?〔2〕(2013/3/48)

A. 丙是上诉人，甲是被上诉人

B. 乙、丙是上诉人，甲是被上诉人

C. 乙是上诉人，甲、丙是被上诉人

D. 丙是上诉人，甲、乙是被上诉人

2. 上诉期间。根据《民事诉讼法》第164条的规定，对一审判决的上诉期限为15日，对一审裁定的上诉期限为10日。但是，对于共同诉讼人而言，如果一审判决和可以上诉的一审裁定不能同时送达双方当事人的，上诉期限从各自收到判决书、裁定书的次日起计算。

3. 上诉状。《民诉解释》第320条规定，一审宣判时或者判决书、裁定书送达时，当

〔1〕【答案】A

〔2〕【答案】A

事人口头表示上诉的，人民法院应告知其必须在法定上诉期间内递交上诉状。未在法定上诉期间内递交上诉状的，视为未提起上诉。虽递交上诉状，但未在指定的期限内交纳上诉费的，按自动撤回上诉处理。

考点精讲三　第二审程序中的撤诉

一、原审原告撤回起诉

根据《民诉解释》第338条的规定，在第二审程序中，原审原告申请撤回起诉，经其他当事人同意，且不损害国家利益、社会公共利益、他人合法权益的，人民法院可以准许。准许撤诉的，应当一并裁定撤销一审裁判。原审原告在第二审程序中撤回起诉后重复起诉的，人民法院不予受理。

二、上诉人撤回上诉

在二审程序中，同样存在上诉人撤回上诉的问题，此时必然涉及到一审裁判的效力问题，对此，应注意以下几点：

1. 在上诉期内上诉人撤回上诉后，不得再次上诉；但判决是否生效需取决于其他当事人在上诉期内是否上诉。

2. 在上诉期内，所有有权上诉的当事人均提起上诉后，均撤回上诉，法院裁定准许最后一个当事人撤回上诉时，一审裁判生效。

3. 在二审审理过程中，判决宣告前，上诉人撤回上诉，法院裁定准许后，一审裁判即生效。

根据《民诉解释》第337条的规定，在第二审程序中，当事人申请撤回上诉，人民法院经审查认为一审判决确有错误，或者当事人之间恶意串通损害国家利益、社会公共利益、他人合法权益的，不应准许。

三、二审中因和解而撤诉

根据《民诉解释》第339条的规定，当事人在二审中达成和解协议的，人民法院可以根据当事人的请求，对双方达成的和解协议进行审查并制作调解书送达当事人；因和解而申请撤诉，经审查符合撤诉条件的，人民法院应予准许。

【提示】二审中因和解而申请撤诉可以分为三种情况：（1）原审原告申请撤回起诉，法院裁定准许，应当一并裁定撤销一审裁判。（2）上诉人申请撤回上诉，法院裁定准许，一审裁判即发生法律效力。（3）原审原告申请撤回起诉，同时上诉人申请撤回上诉，应当都准许，一审裁判被法院裁定撤销而不能发生法律效力。

【经典真题测试】

88. 张某诉新立公司买卖合同纠纷案，新立公司不服一审判决提起上诉。二审中，新立公司与张某达成协议，双方同意撤回起诉和上诉。关于本案，下列哪一选项是正确的?[1]

---

〔1〕**【答案】**B

(2017/3/45)

A. 起诉应在一审中撤回，二审中撤回起诉的，法院不应准许

B. 因双方达成合意撤回起诉和上诉的，法院可准许张某二审中撤回起诉

C. 二审法院应裁定撤销一审判决并发回重审，一审法院重审时准许张某撤回起诉

D. 二审法院可裁定新立公司撤回上诉，而不许张某撤回起诉

89. 石山公司起诉建安公司请求返还86万元借款及支付5万元利息，一审判决石山公司胜诉，建安公司不服提起上诉。二审中，双方达成和解协议：石山公司放弃5万元利息主张，建安公司在撤回上诉后15日内一次性付清86万元本金。建安公司向二审法院申请撤回上诉后，并未履行还款义务。关于石山公司的做法，下列哪一表述是正确的?[1](2017/3/46)

A. 可依和解协议申请强制执行

B. 可依一审判决申请强制执行

C. 可依和解协议另行起诉

D. 可依和解协议申请司法确认

考点精讲四　上诉案件的审理范围与审理方式

一、审理范围

根据《民事诉讼法》第168条规定，第二审人民法院应当对上诉请求的有关事实和适用法律进行审查。对于人民法院在审理上诉案件时，如果发现在当事人上诉请求以外，原判决存在错误，二审人民法院能否对当事人上诉请求以外的原判决内容进行审查的问题，最高人民法院《民诉解释》第323条作出明确规定：第二审人民法院应当围绕当事人上诉请求进行审理，当事人没有提出请求的，不予审理，但一审判决违反法律禁止性规定，或者损害国家利益、社会公共利益、他人合法权益的除外。因为第二审法院承担着监督一审裁判是否正确的职能。

【经典真题测试】

90. 朱某诉力胜公司商品房买卖合同纠纷案，朱某要求判令被告支付违约金5万元；因房屋质量问题，请求被告修缮，费用由被告支付。一审法院判决被告败诉，认可了原告全部诉讼请求。力胜公司不服令其支付5万元违约金的判决，提起上诉。二审法院发现一审法院关于房屋有质量问题的事实认定，证据不充分。关于二审法院对本案的处理，下列哪些说法是正确的?[2](2017/3/82)

A. 应针对上诉人不服违约金判决的请求进行审理

B. 可对房屋修缮问题在查明事实的情况下依法改判

C. 应针对上诉人上诉请求所涉及的事实认定和法律适用进行审理

D. 应全面审查一审法院对案件的事实认定和法律适用

二、审理方式

第二审人民法院对上诉案件的审理，可以根据案件的具体情况分别采取以下两种方式

[1] 【答案】B

[2] 【答案】AC

进行审理：

1. 开庭审理为原则。

2. 不开庭审理为例外。根据《民事诉讼法》第169条的规定，第二审人民法院对上诉案件，应当组成合议庭，开庭审理。经过阅卷、调查和询问当事人，对没有提出新的事实、证据或者理由，合议庭认为不需要开庭审理的，可以不开庭审理。根据《民诉解释》第333条的规定，第二审人民法院对下列上诉案件，依照民事诉讼法第169条规定可以不开庭审理：（一）不服不予受理、管辖权异议和驳回起诉裁定的；（二）当事人提出的上诉请求明显不能成立的；（三）原判决、裁定认定事实清楚，但适用法律错误的；（四）原判决严重违反法定程序，需要发回重审的。

【经典真题测试】

91. 关于民事诉讼二审程序的表述，下列哪些选项是正确的？[1]（2014/3/83）

A. 二审既可能因为当事人上诉而发生，也可能因为检察院的抗诉而发生

B. 二审既是事实审，又是法律审

C. 二审调解书应写明撤销原判

D. 二审原则上应开庭审理，特殊情况下可不开庭审理

考点精讲五　上诉案件的调解

一、调解成功的处理

第二审人民法院审理上诉案件时，可以根据当事人自愿原则进行调解，调解成功的，应当制作调解书，因为该调解书直接影响到第一审裁判的效力。

二、特殊调解的适用

在第二审程序中，如果遇到法律规定的特殊情形，调解不成的，应当予以特殊处理，否则可能涉及对当事人上诉权的剥夺问题。

《民诉解释》第326～329条对二审程序中的调解问题作出了明确的规定，可以分为以下四个方面：

1. 关于漏审、漏判诉讼请求的问题。根据《民诉解释》第326条的规定，对当事人在一审中已经提出的诉讼请求，原审人民法院未作审理、判决的，第二审人民法院可以根据当事人自愿的原则进行调解，调解不成的，发回重审。

2. 关于遗漏当事人的问题。根据《民诉解释》第327条的规定，必须参加诉讼的当事人或者有独立请求权的第三人在一审中未参加诉讼，第二审人民法院可以根据当事人自愿的原则予以调解；调解不成的，发回重审。

3. 关于新增加诉讼请求或者提出反诉的问题。根据《民诉解释》第328条的规定，在第二审程序中，原审原告增加独立的诉讼请求或原审被告提出反诉的，第二审人民法院可以根据当事人自愿的原则就新增加的诉讼请求或反诉进行调解，调解不成的，告知当事人

[1]【答案】BD

另行起诉。双方当事人同意由第二审人民法院一并审理的，第二审人民法院可以一并裁判。

4. 关于离婚案件。根据《民诉解释》第 329 条的规定，一审判决不准离婚的案件，上诉后，第二审人民法院认为应当判决离婚的，可以根据当事人自愿的原则，与子女抚养、财产问题一并调解，调解不成的，发回重审。双方当事人同意由第二审人民法院一并审理的，第二审人民法院可以一并裁判。

由此可见，二审中的调解制度，与一审有所不同：一审中调解不成的，应当及时作出判决；而在二审程序中，因涉及当事人的上诉权问题，在特殊情况下，法院调解不成的，或者告知当事人另行起诉，或者裁定撤销原判决发回重审

【经典真题测试】

92. 齐远、张红是夫妻，因感情破裂诉至法院离婚，提出解除婚姻关系、子女抚养、住房分割等诉讼请求。一审判决准予离婚并对子女抚养问题作出判决。齐远不同意离婚提出上诉。二审中，张红增加诉讼请求，要求分割诉讼期间齐远继承其父的遗产。下列哪一说法是正确的?[1](2015/3/44)

A. 一审漏判的住房分割诉讼请求，二审可调解，调解不成，发回重审

B. 二审增加的遗产分割诉讼请求，二审可调解，调解不成，发回重审

C. 住房和遗产分割的两个诉讼请求，二审可合并调解，也可一并发回重审

D. 住房和遗产分割的两个诉讼请求，经当事人同意，二审法院可一并裁判

93. 某借款纠纷案二审中，双方达成调解协议，被上诉人当场将欠款付清。关于被上诉人请求二审法院制作调解书，下列哪一选项是正确的?[2](2009/3/45)

A. 可以不制作调解书，因为当事人之间的权利义务已经实现

B. 可以不制作调解书，因为本案属于法律规定可以不制作调解书的情形

C. 应当制作调解书，因为二审法院的调解结果除解决纠纷外，还具有对一审法院的判决效力发生影响的功能

D. 应当制作调解书，因为被上诉人已经提出请求，法院应当予以尊重

考点精讲六　上诉案件的裁判

一、第二审人民法院对上诉案件的处理

《民事诉讼法》第 170 条以及有关司法解释规定了第二审人民法院对第一审判决上诉案件和对第一审裁定上诉案件的处理。

（一）第二审人民法院对判决上诉案件的处理

第二审人民法院对判决的上诉案件经过审理后，可以根据不同情况作出如下处理：

1. 原判决认定事实清楚，适用法律正确的，以判决方式驳回上诉，维持原判决。根据《民诉解释》第 334 条的规定，原判决认定事实或者适用法律虽有瑕疵，但判决结果正确的，第二审人民法院可以在判决中纠正瑕疵后，予以维持。

---

[1] 【答案】A

[2] 【答案】C

2. 原判决认定事实错误或者适用法律错误的，以判决方式依法改判。

3. 原判决认定基本事实不清的，裁定撤销原判决，发回原审人民法院重审，或者查清事实后改判。根据《民诉解释》第 335 条的规定，该项规定的“基本事实”，是指用以确定当事人主体资格、案件性质、民事权利义务等对原判决、裁定的结果有实质性影响的事实。

4. 原判决遗漏当事人或者违法缺席判决等严重违反法定程序的，裁定撤销原判决，发回原审人民法院重审。根据《民诉解释》第 325 条规定，下列情形之一属于该项规定的“严重违反法定程序”：（1）审判组织的组成不合法的；（2）应当回避的审判人员未回避的；（3）无诉讼行为能力人未经法定代理人代为诉讼的；（4）违法剥夺当事人辩论权利的。

此外，《民事诉讼法》都 170 条第 2 款规定，原审人民法院对发回重审的案件作出判决后，当事人提起上诉的，第二审人民法院不得再次发回重审。

5. 裁定撤销原判移送管辖的适用。根据《民诉解释》第 331 条的规定，人民法院依照第二审程序审理案件，认为第一审人民法院受理案件违反专属管辖规定的，应当裁定撤销原裁判并移送有管辖权的人民法院。

6. 驳回起诉的适用。根据《民诉解释》第 330 条的规定，人民法院依照第二审程序审理的案件，认为依法不应由人民法院受理的，可以由第二审人民法院直接裁定撤销原判决，驳回起诉。

（二）第二审人民法院对裁定上诉案件的处理

第二审人民法院对裁定的上诉案件经过审理后，可以根据不同情况作出如下处理：

1. 原裁定认定事实清楚，适用法律正确的，第二审人民法院以裁定方式驳回上诉，维持原裁定。根据《民诉解释》第 334 条的规定，原裁定认定事实或者适用法律虽有瑕疵，但裁定结果正确的，第二审人民法院可以在裁定中纠正瑕疵后，予以维持。

2. 原裁定认定事实错误或者适用法律错误的，以裁定方式依法撤销或者变更。根据《民诉解释》第 332 条的规定，第二审人民法院查明第一审人民法院作出的不予受理的裁定有错误的，应当在撤销原裁定的同时，指令第一审人民法院立案受理；查明第一审人民法院作出的驳回起诉裁定有错误的，应在撤销原裁定的同时，指令第一审人民法院进行审理。

此外，根据《民事诉讼法》第 171 条的规定，第二审人民法院对不服第一审人民法院裁定的上诉案件的处理，一律使用裁定。

【经典真题测试】

94. 住所在 A 市 B 区的甲公司与住所在 A 市 C 区的乙公司签订了一份买卖合同，约定履行地为 D 县。合同签订后尚未履行，因货款支付方式发生争议，乙公司诉至 D 县法院。甲公司就争议的付款方式提交了答辩状。经审理，法院判决甲公司败诉。甲公司不服，以一审法院无管辖权为由提起上诉，要求二审法院撤销一审判决，驳回起诉。关于本案，下列哪一表述是正确的？[1]（2017/3/36）

A. D 县法院有管辖权，因 D 县是双方约定的合同履行地

B. 二审法院对上诉人提出的管辖权异议不予审查，裁定驳回异议

---

〔1〕**【答案】** B

C. 二审法院应裁定撤销一审判决，发回一审法院重审

D. 二审法院应裁定撤销一审判决，裁定将案件移送有管辖权的法院审理

95. 对张男诉刘女离婚案（两人无子女，刘父已去世），因刘女为无行为能力人，法院准许其母李某以法定代理人身份代其诉讼。2017 年 7 月 3 日，法院判决二人离婚，并对双方共有财产进行了分割。该判决同日送达双方当事人，李某对解除其女儿与张男的婚姻关系无异议，但对共有财产分割有意见，拟提起上诉。2017 年 7 月 10 日，刘女身亡。在此情况下，本案将产生哪些法律后果?[1] (2017/3/81)

A. 本案诉讼中止，视李某是否就一审判决提起上诉而确定案件是否终结

B. 本案诉讼终结

C. 一审判决生效，二人的夫妻关系根据判决解除，李某继承判决分配给刘女的财产

D. 一审判决未生效，二人的共有财产应依法分割，张男与李某对刘女的遗产均有继承权

96. 甲诉乙人身损害赔偿一案，一审法院根据甲的申请，冻结了乙的银行账户，并由李法官独任审理。后甲胜诉，乙提出上诉。二审法院认为一审事实不清，裁定撤销原判，发回重审。关于重审，下列哪一表述是正确的?[2] (2014/3/47)

A. 由于原判已被撤销，一审中的审判行为无效，保全措施也应解除

B. 由于原判已被撤销，一审中的诉讼行为无效，法院必须重新指定举证时限

C. 重审时不能再适用简易程序，应组成合议庭，李法官可作为合议庭成员参加重审

D. 若重审法院判决甲胜诉，乙再次上诉，二审法院认为重审认定的事实依然错误，则只能在查清事实后改判

二、二审判决的宣判

根据《民诉解释》第 340 条的规定，第二审人民法院宣告判决可以自行宣判，也可以委托原审人民法院或者当事人所在地人民法院代行宣判。

三、二审裁判的法律效力

我国实行两审终审制度，第二审法院对上诉案件作出二审判决或者裁定后，该裁判即产生相应的法律效力：

1. 当事人不得再行上诉。

2. 不得就同一诉讼标的，以同一事实和理由再行起诉。

3. 具有强制执行的法律效力，即对于具有给付内容的生效裁判，如果义务人不履行法律文书所确定的实体义务，则权利人可以依法在法定期限内申请人民法院强制执行。

---

〔1〕【答案】BD

〔2〕【答案】D

专题十一　审判监督程序

【本专题重点知识结构图】

- 审判监督程序
  - 审判监督程序与第一审程序、第二审程序的区别
  - 人民法院依职权再审
    - 提起再审的程序
      - 院长提交审判委员会决定再审
      - 最高法院与上级法院提审或者指令再审
    - 重审、提审与再审的适用
  - 检察院提出抗诉与检察建议
    - 提出抗诉
      - 主体
        - 最高检察院向最高法院提出抗诉
        - 上级检察院向其同级法院提出抗诉
        - 地方各级检察院针对同级法院生效法律文书，提请上级检察院向其同级法院提出抗诉
      - 客体：具有法定情形的生效判决、裁定和调解书
      - 法定情形
    - 再审检察建议
      - 主体：地方各级检察院对同级法院提出，报上级检察院备案
      - 客体：与抗诉客体相同
      - 法定情形：与抗诉情形相同
    - 其他检察建议
      - 主体：各级检察院向同级法院提出
      - 客体：审判监督程序以外其他审判程序中审判人员违法行为
      - 程序：无需报上级检察院备案
    - 当事人申请检察院抗诉或者提出再审检察建议
    - 法院对检察院抗诉的处理
    - 法院对检察院提出再审检察建议的处理
  - 当事人申请再审
    - 条件
      - 主体：当事人
      - 客体：生效的判决、裁定和调解书（注意不得申请再审的案件除外）
      - 法定期间：法律文书生效后6个月，特殊情形除外
      - 管辖：原审的上一级法院，当事人一方人数众多或者双方当事人为公民，可以向原审法院申请再审
      - 法定情形
    - 法院对当事人申请再审的审查与处理
    - 再审申请的撤回
    - 法院对当事人申请再审案件的处理
  - 再审案件的审判程序
    - 裁定中止原判决的执行，特殊情况除外
    - 另行组成合议庭
    - 分别适用第一审程序或者第二审程序
    - 再审案件的审理范围
    - 再审案件的处理
    - 案外人申请再审的处理

考点精讲一 审判监督程序概述

一、审判监督程序的概念

审判监督程序，是指已经发生法律效力的判决、裁定和调解书出现法定再审事由时，由人民法院对案件再次进行审理所适用的程序。

审判监督程序并不是一种基于审级制度而设置的正常审判程序，而是对于已经发生法律效力并且具备法定再审事由的法律文书再次审理所适用的一种特殊的审判程序。就其性质而言，审判监督程序是纠正人民法院已发生法律效力的错误裁判的一种补救程序，是不增加审级的具有特殊性质的审判程序。

二、审判监督程序与第一审程序、第二审程序的区别

审判监督程序，是人民法院对已经发生法律效力的法律文书再行审理时所适用的程序。

与第一审程序以及第二审程序相比较，审判监督程序具有自己独特的特点，其与一审程序、二审程序的主要区别可以参见下表：

比较内容	一审程序	二审程序	审判监督程序
程序性质	正常性审判程序	正常性审判程序	非正常性纠错程序
审理法院	基于级别管辖取得管辖权的各级法院	一审法院的上一级法院	原审法院、上级法院以及最高人民法院
审理对象	当事人之间的争议	一审未生效裁判	已生效的法律文书
审理范围	当事人的诉讼请求	当事人上诉请求的有关事实与法律适用，法律特殊规定除外	当事人再审请求的范围，法律特殊规定除外
程序的启动	基于当事人的起诉权	基于当事人的上诉权	基于法院审判监督权、检察院法律监督权以及当事人的再审申请权
遵守的时间	诉讼时效	上诉期	除当事人申请再审受6个月限制外，其他无时间限制
适用的程序	适用普通程序或者简易程序	适用二审程序	对于一审案件的再审，适用普通程序；对于二审案件的再审或上级法院提审案件，适用二审程序
裁判效力	法定上诉期内不生效	生效	适用第一审普通程序作出的裁判，法定上诉期内不生效；适用第二审程序作出的裁判是生效裁判

考点精讲二　人民法院依职权再审

一、基于审判监督权提起再审的程序

（一）院长提交审判委员会

根据《民事诉讼法》第198条第1款的规定，各级人民法院院长对本院已经发生法律效力的判决、裁定、调解书，发现确有错误，认为需要再审的，应当提交审判委员会讨论决定。

（二）上级人民法院和最高人民法院提审或者指令再审

根据《民事诉讼法》第198条第2款的规定，最高人民法院对地方各级人民法院已经发生法律效力的判决、裁定、调解书，上级人民法院对下级人民法院已经发生法律效力的判决、裁定、调解书，发现确有错误的，有权提审或者指令下级人民法院再审。根据《民诉解释》的规定，由第二审人民法院判决、裁定的案件，上级人民法院需要指令再审的，应当指令第二审人民法院再审。换言之，指令下级人民法院再审，应指令作出生效判决、裁定、调解书的法院再审。

【经典真题测试】

97. 依法治国要求树立法律权威，依法办事，因此在民事纠纷解决的过程中，各方主体都须遵守法律的规定。下列哪一行为违背了相关法律？[1]（2014/3/36）

A. 法院主动对确有错误的生效调解书启动再审

B. 派出所民警对民事纠纷进行调解

C. 法院为下落不明的被告指定代理人参加调解

D. 人民调解委员会主动调解当事人之间的民间纠纷

二、重审、提审与再审的比较

重审、提审与再审是民事诉讼审判程序中经常出现的三个程序性处理方式，也是不易掌握和较容易混淆的三个概念，我们通过表格的方式对这几个概念从以下方面进行比较，参见下表：

概　念	审理法院	适用程序	文书效力	当事人权利
重审	原一审法院	一审普通程序	未生效	可以上诉
提审	上级人民法院或者最高人民法院	二审程序	生效	不得上诉
再审（自行再审、指令再审）	生效法律文书的作出法院	一审案件：一审普通程序	未生效	可以上诉
		二审案件：二审程序	生效	不得上诉

〔1〕【答案】C

【特别提示】对发回重审的理解与适用

发回重审时一定以撤销原全部判决为条件，因此，实际上案件重新回到了未审理的状态，故负责重审的法院一定是原一审人民法院，其适用一审普通程序重审案件，所作出的判决仍然是一审判决，当事人可以继续上诉。

考点精讲三　人民检察院提出抗诉与检察建议

一、人民检察院监督的三种方式

人民检察院是我国的法律监督机关，有权对民事诉讼活动实行法律监督。具体可以通过三种方式：第一，对人民法院作出的生效判决、裁定具有抗诉情形，或者发现调解书损害国家利益、社会公共利益的，依照法定程序和方式提出抗诉；第二，对人民法院作出的生效判决、裁定具有抗诉情形，或者发现调解书损害国家利益、社会公共利益的，依照法定程序和方式提出再审检察建议；第三，对审判监督程序以外的其他审判程序中审判人员的违法行为提出检察建议。

（一）人民检察院提出抗诉或者再审检察建议的条件

1. 提出抗诉或者再审检察建议的主体。

人民检察院提出抗诉或者再审检察建议是人民检察院对人民法院生效判决、裁定、调解书进行监督的方式，其监督目的是启动再审程序，但是，不同级别的检察院，其可以采取的监督方式不同。

（1）提出抗诉的主体。

第一，最高人民检察院和上级人民检察院有权提出抗诉。根据《民事诉讼法》第208条第1款的规定，最高人民检察院对各级人民法院已经发生法律效力的判决、裁定，上级人民检察院对下级人民法院已经发生法律效力的判决、裁定，发现有《民事诉讼法》第200条规定情形之一的，或者发现调解书损害国家利益、社会公共利益的，应当提出抗诉。

第二，地方各级人民检察院对同级人民法院无权提出抗诉。根据《民事诉讼法》第208条第2款的规定，地方各级人民检察院对同级人民法院已经发生法律效力的判决、裁定，发现有《民事诉讼法》第200条规定情形之一的，或者发现调解书损害国家利益、社会公共利益的，可以提请上级人民检察院向同级人民法院提出抗诉。

【特别提示】除最高人民检察院以外，民事抗诉实行“上级抗下级，抗诉书同级送”的做法。

抗诉提出图示

- 抗诉
  - 最高人民检察院
    - 针对各级人民法院的生效判决、裁定、调解书提出抗诉
    - 向最高人民法院提出抗诉
  - 上级人民检察院
    - 针对下级人民法院的生效判决、裁定、调解书提出抗诉
    - 向自己的同级人民法院提出抗诉
  - 地方同级人民检察院
    - 针对地方同级人民法的生效判决、裁定、调解书不得抗诉
    - 提请上级人民检察院向其同级人民法院提出抗诉

（2）提出再审检察建议的主体。

根据《民事诉讼法》第208条第2款的规定，地方各级人民检察院对同级人民法院已经发生法律效力的判决、裁定，发现有《民事诉讼法》第200条规定情形之一的，或者发现调解书损害国家利益、社会公共利益的，可以向同级人民法院提出再审检察建议，并报上级人民检察院备案。

2. 提出抗诉或者再审检察建议的客体。

人民检察院提出抗诉或者再审检察建议的客体是人民法院已经生效的判决、裁定、调解书。

【特别提示】

第一，人民检察院对已经发生法律效力的判决以及不予受理、驳回起诉的裁定，有权依法提出抗诉。

第二，人民检察院对适用特别程序、督促程序、公示催告程序、破产程序的案件不得提出抗诉。

第三，人民检察院对解除婚姻关系的判决不得提出抗诉，因为当事人享有再婚权。

3. 提出抗诉或者再审检察建议的法定情形。

（1）针对生效判决、裁定提出抗诉或者再审检察建议的法定情形。

第一，有新的证据，足以推翻原判决、裁定的。根据《民诉解释》第387条规定，再审申请人提供的新的证据，能够证明原判决、裁定认定基本事实或者裁判结果错误的，应当认定为民事诉讼法第200条第一项规定的情形。对于符合前款规定的证据，人民法院应当责令再审申请人说明其逾期提供该证据的理由；拒不说明理由或者理由不成立的，依照民事诉讼法第65条第二款和本解释第102条的规定处理。此外，该解释第388条又规定，再审申请人证明其提交的新的证据符合下列情形之一的，可以认定逾期提供证据的理由成立：（一）在原审庭审结束前已经存在，因客观原因于庭审结束后才发现的；（二）在原审庭审结束前已经发现，但因客观原因无法取得或者在规定的期限内不能提供的；（三）在原审庭审结束后形成，无法据此另行提起诉讼的。再审申请人提交的证据在原审中已经提供，原审人民法院未组织质证且未作为裁判根据的，视为逾期提供证据的理由成立，但原审人民法院依照民事诉讼法第65条规定不予采纳的除外

第二，原判决、裁定认定的基本事实缺乏证据证明的。

第三，原判决、裁定认定事实的主要证据是伪造的。

第四，原判决、裁定认定事实的主要证据未经质证的。根据《民诉解释》第389条规定，当事人对原判决、裁定认定事实的主要证据在原审中拒绝发表质证意见或者质证中未对证据发表质证意见的，不属于民事诉讼法第200条第四项规定的未经质证的情形。

第五，对审理案件需要的主要证据，当事人因客观原因不能自行收集，书面申请人民法院调查收集，人民法院未调查收集的。

第六，原判决、裁定适用法律确有错误的。根据《民诉解释》第390条的规定，有下列情形之一，导致判决、裁定结果错误的，应当认定为民事诉讼法第200条第六项规定的原判决、裁定适用法律确有错误：（一）适用的法律与案件性质明显不符的；（二）确定民事责任明显违背当事人约定或者法律规定的；（三）适用已经失效或尚未施行的法律的；（四）违反法律溯及力规定的；（五）违反法律适用规则的；（六）明显违背立法原意的。

第七，审判组织的组成不合法或者依法应当回避的审判人员没有回避的。

第八，无诉讼行为能力人未经法定代理人代为诉讼或者应当参加诉讼的当事人，因不

能归责于本人或者其诉讼代理人的事由，未参加诉讼的。

第九，违反法律规定，剥夺当事人辩论权利的。根据《民诉解释》第391条的规定，原审开庭过程中有下列情形之一的，应当认定为民事诉讼法第200条第九项规定的剥夺当事人辩论权利：（一）不允许当事人发表辩论意见的；（二）应当开庭审理而未开庭审理的；（三）违反法律规定送达起诉状副本或者上诉状副本，致使当事人无法行使辩论权利的；（四）违法剥夺当事人辩论权利的其他情形。

第十，未经传票传唤，缺席判决的。

第十一，原判决、裁定遗漏或者超出诉讼请求的。根据《民诉解释》第392条的规定，民事诉讼法第200条第十一项规定的诉讼请求，包括一审诉讼请求、二审上诉请求，但当事人未对一审判决、裁定遗漏或者超出诉讼请求提起上诉的除外。

第十二，据以作出原判决、裁定的法律文书被撤销或者变更的。根据《民诉解释》第393条的规定，民事诉讼法第200条第十二项规定的法律文书包括：（一）发生法律效力的判决书、裁定书、调解书；（二）发生法律效力的仲裁裁决书；（三）具有强制执行效力的公证债权文书。

第十三，审判人员审理该案件时有贪污受贿，徇私舞弊，枉法裁判行为的。根据《民诉解释》第394条的规定，民事诉讼法第200条第十三项规定的审判人员审理该案件时有贪污受贿，徇私舞弊，枉法裁判行为，是指该行为已经生效刑事法律文书或者纪律处分决定所确认的行为。

（2）针对生效调解书提出抗诉或者再审检察建议的法定情形。

人民检察院针对人民法院生效调解书提出抗诉或者再审检察建议的法定情形是调解书损害国家利益、社会公共利益。

【经典真题测试】

98. 就瑞成公司与建华公司的合同纠纷，某省甲市中院作出了终审裁判。建华公司不服，打算启动再审程序。后其向甲市检察院申请检察建议，甲市检察院经过审查，作出驳回申请的决定。关于检察监督，下列哪些表述是正确的？[1]（2014/3/80）

A. 建华公司可在向该省高院申请再审的同时，申请检察建议

B. 在甲市检察院驳回检察建议申请后，建华公司可向该省检察院申请抗诉

C. 甲市检察院在审查检察建议申请过程中，可向建华公司调查核实案情

D. 甲市检察院在审查检察建议申请过程中，可向瑞成公司调查核实案情

99. 关于检察监督，下列哪一选项是正确的？[2]（2013/3/49）

A. 甲县检察院认为乙县法院的生效判决适用法律错误，对其提出检察建议

B. 丙市检察院就合同纠纷向仲裁委员会提出检察建议，要求重新仲裁

C. 丁县检察院认为丁县法院某法官在制作除权判决时收受贿赂，向该法院提出检察建议

D. 戊县检察院认为戊县法院认定某公民为无民事行为能力人的判决存在程序错误，报请上级检察院提起抗诉

---

[1] **【答案】** CD

[2] **【答案】** C

（二）人民检察院提出其他检察建议

根据《民事诉讼法》第 208 条第 3 款的规定，各级人民检察院对审判监督程序以外的其他审判程序中审判人员的违法行为，有权向同级人民法院提出检察建议。可见，该检察建议的目的在于对人民法院审判监督程序以外的其他审判程序中审判人员的违法行为进行监督，以保证审判的公正。

再审检察建议与其他检察建议比较图示

- 检察建议
  - 再审检察建议
    - 提起主体：地方各级人民检察院向同级人民法院提出
    - 针对对象：具有抗诉情形的生效判决、裁定、调解书
    - 提起程序：报上级人民检察院备案
  - 其他检察建议
    - 提起主体：地方各级人民检察院向同级人民法院提出
    - 针对对象：审判监督程序以外的其他审判程序中审判人员的违法行为
    - 提起程序：无需报上级人民检察院备案

二、当事人申请检察建议或者抗诉

根据《民事诉讼法》第 209 条的规定，有下列情形之一的，当事人可以向人民检察院申请检察建议或者抗诉：

（一）人民法院驳回再审申请的；

（二）人民法院逾期未对再审申请作出裁定的；

（三）再审判决、裁定有明显错误的。

人民检察院对当事人的申请应当在三个月内进行审查，作出提出或者不予提出检察建议或者抗诉的决定。当事人不得再次向人民检察院申请检察建议或者抗诉。

此外，《民事诉讼法》第 210 条规定，人民检察院因履行法律监督则指提出检察建议或者抗诉的需要，可以向当事人或者案外人调查核实有关情况。《民诉解释》第 421 条第 2 款进一步规定，人民检察院因履行法律监督职责向当事人或者案外人调查核实的情况，应当向法庭提交并予以说明，由双方当事人进行质证。

【特别提示】

1. 确立了当事人先向法院申请再审，再向检察院申请抗诉或者检察建议的顺序原则。
2. 当事人向检察院申请抗诉或者检察建议只能两者选择其一，并且以一次为限。

三、人民法院对人民检察院提出抗诉或者再审检察建议的处理

（一）人民法院对人民检察院提出抗诉的处理

人民检察院决定对人民法院的生效判决、裁定、调解书提出抗诉的，应当制作抗诉书。根据《民事诉讼法》第 211 条的规定，人民检察院提出抗诉的案件，接受抗诉的人民法院应当自收到抗诉书之日起 30 日内作出再审的裁定；有《民事诉讼法》第 200 条第（一）项至第（五）项规定情形之一的，可以交下一级人民法院再审，但经该下一级人民法院再审的除外。人民检察院提出抗诉的案件，人民法院应当再审。再审时应当通知人民检察院派员出席法庭。

【特别提示】

人民检察院提出抗诉的案件，接受抗诉的人民法院不审查抗诉理由是否成立。

- 抗诉审理
  - 证据情形
    - 上级法院提审：适用第二审程序再审
    - 指令原法院再审
      - 原来是一审案件：适用第一审普通程序再审
      - 原来是二审案件：适用第二审程序再审
  - 其他情形——→上级法院提审：适用第二审程序再审

【注意】经下级法院再审的，不得指令再审

（二）人民法院对人民检察院提出再审检察建议的处理

根据《民诉解释》第419条的规定，人民法院收到再审检察建议后，应当组成合议庭，在三个月内进行审查，发现原判决、裁定、调解书确有错误，需要再审的，依照民事诉讼法第198条规定裁定再审，并通知当事人；经审查，决定不予再审的，应当书面回复人民检察院。

【经典真题测试】

100. 周某因合同纠纷起诉，甲省乙市的两级法院均驳回其诉讼请求。周某申请再审，但被驳回。周某又向检察院申请抗诉，检察院以原审主要证据系伪造为由提出抗诉，法院裁定再审。关于启动再审的表述，下列哪些说法是不正确的?[1] (2013/3/81)

A. 周某只应向甲省高院申请再审

B. 检察院抗诉后，应当由接受抗诉的法院审查后，作出是否再审的裁定

C. 法院应当在裁定再审的同时，裁定撤销原判

D. 法院应当在裁定再审的同时，裁定中止执行

考点精讲四　当事人申请再审

一、当事人申请再审的条件

申请再审和申诉不一样，申诉是一项民主权利，具有“六无限”的特点，即没有时间限制、没有次数限制、没有级别限制、没有案件限制、没有申诉主体限制、没有针对机关限制。而申请再审作为一项诉讼性权利，则需要具备以下条件：

1. 申请再审的主体必须合法。有权申请再审的主体只能是当事人及其法定代理人。而申诉没有主体限制，任何人均可以提出申诉。

【注意】《民诉解释》第375条

1. 当事人死亡或者终止的，其权利义务承继者可以申请再审。

2. 判决、调解书生效后，当事人将判决、调解书确认的债权转让，债权受让人对该判决、调解书不服申请再审的，人民法院不予受理。

【经典真题测试】

101. 2010年7月，甲公司不服A市B区法院对其与乙公司买卖合同纠纷的判决，上诉

---

〔1〕【答案】ABC

至A市中级法院，A市中级法院经审理维持原判决。2011年3月，甲公司与丙公司合并为丁公司。之后，丁公司法律顾问在复查原甲公司的相关材料时，发现上述案件具备申请再审的法定事由。关于该案件的再审，下列哪一说法是正确的？[1]（2012/3/45）

A. 应由甲公司向法院申请再审

B. 应由甲公司与丙公司共同向法院申请再审

C. 应由丁公司向法院申请再审

D. 应由丁公司以案外人身份向法院申请再审

2. 申请再审的对象是确有错误的生效判决与裁定，以及违反自愿原则或者内容违法的调解书。而申诉没有针对对象的限制，既可以针对已生效的法律文书，也可以针对未生效的法律文书，还可以针对相关人员的行为。但是，根据《民事诉讼法》及最高人民法院相关司法解释的规定，当事人及其法定代理人不得对下列案件申请再审：

（1）对已经发生法律效力的解除婚姻关系的判决、调解书，不得申请再审。但是，这里需要注意的是，不能申请再审的仅仅是解除婚姻关系判决、调解书中的身份部分，因为离婚判决、调解书生效后，任何一方当事人有权再婚；而对于财产分割关系则应具体问题具体对待，即对解除婚姻关系判决、调解书中已涉及的财产分割问题，可以申请再审；对解除婚姻关系判决、调解书中未涉及的财产分割问题，则应告知当事人另行起诉。

（2）适用特别程序、督促程序、公示催告程序、破产还债程序等非讼程序审理的案件不能申请再审。

3. 申请再审必须在法定期限内提出。根据《民事诉讼法》第205条的规定，当事人申请再审，应当在判决、裁定发生法律效力后6个月内提出，有本法第200条第一项、第三项、第十二项、第十三项规定情形的，自知道或者应当知道之日起6个月内提出。而申诉、检察院抗诉以及人民法院依审判监督权启动再审则没有时间限制。

4. 申请再审必须符合法定的事实和理由。这一法定事实和理由因法律文书的不同而有所不同：针对发生法律效力的判决、裁定申请再审，需要具备《民事诉讼法》第200条规定的情形，因与人民检察院抗诉的情形相同，在此不加以赘述；而针对调解书申请再审，则需要当事人提出证据证明调解违反自愿原则或者调解协议的内容违反法律。

5. 申请再审应当向有管辖权的人民法院提交再审申请书。有管辖权的人民法院即原审人民法院的上一级人民法院；当事人一方人数众多或者当事人双方为公民的案件，也可以向原审人民法院申请再审。而申诉没有管辖的限制，当事人可以向各级人民法院提出申诉，也可以向各级人民检察院提出申诉，还可以向人大信访机构提出申诉。

二、当事人申请再审的形式与范围

（一）当事人申请再审的形式

当事人申请再审应当采用书面形式。根据《民诉解释》第378条的规定，再审申请书应当记明下列事项：（1）再审申请人与被申请人及原审其他当事人的基本信息；（2）原审人民法院的名称，原审裁判文书案号；（3）具体的再审请求；（4）申请再审的法定情形及具体事实、理由。再审申请书应当明确申请再审的人民法院，并由再审申请人签名、捺印

---

[1] **【答案】**C

或者盖章。

（二）当事人申请再审的范围

虽然民事诉讼法赋予了当事人针对生效的判决、裁定以及调解书申请再审的诉讼权利，但同时也对当事人申请再审的案件范围作出了一定的限制性规定。具体如下：

1. 当事人认为发生法律效力的不予受理、驳回起诉的裁定错误的，可以申请再审。

2. 根据《民事诉讼法》第202条规定，当事人对已经发生法律效力的解除婚姻关系的判决、调解书，不得申请再审。但是，根据《民诉解释》第382条的规定，当事人就离婚案件中的财产分割问题申请再审，如涉及判决中已分割的财产，人民法院应当依照民事诉讼法第200条的规定进行审查，符合再审条件的，应当裁定再审；如涉及判决中未作处理的夫妻共同财产，应当告知当事人另行起诉。

3. 适用特别程序、督促程序、公示催告程序、破产程序等非讼程序审理的案件，当事人不得申请再审。

三、人民法院对当事人申请的审查与处理

人民法院受理再审申请后，应当组成合议庭围绕再审事由是否成立进行审查，对于符合条件的，裁定再审；不符合条件的，裁定驳回再审申请。根据《民诉解释》第129条的规定，对申请再审案件，人民法院应当自受理之日起三个月内审查完毕，但公告期间、当事人和解期间等不计入审查期限。有特殊情况需要延长的，由本院院长批准。但是，需注意下列两种特殊处理。

（一）不予受理

根据《民诉解释》第383条的规定，当事人申请再审，有下列情形之一的，人民法院不予受理：（一）再审申请被驳回后再次提出申请的；（二）对再审判决、裁定提出申请的；（三）在人民检察院对当事人的申请作出不予提出再审检察建议或者抗诉决定后又提出申请的。前款第一项、第二项规定情形，人民法院应当告知当事人可以向人民检察院申请再审检察建议或者抗诉，但因人民检察院提出再审检察建议或者抗诉而再审作出的判决、裁定除外。

（二）终结审查

根据《民诉解释》第402条的规定，再审申请审查期间，有下列情形之一的，裁定终结审查：（一）再审申请人死亡或者终止，无权利义务承继者或者权利义务承继者声明放弃再审申请的；（二）在给付之诉中，负有给付义务的被申请人死亡或者终止，无可供执行的财产，也没有应当承担义务的人的；（三）当事人达成和解协议且已履行完毕的，但当事人在和解协议中声明不放弃申请再审权利的除外；（四）他人未经授权以当事人名义申请再审的；（五）原审或者上一级人民法院已经裁定再审的。（六）有本解释第383条第一款规定情形的。

四、再审申请的撤回

1. 申请撤回再审申请

审查再审申请期间，再审申请人撤回再审申请的，是否准许，由人民法院裁定。

2. 按撤回再审申请处理

再审申请人经传票传唤，无正当理由拒不接受询问的，可以按撤回再审申请处理。

【注意】《民诉解释》第 401 条规定：人民法院裁定准许撤回再审申请或者按撤回再审申请处理后，再审申请人再次提出再审申请的，不予受理。但有民事诉讼法第 200 条第一项、第三项、第十二项、第十三项规定情形，自知道或者应当知道之日起六个月内提出的除外。

五、人民法院对申请再审案件的审理

（一）再审法院

根据《民事诉讼法》第 204 条第 2 款的规定，因当事人申请裁定再审的案件，由中级人民法院以上的人民法院审理，但当事人依照本法第 199 条的规定选择向基层人民法院申请再审的除外。最高人民法院、高级人民法院裁定再审的案件，由本院再审或者交其他人民法院再审，也可以交原审人民法院再审。根据《审判监督程序解释》第 27 条的规定，这里的“其他人民法院”指与原审人民法院同级的其他人民法院。

图　示

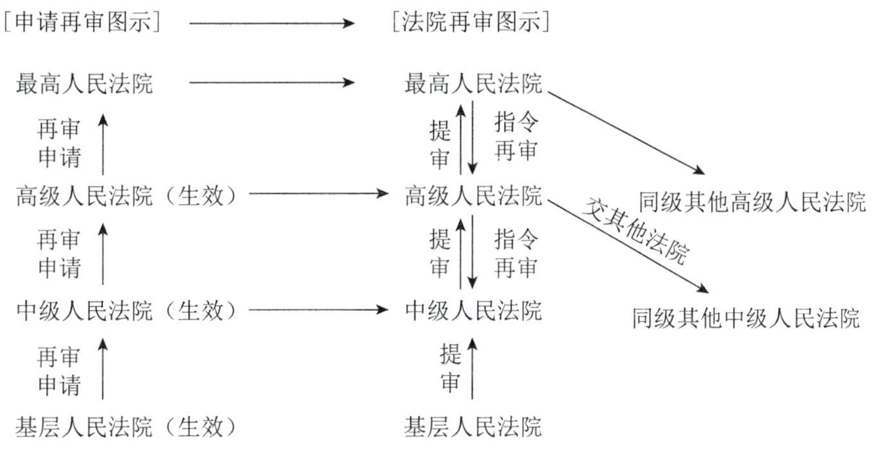

【特别提示】

1. 上图中的“提审”均适用第二审程序，而指令再审或者交由其他法院再审则根据原案件的情况，原案是一审案件，则适用第一审普通程序再审；原案是二审案件，则适用第二审程序再审。

2. 当事人一方人数众多或者双方是公民的，依法选择向原审人民法院申请再审，原审人民法院根据原案件的情况再审，原案是一审案件，则适用第一审普通程序再审；原案是二审案件，则适用第二审程序再审。

（二）指令再审

根据《最高人民法院关于民事审判监督程序严格依法适用指令再审和发回重审若干问题的规定》第 2 条的规定，因当事人申请裁定再审的案件一般应当由裁定再审的人民法院审理。有下列情形之一的，最高人民法院、高级人民法院可以指令原审人民法院再审：

（一）依据民事诉讼法第二百条第（四）项、第（五）项或者第（九）项裁定再审的；

（二）发生法律效力的判决、裁定、调解书是由第一审法院作出的；
（三）当事人一方人数众多或者当事人双方为公民的；
（四）经审判委员会讨论决定的其他情形。

【注意】该解释第3条规定，虽然符合本规定第2条可以指令再审的条件，但有下列情形之一的，应当提审：
（一）原判决、裁定系经原审人民法院再审审理后作出的；
（二）原判决、裁定系经原审人民法院审判委员会讨论作出的；
（三）原审审判人员在审理该案件时有贪污受贿，徇私舞弊，枉法裁判行为的；
（四）原审人民法院对该案无再审管辖权的；
（五）需要统一法律适用或裁量权行使标准的；
（六）其他不宜指令原审人民法院再审的情形。

【经典真题测试】

102. 甲公司诉乙公司合同纠纷案，南山市S县法院进行了审理并作出驳回甲公司诉讼请求的判决，甲公司未提出上诉。判决生效后，甲公司因收集到新的证据申请再审。下列哪些选项是正确的？[1]（2009/3/87）

A. 甲公司应当向S县法院申请再审
B. 甲公司应当向南山市中级法院申请再审
C. 法院应当适用一审程序再审本案
D. 法院应当适用二审程序再审本案

考点精讲五　再审案件的审判程序

一、再审案件的审理范围与审理方式

（一）再审案件的审理范围

根据《民诉解释》第405条的规定，人民法院审理再审案件应当围绕再审请求进行。当事人的再审请求超出原审诉讼请求的，不予审理；符合另案诉讼条件的，告知当事人可以另行起诉。被申请人及原审其他当事人在庭审辩论结束前提出的再审请求，符合民事诉讼法第205条规定的，人民法院应当一并审理。人民法院经再审，发现已经发生法律效力的判决、裁定损害国家利益、社会公共利益、他人合法权益的，应当一并审理。

【经典真题测试】

103. 周某因合同纠纷起诉，甲省乙市的两级法院均驳回其诉讼请求。周某申请再审，但被驳回。周某又向检察院申请抗诉，检察院以原审主要证据系伪造为由提出抗诉，法院裁定再审。关于启动再审的表述，下列哪些说法是不正确的？[2]（2013/3/81）

A. 周某只应向甲省高院申请再审
B. 检察院抗诉后，应当由接受抗诉的法院审查后，作出是否再审的裁定

[1]【答案】BD
[2]【答案】ABC

C. 法院应当在裁定再审的同时，裁定撤销原判

D. 法院应当在裁定再审的同时，裁定中止执行

（二）再审案件的审理方式

根据《民诉解释》第403条的规定，人民法院审理再审案件应当组成合议庭开庭审理，但按照第二审程序审理，有特殊情况或者双方当事人已经通过其他方式充分表达意见，且书面同意不开庭审理的除外。符合缺席判决条件的，可以缺席判决。由此可见，再审案件的审理以开庭审理为原则，以不开庭审理为例外。

二、再审案件的审理程序

（一）裁定中止原判决的执行

人民法院决定再审的，裁定中止原生效判决、裁定、调解书的执行，但追索赡养费、抚养费、抚育费、抚恤金、医疗费用、劳动报酬等案件，可以不中止执行。上级人民法院或者最高人民法院发现生效判决、裁定确有错误，应当在提审或者指令下级人民法院再审的裁定中同时写明中止原判决、裁定的执行；情况紧急的，可以将中止执行的裁定口头通知负责执行的人民法院，但应在口头通知后10日内发出裁定书。

（二）另行组成合议庭

人民法院审理再审案件时，一律实行合议制。如果由原审人民法院再审的，应当另行组成合议庭，原合议庭成员不得参加再审案件的合议庭，以防止先入为主而影响再审案件的正确审理与裁判。

（三）分别适用第一审程序或者第二审程序进行再审

根据《民事诉讼法》第207条的规定，人民法院按照审判监督程序再审的案件，发生法律效力的判决、裁定是由第一审法院作出的，按照第一审程序审理，所作的判决、裁定，当事人可以上诉；发生法律效力的判决、裁定是由第二审法院作出的，按照第二审程序审理，所作的判决、裁定，是发生法律效力的判决、裁定；上级人民法院按照审判监督程序提审的，按照第二审程序审理，所作的判决、裁定是发生法律效力的判决、裁定。

【经典真题测试】

104. 韩某起诉翔鹭公司要求其依约交付电脑，并支付迟延履行违约金5万元。经县市两级法院审理，韩某均胜诉。后翔鹭公司以原审适用法律错误为由申请再审，省高院裁定再审后，韩某变更诉讼请求为解除合同，支付迟延履行违约金10万元。再审法院最终维持原判。关于再审程序的表述，下列哪些选项是正确的?[1] (2013/3/82)

A. 省高院可以亲自提审，提审应当适用二审程序

B. 省高院可以指令原审法院再审，原审法院再审时应当适用一审程序

C. 再审法院对韩某变更后的请求应当不予审查

D. 对于维持原判的再审裁判，韩某认为有错误的，可以向检察院申请抗诉

〔1〕**【答案】** ACD

三、再审案件的处理

（一）对判决、裁定再审的处理

人民法院提审或者按照第二审程序再审时，如果发现原判决违反法定程序，可分别处理：

1. 驳回起诉。根据《民诉解释》第 408 条的规定，按照第二审程序再审的案件，人民法院经审理认为不符合民事诉讼法规定的起诉条件或者符合民事诉讼法第 124 条规定不予受理情形的，应当裁定撤销一、二审判决，驳回起诉。

【特别提示】 驳回起诉在一审、二审及审判监督程序中的适用

在民事诉讼中，为保证审判权的正当行使，人民法院受理民事案件需要符合法定条件：(1) 在审查起诉时发现不符合受理条件，则裁定不予受理。(2) 受理案件后，在一审程序中发现不符合受理条件，则应当裁定驳回起诉；如果在二审审理中发现不符合受理条件，则应当直接裁定撤销原判决，驳回起诉；如果人民法院提审或者按照第二审再审，在案件的再审过程中发现不符合法定受理条件的，裁定撤销一审、二审判决，驳回起诉。这就是通常所说的“一驳到底”，图示如下：

对起诉不符合条件的处理
- 裁定不予受理：审查起诉阶段
- 驳回起诉
  - 一审：裁定驳回起诉
  - 二审：裁定撤销一审判决，驳回起诉
  - 再审：裁定撤销一、二审判决，驳回起诉

2. 维持原判决、裁定

根据《民诉解释》第 407 条第 1 款的规定，人民法院经再审审理认为，原判决、裁定认定事实清楚、适用法律正确的，应予维持；原判决、裁定认定事实、适用法律虽有瑕疵，但裁判结果正确的，应在再审判决、裁定中纠正上述瑕疵后予以维持。

3. 依法改判、撤销或者变更

根据《民诉解释》第 407 条第 2 款的规定，原判决、裁定认定事实、适用法律错误，导致裁判结果错误的，应当依法改判、撤销或者变更。此外，根据该解释第 411 条的规定，当事人提交新的证据致使再审改判，因再审申请人或者申请检察监督当事人的过错未能在原审程序中及时举证，被申请人等当事人请求补偿其增加的交通、住宿、就餐、误工等必要费用的，人民法院应予支持。

4. 裁定撤销原判决，发回重审

《最高人民法院关于民事审判监督程序严格依法适用指令再审和发回重审若干问题的规定》第 4 条和第 5 条规定：第一，人民法院按照第二审程序审理再审案件，发现原判决认定基本事实不清的，一般应当通过庭审认定事实后依法作出判决。但原审人民法院未对基本事实进行过审理的，可以裁定撤销原判决，发回重审。第二，人民法院按照第二审程序审理再审案件，发现第一审人民法院有下列严重违反法定程序情形之一的，可以依照民事诉讼法第 170 条第一款第（四）项的规定，裁定撤销原判决，发回第一审人民法院重审：（一）原判决遗漏必须参加诉讼的当事人的；（二）无诉讼行为能力人未经法定代理人代为诉讼，或者应当参加诉讼的当事人，因不能归责于本人或者其诉讼代理人的事由，未参加诉讼的；（三）未经合法传唤缺席判决，或者违反法律规定剥夺当事人辩论权利的；（四）审判组织的组成不合法或者依法应当回避的审判人员没有回避的；（五）原判决、裁定遗漏诉讼

请求的。

5. 对部分当事人达成调解协议的处理

根据《民诉解释》第412条的规定，部分当事人到庭并达成调解协议，其他当事人未作出书面表示的，人民法院应当在判决中对该事实作出表述；调解协议内容不违反法律规定，且不损害其他当事人合法权益的，可以在判决主文中予以确认。

（二）对调解书再审的处理

根据《民诉解释》第409条的规定，人民法院对调解书裁定再审后，按照下列情形分别处理：（一）当事人提出的调解违反自愿原则的事由不成立，且调解书的内容不违反法律强制性规定的，裁定驳回再审申请；（二）人民检察院抗诉或者再审检察建议所主张的损害国家利益、社会公共利益的理由不成立的，裁定终结再审程序。前款规定情形，人民法院裁定中止执行的调解书需要继续执行的，自动恢复执行。

（三）对一审原告撤回起诉的处理

根据《民诉解释》第410条的规定，一审原告在再审审理程序中申请撤回起诉，经其他当事人同意，且不损害国家利益、社会公共利益、他人合法权益的，人民法院可以准许。裁定准许撤诉的，应当一并撤销原判决。一审原告在再审审理程序中撤回起诉后重复起诉的，人民法院不予受理。

（四）对案外人申请再审的处理

1. 对必须共同进行诉讼的当事人申请再审的处理

根据《民诉解释》第422条第1款的规定，必须共同进行诉讼的当事人因不能归责于本人或者其诉讼代理人的事由未参加诉讼的，可以根据民事诉讼法第200条第八项规定，自知道或者应当知道之日起六个月内申请再审，但符合本解释第423条规定情形的除外。该条第2款规定，人民法院因前款规定的当事人申请而裁定再审，按照第一审程序再审的，应当追加其为当事人，作出新的判决、裁定；按照第二审程序再审，经调解不能达成协议的，应当撤销原判决、裁定，发回重审，重审时应追加其为当事人。

【经典真题测试】

105. 赵某与黄某因某项财产所有权发生争议，赵某向法院提起诉讼，经一、二审法院审理后，判决该项财产属赵某所有。此后，陈某得知此事，向二审法院反映其是该财产的共同所有人，并提供了相关证据。二审法院经审查，决定对此案进行再审。关于此案的说法，下列哪一选项是正确的？[1]（2008/3/35）

A. 陈某不是本案一、二审当事人，不能参加再审程序

B. 二审法院可以直接通知陈某参加再审程序，并根据自愿原则进行调解，调解不成的，告知陈某另行起诉

C. 二审法院可以直接通知陈某参加再审程序，并根据自愿原则进行调解，调解不成的，裁定撤销一、二审判决，发回原审法院重审

D. 二审法院只能裁定撤销一、二审判决，发回原审法院重审

2. 对不服驳回执行异议裁定的案外人申请再审的处理

《民诉解释》第423条规定，根据民事诉讼法第227条规定，案外人对驳回其执行异议

---

〔1〕**【答案】** C

的裁定不服，认为原判决、裁定、调解书内容错误损害其民事权益的，可以自执行异议裁定送达之日起六个月内，向作出原判决、裁定、调解书的人民法院申请再审。该解释第424条规定，根据民事诉讼法第227条规定，人民法院裁定再审后，案外人属于必要的共同诉讼当事人的，依照本解释第422条第二款规定处理。案外人不是必要的共同诉讼当事人的，人民法院仅审理原判决、裁定、调解书对其民事权益造成损害的内容。经审理，再审请求成立的，撤销或者改变原判决、裁定、调解书；再审请求不成立的，维持原判决、裁定、调解书。

（五）对小额诉讼判决申请再审的处理

《民诉解释》第426条明确规定了当事人对小额诉讼案件申请再审，注意以下几点：

1. 管辖法院：向原审人民法院申请再审。

2. 审判组织：法院裁定再审，组成合议庭进行审理。

3. 对小额诉讼案件的判决、裁定，当事人以民事诉讼法第200条规定的事由申请再审，作出的再审判决、裁定，当事人不得上诉。

4. 当事人以不应按小额诉讼案件审理为由申请再审，作出的再审判决、裁定，当事人可以上诉。

专题十二　非讼程序论

【本专题重点知识结构图】

- 非讼程序
  - 特别程序
    - 特点
      - 启动主体特殊
      - 审判组织特殊
      - 实行一审终审制度
      - 不适用审判监督程序
    - 选民资格案件程序
      - 申诉处理前置
      - 起诉人起诉，且起诉人无限制
      - 起诉人、选民资格本人、选举委员会代表参加
    - 宣告公民失踪、死亡案件程序
    - 认定公民无民事行为能力、限制民事行为能力案件程序
    - 认定财产无主案件程序
    - 确认调解协议案件程序
      - 申请条件
      - 裁定不予受理或者裁定驳回申请的法定情形
      - 法院对申请确认调解协议案件的处理
    - 实现担保物权案件程序
      - 申请条件
      - 对同一债权既有人保也有物保的处理
      - 对同一财产上设有多个担保物权的处理
      - 法院对申请实现担保物权案件的审查内容
      - 法院对申请实现担保物权案件的处理
  - 督促程序
    - 督促程序特点
    - 支付令申请条件
      - 适用于金钱与有价证券的给付
      - 债务人在我国境内且未下落不明
      - 支付令能够送达债务人：支付令可以适用留置送达
      - 债权人未向法院申请诉前保全
    - 支付令的效力
      - 督促效力：自制作送达支付令时产生
      - 强制执行力：自债务人收到支付令之日起 15 日未提出书面异议时产生
    - 支付令异议：15 日内书面形式异议
    - 支付令异议的法律后果
      - 裁定终结督促程序
      - 支付令失效
      - 转入诉讼程序，但债权人不同意起诉的除外
  - 公示催告程序
    - 公示催告程序的特点
    - 申请公示催告的条件
    - 公示催告案件的审理程序
      - 发出止付通知与公告
      - 申报权利及其处理
      - 无效判决的作出：申请作出，法院不得依职权作出
      - 审判组织：独任制审理案件，宣告票据无效由审判员组成合议庭
    - 对利害关系人权利的救济：另行起诉

考点精讲一　特别程序

一、特别程序的概念与特点

特别程序是人民法院审理几类非民事权益争议案件所适用的不同程序的概称。根据《民事诉讼法》第177条的规定，人民法院审理选民资格案件、宣告失踪或者死亡案件、认定公民无民事行为能力或者限制民事行为能力案件、认定财产无主案件、确认调解协议案件和实现担保物权案件，适用特别程序。

人民法院适用特别程序审理非民事权益争议案件的目的在于确认某种事实状态，因此具有以下特点：

1. 启动特别程序的当事人比较特殊。在特别程序中，当事人的特殊性就在于除了选民资格案件由起诉人起诉以外，其他案件都是由申请人提出申请。此外，在特别程序中只有一方当事人，没有相对应的对方当事人，因此，以解决双方当事人争议为适用条件的制度，如调解制度、财产保全制度等在特别程序中不得适用。

2. 审判组织特殊。根据《民事诉讼法》第178条的规定，适用特别程序审理的案件，除审理选民资格案件或者重大、疑难案件由审判员组成合议庭外，其他案件的审理，由独任制审判庭进行审理。

3. 实行一审终审制度，并且不适用审判监督制度。人民法院适用特别程序审理的案件是非民事权益争议案件，一律实行一审终审制度，即判决书一经送达立即发生法律效力。根据《民诉解释》第374条的规定，适用特别程序作出的判决、裁定，当事人、利害关系人认为有错误的，可以向作出该判决、裁定的人民法院提出异议。人民法院经审查，异议成立或者部分成立的，作出新的判决、裁定撤销或者改变原判决、裁定；异议不成立的，裁定驳回。对人民法院作出的确认调解协议、准许实现担保物权的裁定，当事人有异议的，应当自收到裁定之日起15日内提出；利害关系人有异议的，自知道或者应当知道其民事权益受到侵害之日起6个月内提出。

4. 免交诉讼费用。适用特别程序审理的案件并不是为了解决某种权利与义务争议，因此，申请人提出申请往往并不是为了维护自己的合法权益，无论是何种类型的案件，一律免交诉讼费用。

5. 审理期限较短。

【经典真题测试】

106. 关于《民事诉讼法》规定的特别程序的表述，下列哪一选项是正确的？[1]（2012/3/44）

A. 适用特别程序审理的案件都是非讼案件

B. 起诉人或申请人与案件都有直接的利害关系

C. 适用特别程序审理的案件都是一审终审

D. 陪审员通常不参加适用特别程序案件的审理

---

〔1〕**【答案】** C

二、选民资格案件程序

选民资格案件，是指公民对选举委员会公布的选民名单有不同意见，向选举委员会申诉后，对选举委员会就其申诉所作的决定不服，向人民法院提起诉讼的案件。

选民资格，即年满 18 周岁的中华人民共和国公民享有选举权与被选举权的资格。在选举之前，选举委员会应当按选区对选民进行登记，并根据审查登记的情况，制作选民名单在选举前 30 日公布，并发给选民证。如果有人对选举委员会公布的选民名单有意见，则可能启动选民资格案件。

人民法院审理选民资格案件，应当遵守下列审理程序的规定：

1. 申诉处理前置。即任何人对选举委员会公布的选民资格名单有意见时，不能直接向人民法院起诉，而必须先就该选民资格问题向选举委员会申诉，选举委员会对该申诉处理后，如果仍然有人对该申诉处理结果有意见，才能向选举委员会所在地基层人民法院起诉。

2. 起诉人起诉。选民资格案件由起诉人起诉而开始，但是对起诉人没有限制，起诉人既可以是选民本人，也可以是向选举委员会提出申诉的申诉人，还可以是任何一个对选举委员会的申诉处理结果有意见的人。

【特别提示】注意申诉处理前置，并且对起诉人无限制。

3. 审理中的参与人特殊。选民资格案件，除了起诉人应当参加案件审理以外，有关公民与选举委员会的代表必须参加。

4. 审理期限特殊。根据我国法律规定，人民法院应当在选举日以前结束案件审理，并将所作出的判决送达选民本人与选举委员会。起诉人应当在选举日 5 日前提起诉讼。

三、宣告公民失踪或者死亡案件程序

（一）宣告公民失踪案件程序

宣告公民失踪案件，是指公民离开自己的住所地下落不明，经过法律规定的期限仍无音讯，经利害关系人申请，人民法院宣告该公民为失踪人的案件。

1. 宣告公民失踪的条件

（1）须有该公民下落不明满 2 年的事实。

（2）须由该公民的利害关系人向下落不明人住所地基层人民法院提出申请。

（3）该申请需要采取书面形式，写明该公民失踪的事实。

2. 宣告公民失踪程序

人民法院受理宣告公民失踪案件后，应当发出寻找下落不明人的公告，公告期为 3 个月。公告期届满，人民法院即可以根据公告期内的情况，作出判决宣告该公民为失踪人或者于查明该公民确切下落的信息时，作出判决驳回申请。

3. 宣告失踪的法律后果及失踪人出现后的处理

（1）指定财产代管人

人民法院在判决宣告公民失踪的同时，应当指定失踪人的财产代管人。根据《民法总则》第 42、43 条的规定，失踪人的财产由其配偶、成年子女、父母或者其他愿意担任财产代管人的人代管。代管有争议，没有前款规定的人，或者前款规定的人无代管能力的，由人民法院指定的人代管。财产代管人应当妥善管理失踪人的财产，维护其财产权益。失踪人所欠税款、债务和应付的其他费用，由财产代管人从失踪人的财产中支付。财产代管人因故意或者重大过失造成失踪人财产损失的，应当承担赔偿责任。

（2）财产代管人的变更

第一，失踪人的财产代管人经人民法院指定后，代管人申请变更代管人的，比照民事诉讼法特别程序的有关规定进行审理。申请理由成立的，裁定撤销申请人的代管人身份，同时另行指定财产代管人；申请理由不成立的，裁定驳回申请。

第二，财产代管人不履行代管职责、侵害失踪人财产权益或者丧失代管能力的，失踪人的利害关系人向人民法院申请变更财产代管人的，人民法院应当告知其以原指定的代管人为被告起诉，并按普通程序进行审理。人民法院变更财产代管人的，变更后的财产代管人有权要求原财产代管人及时移交有关财产并报告财产代管情况。此外，宣告公民失踪后，财产代管人由此而取得进行诉讼的诉权。

（3）宣告失踪判决的撤销

被宣告失踪的公民重新出现后，该公民本人或者利害关系人有权向作出失踪宣告判决的人民法院提出申请，请求撤销原判决。人民法院审查属实后，应当作出新判决，撤销原判决。原判决撤销后，财产代管人应对其代管的财产进行清理，并将该代管财产返还给失踪人。

【经典真题测试】

107. 李某因债务人刘某下落不明申请宣告刘某失踪。法院经审理宣告刘某为失踪人，并指定刘妻为其财产代管人。判决生效后，刘父认为由刘妻代管财产会损害儿子的利益，要求变更刘某的财产代管人。关于本案程序，下列哪一说法是正确的？[1]（2017/3/47）

A. 李某无权申请刘某失踪

B. 刘父应提起诉讼变更财产代管人，法院适用普通程序审理

C. 刘父应向法院申请变更刘妻的财产代管权，法院适用特别程序审理

D. 刘父应向法院申请再审变更财产代管权，法院适用再审程序审理

（二）宣告公民死亡案件程序

宣告公民死亡案件，是指公民离开自己的住所或居所，下落不明已满法定期限，人民法院根据利害关系人的申请，依法宣告该公民死亡的案件。

1. 宣告公民死亡的条件

（1）需要有该公民下落不明满法定期间的事实，即该公民下落不明满 4 年，或者因意外事故下落不明满 2 年，或者因意外事故下落不明，经有关机关证明该公民不可能生存的，此时，不受公民下落不明满 2 年或者 4 年的限制。

（2）须由该公民的利害关系人向下落不明人住所地基层人民法院提出申请。

（3）该申请需要采取书面形式，写明该公民失踪的事实。

2. 宣告公民死亡程序

人民法院受理宣告公民死亡案件后，应当发出寻找下落不明人的公告。对于因意外事故下落不明，经有关机关证明不可能生存的，公告期为 3 个月，其他情况下公告期为 1 年。公告期届满，人民法院即可以根据公告期内的情况，作出判决宣告该公民死亡，或者于查明该公民确切下落与信息时，作出判决驳回申请。

---

〔1〕**【答案】** B

3. 宣告公民死亡的法律后果

被宣告死亡的人，人民法院宣告死亡的判决作出之日视为其死亡的日期；因意外事件下落不明宣告死亡的，意外事件发生之日视为其死亡的日期。

宣告公民死亡产生与公民自然死亡完全相同的法律后果。具体来说包括以下三个方面：第一，婚姻关系自然解除；第二，个人的合法财产变为遗产，发生继承关系；第三，夫妻的另一方可以送养子女给他人。

宣告死亡结束了该公民以自己的住所或经常居住地为活动中心所发生的民事法律关系。但宣告死亡和自然死亡毕竟不同，自然人被宣告死亡但是并未死亡的，不影响该自然人在被宣告死亡期间实施的民事法律行为的效力。也就是说，如果该公民在异地生存，他仍然具有民事权利能力，他所实施的民事法律行为仍然有效。

4. 宣告死亡判决的撤销

如果被宣告死亡的公民重新出现，该公民本人或者利害关系人有权向作出死亡宣告判决的法院提出申请，请求撤销原判决。法院审查属实后，应当撤销死亡宣告。

（1）撤销死亡宣告后人身关系的处理

人民法院撤销宣告死亡的判决后，该公民因为被宣告死亡而消灭的人身关系处理如下：

第一，被宣告死亡的公民与配偶的婚姻关系，自死亡宣告之日起消灭。死亡宣告被人民法院撤销的，婚姻关系自撤销死亡宣告之日起自行恢复，但是其配偶再婚或者向婚姻登记机关书面声明不愿意恢复的除外。

第二，被宣告死亡的公民在被宣告死亡期间，其子女被他人依法收养，被宣告死亡的公民在死亡宣告被撤销后，不得以未经本人同意为由主张收养无效。

（2）撤销死亡宣告判决后财产关系的处理

被宣告死亡公民的财产，如果在宣告死亡期间被他人取得的，在宣告死亡判决被撤销以后，该公民有权请求返还。其中，根据继承法取得财产的民事主体，应当返还财产；无法返还的，应当给予适当补偿。如果利害关系人隐瞒真实情况，致使他人被宣告死亡而取得其财产的，除应返还财产外，还应当对由此造成的损失承担赔偿责任。

【特别提示】 宣告失踪与宣告死亡案件的必经程序是发出寻找下落不明人的公告。

四、认定公民无民事行为能力或者限制民事行为能力案件程序

认定公民无民事行为能力、限制民事行为能力案件，是指人民法院根据利害关系人的申请，对完全不能辨认自己行为或不能完全辨认自己行为的精神病人，按照法定程序，认定并宣告该公民为无民事行为能力人或者限制民事行为能力人的案件。

（一）认定公民无民事行为能力或者限制民事行为能力的条件

1. 需要有该公民因患精神病处于精神失常状态的事实。

2. 需要由该公民的近亲属或者其他利害关系人，向被认定者住所地的基层人民法院提出申请。

3. 该申请需要采取书面形式。

（二）认定公民无民事行为能力或者限制民事行为能力程序

1. 确定代理人

根据《民诉解释》第352条的规定，申请认定公民无民事行为能力或者限制民事行为

能力的案件，被申请人没有近亲属的，人民法院可以指定其他亲属为代理人。被申请人没有亲属的，人民法院可以指定经被申请人所在单位或者住所地的居民委员会、村民委员会同意，且愿意担任代理人的关系密切的朋友为代理人。没有前款规定的代理人的，由被申请人所在单位或者住所地的居民委员会、村民委员会或者民政部门担任代理人。代理人可以是一人，也可以是同一顺序中的两人。

2. 鉴定

人民法院审理此类案件，必要时应当对被请求认定为无民事行为能力或者限制民事行为能力的公民进行鉴定。申请人已提供鉴定结论的，应当对鉴定结论进行审查。

3. 指定监护人

人民法院作出判决认定公民为无民事行为能力或者限制民事行为能力人的，应当为该公民指定一个监护人。根据《民法总则》第 28 ~ 31 条的规定，无民事行为能力或者限制民事行为能力的成年人，由下列有监护能力的人按顺序担任监护人：（一）配偶；（二）父母、子女；（三）其他近亲属；（四）其他愿意担任监护人的个人或者组织，但是须经被监护人住所地的居民委员会、村民委员会或者民政部门同意。被监护人的父母担任监护人的，可以通过遗嘱指定监护人。依法具有监护资格的人之间可以协议确定监护人。协议确定监护人应当尊重被监护人的真实意愿。对监护人的确定有争议的，由被监护人住所地的居民委员会、村民委员会或者民政部门指定监护人，有关当事人对指定不服的，可以向人民法院申请指定监护人；有关当事人也可以直接向人民法院申请指定监护人。居民委员会、村民委员会、民政部门或者人民法院应当尊重被监护人的真实意愿，按照最有利于被监护人的原则在依法具有监护资格的人中指定监护人。监护人被指定后，不得擅自变更；擅自变更的，不免除被指定的监护人的责任。

根据《民诉解释》第 351 条的规定，被指定的监护人不服指定，应当自接到通知之日起 30 日内向人民法院提出异议。经审理，认为指定并无不当的，裁定驳回异议；指定不当的，判决撤销指定，同时另行指定监护人。判决书应当送达异议人、原指定单位及判决指定的监护人。

（三）原判决的撤销与民事行为能力的恢复

法院作出判决后，如果认定公民无民事行为能力或者限制民事行为能力的原因消失，法院应当根据该公民本人或者利害关系人的申请，作出新判决，撤销原判决，从法律上恢复该公民的民事行为能力。

五、认定财产无主案件程序

认定财产无主案件，是指人民法院根据公民、法人或者其他组织的申请，依照法定程序查证属实后作出判决，将归属不明的有形财产认定为无主财产，并将其收归国家或集体所有的案件。

（一）认定财产无主的条件

1. 被认定的无主财产以有形财产为限。
2. 有形财产处于所有人不明或者失去所有人状态。
3. 申请人向无主财产所在地基层人民法院提出书面申请。

（二）认定财产无主程序

人民法院接受申请后，进行审查，认为申请不符合条件，或者财产所有人明确的，裁定驳回申请；申请符合条件的，立案受理。受理认定财产无主案件后，应当发布财产认领公告，公告期是1年。如果在公告期内有人认领财产，人民法院应当裁定终结认定财产无主案件的审理程序；如果无人认领财产，则判决认定该财产为无主财产，收归集体或者国家所有。

【特别提示】认定财产无主案件的必经程序是发出寻找财产权利人的公告。

（三）对认定财产无主后，财产所有人重新出现的处理

根据《民事诉讼法》第193条的规定，判决认定财产无主后，原财产所有人或者其继承人出现，在民法通则规定的诉讼时效内可以对财产提出请求，人民法院审查属实后，应当作出新判决，撤销原判决。

六、确认调解协议案件程序

（一）确认调解协议案件

确认调解协议案件，是指当事人经人民调解委员会调解达成的协议，依法申请人民法院予以确认，经人民法院确认有效后即赋予该调解协议具有强制执行力的案件。

以人民调解的方式解决民事纠纷，在我国已有几十年的历史，在现代社会多元化纠纷解决机制中，充分发挥人民调解在解决各类纠纷中的作用非常重要。2010年《人民调解法》第33条明确规定，“经人民调解委员会调解达成调解协议后，双方当事人认为有必要的，可以自调解协议生效之日起三十日内共同向人民法院申请司法确认，人民法院应当及时对调解协议进行审查，依法确认调解协议的效力。人民法院依法确认调解协议有效，一方当事人拒绝履行或者未全部履行的，对方当事人可以向人民法院申请强制执行。人民法院依法确认调解协议无效的，当事人可以通过人民调解方式变更原调解协议或者达成新的调解协议，也可以向人民法院提起诉讼。”修正前的《民事诉讼法》对人民调解协议的司法确认没有规定相应的程序予以衔接，此次修正后的《民事诉讼法》在特别程序中增加一节“确认调解协议案件”，对确认程序、法院管辖、法律文书形式以及效力等具体事项作出了明确的规定。人民调解司法确认机制的建立与完善，不仅有利于强化人民调解的效力，实现司法与非诉调解之间的有效衔接，而且有利于激活人民调解的生机和活力，促进多元化纠纷解决机制的不断完善。

（二）确认调解协议案件程序

1. 申请条件

根据《民事诉讼法》第194条的规定，申请司法确认调解协议应遵循以下条件：

（1）由双方当事人共同提出申请。一方当事人提出申请，另一方当事人表示同意的，视为共同申请。根据《民诉解释》第353条的规定，双方当事人应当由本人或者合法代理人提出申请。此外，根据该解释第355条的规定，当事人申请确认调解协议，可以采用书面形式或者口头形式。当事人口头提出申请的，人民法院应当记入笔录，并由当事人签名、捺印或者盖章。

（2）依照人民调解法等法律提出申请。我国现行实践中，司法外调解不仅有人民调解委员会的调解，还有行政机关的调解，残联、妇联、消协等社会团体的调解，国际商会的商事调解中心的调解等，但是，由于目前仅有《人民调解法》对人民调解委员会调解达成的协议的司法确认作出了规定，因此，修正后的《民事诉讼法》规定申请司法确认调解协

议，依照人民调解法等法律提出。

（3）在法定期间内提出申请。即双方当事人申请司法确认调解协议，应当自调解协议生效之日起三十日内提出。

（4）向有管辖权的人民法院提出申请。即双方当事人申请司法确认调解协议，应向调解组织所在地基层人民法院提出。根据《民诉解释》第354条的规定，两个以上调解组织参与调解的，各调解组织所在地基层人民法院均有管辖权。双方当事人可以共同向其中一个调解组织所在地基层人民法院提出申请；双方当事人共同向两个以上调解组织所在地基层人民法院提出申请的，由最先立案的人民法院管辖。

此外，根据《民诉解释》第356条的规定，当事人申请司法确认调解协议，应当向人民法院提交调解协议、调解组织主持调解的证明，以及与调解协议相关的财产权利证明等材料，并提供双方当事人的身份、住所、联系方式等基本信息。当事人未提交上述材料的，人民法院应当要求当事人限期补交。

2. 人民法院对申请的审查及处理

人民法院审查相关情况时，应通知双方当事人共同到场对案件进行核实。经过审查，可以根据情况作出如下处理：

（1）裁定不予受理

根据《民诉解释》第357条的规定，当事人申请司法确认调解协议，有下列情形之一的，人民法院裁定不予受理：（一）不属于人民法院受理范围的；（二）不属于收到申请的人民法院管辖的；（三）申请确认婚姻关系、亲子关系、收养关系等身份关系无效、有效或者解除的；（四）涉及适用其他特别程序、公示催告程序、破产程序审理的；（五）调解协议内容涉及物权、知识产权确权的。人民法院受理申请后，发现有上述不予受理情形的，应当裁定驳回当事人的申请。

（2）裁定驳回申请

根据《民诉解释》第360条的规定，有下列情形之一的，人民法院应当裁定驳回申请：（一）违反法律强制性规定的；（二）损害国家利益、社会公共利益、他人合法权益的；（三）违背公序良俗的；（四）违反自愿原则的；（五）内容不明确的；（六）其他不能进行司法确认的情形。

3. 人民法院对申请确认调解协议案件的处理

根据《民事诉讼法》第195条的规定，人民法院受理申请后，经审查，符合法律规定的，裁定调解协议有效，一方当事人拒绝履行或者未全部履行的，对方当事人可以向人民法院申请执行；不符合法律规定的，裁定驳回申请，当事人可以通过调解方式变更原调解协议或者达成新的调解协议，也可以向人民法院提起诉讼。

【经典真题测试】

108. 李云将房屋出售给王亮，后因合同履行发生争议，经双方住所地人民调解委员会调解，双方达成调解协议，明确王亮付清房款后，房屋的所有权归属王亮。为确保调解协议的效力，双方约定向法院提出司法确认申请，李云随即长期出差在外。下列哪一说法是正确的？[1]（2015/3/45）

A. 本案系不动产交易，应向房屋所在地法院提出司法确认申请

〔1〕**【答案】**D

B. 李云长期出差在外，王亮向法院提出确认申请，法院可受理

C. 李云出差两个月后，双方向法院提出确认申请，法院可受理

D. 本案的调解协议内容涉及物权确权，法院不予受理

109. 甲区A公司将位于丙市价值5000万元的写字楼转让给乙区的B公司。后双方发生争议，经丁区人民调解委员会调解达成协议：B公司在1个月内支付购房款。双方又对该协议申请法院作出了司法确认裁定。关于本案及司法确认的表述，下列哪些选项是不正确的？[1]（2013/3/83）

A. 应由丙市中级法院管辖

B. 可由乙区法院管辖

C. 应由一名审判员组成合议庭，开庭审理司法确认申请

D. 本案的调解协议和司法确认裁定，均具有既判力

七、实现担保物权案件程序

（一）实现担保物权案件

担保物权是以直接支配特定财产为内容，以保证债权实现为目的而设定的物权。担保物权包括抵押权、质权和留置权。实现担保物权案件，是指债务人不履行债务时，担保物权人申请人民法院经法定程序，通过将担保标的物拍卖、变卖等方式，使其债权得到优先受偿的案件。

在我国，关于担保物权的实现方式，法律的规定有一个变化过程。1995年《担保法》第53条规定，"债务履行期届满抵押权人未受清偿的，可以与抵押人协议以抵押物折价或者以拍卖、变卖该抵押物所得的价款受偿；协议不成的，抵押权人可以向人民法院提起诉讼"。然而，通过诉讼实现抵押权，使得抵押权的实现程序变得复杂且漫长，不利于债权人利益的保障。《物权法》对此作出了相应的修改，即"抵押权人与抵押人未就抵押权实现方式达成协议，抵押权人可以请求人民法院拍卖、变卖抵押财产。"尽管《物权法》对担保物权的实现作出了相应的规定，但是，修正前的《民事诉讼法》却没有相应的程序制度保障与实体法相衔接，从而使担保物权的实现受阻。此次修正后的《民事诉讼法》在特别程序中增加一节"实现担保物权案件"，对申请、法院管辖、法律文书形式以及效力等具体事项作出了明确的规定。担保物权实现机制的建立，不仅有利于实现债权人的合法权益，而且有利于实现民事诉讼法对实体法的保障功效。

（二）实现担保物权案件程序

1. 申请条件

根据《民事诉讼法》第196条的规定，申请实现担保物权应遵循以下条件：

（1）由法定主体提出申请。有权申请人民法院实现担保物权的主体包括两类：第一，担保物权人。即抵押权人、质权人和留置权人。第二，其他有权请求实现担保物权的人，即抵押人、出质人和财产被留置的债务人或者所有权人。

（2）依照物权法等法律提出申请。

（3）向有管辖权的人民法院提出申请。即申请实现担保物权，应向担保财产所在地或

[1]【答案】ABCD

者担保物权登记地基层人民法院提出。此外，《民诉解释》第362～364条对管辖又作出了如下具体规定：（1）实现票据、仓单、提单等有权利凭证的权利质权案件，可以由权利凭证持有人住所地人民法院管辖；无权利凭证的权利质权，由出质登记地人民法院管辖。（2）实现担保物权案件属于海事法院等专门人民法院管辖的，由专门人民法院管辖。

2. 人民法院对申请实现担保物权的受理

（1）同一债权的担保物有多个且所在地不同，申请人分别向有管辖权的人民法院申请实现担保物权的，人民法院应当依法受理。

（2）对同一债权既有人保也有物保的处理。根据《民诉解释》第365条的规定，被担保的债权既有物的担保又有人的担保，当事人对实现担保物权的顺序有约定，实现担保物权的申请违反该约定的，人民法院裁定不予受理；没有约定或者约定不明的，人民法院应当受理。

（3）对同一财产上设有多个担保物权的处理。根据《民诉解释》第366条的规定，同一财产上设立多个担保物权，登记在先的担保物权尚未实现的，不影响后顺位的担保物权人向人民法院申请实现担保物权。

3. 审判组织

根据《民诉解释》第369条的规定，实现担保物权案件可以由审判员一人独任审查。担保财产标的额超过基层人民法院管辖范围的，应当组成合议庭进行审查。

4. 审查内容

根据《民诉解释》第371条的规定，人民法院应当就主合同的效力、期限、履行情况，担保物权是否有效设立、担保财产的范围、被担保的债权范围、被担保的债权是否已届清偿期等担保物权实现的条件，以及是否损害他人合法权益等内容进行审查。被申请人或者利害关系人提出异议的，人民法院应当一并审查。

5. 对财产保全申请的处理

根据《民诉解释》第373条的规定，人民法院受理申请后，申请人对担保财产提出保全申请的，可以按照民事诉讼法关于诉讼保全的规定办理。

6. 人民法院对申请实现担保物权案件的处理

根据民事诉讼法第197条和《民诉解释》第372条的规定，人民法院审查后，按下列情形分别处理：（一）当事人对实现担保物权无实质性争议且实现担保物权条件成就的，裁定准许拍卖、变卖担保财产；（二）当事人对实现担保物权有部分实质性争议的，可以就无争议部分裁定准许拍卖、变卖担保财产；（三）当事人对实现担保物权有实质性争议的，裁定驳回申请，并告知申请人向人民法院提起诉讼。当事人可以依据准许拍卖、变卖担保财产的裁定向人民法院申请执行。

【经典真题测试】

110. 甲公司与银行订立了标的额为8000万元的贷款合同，甲公司董事长美国人汤姆用自己位于W市的三套别墅为甲公司提供抵押担保。贷款到期后甲公司无力归还，银行向法院申请适用特别程序实现对别墅的抵押权。关于本案的分析，下列哪一选项是正确的？[1]（2014/3/44）

A. 由于本案标的金额巨大，且具有涉外因素，银行应向W市中院提交书面申请

---

〔1〕【答案】D

B. 本案的被申请人只应是债务人甲公司
C. 如果法院经过审查，作出拍卖裁定，可直接移交执行庭进行拍卖
D. 如果法院经过审查，驳回银行申请，银行可就该抵押权益向法院起诉

考点精讲二　督促程序

一、督促程序的概念与特点

在社会生活中，经常会存在一些债权债务关系非常清楚的给付金钱和有价证券的案件，对于这类案件，权利人可以向人民法院起诉，要求义务人履行支付义务，但是，债权人也可以利用简捷、迅速的督促程序。

所谓督促程序，即人民法院根据债权人的申请，向债务人发出支付令，以支付令的方式督促债务人在法定期间向债权人清偿债务的法律程序。

督促程序作为一种简捷程序，具有以下三个特点：

1. 适用范围具有特定性，仅适用于给付金钱和有价证券的案件。

2. 程序具有非讼性，即督促程序没有对立的双方当事人，不解决当事人之间的债权债务纠纷，而仅根据债权人的申请开始程序，法院也不经过开庭审理即可向债务人发出支付令，责令债务人清偿债务。

3. 审理过程具有简捷性。在督促程序中，人民法院无须传唤债务人，也无须开庭审理，仅进行书面审查，而且，适用督促程序审理的案件，由审判员一人独任审理，并实行一审终审制度。

二、支付令的申请与受理

（一）支付令的申请条件

支付令的申请，即债权人向人民法院请求签发支付令，要求债务人履行义务的行为。根据我国《民事诉讼法》第214条以及《民诉解释》第429条的规定，申请支付令需要具备以下条件：

1. 债权人请求债务人给付的只能是金钱或者有价证券。其他物的给付请求或者行为给付请求，不得适用督促程序。

2. 请求给付的金钱和有价证券已到期并且数额确定。尚未到期或者虽然已到期，但数额不确定的债权不得适用督促程序。

3. 债权人与债务人之间不存在对待给付，也就是说，债权人与债务人之间的债权债务关系明确、肯定。

4. 债务人在我国境内且未下落不明。

5. 支付令必须能够送达债务人。督促程序的简捷性决定了在整个督促程序中，对债务人而言，唯一的权利就是对支付令的书面异议权，如果支付令未能送达债务人，则债务人无法行使其对支付令的异议权，因此，支付令能够送达债务人就成为适用督促程序的必要条件。

【特别提示】向债务人送达支付令，债务人拒绝接收的，人民法院可以留置送达。

6. 需要向有管辖权的人民法院提出书面申请。该有管辖权的人民法院指债务人住所地基层人民法院。申请书应当写明当事人的基本情况、请求给付金钱或者有价证券的数量、所根据的事实和证据、申请发出支付令的人民法院。

7. 债权人未向人民法院申请诉前保全。

债权人申请不符合条件的，人民法院应当在收到支付令申请后5日内通知债权人不予受理。基层人民法院受理支付令申请，不受债权金额的限制。

（二）提交申请书

债权人应当以书面形式向人民法院提出支付令申请，即必须提交申请书。支付令申请书应当具备下列内容：（1）债权人、债务人双方的姓名或名称等基本情况；（2）债权人要求债务人给付金钱或者有价证券的种类、数量；（3）债权人的请求所依据的事实和证据；（4）债务人的财产状况和可供执行的财产。

（三）支付令申请的受理

支付令申请的受理，是指人民法院对债权人提出的请求发出支付令的申请予以受理的诉讼行为。

对于债权人提出的支付令申请，人民法院应当进行审查，以决定是否受理。审查的内容主要是支付令申请是否符合法定条件，审查的方式应为书面审查。

就支付令申请的审查内容而言，包括以下几个方面：（1）债权人的申请是否符合法定条件。（2）债权人的申请是否符合法定程序。如审查是否应由本院管辖，申请手续是否完备，申请书内容是否符合规定，等等。

人民法院在对支付令申请进行审查过程中，认为申请书不符合要求的，可以通知债权人限期补正。经过审查后，对于符合条件的支付令申请，人民法院应予受理，并在收到申请后5日内通知债权人；申请不符合条件的，应在5日内通知不予受理。

根据处分原则，在人民法院发出支付令之前，申请人有权撤回申请。申请人撤回申请的，人民法院应当裁定终结督促程序。

三、支付令的发出与效力

（一）对支付令申请的处理

人民法院受理支付令申请后，应当由独任审判员对支付令申请进行审查，并根据审查的情况作出不同的处理。

1. 驳回申请

根据《民事诉讼法》第216条和《民诉解释》第430条的规定，人民法院受理支付令申请后，在15日内审查是否发出支付令。经过审查，有下列情形之一的，裁定驳回申请：（1）申请人不具备当事人资格的；（2）给付金钱或者有价证券的证明文件没有约定逾期给付利息或者违约金、赔偿金，债权人坚持要求给付利息或者违约金、赔偿金；（3）要求给付的金钱或者有价证券属于违法所得的；（4）要求给付的金钱或者有价证券尚未到期或者数额不确定的。人民法院受理支付令申请后，发现不符合民诉解释规定的受理条件的，应当在受理之日其15日内裁定驳回申请。

2. 发出支付令

人民法院受理债权人的支付令申请后，经审查债权人提供的事实、证据，认为债权债务关系明确、合法的，应当自受理之日起15日内向债务人发出支付令。支付令是由人民法院签发的责令债务人履行支付义务或者提出书面异议的法律文书。向债务人送达支付令，债务人拒绝接收的，人民法院可以留置送达。

支付令应当记明以下事项：（1）债权人、债务人的基本情况。债权人、债务人是公民的，应写明其姓名、性别、年龄、职业、工作单位和住址；是法人或其他组织的，应写明其名称及法定代表人或主要负责人的姓名、职务、地址等。（2）债务人应当给付的金钱、有价证券的种类、数量。（3）清偿债务或提出异议的期限，即记明债务人应自收到支付令次日起15日内清偿债务，或者向人民法院提出书面异议。（4）债务人在法定期间不提出异议的法律后果。支付令应由审判员、书记员署名，加盖人民法院印章。

（二）支付令的法律效力

支付令制作发出后，即产生督促效力，督促债务人履行义务或者督促债务人提出书面异议；如果债务人在法定期间，即收到支付令后15日内不提出异议，则支付令产生强制执行力。

【特别提示】**支付令的特殊法律效力**

支付令的法律效力不同于一般文书，主要体现在支付令所具有的不同法律效力的产生时间不同。

就一般文书而言，一旦生效，则该文书所具有的各种效力同时产生，如判决书所具有的确认双方当事人之间实体权利义务关系的效力与强制执行的效力等同时产生。

而支付令则与此不同，支付令具有督促效力与强制执行力，但两者却不是同时产生的：（1）支付令的督促效力，即督促债务人提出书面异议或者履行支付令所确定的实体义务的效力，自支付令制作发出即产生。（2）支付令的强制执行力，是在债务人接到支付令后15日内不提出书面异议时才产生，如果债务人针对支付令所确定的实体义务提出书面异议，则支付令虽然具有督促效力，但不产生强制执行力。

四、支付令的异议及督促程序终结

（一）对支付令的异议

支付令异议也称作债务人异议，即债务人对支付令所确定的实体义务本身提出的不同意见和主张。债务人一旦提出异议，则人民法院应当裁定终结督促程序，支付令自行失效。如果债务人在法定期间未提出书面异议，并履行义务的，督促程序应当结束。

对于支付令的异议问题，重点需要掌握的是，如何判断债务人的主张是否可以构成债务人异议。从司法实践来看，债务人的主张通常涉及以下几个问题，只要结合《民事诉讼法》及《民诉解释》中的相关规定，对下列情况是否构成支付令异议，即对债务人异议能够加以准确判断即可：

1. 债务人的异议应当在15日内以书面形式提出，口头异议以及15日之后以书面形式提出的异议均无效。

2. 债务人针对债务是否存在以及债务数额的大小提出的不同主张，应当构成债务人异议。

3. 债务人针对履行能力的有无提出的不同主张，不能构成债务人异议，因为履行能力的有无不影响债务本身是否存在。《民诉解释》第438条规定：“债务人对债务本身没有异议，只是提出缺乏清偿能力、延缓债务清偿期限、变更债务清偿方式等异议，不影响支付令的效力。债务人的口头异议无效。”

4. 根据《民诉解释》第434条规定，债权人基于同一债权债务关系，在同一支付令申请中向债务人提出多项支付请求，债务人仅就其中一项或者几项请求提出异议的，不影响其他请求的效力。

5. 根据《民诉解释》第435条规定，债权人基于同一债权债务关系，就可分之债向多个债务人提出支付请求，多个债务人中的一人或者几人提出异议的，不影响其他请求的效力。

6. 根据《民诉解释》第436条规定，对设有担保的债务的主债务人发出的支付令，对担保人没有拘束力。债权人就担保关系单独提起诉讼的，支付令自人民法院受理案件之日起失效。

7. 债务人向人民法院起诉能否构成债务人异议。其关键在于债务人向哪一个法院起诉，如果债务人向支付令的发出法院起诉，则该起诉构成债务人异议；如果债务人向其他有管辖权的人民法院起诉，则该起诉不能构成债务人异议。为此，《民诉解释》第433条规定：“债务人在收到支付令后，未在法定期间提出书面异议，而向其他人民法院起诉的，不影响支付令的效力。”

（二）支付令异议的法律后果

人民法院收到债务人提出的书面异议后，经审查，异议成立的，则产生两个方面的法律后果：

1. 裁定终结督促程序。

2. 支付令自行失效，债权人不得依据该支付令申请人民法院强制执行。支付令失效的，转入诉讼程序，但申请支付令的一方当事人不同意提起诉讼的除外，但应当在收到终结督促程序的裁定之日起七日内向受理申请的人民法院提出。申请支付令的一方当事人不同意提起诉讼的，不影响其向其他有管辖权的人民法院提起诉讼。支付令失效后，申请支付令的一方当事人自收到终结督促程序的裁定之日起七日内未向受理申请的人民法院提出不同意提起诉讼的，视为向受理申请的人民法院起诉。债权人提出支付令申请时间，视为向人民法院起诉的时间。由此可见，2012年修正的《民事诉讼法》新增加了督促程序与通常审判程序之间的衔接，有利于防止债务人恶意提出异议。

【经典真题测试】

111. 甲公司购买乙公司的产品，丙公司以其房产为甲公司提供抵押担保。因甲公司未按约支付120万元货款，乙公司向A市B县法院申请支付令。法院经审查向甲公司发出支付令，甲公司拒绝签收。甲公司未在法定期间提出异议，而以乙公司提供的产品有质量问题为由向A市C区法院提起诉讼。关于本案，下列哪些表述是正确的？[1]（2017/3/83）

A. 甲公司拒绝签收支付令，法院可采取留置送达

B. 甲公司提起诉讼，法院应裁定中止督促程序

C. 乙公司可依支付令向法院申请执行甲公司的财产

D. 乙公司可依支付令向法院申请执行丙公司的担保财产

---

〔1〕**【答案】** AC

112. 单某将八成新手机以4000元的价格卖给卢某，双方约定：手机交付卢某，卢某先付款1000元，待试用一周没有问题后再付3000元。但试用期满卢某并未按约定支付余款，多次催款无果后单某向M法院申请支付令。M法院经审查后向卢某发出支付令，但卢某拒绝签收，法院采取了留置送达。20天后，卢某向N法院起诉，以手机有质量问题要求解除与单某的买卖合同，并要求单某退还1000元付款。根据本案，下列哪些选项是正确的？[1]（2016/3/82）

A. 卢某拒绝签收支付令，M法院采取留置送达是正确的

B. 单某可以依支付令向法院申请强制执行

C. 因卢某向N法院提起了诉讼，支付令当然失效

D. 因卢某向N法院提起了诉讼，M法院应当裁定终结督促程序

113. 甲向乙借款20万元，丙是甲的担保人，现已到偿还期限，经多次催讨未果，乙向法院申请支付令。法院受理并审查后，向甲送达支付令。甲在法定期间未提出异议，但以借款不成立为由向另一法院提起诉讼。关于本案，下列哪一说法是正确的？[2]（2015/3/47）

A. 甲向另一法院提起诉讼，视为对支付令提出异议

B. 甲向另一法院提起诉讼，法院应裁定终结督促程序

C. 甲在法定期间未提出书面异议，不影响支付令效力

D. 法院发出的支付令，对丙具有拘束力

114. 黄某向法院申请支付令，督促陈某返还借款。送达支付令时，陈某拒绝签收，法官遂进行留置送达。12天后，陈某以已经归还借款为由向法院提起书面异议。黄某表示希望法院彻底解决自己与陈某的借款问题。下列哪一说法是正确的？[3]（2014/3/46）

A. 支付令不能留置送达，法官的送达无效

B. 提出支付令异议的期间是10天，陈某的异议不发生效力

C. 陈某的异议并未否认二人之间存在借贷法律关系，因而不影响支付令的效力

D. 法院应将本案转为诉讼程序审理

115. 胡某向法院申请支付令，督促彗星公司缴纳房租。彗星公司收到后立即提出书面异议称，根据租赁合同，彗星公司的装修款可以抵销租金，因而自己并不拖欠租金。对于法院收到该异议后的做法，下列哪些选项是正确的？[4]（2013/3/84）

A. 对双方进行调解，促进纠纷的解决

B. 终结督促程序

C. 将案件转为诉讼程序审理，但彗星公司不同意的除外

D. 将案件转为诉讼程序审理，但胡某不同意的除外

（三）督促程序终结的法定情形

1. 支付令送达前督促程序终结的法定情形

根据《民诉解释》第432条的规定，有下列情形之一的，人民法院应当裁定终结督促

〔1〕【答案】AB

〔2〕【答案】C

〔3〕【答案】D

〔4〕【答案】BD

程序，已发出支付令的，支付令自行失效：（一）人民法院受理支付令申请后，债权人就同一债权债务关系又提起诉讼的；（二）人民法院发出支付令之日起三十日内无法送达债务人的；（三）债务人收到支付令前，债权人撤回申请的。

2. 债务人异议导致督促程序终结的法定情形

根据《民诉解释》第437条的规定，经形式审查，债务人提出的书面异议有下列情形之一的，应当认定异议成立，裁定终结督促程序，支付令自行失效：（一）本解释规定的不予受理申请情形的；（二）本解释规定的裁定驳回申请情形的；（三）本解释规定的应裁定终结督促程序情形的；（四）人民法院对是否符合发出支付令条件产生合理怀疑的。此外，该解释第439条规定，人民法院作出终结督促程序或者驳回异议裁定前，债务人请求撤回异议的，应当裁定准许。债务人对撤回异议反悔的，人民法院不予支持。

五、支付令错误的撤销

根据《民诉解释》第443条的规定，人民法院院长发现本院已经发生法律效力的支付令确有错误，认为需要撤销的，应当提交本院审判委员会讨论决定后，裁定撤销支付令，驳回债权人的申请。

考点精讲三　公示催告程序

一、公示催告程序的概念与特点

在票据关系中，票据持有人的票据权利必须以持有票据为其权利实现的基础。票据丧失，无论是因为遗失、被盗等原因引起的相对丧失，还是因为票据毁损、灭失等原因引起的绝对丧失，虽然票据权利并不消灭，但是票据的权利人却无法实现其权利，而且在票据相对丧失的情况下，因利害关系人相对不明确而致使票据权利人无法提起票据诉讼，因此，公示催告程序是用来解决可以背书转让的票据或者其他事项，在出现被盗、遗失、灭失情形时，对权利人予以相应救济的程序。

所谓公示催告程序，是指人民法院根据当事人的申请，以公告的方式催告利害关系人在一定期间内申报权利，如果无人申报或者申报被驳回，则根据申请人的申请依法作出无效判决的程序。公示催告程序具有以下特点：

1. 适用范围具有特定性。根据《民事诉讼法》第218条的规定，公示催告程序适用于以下两类案件：第一，按照规定可以背书转让的票据被盗、遗失、灭失的案件。第二，依照法律规定可以申请公示催告的其他事项。如《公司法》规定的记名股票被盗、遗失、灭失，股东可以依照民事诉讼法规定的公示催告程序，请求人民法院宣告该股票失效。

2. 程序具有非讼性。公示催告案件没有明确的相对人，具有非讼性，案件的非讼性也决定了公示催告程序具有非讼性。

3. 审理程序具有简捷性。适用公示催告程序审理案件，无须开庭审理，只要发出公示催告公告，即可以根据公告期内的情况作出相应的处理。

4. 实行一审终审制度。人民法院对于公示催告案件，无论是用判决的方式结案，还是用裁定的方式结案，当事人均不得上诉，也不得申请再审。

二、公示催告的申请与受理

（一）申请公示催告的条件

申请人申请公示催告，必须符合下列条件：

1. 公示催告的申请人应当是可以背书转让的票据或者其他事项被盗、遗失或者灭失前的最后持有人。

2. 公示催告程序只能适用于可以背书转让的票据以及法律规定允许公示催告的其他事项。关于票据丧失后的公示催告申请问题，《最高人民法院关于审理票据纠纷案件若干问题的规定》第24条至第28条作出了如下具体规定：（1）票据丧失后，失票人直接向人民法院申请公示催告或者提起诉讼的，人民法院应当依法受理。（2）出票人已经签章的授权补记的支票丧失后，失票人依法向人民法院申请公示催告的，人民法院应当依法受理。（3）出票人已经签章但未记载代理付款人的银行汇票丧失后，失票人依法向付款人即出票银行所在地人民法院申请公示催告的，人民法院应当依法受理。（4）超过付款提示期限的票据丧失以后，失票人申请公示催告的，人民法院应当依法受理。

3. 向有管辖权的人民法院提出书面申请，该有管辖权的人民法院是指票据支付地基层人民法院。所谓票据支付地，是指票据上载明的付款地；票据上未载明付款地的，票据付款人的住所地或主要营业地为票据付款地。

申请人申请公示催告应当向人民法院递交申请书，即票据持有人只能以书面形式提出申请。申请人在申请公示催告时持有票据副本的，应当提交票据副本。

（二）公示催告申请的受理

人民法院接到公示催告申请后，应当对该申请进行审查。根据《民诉解释》第446条的规定，因票据丧失，申请公示催告的，人民法院应结合票据存根、丧失票据的复印件、出票人关于签发票据的证明、申请人合法取得票据的证明、银行挂失止付通知书、报案证明等证据，决定是否受理。人民法院经过审查，认为符合条件的，应当受理，并通知申请人；认为不符合条件的，应当在7日内裁定驳回申请。

三、公示催告案件的审理程序

（一）止付与公告

根据《民事诉讼法》第219条的规定，人民法院应当在受理案件的同时，向付款人发出停止支付的通知，并且在3日内发出公告，催促利害关系人申报权利。

1. 发出停止支付的通知

根据《民事诉讼法》第219条的规定，人民法院决定受理申请人的申请后，应当同时通知支付人停止支付。根据《民诉解释》第456条的规定，人民法院依照民事诉讼法第220规定通知支付人停止支付，应当符合有关财产保全的规定。支付人收到停止支付通知后，应停止支付；拒不执行停止支付的，除可依民事诉讼法第111条、114条规定采取强制措施外，在判决后，支付人仍应承担付款义务。

2. 发出公示催告公告

人民法院决定受理申请人的申请后，还应当在受理案件的3日内，发出公示催告公告，公告期不少于60日，且公示催告期间届满日不得早于票据付款日后15日。人民法院发出公示催告公告的目的在于催促利害关系人及时向人民法院申报权利，否则，人民法院将根据申请人的申请作出除权判决，宣布该票据或者其他事项无效。

根据《民诉解释》第447、448条的规定，人民法院依照民事诉讼法第219条规定发出的受理申请公告，应当写明下列内容：（1）公示催告申请人的姓名或者名称；（2）票据的种类、号码、票面金额、出票人、背书人、持票人、付款期限等事项以及其他可以申请公示催告的权利凭证的种类、号码、权利范围、权利人、义务人、行权日期等事项；（3）申报权利的期间；（4）在公示催告期间转让票据等权利凭证，利害关系人不申报的法律后果。

公示催告公告应当在有关报纸或者其他媒体上刊登，并于同日公布于人民法院公告栏内。人民法院所在地有证券交易所的，还应当同日在该交易所公布。该公告发出后，在公示催告期间内转让票据的行为无效。

申请人在人民法院发出公示催告前撤回申请的，人民法院应予准许。申请人在公示催告公告期间撤回申请的，人民法院可以径行裁定终结公示催告程序。

（二）申报权利

申报权利，是指公示催告的利害关系人在公示催告期间内，或者在公示催告期间届满后人民法院尚未作出除权判决之前，向人民法院主张权利的行为。

1. 申报权利的条件

利害关系人申报权利应当具备以下条件：

（1）申报权利的人必须是公示催告程序中的利害关系人，即持有申请人认为已经被盗、遗失或者灭失的票据的人。

（2）利害关系人必须向发出公示催告的人民法院申请权利。

（3）利害关系人必须在公示催告期间内或者除权判决作出前申报权利。

2. 法院对申报权利的处理

利害关系人申报权利，人民法院应通知其向法院出示票据，并通知公示催告申请人在指定的期间查看该票据。公示催告申请人申请公示催告的票据与利害关系人出示的票据不一致的，人民法院应裁定驳回利害关系人的申报；如果申报有理由，人民法院应当裁定终结公示催告程序。

根据《民诉解释》第457条的规定，公示催告程序因利害关系人申报权利而终结后，公示催告申请人或者申报人向人民法院提起诉讼，因票据纠纷提起的，由票据支付地或者被告住所地人民法院管辖；因非票据权利纠纷提起的，由被告住所地人民法院管辖。

【经典真题测试】

116. 海昌公司因丢失票据申请公示催告，期间届满无人申报权利，海昌公司遂申请除权判决。在除权判决作出前，家佳公司看到权利申报公告，向法院申报权利。对此，法院下列哪一做法是正确的？[1]（2017/3/48）

A. 因公示催告期满，裁定驳回家佳公司的权利申报

B. 裁定追加家佳公司参加案件的除权判决审理程序

C. 应裁定终结公示催告程序

D. 作出除权判决，告知家佳公司另行起诉

---

〔1〕**【答案】**C

117. 大界公司就其遗失的一张汇票向法院申请公示催告，法院经审查受理案件并发布公告。在公告期间，盘堂公司持被公示催告的汇票向法院申报权利。对于盘堂公司的权利申报，法院实施的下列哪些行为是正确的？[1]（2016/3/83）

A. 应当通知大界公司到法院查看盘堂公司提交的汇票

B. 若盘堂公司出具的汇票与大界公司申请公示的汇票一致，则应当开庭审理

C. 若盘堂公司出具的汇票与大界公司申请公示的汇票不一致，则应当驳回盘堂公司的申请

D. 应当责令盘堂公司提供证明其对出示的汇票享有所有权的证据

（三）无效判决

无效判决，也称为除权判决，是指人民法院作出的宣告票据无效的判决。

1. 除权判决的作出与公告

（1）申请

根据《民诉解释》第452条的规定，在申报权利的期间无人申报权利，或者申报被驳回的，申请人应当自公示催告期间届满之日起1个月内申请人民法院作出判决。逾期不申请判决的，终结公示催告程序。

（2）合议庭作出

根据《民诉解释》第454条的规定，适用公示催告程序审理案件，可由审判员一人独任审理；判决宣告票据无效的，应当组成合议庭审理。

（3）判决与公告

根据《民事诉讼法》第222条和《民诉解释》第453条的规定，人民法院作出除权判决后，判决应当公告，并通知支付人。自判决公告之日起，公示催告申请人有权依据判决向付款人请求付款。付款人拒绝付款，申请人向人民法院起诉，符合民事诉讼法第119条规定的起诉条件的，人民法院应予受理。

2. 除权判决的法律效力

公示催告程序实行一审终审制度，因此，除权判决作出后，即产生以下法律效力：

（1）申请人申请公示催告的票据或者其他事项丧失效力，即持有该票据、其他事项的利害关系人不能行使票据或者其他事项上的权利。

（2）依据该判决，在申请人与付款人之间重新恢复债权债务关系，即申请人可以根据除权判决，重新享有已经丧失的票据上的权利，从而有权请求付款人支付票面金额，付款人不得拒绝。支付人拒绝支付的，申请人可以向法院起诉，符合起诉条件的，法院应当受理。

（3）公示催告程序终结，任何人不得对除权判决提出上诉。

四、对利害关系人权利的救济

1. 另行起诉

除权判决是人民法院根据申请人一方陈述的事实和理由，以及公示催告期间届满而无人申报权利或者申报被驳回的事实作出的，是人民法院依法定程序作出的推定，因此，为

---

[1] 【答案】AC

维护利害关系人的合法权益，《民事诉讼法》第223条对利害关系人规定了另行起诉的救济方式，即利害关系人因正当理由不能在判决前向人民法院申报的，自知道或者应当知道判决公告之日起1年内，可以向作出判决的人民法院起诉。对于该起诉，人民法院可以按照票据纠纷适用普通程序进行审理。

2. 正当理由的理解

正当理由包括：（一）因发生意外事件或者不可抗力致使利害关系人无法知道公告事实的；（二）利害关系人因被限制人身自由而无法知道公告事实，或者虽然知道公告事实，但无法自己或者委托他人代为申报权利的；（三）不属于法定申请公示催告情形的；（四）未予公告或者未按法定方式公告的；（五）其他导致利害关系人在判决作出前未能向人民法院申报权利的客观事由。

3. 法院对另行起诉的处理

利害关系人请求人民法院撤销除权判决的，应当将申请人列为被告。利害关系人仅诉请确认其为合法持票人的，人民法院应当在裁判文书中写明，确认利害关系人为票据权利人的判决作出后，除权判决即被撤销。

五、公示催告程序的终结

除人民法院作出除权判决，公示催告程序正常终结以外，下列情形可以引起公示催告程序的非正常终结：

1. 在申报权利的期间没有人申报权利，或者申报权利被驳回的，公示催告申请人逾期不申请除权判决的，终结公示催告程序。

2. 申请人在公示催告期间申请撤回申请的，人民法院可以径行裁定终结公示催告程序。

3. 利害关系人在公示催告期间向人民法院申报权利的，人民法院应当裁定终结公示催告程序。

4. 利害关系人在申报期间届满后，判决作出之前申报权利的，同样应裁定终结公示催告程序。

【经典真题测试】

118. 甲公司财务室被盗，遗失金额为80万元的汇票一张。甲公司向法院申请公示催告，法院受理后即通知支付人A银行停止支付，并发出公告，催促利害关系人申报权利。在公示催告期间，甲公司按原计划与材料供应商乙企业签订购货合同，将该汇票权利转让给乙企业作为付款。公告期满，无人申报，法院即组成合议庭作出判决，宣告该汇票无效。关于本案，下列哪些说法是正确的？[1]（2015/3/85）

A. A银行应当停止支付，直至公示催告程序终结

B. 甲公司将该汇票权利转让给乙企业的行为有效

C. 甲公司若未提出申请，法院可以作出宣告该汇票无效的判决

D. 法院若判决宣告汇票无效，应当组成合议庭

〔1〕**【答案】** AD

专题十三　执行程序

【本专题重点知识结构图】

- 执行程序
  - 执行程序与审判程序的关系
  - 执行的原则：注意执行以生效法律文书为依据以及执行标的有限原则
  - 执行一般规定
    - 执行管辖
      - 法院文书：第一审法院或与第一审同级的被执行财产所在地法院
      - 仲裁裁决：被执行人住所地或被执行财产所在地中级人民法院
      - 执行管辖异议：当事人不服驳回裁定，有权向上一级法院申请复议
    - 执行异议
      - 程序异议：当事人、利害关系人对执行行为的异议
      - 实体异议：案外人对执行标的的异议
    - 执行和解
      - 内容：可以变更履行义务主体、标的物、数额、履行期限和方式
      - 形式：一般为书面形式，口头形式也可以
      - 效力：和解协议无执行效力，自觉履行完毕，终结执行程序
      - 申请恢复原文书执行：申请人因被欺诈、胁迫达成和解协议或当事人不履行和解协议
    - 委托执行
    - 执行担保
  - 执行开始
    - 申请执行为原则：申请执行期为 2 年，且可以中止、中断
    - 移送执行为例外
      - 具有给付赡养费、抚养费、抚育费内容的法律文书
      - 民事制裁决定书
      - 刑事附带民事判决、裁定、调解书
      - 需要执行回转的法律文书
  - 主要执行措施
    - 被执行人报告财产制度
    - 对金钱债权的执行措施
    - 强制支付迟延履行期间的债务利息和迟延履行金
    - 对被执行人到期债权的执行
    - 参与分配
    - 执行威慑机制
    - 限制高消费
  - 执行中止与执行终结

考点精讲一　执行程序概述

一、民事执行的概念和特征

民事执行，是指人民法院的执行组织依照法律规定的程序和方式，运用国家强制力，在负有义务的一方当事人拒不履行生效法律文书所确定的义务时，依据执行根据并采取强制执行措施，强制义务人履行义务，从而实现生效法律文书内容的一种的诉讼活动。

执行程序，是指保证具有执行效力的法律文书得以实现的程序。在民事执行程序中，根据生效法律文书有权向人民法院申请执行的人，称为申请执行人；生效法律文书所确定的义务人，称为被申请执行人。

民事执行具有以下特征：

1. 行使执行权的主体是人民法院。执行权是国家的公权力，只能由国家机关行使，其他单位和个人均无权行使，在我国，行使执行权的国家机关是人民法院。

2. 人民法院进行执行活动必须以生效的法律文书为根据。该生效法律文书可以是法院依法制作的具有给付内容的法律文书，也可以是仲裁机构等其他机构制作的可以由法院强制执行的具有给付内容的法律文书。

3. 人民法院的执行活动具有强制性。

4. 人民法院的执行活动必须依法定程序和方法进行。

二、执行程序与审判程序的关系

民事执行是人民法院执行组织依照法定程序，依靠国家强制力，依法采取强制执行措施，迫使义务人履行生效法律文书所确定的实体义务的诉讼活动。人民法院及其他人进行民事执行活动所遵循的程序即为民事执行程序。

民商事纠纷的解决机制是多元化的，在民事诉讼中，民事执行程序与审判程序既相互联系，又相互区别。

其联系体现为：在民事诉讼中，审判程序是执行程序的前提和基础，没有审判程序所作出的具有给付内容的生效法律文书，则不可能有执行程序的开始；而执行程序是审判程序的保障，即没有执行程序，审判程序所确定的实体权利与义务关系会因为义务人的拒绝履行义务而落空。

其区别体现在两点：第一，审判程序是人民法院行使审判权，确定权利与义务关系的程序；而执行程序是人民法院行使民事执行权，强制实现生效法律文书所确定的实体权利的程序。第二，程序的构成不同。审判程序是由多个独立的审判程序所构成的综合性程序；而执行程序则是由多个具体制度所构成的单一性程序。

考点精讲二　执行的原则

由于民事执行程序毕竟不同于民事审判程序，因此，执行程序也有以下应当遵守的原则：

1. 执行以生效法律文书为根据的原则。也就是说，执行根据必须是法定机关依法定程序制作的、发生法律效力的、具有给付内容的文书。根据最高人民法院《关于人民法院执行工作若干问题的规定（试行）》（以下简称《执行规定》）的规定，在执行程序中，可以作为人民法院民事执行根据的法律文书通常包括：人民法院民事、行政判决、裁定、调解书、民事制裁决定、支付令，以及刑事附带民事判决、裁定、调解书；依法应当由人民法院执行的行政处罚决定、行政处理决定；我国仲裁机构作出的仲裁裁决和调解书；人民法院依据《仲裁法》有关规定作出的财产保全和证据保全裁定；公证机关依法赋予强制执行效力的关于追偿债款、物品的债权文书；经人民法院裁定承认其效力的外国法院作出的判决、裁定，以及国外仲裁机构作出的仲裁裁决；法律规定由人民法院执行的其他法律文书。

【特别提示】**执行根据的种类**

虽然民事强制执行规定在民事诉讼法之中，但是，人民法院作为执行机构，其执行的生效法律文书不仅包括法院制作的，而且还包括仲裁机构、公证机关以及行政机关制作的需要由人民法院执行的生效法律文书。具体包括四类：一是法院三大诉讼制作的生效法律文书；二是仲裁裁决书与调解书；三是公证赋予执行效力的债权文书；四是行政处罚决定书、处理决定书。

2. 执行标的有限原则。诉讼标的不同于执行标的，诉讼标的是指当事人之间发生争议，提请人民法院作出裁判的民事权利与义务关系；而执行标的则是指人民法院执行工作所指向的对象。在民事诉讼中，被执行人的财产与行为，可以成为执行标的；而被执行人的人身则不能成为执行标的，这是由民事执行标的有限原则决定的。

3. 人民法院强制执行与有关单位、个人协助执行相结合的原则。

4. 强制执行与说服教育相结合的原则。也就是说，民事强制执行工作以强制为根本，但说服教育也必不可少。

5. 依法保护权利人的合法权益与适当照顾被执行人利益相结合的原则。即人民法院在强制执行，以实现权利人的合法权益的同时，也需要兼顾被执行人生产和生活的必需。

考点精讲三　执行管辖

根据我国《民事诉讼法》第224条的规定，人民法院根据需要，可以设立执行机构。我国各级人民法院均设立了专门的执行机构，执行员、书记员与司法警察是执行机构的组成人员，其中，执行员负责执行工作，书记员负责记录执行过程，司法警察负责维持执行秩序以及协助执行员完成重大执行行为。

执行管辖，是划分人民法院受理民事执行案件的权限和分工。需注意以下几个问题：

1. 执行管辖的规定。在我国，不同法律文书是由不同的人民法院负责执行的，具体如下：

（1）发生法律效力的民事判决、裁定以及刑事判决、裁定中的财产部分，由第一审人民法院或者与第一审人民法院同级的被执行的财产所在地人民法院执行。

（2）根据《民诉解释》第462条的规定，发生法律效力的实现担保物权裁定、确认调解协议裁定、支付令，由作出裁定、支付令的人民法院或者与其同级的被执行财产所在地的人民法院执行。认定财产无主的判决，由作出判决的人民法院将无主财产收归国家或者集体所有。

（3）当事人申请执行仲裁裁决，由被执行人住所地或者被执行财产所在地中级人民法院执行。

2. 执行管辖权异议。根据《执行程序若干问题解释》第 3 条的规定，人民法院受理执行申请后，当事人对管辖权有异议的，应当自收到执行通知书之日起 10 日内提出。人民法院对当事人提出的异议，应当审查。异议成立的，应当撤销执行案件，并告知当事人向有管辖权的人民法院申请执行；异议不成立的，裁定驳回。当事人对裁定不服的，可以向上一级人民法院申请复议。管辖权异议审查和复议期间，不停止执行。

考点精讲四　执行异议

一、执行异议的概念

执行异议是指在执行程序中，民事执行的当事人、利害关系人认为执行行为违反法律规定，或者案外人认为法院的执行行为损害或者可能损害自己的合法权益时，依法向有关机关提出采取保护或者补救措施请求的制度。执行异议分为程序性异议（也称为程序性救济）与实体性异议（也称为实体性救济），前者的目的在于解决执行程序的违法问题，后者的目的在于解决执行的不适当问题。

二、执行异议的处理

（一）程序性异议及其处理

1. 程序性异议的运用

程序性异议，即当事人、利害关系人对执行行为违法提出的异议。《民事诉讼法》第 225 条规定，当事人、利害关系人认为执行行为违反法律规定的，可以向负责执行的人民法院提出书面异议。当事人、利害关系人提出书面异议的，人民法院应当自收到书面异议之日起 15 日内审查，理由成立的，裁定撤销或者改正；理由不成立的，裁定驳回。

关于当事人、利害关系人对执行行为违法的异议，《最高人民法院关于人民法院办理执行异议和复议案件若干问题的规定》作出了进一步的规定，具体如下：

第一，该司法解释第 5 条规定，有下列情形之一的，当事人以外的公民、法人和其他组织，可以作为利害关系人提出执行行为异议：（一）认为人民法院的执行行为违法，妨碍其轮候查封、扣押、冻结的债权受偿的；（二）认为人民法院的拍卖措施违法，妨碍其参与公平竞价的；（三）认为人民法院的拍卖、变卖或者以物抵债措施违法，侵害其对执行标的的优先购买权的；（四）认为人民法院要求协助执行的事项超出其协助范围或者违反法律规定的；（五）认为其他合法权益受到人民法院违法执行行为侵害的。

第二，该司法解释第 7 条规定，当事人、利害关系人认为执行过程中或者执行保全、先予执行裁定过程中的下列行为违法提出异议的，人民法院应当依照民事诉讼法第 225 条规定进行审查：（一）查封、扣押、冻结、拍卖、变卖、以物抵债、暂缓执行、中止执行、终结执行等执行措施；（二）执行的期间、顺序等应当遵守的法定程序；（三）人民法院作出的侵害当事人、利害关系人合法权益的其他行为。

【特别提示】

第一，被执行人以债权消灭、丧失强制执行效力等执行依据生效之后的实体事由提出排除执行异议的，人民法院应当参照民事诉讼法第225条规定进行审查。

第二，该司法解释第19条规定，当事人互负到期债务，被执行人请求抵销，请求抵销的债务符合下列情形的，除依照法律规定或者按照债务性质不得抵销的以外，人民法院应予支持：（一）已经生效法律文书确定或者经申请执行人认可；（二）与被执行人所负债务的标的物种类、品质相同。除上述第19条规定的情形外，被执行人以执行依据生效之前的实体事由提出排除执行异议的，人民法院应当告知其依法申请再审或者通过其他程序解决。

2. 对当事人、利害关系人的救济

当事人、利害关系人对执行异议裁定不服的，可以自裁定送达之日起10日内向上一级人民法院申请复议，申请复议应当采取书面形式。当事人、利害关系人申请复议的书面材料，可以通过执行法院转交，也可以直接向执行法院的上一级人民法院提交。上一级人民法院对当事人、利害关系人的复议申请，应当组成合议庭进行审查。执行异议审查和复议期间，不停止执行。

【经典真题测试】

119. 对于甲和乙的借款纠纷，法院判决乙应归还甲借款。进入执行程序后，由于乙无现金，法院扣押了乙住所处的一架钢琴准备拍卖。乙提出钢琴是其父亲的遗物，申请用一台价值与钢琴相当的相机替换钢琴。法院认为相机不足以抵偿乙的债务，未予同意。乙认为扣押行为错误，提出异议。法院经过审查，驳回该异议。关于乙的救济渠道，下列哪一表述是正确的？[1]（2014/3/49）

A. 向执行法院申请复议　　B. 向执行法院的上一级法院申请复议

C. 向执行法院提起异议之诉　　D. 向原审法院申请再审

（二）实体性异议及其处理

实体性异议，即案外人异议。《民事诉讼法》第227条规定，执行过程中，案外人对执行标的提出书面异议的，人民法院应当自收到书面异议之日起15日内审查，理由成立的，裁定中止对该标的的执行；理由不成立的，裁定驳回。案外人、当事人对裁定不服，认为原判决、裁定错误的，依照审判监督程序办理；与原判决、裁定无关的，可以自裁定送达之日起15日内向人民法院提起诉讼。该异议应当在该执行标的执行程序终结前提出。

此外，根据《民诉解释》第316条的规定，人民法院对执行标的裁定中止执行后，申请执行人在法律规定的期间内未提起执行异议之诉的，人民法院应当自起诉期限届满之日起七日内解除对该执行标的采取的执行措施。

由于民事诉讼法对执行异议之诉规定地过于笼统，致使司法实践难以操作，民诉解释对执行异议之诉作出了如下具体规定：

1. 执行异议之诉的管辖。

《民诉解释》第304条规定：根据民事诉讼法第227条规定，案外人、当事人对执行异议裁定不服，自裁定送达之日起十五日内向人民法院提起执行异议之诉的，由执行法院

[1] 【答案】B

管辖。

2. 执行异议之诉的条件。

（1）案外人异议之诉的条件。《民诉解释》第305条规定，案外人提起执行异议之诉，除符合民事诉讼法第119条规定外，还应当具备下列条件：（一）案外人的执行异议申请已经被人民法院裁定驳回；（二）有明确的排除对执行标的执行的诉讼请求，且诉讼请求与原判决、裁定无关；（三）自执行异议裁定送达之日起十五日内提起。人民法院应当在收到起诉状之日起十五日内决定是否立案。

（2）申请人异议之诉的条件。《民诉解释》第306条规定，申请执行人提起执行异议之诉，除符合民事诉讼法第119条规定外，还应当具备下列条件：（一）依案外人执行异议申请，人民法院裁定中止执行；（二）有明确的对执行标的继续执行的诉讼请求，且诉讼请求与原判决、裁定无关；（三）自执行异议裁定送达之日起十五日内提起。人民法院应当在收到起诉状之日起十五日内决定是否立案。

3. 执行异议之诉的当事人。

（1）案外人异议之诉的当事人。《民诉解释》第307条规定，案外人提起执行异议之诉的，以申请执行人为被告。被执行人反对案外人异议的，被执行人为共同被告；被执行人不反对案外人异议的，可以列被执行人为第三人。

（2）申请人异议之诉的当事人。《民诉解释》第308条规定，申请执行人提起执行异议之诉的，以案外人为被告。被执行人反对申请执行人主张的，以案外人和被执行人为共同被告；被执行人不反对申请执行人主张的，可以列被执行人为第三人。

4. 法院对被执行人提出异议之诉的处理。

根据《民诉解释》第309条的规定，申请执行人对中止执行裁定未提起执行异议之诉，被执行人提起执行异议之诉的，人民法院告知其另行起诉。

5. 执行异议之诉的审理程序。

根据《民诉解释》第310条的规定，人民法院审理执行异议之诉案件，适用普通程序。

6. 执行异议之诉的举证责任分配。

根据《民诉解释》第311条的规定，案外人或者申请执行人提起执行异议之诉的，案外人应当就其对执行标的享有足以排除强制执行的民事权益承担举证证明责任。

7. 人民法院对执行异议之诉的处理。

（1）人民法院对案外人异议之诉的处理。根据《民诉解释》第312条的规定，对案外人提起的执行异议之诉，人民法院经审理，按照下列情形分别处理：（一）案外人就执行标的享有足以排除强制执行的民事权益的，判决不得执行该执行标的；（二）案外人就执行标的不享有足以排除强制执行的民事权益的，判决驳回诉讼请求。案外人同时提出确认其权利的诉讼请求的，人民法院可以在判决中一并作出裁判。该意见第314条第1款同时规定，对案外人执行异议之诉，人民法院判决不得对执行标的执行的，执行异议裁定失效。

（2）人民法院对申请人异议之诉的处理。根据《民诉解释》第313条的规定，对申请执行人提起的执行异议之诉，人民法院经审理，按照下列情形分别处理：（一）案外人就执行标的不享有足以排除强制执行的民事权益的，判决准许执行该执行标的；（二）案外人就执行标的享有足以排除强制执行的民事权益的，判决驳回诉讼请求。该意见第314条第2款同时规定，对申请执行人执行异议之诉，人民法院判决准许对该执行标的执行的，执行异议裁定失效，执行法院可以根据申请执行人的申请或者依职权恢复执行。

8. 案外人异议之诉与原执行程序的关系。

根据《民诉解释》第 315 条的规定，案外人执行异议之诉审理期间，人民法院不得对执行标的进行处分。申请执行人请求人民法院继续执行并提供相应担保的，人民法院可以准许。被执行人与案外人恶意串通，通过执行异议、执行异议之诉妨害执行的，人民法院应当依照民事诉讼法第 113 条规定处理。申请执行人因此受到损害的，可以提起诉讼要求被执行人、案外人赔偿。

图示一　案外人异议之诉与申请人异议之诉比较

比较内容	案外人异议之诉	申请人异议之诉
管辖	执行法院（解释 304）	执行法院（解释 304）
起诉条件	（一）案外人的执行异议申请已经被人民法院裁定驳回；（二）有明确的排除对执行标的执行的诉讼请求，且诉讼请求与原判决、裁定无关；（三）自执行异议裁定送达之日起十五日内提起。（解释 305）	（一）依案外人执行异议申请，人民法院裁定中止执行；（二）有明确的对执行标的继续执行的诉讼请求，且诉讼请求与原判决、裁定无关；（三）自执行异议裁定送达之日起十五日内提起。（解释 306）
立案时间	收到起诉状之日起十五日内决定是否立案	收到起诉状之日起十五日内决定是否立案
当事人	申请执行人为被告。被执行人反对案外人异议的，被执行人为共同被告；被执行人不反对案外人异议的，可以列被执行人为第三人（解释 307）	案外人为被告。被执行人反对申请执行人主张的，以案外人和被执行人为共同被告；被执行人不反对申请执行人主张的，可以列被执行人为第三人（解释 308）
审理程序	普通程序	普通程序
举证责任分配	案外人应当就其对执行标的享有足以排除强制执行的民事权益承担举证证明责任（解释 311）	案外人应当就其对执行标的享有足以排除强制执行的民事权益承担举证证明责任（解释 311）
法院处理	（一）案外人就执行标的享有足以排除强制执行的民事权益的，判决不得执行该执行标的；（二）案外人就执行标的不享有足以排除强制执行的民事权益的，判决驳回诉讼请求。案外人同时提出确认其权利的诉讼请求的，人民法院可以在判决中一并作出裁判（解释 312）	（一）案外人就执行标的不享有足以排除强制执行的民事权益的，判决准许执行该执行标的；（二）案外人就执行标的享有足以排除强制执行的民事权益的，判决驳回诉讼请求（解释 313）

图示二　案外人异议之案例讲解

例如：甲与乙争议一辆价值 80 万元的轿车，经法院审理判决该轿车归甲所有，并责令乙将该轿车交付于乙。判决生效后，乙拒绝交付。

1. 甲申请执行该轿车，丙提出异议，认为该轿车是自己的。

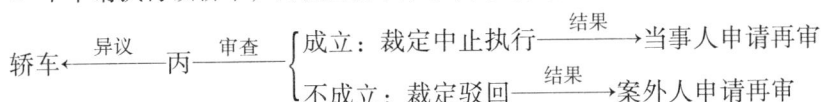

轿车 ←异议— 丙 —审查→ { 成立：裁定中止执行 —结果→ 当事人申请再审；不成立：裁定驳回 —结果→ 案外人申请再审 }

2. 因轿车无法执行，甲申请执行乙的房屋，丙提出异议，认为房屋是自己的。

房屋 ←(异议)— 丙 —(审查)—
- 成立：裁定中止执行 —(结果)→ 申请人异议之诉
- 不成立：裁定驳回 —(结果)→ 案外人异议之诉

申请人异议之诉
- 案外人为被告
- 被执行人反对申请人，作为共同被告
- 被执行人不反对申请人，作为第三人

—(审理)—
- 案外人不享有民事权益，判决准许执行该标的
- 案外人享有民事权益，判决驳回诉讼请求

案外人异议之诉
- 申请人为被告
- 被执行人反对案外人，作为共同被告
- 被执行人不反对案外人，作为第三人

—(审理)—
- 案外人享有民事权益，判决不得执行该标的
- 案外人不享有民事权益，判决驳回诉讼请求

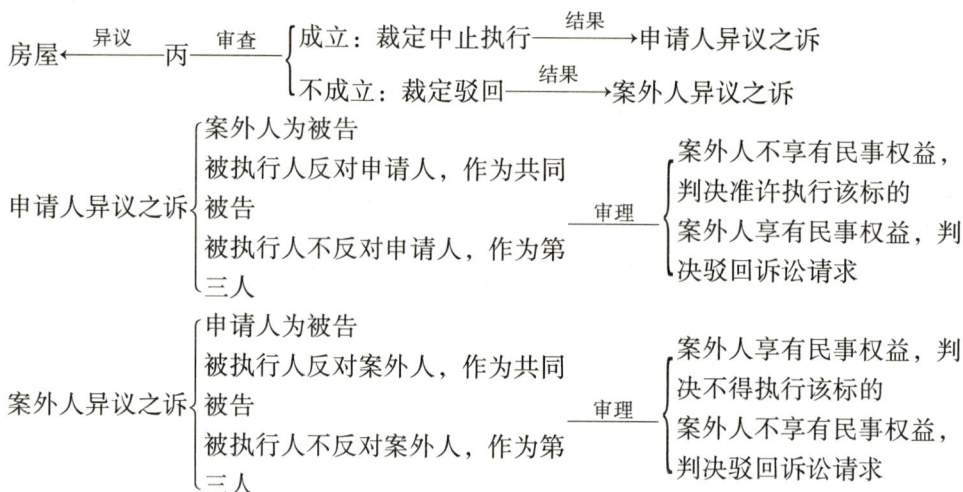

【经典真题测试】

120. 易某依法院对王某支付其5万元损害赔偿金之判决申请执行。执行中，法院扣押了王某的某项财产。案外人谢某提出异议，称该财产是其借与王某使用的，该财产为自己所有。法院经审查，认为谢某异议理由成立，遂裁定中止对该财产的执行。关于本案的表述，下列哪一选项是正确的?〔1〕(2017/3/41)

A. 易某不服该裁定提起异议之诉的，由易某承担对谢某不享有该财产所有权的证明责任

B. 易某不服该裁定提起异议之诉的，由谢某承担对其享有该财产所有权的证明责任

C. 王某不服该裁定提起异议之诉的，由王某承担对谢某不享有该财产所有权的证明责任

D. 王某不服该裁定提起异议之诉的，由王某承担对其享有该财产所有权的证明责任

121. 汤某设宴为母祝寿，向成某借了一尊清代玉瓶装饰房间。毛某来祝寿时，看上了玉瓶，提出购买。汤某以30万元将玉瓶卖给了毛某，并要其先付钱，寿典后15日内交付玉瓶。毛某依约履行，汤某以种种理由拒绝交付。毛某诉至甲县法院，要求汤某交付玉瓶，得到判决支持。汤某未上诉，判决生效。在该判决执行时，成某知晓了上述情况。对此，成某依法可采取哪些救济措施?〔2〕(2017/3/77)

A. 以案外人身份向甲县法院直接申请再审

B. 向甲县法院提出执行异议

C. 向甲县法院提出第三人撤销之诉

D. 向甲县法院申诉，要求甲县法院依职权对案件启动再审

122. 甲公司申请强制执行乙公司的财产，法院将乙公司的一处房产列为执行标的。执行中，丙银行向法院主张，乙公司已将该房产抵押贷款，并以自己享有抵押权为由提出异议。乙公司否认将房产抵押给丙银行。经审查，法院驳回丙银行的异议。丙银行拟向法院起诉，关于本案被告的确定，下列哪一选项是正确的?〔3〕(2010/3/49)

---

〔1〕**【答案】**B

〔2〕**【答案】**BCD

〔3〕**【答案】**D

A. 丙银行只能以乙公司为被告起诉

B. 丙银行只能以甲公司为被告起诉

C. 丙银行可选择甲公司为被告起诉，也可选择乙公司为被告起诉

D. 丙银行应当以甲公司和乙公司为共同被告起诉

123. 关于执行行为异议与案外人对诉讼标的异议的比较，下列哪一选项是错误的?[1]（2011/3/47）

A. 异议都是在执行过程中提出

B. 异议都应当向执行法院提出

C. 申请异议当事人有部分相同

D. 申请异议人对法院针对异议所作裁定不服，可采取的救济手段相同

考点精讲五　执行和解

一、执行和解的理解

执行和解是当事人的处分权在执行程序中的具体体现。执行和解，是指在执行过程中，双方当事人自愿协商，达成和解协议，并经人民法院审查批准与履行后，结束执行程序的行为。

1. 执行程序中可以适用执行和解，但不得进行调解。

在执行中，双方当事人可以自愿达成和解协议，变更生效法律文书确定的履行义务主体、标的物及其数额、履行期限和履行方式。因此，执行和解是执行程序中双方当事人自行协商、解决执行问题的行为；而调解则是在人民法院主持下，双方当事人协商解决争议的行为，是包括人民法院在内的三方主体活动的结果。因此，在执行程序中不得适用调解。

2. 执行和解不同于审判程序中的和解。

在审判程序中，双方当事人也可以自愿协商，达成和解协议解决争议案件，当事人在审判过程中自行达成和解协议的，人民法院可以根据当事人的申请依法确认和解协议制作调解书。但是，该和解协议本身不具有法律效力，如果一方当事人反悔，则该和解协议不具有强制执行的效力。但是，法院确认和解协议制作的调解书具有法律效力。而执行和解虽然不具有强制执行的法律效力，但是当事人在执行程序中一旦达成和解协议并且自觉履行完毕，则产生终结执行程序的法律后果。

二、执行和解的内容与形式

《执行规定》第86条规定："在执行中，双方当事人可以自愿达成和解协议，变更生效法律文书确定的履行义务主体、标的物及其数额、履行期限和履行方式。和解协议一般应当采取书面形式。执行人员应将和解协议副本附卷。无书面协议的，执行人员应将和解协议的内容记入笔录，并由双方当事人签名或者盖章。"此次《民诉解释》第466条规定，申请执行人与被执行人达成和解协议后请求中止执行或者撤回执行申请的，人民法院可以裁

[1] 【答案】D

定中止执行或者终结执行。

三、执行和解的法律效力

理解执行和解的效力，需注意以下几点：

1. 执行和解协议是当事人为变更生效法律文书内容所达成的一种契约，根据《民诉解释》第466、467条的规定，申请执行人与被执行人达成和解协议后请求中止执行或者撤回执行申请的，人民法院可以裁定中止执行或者终结执行。一方当事人不履行或者不完全履行在执行中双方自愿达成的和解协议，对方当事人申请执行原生效法律文书的，人民法院应当恢复执行，但和解协议已履行的部分应当扣除。和解协议已经履行完毕的，人民法院不予恢复执行。

2. 执行和解协议履行完毕，即产生终结执行程序，进一步确定双方当事人之间权利义务关系的法律效力，当事人不得再申请人民法院强制执行原生效法律文书，人民法院应作执行结案处理。但是，申请执行人因受欺诈、胁迫与被执行人达成和解协议，或者当事人不履行和解协议的，人民法院可以根据当事人的申请恢复对原生效法律文书的执行，已履行部分扣除即可。

3. 执行和解具有中断执行时效的效力。根据《民诉解释》第468条的规定，申请恢复执行原生效法律文书，适用民事诉讼法第239条申请执行期间的规定。申请执行期间因达成执行中的和解协议而中断，其期间自和解协议约定履行期限的最后一日起重新计算。

【重点提示】执行和解产生终结执行程序效力的关键在于当事人自觉履行完毕和解协议。如果因受欺诈、胁迫达成和解协议或者当事人未履行和解协议，则可以申请恢复对原生效法律文书的执行，和解协议本身不具有强制执行效力。

【经典真题测试】

124. 甲乙双方合同纠纷，经仲裁裁决，乙须偿付甲货款100万元，利息5万元，分5期偿还。乙未履行该裁决。甲据此向法院申请执行，在执行过程中，双方达成和解协议，约定乙一次性支付货款100万元，甲放弃利息5万元并撤回执行申请。和解协议生效后，乙反悔，未履行和解协议。关于本案，下列哪一说法是正确的?〔1〕(2015/3/49)

A. 对甲撤回执行的申请，法院裁定中止执行

B. 甲可向法院申请执行和解协议

C. 甲可以乙违反和解协议为由提起诉讼

D. 甲可向法院申请执行原仲裁裁决，法院恢复执行

125. 关于法院制作的调解书，下列哪一说法是正确的?〔2〕(2015/3/42)

A. 经法院调解，老李和小李维持收养关系，可不制作调解书

B. 某夫妻解除婚姻关系的调解书生效后，一方以违反自愿为由可申请再审

C. 检察院对调解书的监督方式只能是提出检察建议

D. 执行过程中，达成和解协议的，法院可根据当事人的要求制作成调解书

126. 甲诉乙返还10万元借款。胜诉后进入执行程序，乙表示自己没有现金，只有一枚祖传玉石可抵债。法院经过调解，说服甲接受玉石抵债，双方达成和解协议并当即交付了

---

〔1〕**【答案】**D

〔2〕**【答案】**A

玉石。后甲发现此玉石为赝品，价值不足千元，遂申请法院恢复执行。关于执行和解，下列哪些说法是正确的？[1]（2014/3/85）

A. 法院不应在执行中劝说甲接受玉石抵债

B. 由于和解协议已经即时履行，法院无须再将和解协议记入笔录

C. 由于和解协议已经即时履行，法院可裁定执行中止

D. 法院应恢复执行

考点精讲六 执行当事人的变更、追加

一、执行当事人变更、追加的概念

执行当事人的变更、追加，是指在执行程序中，由于法定情形的出现，案外人承受执行当事人的地位，享有申请执行人的权利或者承担被执行人的义务，执行程序继续进行。

执行根据的效力，原则上只及于生效法律文书所确定的权利人和义务人，法院也只能对生效法律文书所确定的义务人采取执行措施。但是，法律文书生效后，在执行程序中，由于债的可转让性以及生效法律文书效力的扩张性等实体上和程序上的原因，生效法律文书确定的权利人和义务人之外的案外人也可能进入执行程序，就会发生执行当事人的变更或者追加。

二、申请执行人的变更、追加

根据《最高人民法院关于民事执行中变更、追加当事人若干问题的规定》（以下简称《变更、追加当事人规定》）第2～9条的规定，申请执行人的变更或者追加有下列情形：

1. 作为申请执行人的公民死亡或被宣告死亡，该公民的遗嘱执行人、受遗赠人、继承人或其他因该公民死亡或被宣告死亡依法承受生效法律文书确定权利的主体，申请变更、追加其为申请执行人的，人民法院应予支持。作为申请执行人的公民被宣告失踪，该公民的财产代管人申请变更、追加其为申请执行人的，人民法院应予支持。

2. 作为申请执行人的公民离婚时，生效法律文书确定的权利全部或部分分割给其配偶，该配偶申请变更、追加其为申请执行人的，人民法院应予支持。

3. 作为申请执行人的法人或其他组织终止，因该法人或其他组织终止依法承受生效法律文书确定权利的主体，申请变更、追加其为申请执行人的，人民法院应予支持。

4. 作为申请执行人的法人或其他组织因合并而终止，合并后存续或新设的法人、其他组织申请变更其为申请执行人的，人民法院应予支持。

5. 作为申请执行人的法人或其他组织分立，依分立协议约定承受生效法律文书确定权利的新设法人或其他组织，申请变更、追加其为申请执行人的，人民法院应予支持。

6. 作为申请执行人的法人或其他组织清算或破产时，生效法律文书确定的权利依法分配给第三人，该第三人申请变更、追加其为申请执行人的，人民法院应予支持。

7. 作为申请执行人的机关法人被撤销，继续履行其职能的主体申请变更、追加其为申

---

〔1〕【答案】AD

请执行人的，人民法院应予支持，但生效法律文书确定的权利依法应由其他主体承受的除外；没有继续履行其职能的主体，且生效法律文书确定权利的承受主体不明确，作出撤销决定的主体申请变更、追加其为申请执行人的，人民法院应予支持。

8. 申请执行人将生效法律文书确定的债权依法转让给第三人，且书面认可第三人取得该债权，该第三人申请变更、追加其为申请执行人的，人民法院应予支持。

三、被执行人的变更、追加

根据《变更、追加当事人规定》第10～25条的规定，被执行人的变更或者追加有下列情形：

1. 作为被执行人的公民死亡或被宣告死亡，申请执行人申请变更、追加该公民的遗嘱执行人、继承人、受遗赠人或其他因该公民死亡或被宣告死亡取得遗产的主体为被执行人，在遗产范围内承担责任的，人民法院应予支持。继承人放弃继承或受遗赠人放弃受遗赠，又无遗嘱执行人的，人民法院可以直接执行遗产。作为被执行人的公民被宣告失踪，申请执行人申请变更该公民的财产代管人为被执行人，在代管的财产范围内承担责任的，人民法院应予支持。

2. 作为被执行人的法人或其他组织因合并而终止，申请执行人申请变更合并后存续或新设的法人、其他组织为被执行人的，人民法院应予支持。

3. 作为被执行人的法人或其他组织分立，申请执行人申请变更、追加分立后新设的法人或其他组织为被执行人，对生效法律文书确定的债务承担连带责任的，人民法院应予支持。但被执行人在分立前与申请执行人就债务清偿达成的书面协议另有约定的除外。

4. 作为被执行人的个人独资企业，不能清偿生效法律文书确定的债务，申请执行人申请变更、追加其投资人为被执行人的，人民法院应予支持。个人独资企业投资人作为被执行人的，人民法院可以直接执行该个人独资企业的财产。个体工商户的字号为被执行人的，人民法院可以直接执行该字号经营者的财产。

5. 作为被执行人的合伙企业，不能清偿生效法律文书确定的债务，申请执行人申请变更、追加普通合伙人为被执行人的，人民法院应予支持。作为被执行人的有限合伙企业，财产不足以清偿生效法律文书确定的债务，申请执行人申请变更、追加未按期足额缴纳出资的有限合伙人为被执行人，在未足额缴纳出资的范围内承担责任的，人民法院应予支持。

6. 作为被执行人的法人分支机构，不能清偿生效法律文书确定的债务，申请执行人申请变更、追加该法人为被执行人的，人民法院应予支持。法人直接管理的责任财产仍不能清偿债务的，人民法院可以直接执行该法人其他分支机构的财产。作为被执行人的法人，直接管理的责任财产不能清偿生效法律文书确定债务的，人民法院可以直接执行该法人分支机构的财产。

7. 个人独资企业、合伙企业、法人分支机构以外的其他组织作为被执行人，不能清偿生效法律文书确定的债务，申请执行人申请变更、追加依法对该其他组织的债务承担责任的主体为被执行人的，人民法院应予支持。

8. 作为被执行人的企业法人，财产不足以清偿生效法律文书确定的债务，申请执行人申请变更、追加未缴纳或未足额缴纳出资的股东、出资人或依公司法规定对该出资承担连带责任的发起人为被执行人，在尚未缴纳出资的范围内依法承担责任的，人民法院应予支持。

9. 作为被执行人的企业法人，财产不足以清偿生效法律文书确定的债务，申请执行人申请变更、追加抽逃出资的股东、出资人为被执行人，在抽逃出资的范围内承担责任的，人民法院应予支持。

10. 作为被执行人的公司，财产不足以清偿生效法律文书确定的债务，其股东未依法履行出资义务即转让股权，申请执行人申请变更、追加该原股东或依公司法规定对该出资承担连带责任的发起人为被执行人，在未依法出资的范围内承担责任的，人民法院应予支持。

11. 作为被执行人的一人有限责任公司，财产不足以清偿生效法律文书确定的债务，股东不能证明公司财产独立于自己的财产，申请执行人申请变更、追加该股东为被执行人，对公司债务承担连带责任的，人民法院应予支持。

12. 作为被执行人的公司，未经清算即办理注销登记，导致公司无法进行清算，申请执行人申请变更、追加有限责任公司的股东、股份有限公司的董事和控股股东为被执行人，对公司债务承担连带清偿责任的，人民法院应予支持。

13. 作为被执行人的法人或其他组织，被注销或出现被吊销营业执照、被撤销、被责令关闭、歇业等解散事由后，其股东、出资人或主管部门无偿接受其财产，致使该被执行人无遗留财产或遗留财产不足以清偿债务，申请执行人申请变更、追加该股东、出资人或主管部门为被执行人，在接受的财产范围内承担责任的，人民法院应予支持。

14. 作为被执行人的法人或其他组织，未经依法清算即办理注销登记，在登记机关办理注销登记时，第三人书面承诺对被执行人的债务承担清偿责任，申请执行人申请变更、追加该第三人为被执行人，在承诺范围内承担清偿责任的，人民法院应予支持。

15. 执行过程中，第三人向执行法院书面承诺自愿代被执行人履行生效法律文书确定的债务，申请执行人申请变更、追加该第三人为被执行人，在承诺范围内承担责任的，人民法院应予支持。

16. 作为被执行人的法人或其他组织，财产依行政命令被无偿调拨、划转给第三人，致使该被执行人财产不足以清偿生效法律文书确定的债务，申请执行人申请变更、追加该第三人为被执行人，在接受的财产范围内承担责任的，人民法院应予支持。

【经典真题测试】

127. 钱某在甲、乙、丙三人合伙开设的饭店就餐时被砸伤，遂以营业执照上登记的字号“好安逸”饭店为被告提起诉讼，要求赔偿医疗费等费用25万元。法院经审理，判决被告赔偿钱某19万元。执行过程中，“好安逸”饭店支付了8万元后便再无财产可赔。对此，法院应采取下列哪一处理措施？[1]（2017/3/49）

A. 裁定终结执行

B. 裁定终结本次执行

C. 裁定中止执行，告知当事人另行起诉合伙人承担责任

D. 裁定追加甲、乙、丙为被执行人，执行其财产

---

〔1〕【答案】D

考点精讲七　委托执行与执行担保

一、委托执行

委托执行，是指有管辖权的人民法院遇到特殊情况，依法将应由本法院执行的案件送交有关的法院代为执行。

受托法院在执行中，认为需要变更被执行人的，应当将有关情况函告委托法院，由委托法院依法决定是否作出变更被执行人的裁定。受托法院认为受托执行的案件应当中止、终结执行的，应当提供有关证据材料，函告委托法院作出裁定。受托法院提供的证据材料确实、充分的，委托法院应当及时作出中止或终结执行的裁定。受托法院认为委托执行的法律文书有错误，如果执行可能造成执行回转困难或无法执行回转的，应当首先采取查封、扣押、冻结等保全措施，必要时要将保全款项划到法院账户，然后函告委托法院审查。受托法院按照委托法院的审查结果继续执行或停止执行。

【特别提示】在委托执行的情况下，有执行管辖权的法院仍然是委托法院，而不是受托法院，因此，遇到需要执行中止、执行终结、案外人执行异议、被执行人变更等特殊情况，应当由受托法院函告委托法院后，由委托法院作出裁定。

二、执行担保

执行担保，即在执行程序中，被执行人确有困难暂时没有偿还能力时，向人民法院提供担保，并经申请执行人同意而暂缓执行的法律制度。

1. 执行担保的条件：

（1）被执行人向人民法院提出申请。

（2）经申请执行人同意。

（3）人民法院决定暂缓执行的期限。人民法院决定暂缓执行的，如果担保有期限，暂缓执行的期限应与担保期一致，但最多不能超1年。

（4）有确定的担保或者担保人。根据《民诉解释》第470条的规定，根据民事诉讼法第231条规定向人民法院提供执行担保的，可以由被执行人或者其他人提供财产担保，也可以由他人提供保证。担保人应当具有代为履行或者代为承担赔偿责任的能力。他人提供执行保证的，应当向执行法院出具保证书，并将保证书副本送交申请执行人。被执行人或他人提供财产担保的，应当参照物权法、担保法的有关规定办理相应手续。

2. 执行担保的效力。执行担保期满后，被执行人仍不履行的，人民法院可以直接执行担保财产或者担保人的财产，但执行担保人的财产应当以担保人应当履行义务部分的财产为限。

【经典真题测试】

128. 在民事执行中，被执行人朱某申请暂缓执行，提出由吴某以自有房屋为其提供担保，申请执行人刘某同意。法院作出暂缓执行裁定，期限为六个月。对于暂缓执行期限届

满后朱某仍不履行义务的情形，下列哪一选项是正确的？[1]（2009/3/50）

A. 刘某应起诉吴某，取得执行依据可申请执行吴某的担保房产

B. 朱某财产不能清偿全部债务时刘某方能起诉吴某，取得执行依据可申请执行吴某的担保房产

C. 朱某财产不能清偿刘某债权时法院方能执行吴某的担保房产

D. 法院可以直接裁定执行吴某的担保房产

考点精讲八　执行回转

一、执行回转的概念

执行回转，是指在执行程序中或者执行结束后，因为原来据以执行的法律文书被依法撤销或者变更，人民法院根据原被申请人的申请或者依职权通过采取强制执行措施，将已经执行的财产返还给原被申请执行人，使财产权利恢复到执行程序开始时的状态的一种法律制度。

据以执行的生效法律文书被依法撤销或者变更，依据原法律文书申请执行的申请执行人所取得的财产构成不当得利，原申请执行人应当返还所取得的财产，原申请执行人拒绝返还的，人民法院应当依据新的生效法律文书采取强制执行措施迫使其返还。

二、执行回转的原因

在司法实践中，发生执行回转的原因主要有以下几种：

1. 人民法院制作的生效判决、裁定、调解书执行完毕后，被本法院或者上级法院通过审判监督程序予以撤销。

2. 人民法院制作的先予执行裁定，在执行完毕后被本法院的生效判决或者二审法院的终审判决所撤销。

3. 其他机关制作的由人民法院强制执行的法律文书，在执行完毕后被制作该法律文书的机关或者上级机关依法撤销。

4. 仲裁裁决执行完毕后，被人民法院依法撤销。

三、执行回转的程序

根据《民事诉讼法》和相关司法解释，在执行程序中或执行结束后，据以执行的法律文书被人民法院或者其他机关撤销或变更的，原执行机构应当依据当事人申请或者依职权，按照新的生效法律文书，作出执行回转的裁定，责令原申请执行人返还已取得的财产及其孳息或其他民事权益。拒绝返还的，强制执行。

执行回转时，如果已执行的标的物系特定物，应当强制原申请执行人返还原物，不能返还原物的，将双方当事人同意，可以折价赔偿；双方当事人对折价赔偿不能协商一致的，人民法院应当终结执行程序，原被申请执行人可以另行起诉。

---

〔1〕【答案】D

此外，根据最高人民法院《关于执行程序中计算迟延履行期间的债务利息适用法律若干问题的解释》第6条的规定，执行回转程序中，原申请执行人迟延履行金钱给付义务的，应当按照本解释的规定承担加倍部分债务利息。

考点精讲九　执行开始

根据我国《民事诉讼法》的规定，执行程序的开始有两种：一是申请执行；二是移送执行。该两种方式的关系是：申请执行为原则，移送执行为例外。

一、申请执行

申请执行是依据生效法律文书享有实体权利的人，在义务人拒绝履行其义务时，请求人民法院通过强制执行以实现其实体权利的诉讼行为。申请执行需要具备以下条件：

1. 申请人应当是依据生效法律文书享有实体权利的人及其法定代理人。

2. 申请执行的期限：根据《民事诉讼法》第239条的规定，申请执行的期间为2年，申请执行时效的中止、中断，适用有关法律关于诉讼时效中止、中断的规定。该期限从法律文书规定履行期间的最后1日起计算；法律文书规定分期履行的，从规定的每次履行期间的最后1日起计算。法律文书未规定履行期间的，从法律文书生效之日起计算。根据《民诉解释》第483条的规定，申请执行人超过申请执行时效期间向人民法院申请强制执行的，人民法院应予受理。被执行人对申请执行时效期间提出异议，人民法院经审查异议成立的，裁定不予执行。被执行人履行全部或者部分义务后，又以不知道申请执行时效期间届满为由请求执行回转的，人民法院不予支持。

此外，最高人民法院关于运用《中华人民共和国民事诉讼法》执行程序若干问题的解释第27～29条对申请执行时效又作出以下具体规定：

（1）申请执行时效的中止。在申请执行时效期间的最后6个月内，因不可抗力或者其他障碍不能行使请求权的，申请执行时效中止。从中止时效的原因消除之日起，申请执行时效期间继续计算。

（2）申请执行时效的中断。申请执行时效因申请执行、当事人双方达成和解协议、当事人一方提出履行要求或者同意履行义务而中断。从中断时起，申请执行时效期间重新计算。生效法律文书规定债务人负有不作为义务的，申请执行时效期间从债务人违反不作为义务之日起计算。

3. 申请人应当向有管辖权的人民法院提交申请执行书。

二、移送执行

移送执行，是指人民法院的裁判发生法律效力后，由审理该案的审判人员将案件直接交付执行人员执行，从而开始执行程序的行为。

作为申请执行的补充形式，移送执行适用于以下三类案件：

1. 发生法律效力的具有给付赡养费、扶养费、抚育费内容的法律文书。

2. 民事制裁决定书。

3. 刑事附带民事判决、裁定、调解书。

除了《最高法院关于人民法院执行工作若干问题的规定（试行）》第 19 条规定的上述三种情况之外，该规定第 109 条还规定，以撤销或变更已执行完毕的法律文书为内容的新判决书也属于移送执行的情形。

考点精讲十　执行措施

执行措施，即人民法院依照法定程序，强制执行生效法律文书的方法。我国《民事诉讼法》，尤其是《执行规定》对强制执行措施作出了明确而详细的规定，由于其内容较多，应侧重掌握相关执行措施中的一些比较特殊的程序问题。

一、财产报告制度

申请执行人向法院申请执行后需要向法院提供被执行人可供执行的财产线索，以便于法院尽快采取相应的执行措施。然而，申请执行人往往难以了解被执行人的财产状况，为此，修改后的《民事诉讼法》第 241 条对财产报告制度作出了明确的规定，即被执行人未按执行通知履行法律文书确定的义务，应当报告当前以及收到执行通知之日前 1 年的财产情况。被执行人拒绝报告或者虚假报告的，人民法院可以根据情节轻重对被执行人或者其法定代理人、有关单位的主要负责人或者直接责任人员予以罚款、拘留。

为完善该财产报告制度，最高人民法院《执行程序若干问题解释》第 31 ~ 35 条又作出了更加详细的规定，主要内容如下：

1. 报告财产令。根据该司法解释第 31 条的规定，人民法院依照《民事诉讼法》第 241 条规定责令被执行人报告财产情况的，应当向其发出报告财产令。报告财产令中应当写明报告财产的范围、报告财产的期间、拒绝报告或者虚假报告的法律后果等内容。

2. 报告财产的范围。根据该司法解释第 32 条的规定，被执行人依照《民事诉讼法》第 241 条的规定，应当书面报告下列财产情况：（1）收入、银行存款、现金、有价证券；（2）土地使用权、房屋等不动产；（3）交通运输工具、机器设备、产品、原材料等动产；（4）债权、股权、投资权益、基金、知识产权等财产性权利；（5）其他应当报告的财产。

3. 被执行人财产变动的处理。根据该司法解释第 32 ~ 35 条的规定，被执行人自收到执行通知之日前 1 年至当前财产发生变动的，应当对该变动情况进行报告。被执行人在报告财产期间履行全部债务的，人民法院应当裁定终结报告程序。被执行人报告财产后，其财产情况发生变动，影响申请执行人债权实现的，应当自财产变动之日起 10 日内向人民法院补充报告。对被执行人报告的财产情况，申请执行人请求查询的，人民法院应当准许。申请执行人对查询的被执行人财产情况，应当保密。对被执行人报告的财产情况，执行法院可以依申请执行人的申请或者依职权调查核实。

二、对金钱债权的执行措施

对金钱债权的执行，可以针对被执行人的财产状况，分别采取以下执行措施：

（一）查询、冻结、划拨、变价被执行人的存款、债券、股票、基金份额等财产

根据《民事诉讼法》第 242 条的规定，被执行人未按执行通知履行法律文书确定的义务，人民法院有权向有关单位查询被执行人的存款、债券、股票、基金份额等财产情况。

人民法院有权根据不同情形扣押、冻结、划拨、变价被执行人的财产。人民法院查询、扣押、冻结、划拨、变价的财产不得超出被执行人应当履行义务的范围。人民法院决定扣押、冻结、划拨、变价财产，应当作出裁定，并发出协助执行通知书，有关单位必须办理。

被执行人为金融机构的，对其交存在中国人民银行的存款准备金和备付金不得冻结和扣划，但对其在本机构、其他金融机构的存款，及其在中国人民银行的其他存款可以冻结、划拨，并可对被执行人的其他财产采取执行措施，但不得查封其营业场所。

（二）扣留、提取被执行人的收入

根据《民事诉讼法》第243条的规定，被执行人未按执行通知履行法律文书确定的义务，人民法院有权扣留、提取被执行人应当履行义务部分的收入。但在扣留、提取被执行人的收入时，应当保留被执行人及其所扶养家属的生活必需费用。有关单位收到人民法院协助执行被执行人收入的通知后，擅自向被执行人或者其他人支付的，人民法院有权责令其限期追回；逾期未追回的，应当裁定其在支付的数额内向申请执行人承担责任。

（三）查封、扣押、冻结、拍卖、变卖被执行人的财产

根据《民事诉讼法》第244条的规定，被执行人未按执行通知履行法律文书确定的义务，人民法院有权查封、扣押、冻结、拍卖、变卖被执行人应当履行义务部分的财产，但应当保留被执行人及其所扶养家属的生活必需用品。此外，根据《民事诉讼法》第247条的规定，财产被查封、扣押后，执行员应当责令被执行人在指定期间履行法律文书确定的义务。被执行人逾期不履行的，人民法院应当拍卖被查封、扣押的财产；不适于拍卖或者当事人双方同意不进行拍卖的，人民法院可以委托有关单位变卖或者自行变卖。国家禁止自由买卖的物品，交有关单位按照国家规定价格收购。这一执行措施是人民法院在被执行人无金钱给付能力时经常使用的一种强制措施，为保证该措施的有效运用，最高人民法院作出了相关司法解释。具体分为两个方面：

1. 查封、扣押、冻结被执行人的财产

（1）可以查封、扣押、冻结财产的范围。最高人民法院《关于人民法院民事执行中查封、扣押、冻结财产的规定》（以下简称《查封、扣押、冻结财产规定》）第2条规定："人民法院可以查封、扣押、冻结被执行人占有的动产、登记在被执行人名下的不动产、特定动产及其他财产权。未登记的建筑物和土地使用权，依据土地使用权的审批文件和其他相关证据确定权属。对于第三人占有的动产或者登记在第三人名下的不动产、特定动产及其他财产权，第三人书面确认该财产属于被执行人的，人民法院可以查封、扣押、冻结。"

【提示】 可以查封、扣押、冻结的财产应当是实质上属于被执行人本人的财产。

（2）不可以查封、扣押、冻结财产的范围。《查封、扣押、冻结财产规定》第5条规定："人民法院对被执行人下列的财产不得查封、扣押、冻结：（一）被执行人及其所扶养家属生活所必需的衣服、家具、炊具、餐具及其他家庭生活必需的物品；（二）被执行人及其所扶养家属必需的生活费用，当地有最低生活保障标准的，必需的生活费用依照该标准确定；（三）被执行人及其所扶养家属完成义务教育所必需的物品；（四）未公开的发明或者未发表的著作；（五）被执行人及其所扶养家属用于身体缺陷所必需的辅助工具、医疗物品；（六）被执行人所得的勋章及其他荣誉表彰的物品；（七）根据《中华人民共和国缔结条约程序法》，以中华人民共和国、中华人民共和国政府或者中华人民共和国政府部门名义同外国、国际组织缔结的条约、协定和其他具有条约、协定性质的文件中规定免于查封、

扣押、冻结的财产；（八）法律或者司法解释规定的其他不得查封、扣押、冻结的财产。”

【提示】因为在执行程序中，我国实行双方当事人利益维护的原则，因此，不得查封、扣押、冻结的财产均是实质上属于被执行人本人及其抚养家属生活必不可少的财产或者不适合执行的财产。

（3）对房屋的执行。《查封、扣押、冻结财产规定》第6条规定：“对被执行人及其所抚养家属生活所必需的居住房屋，人民法院可以查封，但不得拍卖、变卖或者抵债。”第7条规定：“对于超过被执行人及其所抚养家属生活所必需的房屋和生活用品，人民法院根据申请执行人的申请，在保障被执行人及其所抚养家属最低生活标准所必需的居住房屋和普通生活必需品后，可予以执行。”

（4）被查封、扣押财产的保管。《查封、扣押、冻结财产规定》第12条规定：“查封、扣押的财产不宜由人民法院保管的，人民法院可以指定被执行人负责保管；不宜由被执行人保管的，可以委托第三人或者申请执行人保管。由人民法院指定被执行人保管的财产，如果继续使用对该财产的价值无重大影响，可以允许被执行人继续使用；由人民法院保管或者委托第三人、申请执行人保管的，保管人不得使用。”该规定第13条规定：“查封、扣押、冻结担保物权人占有的担保财产，一般应当指定该担保物权人作为保管人；该财产由人民法院保管的，质权、留置权不因转移占有而消灭。”可见，对被查封、扣押财产的保管实行以尽量不支出或者少支出保管费用为原则。

【提示】对被查封、扣押财产的保管实行以尽量不支出或者少支出保管费用为原则，因此，对被查封、扣押财产的保管顺序是：法院→被执行人→第三人或者申请人。

（5）查封、扣押、冻结的效力。《查封、扣押、冻结财产规定》第22条规定：“查封、扣押的效力及于查封、扣押物的从物和天然孳息。”第23条规定：“查封地上建筑物的效力及于该地上建筑物使用范围内的土地使用权，查封土地使用权的效力及于地上建筑物，但土地使用权与地上建筑物的所有权分属被执行人与他人的除外。地上建筑物和土地使用权的登记机关不是同一机关的，应当分别办理查封登记。”第24条规定：“查封、扣押、冻结的财产灭失或者毁损的，查封、扣押、冻结的效力及于该财产的替代物、赔偿款。人民法院应当及时作出查封、扣押、冻结替代物、赔偿款的裁定。”

（6）轮候查封、扣押、冻结的效力。《查封、扣押、冻结财产规定》第28条规定：“对已被人民法院查封、扣押、冻结的财产，其他人民法院可以进行轮候查封、扣押、冻结。查封、扣押、冻结解除的，登记在先的轮候查封、扣押、冻结即自动生效。其他人民法院对已登记的财产进行轮候查封、扣押、冻结的，应当通知有关登记机关协助进行轮候登记，实施查封、扣押、冻结的人民法院应当允许其他人民法院查阅有关文书和记录。其他人民法院对没有登记的财产进行轮候查封、扣押、冻结的，应当制作笔录，并经实施查封、扣押、冻结的人民法院执行人员及被执行人签字，或者书面通知实施查封、扣押、冻结的人民法院。”

（7）查封、扣押、冻结财产的期限。《查封、扣押、冻结财产规定》第29条规定：“人民法院冻结被执行人的银行存款的期限不得超过1年，查封、扣押动产的期限不得超过2年，查封不动产、冻结其他财产权的期限不得超过3年。申请执行人申请延长期限的，人民法院应当在查封、扣押、冻结期限届满前办理续行查封、扣押、冻结手续，续行期限不得超过前款规定期限。”第30条规定：“查封、扣押、冻结期限届满，人民法院未办理延期手续的，查封、扣押、冻结的效力消灭。查封、扣押、冻结的财产已经被执行拍卖、变卖或者抵债的，查封、扣押、冻结的效力消灭。”

（8）解除查封、扣押、冻结的法定情形。《查封、扣押、冻结财产规定》第31条规定：“有下列情形之一的，人民法院应当作出解除查封、扣押、冻结裁定，并送达申请执行人、被执行人或者案外人：（一）查封、扣押、冻结案外人财产的；（二）申请执行人撤回执行申请或者放弃债权的；（三）查封、扣押、冻结的财产流拍或者变卖不成，申请执行人和其他执行债权人又不同意接受抵债的；（四）债务已经清偿的；（五）被执行人提供担保且申请执行人同意解除查封、扣押、冻结的；（六）人民法院认为应当解除查封、扣押、冻结的其他情形。解除以登记方式实施的查封、扣押、冻结的，应当向登记机关发出协助执行通知书。”

2. 拍卖、变卖被执行人的财产

关于拍卖与变卖被执行人的财产，《民诉解释》第488条至第494条以及最高人民法院于2004年11月15日颁布了《关于人民法院民事执行中拍卖、变卖财产的规定》（该规定于2005年1月1日起生效，以下简称《拍卖、变卖财产规定》），该司法解释对拍卖、变卖财产作出了详细的规定，具体包括以下主要内容：

（1）拍卖的实施。人民法院在执行中需要拍卖被执行人财产的，可以由人民法院自行组织拍卖，也可以交由具备相应资质的拍卖机构拍卖。交拍卖机构拍卖的，人民法院应当对拍卖活动进行监督。

（2）变卖的实施。人民法院在执行中需要变卖被执行人财产的，可以交有关单位变卖，也可以由人民法院直接变卖。对变卖的财产，人民法院或者其工作人员不得买受。

（3）直接抵偿债务。具体包括两种情况：第一、经申请执行人和被执行人同意，且不损害其他债权人合法权益和社会公共利益的，人民法院可以不经拍卖、变卖，直接将被执行人的财产作价交申请执行人抵偿债务。对剩余债务，被执行人应当继续清偿。第二、被执行人的财产无法拍卖或者变卖的，经申请执行人同意，且不损害其他债权人合法权益和社会公共利益的，人民法院可以将该项财产作价后交付申请执行人抵偿债务，或者交付申请执行人管理；申请执行人拒绝接收或者管理的，退回被执行人。

（4）拍卖物与抵债物所有权的转移。拍卖成交或者依法定程序裁定以物抵债的，标的物所有权自拍卖成交裁定或者抵债裁定送达买受人或者接受抵债物的债权人时转移。

（5）特定物的执行。执行标的物为特定物的，应当执行原物。原物确已毁损或者灭失的，经双方当事人同意，可以折价赔偿。双方当事人对折价赔偿不能协商一致的，人民法院应当终结执行程序。申请执行人可以另行起诉。

（6）撤回拍卖委托的法定情形。《拍卖、变卖财产规定》第20条规定：“在拍卖开始前，有下列情形之一的，人民法院应当撤回拍卖委托：（一）据以执行的生效法律文书被撤销的；（二）申请执行人及其他执行债权人撤回执行申请的；（三）被执行人全部履行了法律文书确定的金钱债务的；（四）当事人达成了执行和解协议，不需要拍卖财产的；（五）案外人对拍卖财产提出确有理由的异议的；（六）拍卖机构与竞买人恶意串通的；（七）其他应当撤回拍卖委托的情形。”

（四）搜查

1. 搜查的概念与条件

搜查，是指执行人员对不履行法律文书确定的义务并隐匿财产的被执行人的人身、住所或财产隐匿地，依法进行查找的措施。

在执行程序中，被执行人不履行法律文书确定的义务，并隐匿财产的，人民法院可以采取搜查措施。人民法院对被执行人及其住所或者财产隐匿地进行搜查，应符合下列条件：（1）生效法律文书确定的履行期限已经届满；（2）被执行人不履行法律文书确定的义务；（3）法院认为被执行人有隐匿财产的行为。

2. 搜查的程序

人民法院采取搜查措施，必须由人民法院院长签发搜查令。搜查人员应当按规定着装并出示搜查令和工作证件。人民法院搜查时禁止无关人员进入搜查现场；搜查对象是公民的，应通知被执行人或者他的成年家属以及基层组织派员到场；搜查对象是法人或者其他组织的，应通知法定代表人或者主要负责人到场。拒不到场的，不影响搜查。搜查妇女身体，应当由女执行人员进行。搜查应制作搜查笔录，由搜查人员、被搜查人及其他在场人签名、捺印或盖章。拒绝签名、捺印或者盖章的，应当记入搜查笔录。在搜查中发现应当依法采取查封、扣押措施的财产，依照民事诉讼法第245条第2款和第247条规定办理。即对被查封、扣押的财产，执行员必须造具清单，由在场人签名或者盖章后，交被执行人一份。被执行人是公民的，也可以交他的成年家属一份。财产被查封、扣押后，执行员应当责令被执行人在指定期间履行法律文书确定的义务。被执行人逾期不履行的，人民法院应当拍卖被查封、扣押的财产；不适于拍卖或者当事人双方同意不进行拍卖的，人民法院可以委托有关单位变卖或者自行变卖。国家禁止自由买卖的物品，交有关单位按照国家规定的价格收购。

三、对交付财产的执行

1. 交付财物或者票证的执行。

根据《民事诉讼法》第249条的规定，法律文书指定交付的财物或票证，由执行员传唤双方当事人当面交付，或由执行员转交，并由被交付人签收。有关单位持有该项财物或票证的，应当根据人民法院的协助执行通知书转交，并由被交付人签收；拒不交出的，强制执行。有关公民持有该项财物或票证的，人民法院通知其交出，拒不交出的，强制执行。根据《民诉解释》第495条的规定，他人持有法律文书指定交付的财物或者票证，人民法院依照民事诉讼法第249条第2款、第3款规定发出协助执行通知后，拒不转交的，可以强制执行，并可依照民事诉讼法第114条、第115条规定处理。他人持有期间财物或者票证毁损、灭失的，参照本解释第494条规定处理，即经过双方当事人同意，可以折价赔偿。他人主张合法持有财物或者票证的，可以根据民事诉讼法第227条规定提出执行异议。

2. 交付特定物。

根据《民诉解释》第494条的规定，生效法律文书确定执行标的物为特定物的，应当执行原物。原物确已毁损或者灭失的，经双方当事人同意，可以折价赔偿。双方当事人对折价赔偿不能协商一致的，人民法院应当终结执行程序。申请执行人可以另行起诉。

四、对完成行为的执行

（一）对可替代行为的执行

根据《民诉解释》第503条的规定，被执行人不履行生效法律文书确定的行为义务，该义务可由他人完成的，人民法院可以选定代履行人；法律、行政法规对履行该行为义务有资格限制的，应当从有资格的人中选定。必要时，可以通过招标的方式确定代履行人。

申请执行人可以在符合条件的人中推荐代履行人，也可以申请自己代为履行，是否准许，由人民法院决定。此外，该解释第504条又规定，代履行费用的数额由人民法院根据案件具体情况确定，并由被执行人在指定期限内预先支付。被执行人未预付的，人民法院可以对该费用强制执行。代履行结束后，被执行人可以查阅、复制费用清单以及主要凭证。

（二）对不可替代行为的执行

根据《民诉解释》第505条的规定，被执行人不履行法律文书指定的行为，且该项行为只能由被执行人完成的，人民法院可以依照民事诉讼法第111条第一款第六项规定处理。被执行人在人民法院确定的履行期间内仍不履行的，人民法院可以依照民事诉讼法第111条第一款第六项规定再次处理。

五、强制被执行人迁出房屋或者退出土地

根据《民事诉讼法》第250条的规定，人民法院对被执行人采取强制迁出房屋或者退出土地的执行措施时，应遵守以下相应程序：

1. 院长签发公告。通过公告责令被执行人在指定的期间内迁出房屋或者退出土地，而不得直接采取该措施。

2. 执行员强制执行。被执行人逾期仍不履行迁出房屋或者退出土地义务时，由执行员强制执行。强制执行时，被执行人是公民的，应当通知被执行人或其成年家属到场，该公民所在的单位或房屋、土地所在地基层组织应当派人参加；被执行人是法人或其他组织的，应当通知其法定代表人或主要负责人到场。拒不到场的，不影响执行。执行员应当将执行情况记入笔录，由在场人签名或盖章。强制迁出房屋被搬出的财物，由人民法院派人运至指定处所，交给被执行人。被执行人是公民的，也可以交给他的成年家属。因拒绝接收而造成的损失，由被执行人承担。

六、强制被执行人支付延迟履行期间的债务利息及延迟履行金

该措施并不是实现生效法律文书的强制执行措施，而是对逾期不履行义务人的一种惩罚性措施。即对于金钱债务，如果义务人逾期不履行义务，应当加倍支付延迟履行期间的债务利息；对于非金钱债务，应当支付迟延履行金。此外，根据《民诉解释》第506条与第507条的规定，被执行人迟延履行的，迟延履行期间的利息或者迟延履行金自判决、裁定和其他法律文书指定的履行期间届满之日起计算。被执行人未按判决、裁定和其他法律文书指定的期间履行非金钱给付义务的，无论是否已给申请执行人造成损失，都应当支付迟延履行金。已经造成损失的，双倍补偿申请执行人已经受到的损失；没有造成损失的，迟延履行金可以由人民法院根据具体案件情况决定。

七、其他执行措施

（一）对被执行人到期债权的执行

根据《民诉解释》第501条的规定，人民法院执行被执行人对他人的到期债权，可以作出冻结债权的裁定，并通知该他人向申请执行人履行。该他人对到期债权有异议，申请执行人请求对异议部分强制执行的，人民法院不予支持。利害关系人对到期债权有异议的，人民法院应当按照民事诉讼法第227条规定处理。对生效法律文书确定的到期债权，该他

人予以否认的，人民法院不予支持。

（二）参与分配

参与分配制度设立的目的是为多个债权人提供一个公平受偿的机会，即在执行程序中，非法人的债务人的其他已经取得执行根据的债权人，发现债务人的财产不能清偿全部债权时，向人民法院申请就其所享有的债权公平受偿的制度。

1. 参与分配的条件

根据《民诉解释》第508条与第509条的规定，参与分配应具备下列条件：（1）被执行人为公民或者其他组织；（2）多个债权人已经取得执行根据。对人民法院查封、扣押、冻结的财产有优先权、担保物权的债权人可以直接申请参与分配，主张优先受偿权。（3）被执行人的财产不能清偿所有债权。（4）参与分配申请应当在执行程序开始后，被执行人的财产执行终结前提出。

2. 财产分配方案

根据《民诉解释》第510条的规定，参与分配执行中，执行所得价款扣除执行费用，并清偿应当优先受偿的债权后，对于普通债权，原则上按照其占全部申请参与分配债权数额的比例受偿。清偿后的剩余债务，被执行人应当继续清偿。债权人发现被执行人有其他财产的，可以随时请求人民法院执行。

3. 财产分配方案异议及异议之诉

《民诉解释》第511条与512条规定财产分配方案异议及异议之诉作出了如下具体规定：

（1）多个债权人对执行财产申请参与分配的，执行法院应当制作财产分配方案，并送达各债权人和被执行人。债权人或者被执行人对分配方案有异议的，应当自收到分配方案之日起十五日内向执行法院提出书面异议。

（2）债权人或者被执行人对分配方案提出书面异议的，执行法院应当通知未提出异议的债权人、被执行人。未提出异议的债权人、被执行人自收到通知之日起十五日内未提出反对意见的，执行法院依异议人的意见对分配方案审查修正后进行分配；提出反对意见的，应当通知异议人。异议人可以自收到通知之日起十五日内，以提出反对意见的债权人、被执行人为被告，向执行法院提起诉讼；异议人逾期未提起诉讼的，执行法院按照原分配方案进行分配。诉讼期间进行分配的，执行法院应当提存与争议债权数额相应的款项。

【经典真题测试】

129. 甲向法院申请执行郭某的财产，乙、丙和丁向法院申请参与分配，法院根据郭某财产以及各执行申请人债权状况制定了财产分配方案。甲和乙认为分配方案不合理，向法院提出了异议，法院根据甲和乙的意见，对分配方案进行修正后，丙和丁均反对。关于本案，下列哪一表述是正确的？[1]（2016/3/48）

A. 丙、丁应向执行法院的上一级法院申请复议

B. 甲、乙应向执行法院的上一级法院申请复议

C. 丙、丁应以甲和乙为被告向执行法院提起诉讼

D. 甲、乙应以丙和丁为被告向执行法院提起诉讼

[1] **【答案】** D

(三) 对拒不履行为对方恢复名誉、消除影响、赔礼道歉义务的执行

最高人民法院《关于审理名誉权案件若干问题的解答》第 11 条规定:“侵权人拒不执行生效判决,不为对方恢复名誉、消除影响的,人民法院可以采取公告、登报等方式,将判决的主要内容和有关情况公布于众,费用由被执行人负担,并可依照民事诉讼法第 102 条第六项的规定处理。”

九、执行威慑机制

执行威慑机制作为人民法院为有效解决执行难问题而探索的一项新的工作机制,具体包括人民法院联合公安、工商、银行、出入境管理、房地产管理等部门,对拒不履行生效裁判确定的给付财产义务的被执行人,通过限制工商登记、限制贷款、限制投资、限制出境、限制购房等办法,促使其自动履行生效裁判。对此,《民事诉讼法》第 255 条明确规定,被执行人不履行法律文书确定的义务的,人民法院可以对其采取或者通知有关单位协助采取限制出境,在征信系统记录、通过媒体公布不履行义务信息以及法律规定的其他措施。此次《民诉解释》第 518 条对联动机制作出了进一步规定,即被执行人不履行法律文书确定义务的,人民法院除对被执行人予以处罚外,还可以根据情节将其纳入失信被执行人名单,将被执行人不履行或不完全履行义务的信息向其所在单位、征信机构以及其他相关机构通报。

(一) 限制出境的程序规定

1. 限制出境的适用。根据《执行程序若干问题解释》第 36 条的规定,依照《民事诉讼法》第 255 条规定对被执行人限制出境的,应当由申请执行人向执行法院提出书面申请;必要时,执行法院可以依职权决定。

2. 限制出境的对象。根据《执行程序若干问题解释》第 37 条的规定,被执行人为单位的,可以对其法定代表人、主要负责人或者影响债务履行的直接责任人员限制出境。被执行人为无民事行为能力人或者限制民事行为能力人的,可以对其法定代理人限制出境。

3. 限制出境措施的解除。根据《执行程序若干问题解释》第 38 条的规定,在限制出境期间,被执行人履行法律文书确定的全部债务的,执行法院应当及时解除限制出境措施;被执行人提供充分、有效的担保或者申请执行人同意的,可以解除限制出境措施。

(二) 其他措施的适用

根据《执行程序若干问题解释》第 39 条的规定,依照《民事诉讼法》第 255 条的规定,执行法院可以依职权或者依申请执行人的申请,将被执行人不履行法律文书确定义务的信息,通过报纸、广播、电视、互联网等媒体公布。媒体公布的有关费用,由被执行人负担;申请执行人申请在媒体公布的,应当垫付有关费用。

十、限制高消费

2015 年 7 月 6 日最高人民法院审判委员会第 1657 次会议通过了《最高人民法院关于修改〈最高人民法院关于限制被执行人高消费的若干规定〉的决定》修正,该修正自 2015 年 7 月 22 日起施行。关于限制高消费措施应注意以下几点:

1. 限制高消费的适用对象。

根据该司法解释第 1 条规定,被执行人未按执行通知书指定的期间履行生效法律文书

确定的给付义务的，人民法院可以采取限制消费措施，限制其高消费及非生活或者经营必需的有关消费。纳入失信被执行人名单的被执行人，人民法院应当对其采取限制消费措施。

2. 限制高消费的类型及例外。

根据该解释第3条规定，被执行人为自然人的，被采取限制消费措施后，不得有以下高消费及非生活和工作必需的消费行为：（一）乘坐交通工具时，选择飞机、列车软卧、轮船二等以上舱位；（二）在星级以上宾馆、酒店、夜总会、高尔夫球场等场所进行高消费；（三）购买不动产或者新建、扩建、高档装修房屋；（四）租赁高档写字楼、宾馆、公寓等场所办公；（五）购买非经营必需车辆；（六）旅游、度假；（七）子女就读高收费私立学校；（八）支付高额保费购买保险理财产品；（九）乘坐G字头动车组列车全部座位、其他动车组列车一等以上座位等其他非生活和工作必需的消费行为。

被执行人为单位的，被采取限制消费措施后，被执行人及其法定代表人、主要负责人、影响债务履行的直接责任人员、实际控制人不得实施前款规定的行为。因私消费以个人财产实施前款规定行为的，可以向执行法院提出申请。执行法院审查属实的，应予准许。

根据该司法解释第8条规定，被限制消费的被执行人因生活或者经营必需而进行本规定禁止的消费活动的，应当向人民法院提出申请，获批准后方可进行。

3. 限制高消费的适用

根据该解释第4条规定，限制消费措施一般由申请执行人提出书面申请，经人民法院审查决定；必要时人民法院可以依职权决定。此外，该解释第5条规定，人民法院决定采取限制消费措施的，应当向被执行人发出限制消费令。限制消费令由人民法院院长签发。

4. 限制高消费令的解除。

根据该司法解释第9条规定，在限制消费期间，被执行人提供确实有效的担保或者经申请执行人同意的，人民法院可以解除限制消费令；被执行人履行完毕生效法律文书确定的义务的，人民法院应当在本规定第六条通知或者公告的范围内及时以通知或者公告解除限制消费令。

考点精讲十一　执行中止与执行终结

一、执行中止

执行中止，即在执行过程中，由于法定特殊原因的出现，使执行程序暂停，原因消失后再行恢复的制度。根据《民事诉讼法》第256条的规定，在下列情况下，人民法院应当裁定中止执行：

1. 申请人表示可以延期执行的。
2. 案外人对执行标的提出确有理由的异议的。
3. 作为一方当事人的公民死亡，需要等待继承人继承权利或者承担义务的。
4. 作为一方当事人的法人或者其他组织终止，尚未确定权利与义务承受人的。
5. 人民法院认为应当中止执行的其他情形。根据最高人民法院《执行规定》第102条的规定，有下列情形之一的，人民法院应当裁定中止执行：（1）人民法院已经受理以被执行人为债务人的破产申请的；（2）被执行人确无财产可供执行的；（3）执行标的物是其他法院或仲裁机构正在审理的案件争议标的物，需要等待该案件审理完毕确定权属的；（4）一方当事人申请执行仲裁裁决，另一方当事人申请撤销仲裁裁决的；（5）仲裁裁决的被申请执行人依据《民事诉讼法》第213条第2款的规定向人民法院提出不予执行请求，并提供适当担保的。

二、执行终结

执行终结，即在执行过程中，由于某种法定特殊原因的出现，使执行程序无法继续进行或者继续进行已失去其意义时，从而结束执行程序的法律制度。根据《民事诉讼法》第257条的规定，有下列情形之一的，人民法院应当裁定终结执行：

1. 申请人撤销申请的。
2. 据以执行的法律文书被撤销的。
3. 作为被执行人的公民死亡，无遗产可供执行，又无义务承担人的。
4. 追索赡养费、扶养费、抚育费案件的权利人死亡的。这里需要注意的是，在这些案件中，如果义务人死亡，不能立即终结执行程序，而应当看义务人是否有可供执行的遗产。
5. 作为被执行人的公民因生活困难无力偿还借款，无收入来源，又丧失劳动能力的。
6. 人民法院认为应当终结执行的其他情形。

专题十四　涉外民事诉讼程序

【本专题重点知识结构图】

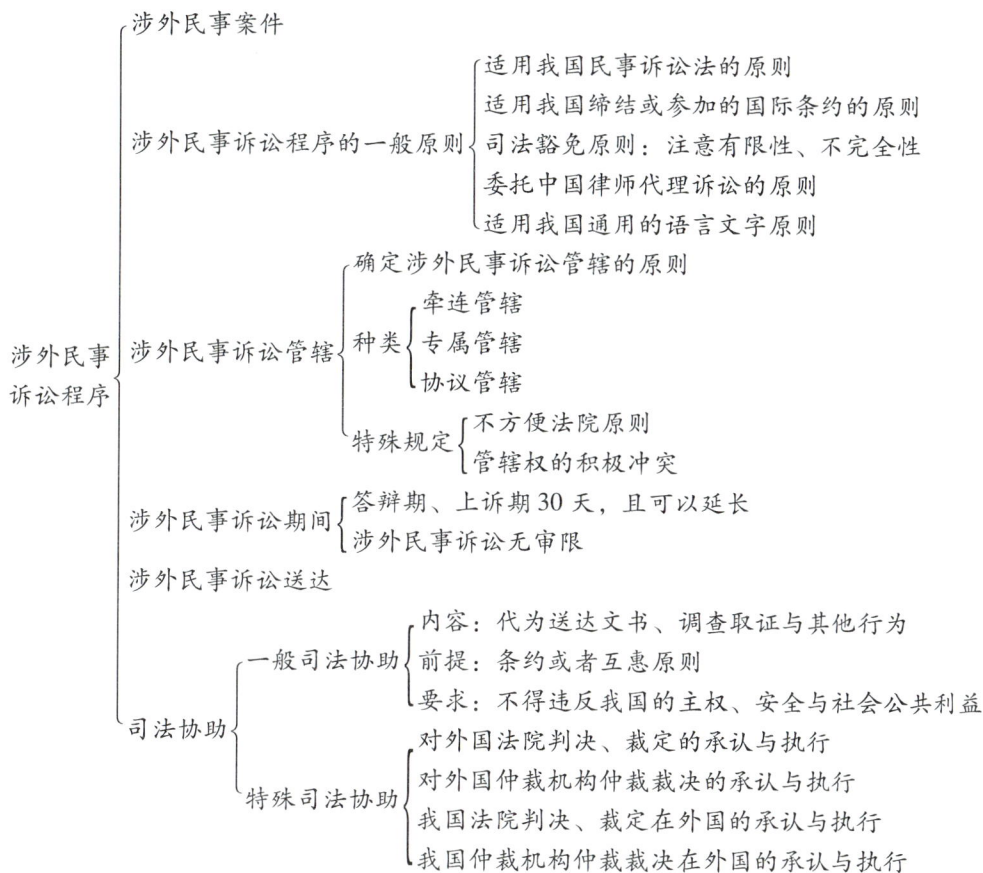

- 涉外民事诉讼程序
  - 涉外民事案件
  - 涉外民事诉讼程序的一般原则
    - 适用我国民事诉讼法的原则
    - 适用我国缔结或参加的国际条约的原则
    - 司法豁免原则：注意有限性、不完全性
    - 委托中国律师代理诉讼的原则
    - 适用我国通用的语言文字原则
  - 涉外民事诉讼管辖
    - 确定涉外民事诉讼管辖的原则
    - 种类
      - 牵连管辖
      - 专属管辖
      - 协议管辖
    - 特殊规定
      - 不方便法院原则
      - 管辖权的积极冲突
  - 涉外民事诉讼期间
    - 答辩期、上诉期30天，且可以延长
    - 涉外民事诉讼无审限
  - 涉外民事诉讼送达
  - 司法协助
    - 一般司法协助
      - 内容：代为送达文书、调查取证与其他行为
      - 前提：条约或者互惠原则
      - 要求：不得违反我国的主权、安全与社会公共利益
    - 特殊司法协助
      - 对外国法院判决、裁定的承认与执行
      - 对外国仲裁机构仲裁裁决的承认与执行
      - 我国法院判决、裁定在外国的承认与执行
      - 我国仲裁机构仲裁裁决在外国的承认与执行

考点精讲一　涉外民事诉讼及其一般原则

一、涉外民事诉讼程序

涉外民事诉讼程序是人民法院审理具有涉外因素的民事案件时所适用的程序。

根据《民诉解释》第522条的规定，有下列情形之一，人民法院可以认定为涉外民事案件：第一，当事人一方或者双方是外国人、无国籍人、外国企业或者组织的；第二，当事人一方或者双方的经常居所地在中华人民共和国领域外的；第三，标的物在中华人民共和国领域外的；第四，产生、变更或者消灭民事关系的法律事实发生在中华人民共和国领域外的；第五，可以认定为涉外民事案件的其他情形。

二、涉外民事诉讼的一般原则

由于涉外民事案件不同于国内民事案件，因此，人民法院在审理涉外民事案件时，除遵守民事诉讼法的基本原则以外，还应当遵守以下涉外民事诉讼程序的一般原则。

（一）适用我国民事诉讼法的原则

人民法院审理涉外民事案件，只能适用我国民事诉讼法。其具体要求是：外国人、无国籍人或外国企业和组织在我国起诉、应诉，适用我国民事诉讼法；凡是属于我国人民法院专属管辖的涉外民事案件，其他国家的法院无权管辖；外国法院的生效裁判必须经过我国法院依法进行审查并予以承认后，才能在我国领域内发生法律效力。

（二）适用我国缔结或者参加的国际条约的原则

人民法院审理涉外民事案件时，应当遵守我国缔结或者参加的国际条约中的规定。如果国内法与国际条约相冲突，应当优先适用国际条约的规定；此外，对于国内法没有规定而国际条约有规定的问题，也应当适用国际条约中的规定。

（三）司法豁免原则

司法豁免原则，即享有外交特权与豁免权的外国人、外国组织以及国际组织免受驻在国司法管辖的原则。作为涉外民事诉讼程序的一般原则，司法豁免原则是国家之间进行平等交往的基础，同时也是维护国家主权的需要。按照我国缔结或者参加的国际条约以及我国有关法律的规定，享有外交特权与豁免权的外国人、外国组织或国际组织，原则上不受我国的司法权管辖。

【特别提示】民事司法豁免与刑事司法豁免的区别

刑事司法豁免是完全豁免，而民事司法豁免是有限的、不完全的。

在下列情况下，我国人民法院有权管辖涉及上述人员的下列民事案件：

1. 享有司法豁免权的人其所属国主管机关宣布放弃司法豁免权。这是一主权国家行使其主权的体现。

2. 享有司法豁免权的人因私人身份行为涉及诉讼的。通常包括以下四类案件：第一，因私人身份涉及不动产争议，如外交代表在中国因买别墅引起的房屋买卖纠纷，则不能享有司法豁免权。第二，因私人身份从事商业活动引起的纠纷。第三，因私人身份作为遗产管理人、遗嘱执行人、受遗赠人等涉及继承之诉。第四，因私人身份非职务行为引起的交通损害赔偿纠纷。

3. 享有司法豁免权的人向驻在国法院起诉引起反诉的案件。

（四）委托中国律师代理诉讼的原则

由于律师制度是我国司法制度的重要组成部分，因此，外国人、无国籍人或者外国的企业和组织在我国起诉和应诉，需要委托律师代理诉讼，只能委托中国律师机构的律师，外国律师不得以律师的身份在我国法院参加诉讼；外国驻华使、领馆官员受本国公民的委托，可以以个人的名义担任代理人，但在诉讼中不享有司法豁免权；驻华使、领馆可以授权本馆的官员以外交代表的身份为其本国当事人在中国聘请诉讼代理人。

根据《民诉解释》第529条的规定，涉外民事诉讼中，外国驻华使领馆授权其本馆官员，在作为当事人的本国国民不在中华人民共和国领域内的情况下，可以以外交代表身份为其本国国民在中华人民共和国聘请中华人民共和国律师或者中华人民共和国公民代理民事诉讼。

此外，根据《民诉解释》第525条的规定，外国人、外国企业或者组织的代表人在人民法院法官的见证下签署授权委托书，委托代理人进行民事诉讼的，人民法院应予认可。该解释第526条又规定，外国人、外国企业或者组织的代表人在中华人民共和国境内签署授权委托书，委托代理人进行民事诉讼，经中华人民共和国公证机构公证的，人民法院应予认可。

【经典真题测试】

130. 某市法院受理了中国人郭某与外国人珍妮的离婚诉讼，郭某委托黄律师作为代理人，授权委托书仅写明代理范围为“全权代理”。关于委托代理的表述，下列哪一选项是正确的？[1]（2013/3/42）

A. 郭某已经委托了代理人，可以不出庭参加诉讼

B. 法院可以向黄律师送达诉讼文书，其签收行为有效

C. 黄律师可以代为放弃诉讼请求

D. 如果珍妮要委托代理人代为诉讼，必须委托中国公民

（五）使用我国通用的语言、文字的原则

在民事诉讼中，使用何种语言、文字不仅是当事人的事情，也是作为司法机关的人民法院的事情，因此，人民法院审理涉外民事案件时，应当使用我国通用的语言、文字，当事人因语言不通要求提供翻译的，可以提供，费用由当事人承担。

【特别提示】**注意涉外民事诉讼与涉外仲裁的不同**

涉外民事诉讼必须使用中国语言，但是，涉外仲裁机构是民间机构，因此，在仲裁涉外案件时，可以根据当事人的协商使用外国的语言、文字。

考点精讲二　涉外民事诉讼管辖

一、涉外民事诉讼管辖的概念

涉外民事诉讼管辖，是指我国人民法院对具有涉外因素的民事案件享有的审判权限以及人民法院之间受理第一审涉外民事案件的分工和权限。

涉外民事诉讼毕竟不同于国内民事诉讼，人民法院在行使对涉外民事案件的管辖权时，直接涉及到维护国家主权的问题。因此，如何界定涉外民事诉讼管辖不仅直接涉及到国家主权的维护，而且还涉及到我国人民法院对涉外案件是否享有司法审判权。

二、确定涉外民事诉讼管辖的原则

涉外民事诉讼管辖的原则，是指确定一国法院受理涉外民事案件范围时应遵循的准则。我国《民事诉讼法》在确定涉外民事诉讼管辖时，主要遵循以下原则：

---

[1] **【答案】** B

1. 诉讼与法院所在地实际联系的原则。即只要诉讼与我国法院所在地存在一定实际联系，我国人民法院可依据该联系而取得管辖权。《民事诉讼法》地265条规定的牵连管辖正是该原则的体现。

2. 尊重当事人的原则。即在确定涉外民事案件的管辖法院时，允许当事人在法定范围内进行选择。涉外协议管辖是该原则的直接体现。

3. 维护国家主权原则。对一定范围内的涉外民事案件行使专属管辖权，是维护国家主权原则在涉外管辖方面的具体体现。《民事诉讼法》第266条规定特定案件专属于中国法院管辖是该原则的直接体现。

三、涉外民事诉讼管辖的种类

（一）牵连管辖

牵连管辖，是指根据诉讼案件与法院所在地之间存在一定的牵连关系来确定管辖法院的制度。

《民事诉讼法》第265条规定："因合同纠纷或者其他财产权益纠纷，对在中华人民共和国领域内没有住所的被告提起的诉讼，如果合同在中华人民共和国领域内签订或者履行，或者诉讼标的物在中华人民共和国领域内，或者被告在中华人民共和国领域内有可供扣押的财产，或者被告在中华人民共和国领域内设有代表机构，可以由合同签订地、合同履行地、诉讼标的物所在地、可供扣押财产所在地、侵权行为地或者代表机构住所地人民法院管辖。"

可见，牵连管辖的内容包括三点：（1）适用于合同纠纷和其他财产权益纠纷案件；（2）被告在中国领域内没有住所；（3）可以由与案件有一定牵连关系的人民法院管辖。

（二）专属管辖

根据《民事诉讼法》第266条的规定，因在中华人民共和国履行中外合资经营企业合同、中外合作经营企业合同、中外合作勘探开发自然资源合同发生纠纷提起的诉讼，由中华人民共和国人民法院管辖。

在掌握该条所规定的专属管辖时，需注意属于中国法院专属管辖的案件，当事人不得用书面形式选择其他国家法院管辖，但是，可以协议选择中国仲裁机构或者外国仲裁机构仲裁。

【真题真题测试】

131. 关于涉外民事诉讼管辖的表述，下列哪一选项是正确的？[1]（2013/3/47）

A. 凡是涉外诉讼与我国法院所在地存在一定实际联系的，我国法院都有管辖权，体现了诉讼与法院所在地实际联系原则

B. 当事人在不违反级别管辖和专属管辖的前提下，可以约定各类涉外民事案件的管辖法院，体现了尊重当事人原则

C. 中外合资经营企业与其他民事主体的合同纠纷，专属我国法院管辖，体现了维护国家主权原则

D. 重大的涉外案件由中级以上级别的法院管辖，体现了便于当事人诉讼原则

---

〔1〕**【答案】** A

（三）协议管辖

2012年民事诉讼法修正案将国内民事诉讼的协议管辖与涉外民事诉讼协议管辖统一之后，在司法实践中引发一些理解歧义，如涉外民事诉讼能否协议选择外国法院，协议选择外国法院是否意味着排斥中国法院的管辖权等，为此，《民诉解释》第531条规定允许当事人书面协议选择外国法院管辖，即涉外合同或者其他财产权益纠纷的当事人，可以书面协议选择被告住所地、合同履行地、合同签订地、原告住所地、标的物所在地、侵权行为地等与争议有实际联系地点的外国法院管辖。属于中华人民共和国法院专属管辖的案件，当事人不得协议选择外国法院管辖，但协议选择仲裁的除外。

四、涉外民事诉讼管辖的特殊规定

（一）不方便法院原则

“不方便法院原则”本不是我国民事诉讼法上的内容，而是英美法上民事诉讼中的一项原则，但我国既往司法实践中，对我国法院本享有管辖权，但审理案件非常困难，又与我国国家和人民的利益无关的情形，曾适用“不方便法院”原则，放弃行使管辖权，已经有若干这样的案例。此次《民诉解释》第532条增加了关于不方便法院原则的规定，即涉外民事案件同时符合下列情形的，人民法院可以裁定驳回原告的起诉，告知其向更方便的外国法院提起诉讼：（一）被告提出案件应由更方便外国法院管辖的请求，或者提出管辖异议；（二）当事人之间不存在选择中华人民共和国法院管辖的协议；（三）案件不属于中华人民共和国法院专属管辖；（四）案件不涉及中华人民共和国国家、公民、法人或者其他组织的利益；（五）案件争议的主要事实不是发生在中华人民共和国境内，且案件不适用中华人民共和国法律，人民法院审理案件在认定事实和适用法律方面存在重大困难；（六）外国法院对案件享有管辖权，且审理该案件更加方便。

（二）管辖权的积极冲突

对同一争议我国法院和外国法院均享有管辖权时，产生管辖权的积极冲突，根据司法主权原则，我国法院的管辖权不受影响，对此，《民诉解释》第533条规定，中华人民共和国法院和外国法院都有管辖权的案件，一方当事人向外国法院起诉，而另一方当事人向中华人民共和国法院起诉的，人民法院可予受理。判决后，外国法院申请或者当事人请求人民法院承认和执行外国法院对本案作出的判决、裁定的，不予准许；但双方共同缔结或者参加的国际条约另有规定的除外。

考点精讲三　涉外民事诉讼中的期间、送达

一、涉外民事诉讼中的期间

在涉外民事诉讼中，当事人在我国领域内有住所的，适用《民事诉讼法》第七章第一节关于期间的一般规定。当事人在我国领域内没有住所的，适用《民事诉讼法》第四编第25章有关期间的特别规定。

（一）被告和被上诉人的答辩期

关于被告的答辩期，《民事诉讼法》第268条明确规定，被告在中华人民共和国领域内没有住所的，人民法院应当将起诉状副本送达被告，并通知被告在收到起诉状副本后30日内提出答辩状。被告申请延期的，是否准许，由人民法院决定。

关于被上诉人的答辩期，《民事诉讼法》第269条明确规定，被上诉人在收到上诉状副本后，应当在30日内提出答辩状。当事人不能在法定期间提起上诉或者提出答辩状，申请延期的，是否准许，由人民法院决定。

（二）上诉期间

关于当事人的上诉期间，《民事诉讼法》第269条明确规定，在中华人民共和国领域内没有住所的当事人，不服第一审人民法院判决、裁定的，有权在判决书、裁定书送达之日起30日内提起上诉。当事人不能在法定期间提起上诉，申请延期的，是否准许，由人民法院决定。关于当事人双方分别居住在我国领域内和领域外，对第一审人民法院判决、裁定的上诉期间，《民诉解释》第538条明确规定，不服第一审人民法院判决、裁定的上诉期，对在中华人民共和国领域内有住所的当事人，适用民事诉讼法第164条规定的期限，即判决的上诉期为判决书送达之日起15日，而裁定的上诉期为裁定书送达之日起10日；对在中华人民共和国领域内没有住所的当事人，适用民事诉讼法第269条规定的期限。当事人的上诉期均已届满没有上诉的，第一审人民法院的判决、裁定即发生法律效力。

（三）审限

根据《民事诉讼法》第270条的规定，人民法院审理涉外民事案件的期间，不受本法第149条、176条规定的限制。也就是说，无论人民法院审理第一审涉外民事案件，还是审理第二审涉外民事案件，都没有审限的约束。可见，这一规定是针对涉外民事案件的特殊性而作出的。

二、涉外民事诉讼中的送达

在涉外民事诉讼中，如果当事人在我国领域内有住所，诉讼文书的送达方式适用我国民事诉讼法中的一般规定；如果当事人在我国领域内没有住所，则按照《民事诉讼法》第267条的规定，涉外民事诉讼程序中的特别规定送达。具体方式如下：

1. 依条约规定的方式送达。即依照受送达人所在国与我国缔结或者共同参加的国际条约中规定的方式送达。

2. 通过外交途径送达。按照最高人民法院、外交部、司法部1986年8月14日《关于我国法院和外国法院通过外交途径相互委托送达法律文书若干问题的通知》中的规定，我国人民法院通过外交途径向国外当事人送达诉讼文书时，应按下列程序办理：①送达的法律文书须经有关省、自治区、直辖市高级人民法院审查，由外交部领事司负责转递当事人所在国驻我国的外交机构，再由其转交给该国的外交机关，按照该国法律规定送达给当事人。②送达请求须以外文注明受送达人的姓名、性别、年龄、国籍及其在国外的详细外文地址，并将该案件的基本情况函告外交部领事司，以便于转递。③必须附有送达委托书，如对方法院名称不明，可委托当事人所在地区主管法院送达，委托书和所送达法律文书还需要附有该国文字或者该国同意使用的第三国文字译本。如该国对委托书及法律文书有公证、认证等特殊要求的，外交部领事司负责通知。

3. 由我国驻外使、领馆代为送达。这种方式的送达只能针对受送达人是住在国外的中国籍的人。

4. 向受送达人委托的有权代其接受送达文书的诉讼代理人送达。

5. 向受送达人在中华人民共和国领域内设立的代表机构或者有权接受送达的分支机构、业务代办人送达。根据《民诉解释》第535条的规定，外国人或者外国企业、组织的代表人、主要负责人在中华人民共和国领域内的，人民法院可以向该自然人或者外国企业、组织的代表人、主要负责人送达。外国企业、组织的主要负责人包括该企业、组织的董事、监事、高级管理人员等。

6. 邮寄送达。受送达人所在国的法律允许邮寄送达的，可以邮寄送达，自邮寄之日起满3个月，送达回证没有退回，但根据各种情况足以认定已经送达的，期间届满之日视为送达。根据《民诉解释》第536条的规定，邮寄送达时应当附有送达回证，受送达人未在送达回证上签收但在邮件回执上签收的，视为送达，签收日期为送达日期。自邮寄之日起满3个月，如果未收到送达的证明文件，且根据各种情况不足以认定已经送达的，视为不能用邮寄方式送达。

7. 采用传真、电子邮件等能够确认受送达人收悉的方式送达。

8. 公告送达。自公告之日起满3个月视为送达。

【经典真题测试】

132. 2012年1月，中国甲市公民李虹（女）与美国留学生琼斯（男）在中国甲市登记结婚，婚后两人一直居住在甲市B区。2014年2月，李虹提起离婚诉讼，甲市B区法院受理了该案件，适用普通程序审理。关于本案，下列哪些表述是正确的？[1]（2014/3/84）

A. 本案的一审审理期限为6个月

B. 法院送达诉讼文书时，对李虹与琼斯可采取同样的方式

C. 不服一审判决，李虹的上诉期为15天，琼斯的上诉期为30天

D. 美国驻华使馆法律参赞可以个人名义作为琼斯的诉讼代理人参加诉讼

133. 住所位于我国A市B区的甲公司与美国乙公司在我国M市N区签定了一份买卖合同，美国乙公司在我国C市D区设有代表处。甲公司因乙公司提供的产品质量问题诉至法院。关于本案，下列哪些选项是正确的？[2]（2010/3/85）

A. M市N区法院对本案有管辖权

B. C市D区法院对本案有管辖权

C. 法院向乙公司送达时，可向乙公司设在C市D区的代表处送达

D. 如甲公司不服一审判决，应当在一审判决书送达之日起十五日内提起上诉

考点精讲四 司法协助

一、司法协助的概念

所谓司法协助，即不同国家的法院之间，根据本国缔结或者参加的国际条约，或者按

---

〔1〕**【答案】** BD

〔2〕**【答案】** ABCD

照互惠原则，在司法事务上相互协助，代为一定诉讼行为的制度。根据代为诉讼行为的不同，司法协助可以分为一般司法协助与特殊司法协助。

随着经济的全球化，法律的理念和基本制度也在趋于统一，公平、正义和秩序需要各个国家的共同努力。在涉外民事诉讼中，经常会涉及域外送达、调查取证，或者是已生效的判决、裁定与仲裁裁决需要在国外得到承认与执行的问题，这就需要借助不同国家法院之间的相互司法协助来完成。司法协助制度正是随着国际间交往的日益增多而逐渐形成并发展起来的。20世纪以来，有关司法协助的国际条约逐渐增多，1954年签订的《海牙民事诉讼程序公约》是较早的司法协助文件，主要有1958年在纽约签订的《承认及执行外国仲裁裁决公约》，1971年在海牙签订的《关于承认与执行外国民事和商事判决的公约》等。

我国《民事诉讼法》第四编第二十七章专门对司法协助作出了具体的规定，其中既包括代为送达文书、调查取证以及进行其他诉讼行为，而且也包括对外国法院判决、裁定以及外国仲裁裁决的承认与执行。由此可见，司法协助包括两种，即一般司法协助与特殊司法协助。

二、一般司法协助

一般司法协助，即不同国家的法院之间，可以相互请求，代为送达文书、调查取证及代为进行其他诉讼行为。

外国法院在进行民事诉讼过程中，请求中国法院代为进行上述司法协助行为时，需要依照我国缔结或者参加的国际条约进行，或者依照互惠原则进行。此外，外国驻中国的使、领馆在中国领域内也可以向其本国公民送达文书和调查取证，但是不得违反中国法律，并不得采取强制措施。

【经典真题测试】

134. 根据《民事诉讼法》的规定，我国法院与外国法院可以进行司法协助，互相委托，代为一定的诉讼行为。但是在下列哪些情况下，我国法院应予以驳回或说明理由退回外国法院？[1](2008/3/81)

A. 委托事项同我国的主权、安全不相容的

B. 不属于我国法院职权范围的

C. 违反我国法律的基本准则或者我国国家利益、社会利益的

D. 外国法院委托我国法院代为送达法律文书，未附中文译本的

三、特殊司法协助

特殊司法协助，即对外国法院判决、裁定与仲裁机构仲裁裁决的承认与执行。

（一）对外国法院判决、裁定的承认与执行

判决、裁定是一国法院行使审判权对当事人之间发生争议的权利与义务关系作出的具有法律效力的司法判定。生效判决、裁定作出后仅具有域内效力，而不具有域外效力，但是，当被执行人或者被执行的财产在中国时，该外国法院判决、裁定则需要得到中国法院的承认与执行。外国法院判决、裁定要在中国得到承认与执行需要具备以下前提、条件，

---

[1] **【答案】** ABCD

并通过一定的渠道：

1. 前提：该国与我国之间有条约关系或者互惠关系。但是，根据《民诉解释》第544条的规定，当事人之间向人民法院申请承认外国法院作出的发生法律效力的离婚判决除外。

2. 条件：

（1）外国法院判决、裁定已经发生法律效力；

（2）外国法院判决、裁定是依法定程序作出的；

（3）承认与执行外国法院判决、裁定不损害我国主权、安全和社会公共利益；

（4）该外国法院判决、裁定不违反我国法律的基本原则。

3. 渠道：一是依据该判决、裁定享有权利的当事人直接向被执行人住所地或者被执行财产所在地中级人民法院提出申请；二是外国法院依照该国与我国之间的条约或者互惠关系直接向我国上述有管辖权的中级人民法院提出请求。

（二）对外国仲裁机构仲裁裁决的承认与执行

由于我国已于1986年12月2日加入《承认与执行外国仲裁裁决的公约》（简称《纽约公约》），因此，各成员国的仲裁裁决需要在我国得到承认与执行的，可以按照公约的规定办理。

此次修订后的《民诉解释》第545条增加了有关外国临时仲裁裁决的承认和执行的规定，即对临时仲裁庭在中华人民共和国领域外作出的仲裁裁决，一方当事人向人民法院申请承认和执行的，人民法院应当依照民事诉讼法第283条的规定处理。

（三）相关程序规定

1. 申请承认与执行期限

根据《民诉解释》第547条的规定，当事人申请承认和执行外国法院作出的发生法律效力的判决、裁定或者外国仲裁裁决的期间，适用国民事诉讼法第239条的规定。当事人仅申请承认而未同时申请执行的，申请执行的期间自人民法院对承认申请作出的裁定生效之日起重新计算。

2. 司法审查程序

根据《民诉解释》第548条的规定，承认和执行外国法院作出的发生法律效力的判决、裁定或者外国仲裁裁决的案件，人民法院应当组成合议庭进行审查。人民法院应当将申请书送达被申请人。被申请人可以陈述意见。人民法院经审查作出的裁定，一经送达即发生法律效力。

（四）我国判决、裁定在国外的承认与执行

我国法院对涉外民事案件经过审理并作出判决后，如果被执行人住所地与被执行财产均不在我国境内时，如果依据判决承担实体义务的人不履行生效法律文书所确定的义务，为了实现权利人的合法权利，就必然涉及到我国法院作出的该涉外判决需得到外国法院承认与执行的司法协助问题。

根据《民事诉讼法》第280条的规定，人民法院作出的发生法律效力的判决、裁定，如果被执行人或者其财产不在中华人民共和国领域内，当事人请求执行的，可以由当事人直接向有管辖权的外国法院申请承认和执行，也可以由人民法院依照中华人民共和国缔结或者参加的国际条约的规定，或者按照互惠原则，请求外国法院承认和执行。

【经典真题测试】

135. 中国公民甲与外国公民乙因合同纠纷诉至某市中级法院，法院判决乙败诉。判决生效后，甲欲请求乙所在国家的法院承认和执行该判决。关于甲可以利用的途径，下列哪些说法是正确的？[1] (2009/3/90)

A. 可以直接向有管辖权的外国法院申请承认和执行

B. 可以向中国法院申请，由法院根据我国缔结或者参加的国际条约，或者按照互惠原则，请求外国法院承认和执行

C. 可以向司法行政部门申请，由司法行政部门根据我国缔结或者参加的国际条约，或者按照互惠原则，请求外国法院承认和执行

D. 可以向外交部门申请，由外交部门向外国中央司法机关请求协助

（五）我国仲裁机构仲裁裁决在国外的承认与执行

根据《民事诉讼法》第280条第2款的规定，中华人民共和国涉外仲裁机构作出的发生法律效力的仲裁裁决，当事人请求执行的，如果被执行人或者其财产不在中华人民共和国领域内，应当由当事人直接向有管辖权的外国法院申请承认和执行。

[1] 【答案】AB

专题十五　仲裁法基础理论

【本专题重点知识结构图】

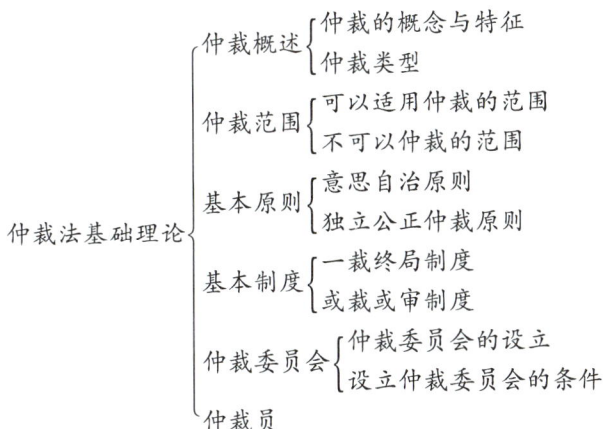

- 仲裁法基础理论
  - 仲裁概述
    - 仲裁的概念与特征
    - 仲裁类型
  - 仲裁范围
    - 可以适用仲裁的范围
    - 不可以仲裁的范围
  - 基本原则
    - 意思自治原则
    - 独立公正仲裁原则
  - 基本制度
    - 一裁终局制度
    - 或裁或审制度
  - 仲裁委员会
    - 仲裁委员会的设立
    - 设立仲裁委员会的条件
  - 仲裁员

考点精讲一　仲裁概述

一、仲裁的概念与特征

所谓仲裁，是指双方当事人通过订立仲裁协议，自愿将现在已经发生或者将来可能发生的争议提交约定的非司法机构的第三者居中进行审理并作出有约束力的仲裁裁决的争议解决制度。

仲裁作为一种具有民间性的争议解决制度，与诉讼制度相比较，具有以下法律特征：

（一）自愿性

自愿性也称为自主性，是仲裁最主要的法律特征。自愿性体现在仲裁解决争议的许多方面，具体而言，对于一项争议，是否将其提交仲裁解决、仲裁机构的选择、仲裁庭组成形式的确定以及具体组成人员的选定、仲裁所适用的程序法和实体法、仲裁审理方式以及仲裁裁决中是否写明争议事实与裁决理由等都是由双方当事人在自愿的基础上合意确定的。这是契约自治原则在仲裁领域中的充分体现。

（二）专业性

由于仲裁所解决的是民商事纠纷，往往可能会涉及民商事不同领域中的各种专业技术问题。因此，为适应纠纷解决过程中对各种专业问题的需要，各常设仲裁机构均聘任法律、经济、贸易、运输和海事等领域的专家作为仲裁员，并按专业设置仲裁员名册，供当事人选择。由此可见，与诉讼相比较，仲裁具有极强的专业性特征。

(三) 灵活性

由于仲裁制度从其产生之初就是建立于双方当事人自愿的基础上，因此，即使发展为现代仲裁制度，在仲裁解决争议案件的过程中，也不像诉讼那样需要受到严格程序法律规范的约束，双方当事人在仲裁程序中的很多具体环节上拥有选择权，这就必然使得仲裁具有很大的灵活性。

(四) 保密性

仲裁审理案件时通常实行不公开审理的原则，并且各国有关的仲裁立法和仲裁规则都对仲裁员以及相关人员的保密义务作出明确的规定，使得当事人的商业秘密以及贸易信息不致因争议的发生与解决而泄露，这样既有利于争议的解决，也有利于维护当事人之间的和谐关系。可见，仲裁具有很强的保密性。

(五) 快捷性

与实行两审终审制的诉讼相比较，仲裁所实行的一裁终局制度使得仲裁具有快捷性，不仅有利于争议的迅速快捷地解决，而且有利于提高争议解决的效率。

(六) 经济性

仲裁的经济性，即仲裁具有相对于诉讼费用低廉的特性，这是因为：其一，仲裁所具有的专业性使得仲裁在解决争议案件时可能大大加快了对争议案件进行审理并作出裁决的速度，这就减少了当事人多次往返参加仲裁所需要的各种费用；其二，通常来说，仲裁费用要比诉讼费用低；其三，仲裁实行“一裁终局”制度，这就极大简化了解决争议案件的程序，缩短了审理期间，从而也就大大降低了解决争议所需要的费用。

(七) 独立性

各国有关仲裁的立法均规定，仲裁机构独立于行政机关，仲裁机构与行政机关以及仲裁机构相互之间不具有隶属关系；仲裁独立进行，不受行政机关、社会团体和个人的干涉，这就从仲裁机构与仲裁活动两个方面体现了仲裁所具有的独立性。

二、仲裁的类型

根据不同的分类标准，仲裁可以划分为不同的类型：

1. 以是否具有涉外因素为标准，仲裁可以划分为国内仲裁与涉外仲裁。

2. 以是否由常设的专门仲裁机构进行仲裁为标准，仲裁可以划分为机构仲裁与临时仲裁。机构仲裁，是指当事人签订仲裁协议，将纠纷提交给某一常设仲裁机构所进行的仲裁。临时仲裁，是指当事人签订仲裁协议，将纠纷提交给由双方当事人选择的仲裁员临时组成的仲裁庭所进行的仲裁。

3. 以作出仲裁裁决的依据为标准，仲裁可以分为依法仲裁与友好仲裁。依法仲裁，是指仲裁庭依据一定的法律规定对当事人之间的纠纷进行的仲裁。友好仲裁是指依据当事人的授权，仲裁庭以公平的标准作出对当事人有约束力的裁决。

考点精讲二　仲裁的范围

仲裁的范围，即仲裁可以解决争议的范围，也就是争议的可仲裁性问题。

一、可以适用仲裁法仲裁的范围

《仲裁法》第 2 条规定："平等主体的公民、法人和其他组织之间发生的合同纠纷和其他财产权益纠纷，可以仲裁。"这里的其他财产权益纠纷，通常是指因侵权而产生的财产权益纠纷。也就是说，可以适用仲裁法仲裁的案件具有以下特点：

1. 当事人之间具有平等性，如果当事人之间是管理与被管理的非平等性关系，则该争议不能申请仲裁。

2. 仲裁事项具有可处分性，也就是说，当事人只有对具有可处分性的事项，才能通过签订仲裁协议的形式将所发生的争议提交仲裁机构仲裁。

3. 争议内容具有财产性，即当事人可以提请仲裁的事项一定是基于合同或者其他财产权益产生的争议。

二、不可以仲裁的范围

根据《仲裁法》第 3 条的规定，下列纠纷不能仲裁：

1. 婚姻、收养、监护、抚养、继承纠纷。这类纠纷是基于特定身份关系而产生的，这种以人的特定身份为基础的权利与义务关系一旦产生，往往就是由法律直接加以规定的，对其争议也需要通过相应的法定程序才能解决，因此，这类纠纷不得仲裁。

2. 依法应当由行政机关处理的行政争议。这里主要涉及国家各类不同机关之间权力的划分，其中，行政机关是国家专门设立的行使国家行政管理权的机构，对于依法应当由行政机关处理的行政争议，当事人不得协议交由仲裁机构仲裁解决。

考点精讲三　仲裁法的基本原则与制度

一、基本原则

（一）当事人意思自治原则

协议仲裁的特点决定了当事人意思自治原则，也可以称为当事人意思自愿原则，是仲裁法最基本的原则，并且通常被称为是现代仲裁制度的基石，即没有当事人的意思自愿，则没有现代协议仲裁制度的产生。当事人意思自治原则在仲裁中主要体现在以下几个方面：

1. 是否仲裁由当事人自愿选择。即当事人是否将他们之间所发生的允许仲裁的争议事项提交仲裁机构仲裁解决，由当事人自愿协商决定。为此《仲裁法》第 4 条规定："当事人采用仲裁方式解决纠纷，应当双方自愿，达成仲裁协议。没有仲裁协议，一方申请仲裁的，仲裁委员会不予受理。"

2. 仲裁机构由当事人自愿选择。即当事人之间的争议，提交哪一个仲裁机构仲裁，以及涉外合同及其他财产权益争议，是提交中国的涉外仲裁机构仲裁还是提交外国的涉外仲裁机构仲裁，由当事人自愿协商决定，法律不作出限制。

3. 仲裁庭的组成形式及仲裁员由当事人自愿选择。即当事人将所发生的仲裁协议约定的争议提交仲裁机构仲裁后，对该争议采用何种形式的仲裁庭——是独任制仲裁庭还是合议庭仲裁庭，由当事人自愿协商决定。仲裁庭的形式确定后，由哪些仲裁员组成仲裁庭仍然可以由当事人自愿协商决定。

4. 仲裁审理方式由当事人自愿选择。根据仲裁法的规定，虽然仲裁实行不公开开庭审理的原则，但是，当事人可以自愿选择采取公开开庭的方式或者书面审理的方式对争议案件进行审理，只要双方当事人协商一致，仲裁庭就应当按照当事人选择的审理方式进行审理。当然涉及国家秘密的案件除外。

除上述四个方面以外，当事人还可以自愿选择诸如仲裁地点、涉外仲裁中的仲裁规则适用等事项。

（二）独立公正仲裁原则

独立公正仲裁原则可以体现在以下几个方面：

1. 仲裁依法独立进行，不受行政机关、社会团体和个人的干涉；

2. 仲裁机构独立，这是仲裁独立公正进行的组织保障，即仲裁委员会独立于行政机关，与行政机关没有隶属关系，仲裁委员会相互之间也没有隶属关系；

3. 仲裁员实行回避制度，这是仲裁公正进行的制度保障；

4. 仲裁员实行任职资格制度，这是仲裁独立公正进行的人员素质保障。

二、基本制度

（一）一裁终局制度

根据《仲裁法》第9条的规定，仲裁实行一裁终局的制度，这是世界各国的通行做法，也就是说，仲裁裁决作出后，即具有约束力，当事人就同一纠纷再申请仲裁或者向人民法院起诉的，仲裁委员会或者人民法院不予以受理。当然，如果仲裁裁决作出后，该裁决因当事人申请撤销或者申请不予执行而被人民法院裁定撤销或者不予执行的，当事人可以达成仲裁协议重新申请仲裁，或者可以向有管辖权的人民法院提起诉讼。

（二）或裁或审制度

即当事人就其所发生的争议，只能在仲裁或者诉讼中选择其一加以适用的制度，但是，一旦当事人之间达成书面仲裁协议，选择仲裁方式解决争议，该有效仲裁协议即产生排斥法院对该争议案件司法管辖权的法律效力。

考点精讲四　仲裁委员会与仲裁员

一、仲裁委员会

（一）仲裁委员会的设立

根据《仲裁法》第10条的规定，仲裁委员会可以在直辖市和省、自治区人民政府所在地的市设立，也可以根据需要在其他设区的市设立，不按行政区划层层设立。仲裁委员会由前款规定的市的人民政府组织有关部门和商会统一组建。设立仲裁委员会，应当经省、自治区、直辖市的司法行政部门登记。

（二）设立仲裁委员会的条件

仲裁委员会依法设立后，就应当对当事人依据仲裁协议提请仲裁的争议案件进行审理并作出仲裁裁决，因此，设立仲裁委员会应当具备《仲裁法》第11条所规定的下列条件：（1）有自己的名称、住所和章程。（2）有必要的财产。（3）有该委员会的组成人员。《仲裁法》第12条规定："仲裁委员会由主任1人、副主任2至4人和委员7至11人组成。仲裁委员会的主任、副主任和委员由法律、经济贸易专家和有实际工作经验的人员担任。仲裁委员会的组成人员中，法律、经济贸易专家不得少于2/3。"（4）有聘任的仲裁员。

二、仲裁员

仲裁员是由仲裁委员会聘任，并由当事人选择对提请仲裁的争议案件进行审理并作出仲裁裁决的人。

根据《仲裁法》第13条的规定，受聘为仲裁委员会的仲裁员需要在思想品德方面公道正派，同时还需要具备下列业务条件之一：（1）通过国家统一法律职业资格考试取得法律职业资格从事仲裁工作满8年的。（2）从事律师工作满8年的。（3）曾任审判员满8年的。（4）从事法律研究、教学工作并具有高级职称的。（5）具有法律知识、从事经济贸易等专业工作并具有高级职称或者具有同等专业水平的。

专题十六　仲裁协议

【本专题重点知识结构图】

- 仲裁协议
  - 概念与特征
  - 类型：仲裁条款、仲裁协议书、其他书面形式
  - 内容
    - 请求仲裁的意思表示
    - 仲裁事项：约定明确且具有可仲裁性
    - 选定的仲裁委员会：约定明确
  - 效力
    - 效力体现
      - 对当事人的效力：约束当事人对争议解决方式的选择权
      - 对法院的效力：排斥法院的司法管辖权
      - 对仲裁机构的效力：授权并限定仲裁的范围
    - 效力确认
      - 确认机构：仲裁委员会或人民法院
      - 人民法院应组成合议庭确认仲裁协议效力
      - 确认时间：仲裁庭首次开庭前
    - 仲裁协议独立性：合同的变更、解除、终止、无效，不影响仲裁协议效力
    - 效力扩张
      - 当事人合并、分立时的扩张
      - 当事人死亡时的扩张
      - 债权债务转让时的扩张
    - 无效
      - 约定的仲裁事项超出法律规定的仲裁范围的仲裁协议
      - 无民事行为能力人或限制民事行为能力人订立的仲裁协议
      - 一方采取胁迫手段迫使对方订立的仲裁协议
      - 口头仲裁协议
    - 失效
      - 基于仲裁协议，仲裁庭对当事人请求仲裁的事项作出裁决
      - 当事人放弃仲裁协议
        - 通过书面形式明确表示放弃仲裁协议
        - 通过书面形式变更了争议解决方式
        - 一方当事人起诉，另一方当事人应诉不提出仲裁协议
      - 附期限仲裁协议，期限届满

考点精讲一　仲裁协议概述

一、仲裁协议的概念与特征

仲裁协议，是指双方当事人在争议发生之前或者争议发生之后，自愿达成的将特定争议事项提请约定的仲裁委员会进行仲裁审理并作出仲裁裁决的书面意思表示。仲裁协议是仲裁程序开始的前提，不同于一般的民事合同，具有以下特点：

1. 仲裁协议的要式性。即仲裁协议需要以书面形式作出，并需要具备法定的内容，否则仲裁协议一律无效。

2. 仲裁协议的间接性。仲裁协议的间接性是相对于双方当事人之间的实体权利与义务关系而言的，一般民事合同往往是直接通过合同条款确定双方当事人之间的实体权利与义务关系，而仲裁协议作为一种特殊的合同，仅仅确认一种争议解决方式，并进而通过对当事人之间所发生争议的解决来确定当事人之间的实体权利与义务关系。

3. 仲裁协议当事人权利义务的同一性。一般合同是当事人基于互补利益的追求而订立的，故一般合同当事人的权利义务往往呈现出对应性的特点，即一方当事人的合同权利对应另一方当事人的合同义务，一方当事人的合同义务则对应另一方当事人的合同权利；而仲裁协议则不同，由于双方所追求的利益是共同的，即通过仲裁方式解决仲裁协议约定事项所发生的争议，因此，当事人的权利义务具有同一性的特点，即一旦双方当事人约定的事项发生争议后，双方当事人均享有提交仲裁机构解决该争议的权利，同时双方当事人也都负有将该争议提交仲裁机构仲裁的义务。

4. 仲裁协议效力的广延性。一般民事合同仅对签订合同的双方当事人产生相应的约束力，而仲裁协议的法律效力则具有广延性，即仲裁协议有效成立后，不仅对签订该协议的双方当事人产生应有的约束力，而且对仲裁机构与法院也产生相应的约束力。

5. 仲裁协议的独立性。即仲裁协议有效成立后，即具有效力的独立性，不受合同的无效、解除、终止、变更的影响。

二、仲裁协议的类型

根据《仲裁法》第 16 条的规定，仲裁协议通常有以下三种类型：

（一）仲裁条款

仲裁条款是双方当事人在合同中订立的将所发生争议提请仲裁机构仲裁解决的书面意思表示。由于作为合同条款之一的仲裁条款是在当事人之间的具体争议发生之前订立的，并且以仲裁条款的形式订立的仲裁协议具有简便、易行的特点，因此，仲裁条款就成为仲裁实践中最常见的一种仲裁协议类型。

（二）仲裁协议书

仲裁协议书是在争议发生之前或者争议发生之后，双方当事人经过协商一致，达成的将某种争议提请仲裁机构仲裁解决的一种独立协议。与仲裁条款相比较，仲裁协议书具有一定的灵活性，它可以在争议发生之前订立，也可以在争议发生之后订立 。就其所涉及的内容而言，仲裁协议较为宽泛，既可以针对合同纠纷订立仲裁协议，也可以针对其他权益纠纷订立仲裁协议。

（三）其他书面形式

即以电报、传真、信件等书面形式形成的仲裁协议。在现代社会中，竞争的激烈以及经济活动的远距离化、快速化，给当事人共同协商签署一项合同带来了一定的难度，这就决定了许多合同并不是由双方当事人经过面对面谈判协商一致订立的，而是由双方当事人利用迅速发展的通信成果，通过往来的电报、传真、信件等方式订立的，在这些书面形式中可能会包含以仲裁方式解决所发生的争议这一共同的意思表示。因此，为了与社会经济生活相适应，这种以电报、传真等其他形式确立的仲裁协议也是极其常见的。对此，最高人民法院《关于适用〈中华人民共和国仲裁法〉若干问题的解释》（以下简称《仲裁法解释》）第1条规定，《仲裁法》第16条规定的“其他书面形式”的仲裁协议，包括以合同书、信件和数据电文（包括电报、电传、传真、电子数据交换和电子邮件）等形式达成的请求仲裁的协议。

考点精讲二　仲裁协议的内容

一项有效仲裁协议需要具备一定的内容，仲裁协议的内容通常可以分为法定内容与约定内容。

一、仲裁协议的法定内容

根据《仲裁法》第16条的规定，仲裁协议应当具备以下法定内容：

（一）请求仲裁的意思表示

作为一种对争议解决方式的约定，仲裁协议必须是双方当事人意思表示一致的结果，但是，通常来说，请求仲裁的意思表示往往内含于仲裁协议之中，即双方当事人达成的仲裁协议本身就包含了双方当事人共同的意思表示 。

（二）仲裁事项

所谓仲裁事项就是双方当事人在仲裁协议中约定的提请仲裁解决的争议范围。该仲裁事项的约定是否合法或者合适，直接影响着当事人双方提请仲裁解决争议案件意思表示的实现。因此，双方当事人在仲裁协议中约定仲裁事项时需注意：

1. 所约定提请仲裁解决的事项，必须是仲裁法允许仲裁的事项。

2. 仲裁事项的明确性。即双方当事人在仲裁协议中约定提请仲裁机构解决的争议事项必须明确，如果约定不明确，当事人可以补充协议；达不成补充协议的，仲裁协议无效。但是，《仲裁法解释》第2条规定：“当事人概括约定仲裁事项为合同争议的，基于合同成立、效力、变更、转让、履行、违约责任、解释、解除等产生的纠纷都可以认定为仲裁事项。”

（三）选定的仲裁委员会

仲裁委员会是依法受理当事人依据仲裁协议提请仲裁解决争议案件的机构，为防止当事人在争议发生后，就提请哪一个仲裁委员会仲裁发生争议，我国仲裁法明确规定选定的仲裁委员会是有效仲裁协议必须具备的一项内容 。但是，在仲裁实践中，双方当事人往往对涉及实体权利与义务的条款反复斟酌、认真推敲，以选择最为恰当的语言作出明确的约定，而对于作为争议解决方式的仲裁协议的约定，则可能不太注意其规范性，这类仲裁协议是否有效应具体分析。为此，《仲裁法解释》对这类仲裁协议及其效力问题作出了相关的规定，具体如下：

1. 仲裁协议约定的仲裁机构名称不准确，但能够确定具体的仲裁机构的，应当认定选定了仲裁机构。

2. 仲裁协议仅约定纠纷适用的仲裁规则的，视为未约定仲裁机构，但当事人达成补充协议或者按照约定的仲裁规则能够确定仲裁机构的除外。

3. 仲裁协议约定两个以上仲裁机构的，当事人可以协议选择其中的一个仲裁机构申请仲裁；当事人不能就仲裁机构选择达成一致的，仲裁协议无效。

4. 仲裁协议约定由某地的仲裁机构仲裁且该地仅有一个仲裁机构的，该仲裁机构视为约定的仲裁机构。该地有两个以上仲裁机构的，当事人可以协议选择其中的一个仲裁机构申请仲裁；当事人不能就仲裁机构选择达成一致的，仲裁协议无效。

【经典真题测试】

136. 武当公司与洪湖公司签订了一份钢材购销合同，同时约定，因合同效力或合同的履行发生纠纷提交A仲裁委员会或B仲裁委员会仲裁解决。合同签订后，洪湖公司以本公司具体承办人超越权限签订合同为由，主张合同无效。关于本案，下列哪一说法是正确的?[1]（2012/3/48）

A. 因当事人约定了2个仲裁委员会，仲裁协议当然无效

B. 因洪湖公司承办人员超越权限签订合同导致合同无效，仲裁协议当然无效

C. 洪湖公司如向法院起诉，法院应当受理

D. 洪湖公司如向法院起诉，法院应当裁定不予受理

二、仲裁协议的约定内容

在我国的仲裁实践中，除上述仲裁协议的法定内容以外，有时当事人双方还可以根据需要自行约定其他内容，如仲裁庭的组成形式、仲裁审理方式以及仲裁审理地点等。但是，大家需注意的是，仲裁协议的法定内容是仲裁协议的必备内容，缺少任何一项法定内容均可以导致仲裁协议的无效；而仲裁协议的约定内容则不是仲裁协议的必备内容，只是双方当事人根据需要而自行约定的，约定哪些内容以及如何约定等均由双方当事人自愿协商确定。仲裁协议约定内容的有无不影响仲裁协议的法律效力。

考点精讲三 仲裁协议的效力

一、仲裁协议法律效力的体现

（一）对当事人的效力——约束当事人对纠纷解决方式的选择权

仲裁协议有效成立后，首先对仲裁协议的双方当事人产生应有的法律效力，即妨碍双方当事人行使就该仲裁协议约定争议事项向法院起诉的权利，而对双方当事人产生了将仲裁协议约定争议提请仲裁机构仲裁的义务。如果一方当事人违反该义务，而就协议约定事项争议向法院起诉，则对方当事人享有以仲裁协议为由进行抗辩的权利，此时，视为当事人的起诉不合法，人民法院应当裁定驳回起诉。这里需注意，有效仲裁协议的存在仅仅产生妨碍当事人行使起诉权的作用，但并不能产生禁止当事人行使起诉权的作用。

（二）对法院的效力——排斥司法管辖权

仲裁协议有效成立后，在对当事人产生妨碍起诉权行使效力的同时，相对于法院而言，

[1] 【答案】C

就产生了排斥司法管辖权的效力，即人民法院不得受理当事人之间有仲裁协议的争议案件，除非该仲裁协议无效或者无法实现。但是，有一种例外情况，即法院在当事人起诉未声明仲裁协议的情况下，基于一方当事人的起诉行为受理案件后，被告当事人在法院首次开庭前未对法院受理该案提出异议，视为双方当事人放弃仲裁协议，而接受法院对该争议案件的司法管辖权。

（三）对仲裁机构的效力——授权并限定仲裁的范围

仲裁协议对仲裁机构的效力体现在两个方面：

1. 授权效力，即仲裁协议是仲裁机构受理仲裁案件的基础，也是仲裁庭对争议案件进行审理与裁决的依据，没有当事人之间的仲裁协议，也就没有仲裁庭对争议案件的仲裁权。

2. 仲裁协议限定仲裁权行使的范围，即仲裁庭只能对当事人协议约定并提请仲裁的争议事项进行审理并作出裁决，如果仲裁机构超越仲裁协议的范围作出仲裁裁决，则该仲裁裁决无效。

【经典真题测试】

137. 甲、乙因遗产继承发生纠纷，双方书面约定由某仲裁委员会仲裁。后甲反悔，向遗产所在地法院起诉。法院受理后，乙向法院声明双方签订了仲裁协议。关于法院的做法，下列哪一选项是正确的？[1]（2010/3/43）

A. 裁定驳回起诉

B. 裁定驳回诉讼请求

C. 裁定将案件移送某仲裁委员会审理

D. 法院裁定仲裁协议无效，对案件继续审理

二、仲裁协议效力的确认

（一）仲裁协议效力的确认机构及程序

根据《仲裁法》第20条以及《仲裁法解释》的规定，仲裁协议效力的确认需要注意以下五点：

1. 仲裁协议效力的确认机构包括仲裁机构与人民法院。根据《仲裁法》第20条的规定，当事人对仲裁协议的效力有异议的，可以请求仲裁委员会作出决定或者请求人民法院作出裁定。一方请求仲裁委员会作出决定，另一方请求人民法院作出裁定的，由人民法院裁定。

2. 认定仲裁协议效力的法院

（1）国内仲裁协议效力的认定法院。当事人向人民法院申请确认仲裁协议效力的案件，由仲裁协议约定的仲裁机构所在地的中级人民法院管辖；仲裁协议约定的仲裁机构不明确的，由仲裁协议签订地或者被申请人住所地的中级人民法院管辖。

（2）涉外仲裁协议效力的认定法院。申请确认涉外仲裁协议效力的案件，由仲裁协议约定的仲裁机构所在地、仲裁协议签订地、申请人或者被申请人住所地的中级人民法院管辖。

（3）海事、海商仲裁协议效力的认定法院。涉及海事海商纠纷仲裁协议效力的案件，

---

〔1〕**【答案】** D

由仲裁协议约定的仲裁机构所在地、仲裁协议签订地、申请人或者被申请人住所地的海事法院管辖；上述地点没有海事法院的，由就近的海事法院管辖。

3. 法院对申请认定仲裁协议效力的特殊处理。

（1）当事人在仲裁庭首次开庭前没有对仲裁协议的效力提出异议，而后向人民法院申请确认仲裁协议无效的，人民法院不予受理。

（2）仲裁机构对仲裁协议的效力作出决定后，当事人向人民法院申请确认仲裁协议效力或者申请撤销仲裁机构的决定的，人民法院不予受理。

4. 人民法院审理仲裁协议效力确认案件，应当组成合议庭进行审查，并询问当事人。

5. 认定涉外仲裁协议效力的法律适用。

对涉外仲裁协议的效力审查，适用当事人约定的法律；当事人没有约定适用的法律但约定了仲裁地的，适用仲裁地法律；没有约定适用的法律也没有约定仲裁地或者仲裁地约定不明的，适用法院地法律。

（二）请求确认仲裁协议效力的时间

当事人对仲裁协议的效力有异议的，应当在首次开庭前提出。此外，根据《仲裁法解释》第7条的规定，当事人约定争议可以向仲裁机构申请仲裁也可以向人民法院起诉的，仲裁协议无效。但一方向仲裁机构申请仲裁，另一方未在上述期间提出异议的除外。

【经典真题测试】

138. 大成公司与华泰公司签订投资合同，约定了仲裁条款：如因合同效力和合同履行发生争议，由A仲裁委员会仲裁。合作中双方发生争议，大成公司遂向A仲裁委员会提出仲裁申请，要求确认投资合同无效。A仲裁委员会受理。华泰公司提交答辩书称，如合同无效，仲裁条款当然无效，故A仲裁委员会无权受理本案。随即，华泰公司向法院申请确认仲裁协议无效，大成公司见状，向A仲裁委员会提出请求确认仲裁协议有效。关于本案，下列哪一说法是正确的？[1]（2015/3/50）

A. A仲裁委员会无权确认投资合同是否有效

B. 投资合同无效，仲裁条款即无效

C. 仲裁条款是否有效，应由法院作出裁定

D. 仲裁条款是否有效，应由A仲裁委员会作出决定

139. 甲公司与乙公司签订了一份钢材购销合同，约定因该合同发生纠纷双方可向A仲裁委员会申请仲裁，也可向合同履行地B法院起诉。关于本案，下列哪些选项是正确的？[2]（2010/3/84）

A. 双方达成的仲裁协议无效

B. 双方达成的管辖协议有效

C. 如甲公司向A仲裁委员会申请仲裁，乙公司在仲裁庭首次开庭前未提出异议，A仲裁委员会可对该案进行仲裁

D. 如甲公司向B法院起诉，乙公司在法院首次开庭时对法院管辖提出异议，法院应当驳回甲公司的起诉

---

〔1〕**【答案】** C

〔2〕**【答案】** ABC

三、仲裁协议的独立性

仲裁协议的独立性即仲裁条款的独立性，也称为仲裁条款的可分割性或者可分离性，即作为主合同一部分的仲裁条款，尽管依附于主合同，但是仍然与主合同的其他条款可以分离而独立存在。我国《仲裁法》第19条规定：“仲裁协议独立存在，合同的变更、解除、终止或者无效，不影响仲裁协议的效力。仲裁庭有权确认合同的效力。”该条明确地规定了仲裁条款效力的独立性问题。此外，根据《仲裁法解释》第10条的规定，合同成立后未生效或者被撤销的，仲裁协议效力的认定适用《仲裁法》第19条第1款的规定。当事人在订立合同时就争议达成仲裁协议的，合同未成立不影响仲裁协议的效力。

四、仲裁协议效力的扩张

在仲裁实践中，经常出现当事人订立仲裁协议后发生合并、分立等特殊情况，此时，该仲裁协议的效力能否及于作为原仲裁协议的当事人的实体权利义务继受人？这实际上就是仲裁协议的效力能否扩张于未签字的第三方当事人的问题。对此，《仲裁法解释》作了以下相应规定：

1. 当事人订立仲裁协议后合并、分立的，仲裁协议对其权利义务的继受人有效。当事人订立仲裁协议后死亡的，仲裁协议对承继其仲裁事项中的权利义务的继承人有效。上述情形，当事人订立仲裁协议时另有约定的除外。

2. 债权债务全部或者部分转让的，仲裁协议对受让人有效，但当事人另有约定、在受让债权债务时受让人明确反对或者不知有单独仲裁协议的除外。

【特别提示】 上述两个条款的除外情形设置不同，是因为当事人合并、分立和死亡属于实体权利义务的法定继受，而债权债务的全部或者部分转让属于实体权利义务的意思表示继受。

五、仲裁协议的无效与失效

（一）仲裁协议的无效

一项仲裁协议签订后，只有为有效仲裁协议时，才能产生应有的法律效力，作为一项仲裁协议，除需要具备法定内容，并符合《仲裁法》对仲裁协议的书面形式的要求以外，还不得具有《仲裁法》所规定的仲裁协议无效的法定情形之一。根据《仲裁法》第17条的有关规定，在下列情形下，仲裁协议无效：

1. 约定的仲裁事项超出法律规定的仲裁范围的。

2. 无民事行为能力人或者限制民事行为能力人订立的仲裁协议。

3. 一方采取胁迫手段，迫使对方订立仲裁协议的。仲裁协议是双方当事人共同的真实、自愿的意思表示的书面形式，如果一方采取胁迫手段，迫使对方订立仲裁协议，则该仲裁协议必然违背当事人的真实意思表示，因此，该仲裁协议无效。

4. 以口头方式订立的仲裁协议无效。

（二）仲裁协议的失效

仲裁协议的失效，是指一项有效仲裁协议因特定事由的发生而丧失其原有的法律效力。仲裁协议的无效是自始无效，而仲裁协议的失效则不同，它是原本有效的仲裁协议在特定条件下丧失其效力。

仲裁协议在下列情形下失效：

1. 基于仲裁协议，仲裁庭已对当事人请求仲裁的争议事项作出仲裁裁决。此时，当事人订立仲裁协议的目的已经完全实现，该仲裁协议自然失效。

2. 当事人放弃仲裁协议。具体包括三种形式：（1）当事人通过书面形式明确表示放弃仲裁协议；（2）当事人通过书面形式，变更了争议解决方式；（3）双方当事人通过起诉、应诉行为放弃仲裁协议。

3. 附期限的仲裁协议因期限的届满而失效。

【经典真题测试】

140. 当事人在合同中约定了仲裁条款，出现下列哪些情况时，法院可以受理当事人的起诉？[1]（2007/3/90）

A. 双方协商拟解除合同，但因赔偿问题发生争议，一方向法院起诉的

B. 当事人申请仲裁后达成和解协议而撤回仲裁申请，因一方反悔，另一方向法院起诉的

C. 仲裁裁决被法院依法裁定不予执行后，一方向法院起诉的

D. 仲裁裁决被法院依法撤销后，一方向法院起诉的

[1] 【答案】CD

专题十七　仲裁程序

【本专题重点知识结构图】

- 仲裁审理
  - 仲裁保全
    - 财产保全
      - 仲裁前财产保全
      - 仲裁中财产保全
      - 仲裁财产保全与民事诉讼财产保全比较
    - 证据保全
      - 仲裁前证据保全
      - 仲裁中证据保全
      - 仲裁证据保全与民事诉讼证据保全比较
  - 仲裁庭
    - 组成形式：合议庭与独任庭
    - 确定方式：当事人协商确定，超期未协商，仲裁委员会主任指定
    - 合议庭的组成：先确定 2 名非首席仲裁员，再确定首席仲裁员
    - 独任庭的组成：方法同首席仲裁员的确定方法
    - 仲裁员的更换
      - 回避更换
        - 回避的法定情形
        - 回避的决定
        - 回避的后果：对原有程序的影响
      - 其他原因更换：仲裁程序继续进行
  - 仲裁审理
    - 审理方式：不公开开庭审理为原则，公开开庭、书面审理为例外，当事人选择
    - 视为撤回仲裁申请
    - 缺席裁决
  - 仲裁和解
    - 请求仲裁庭根据和解协议制作裁决书
    - 撤回仲裁申请：后悔的，可以按原仲裁协议，也可以按重新达成的仲裁协议申请仲裁
    - 仲裁和解与诉讼和解的比较
  - 仲裁调解
    - 调解方式：自愿调解和先行调解是并列的调解方式
    - 文书制作：根据调解协议制作调解书或者裁决书，具有相同效力
    - 仲裁调解与民事诉讼调解的比较
  - 仲裁裁决
    - 制作：按合议庭多数意见制作，无法形成多数意见，按首席仲裁员意见制作
    - 签名：持不同意见的仲裁员，可以签名，也可以拒绝签名
    - 裁决书内容：当事人可以协议不写争议事实与裁决理由
    - 补正内容：文字、计算错误或者仲裁庭已经裁决，但在裁决书中遗漏的事项
    - 仲裁裁决与民事诉讼判决的比较

考点精讲一 仲裁保全

一、财产保全

（一）仲裁前的财产保全程序

仲裁前的财产保全是2012年民事诉讼法修正新增加的内容。根据《民事诉讼法》第101条的规定，仲裁前财产保全需要按照以下程序进行：

1. 利害关系人提出申请。即利害关系人因情况紧急，不立即申请保全将会使其合法权益受到难以弥补的损害的，可以在申请仲裁前，向被保全财产所在地、被申请人住所地的法院申请采取保全措施。

2. 申请人应当提供担保，不提供担保的，裁定驳回其申请。

3. 法院接受申请的，必须在48小时之内作出裁定；裁定采取财产保全措施的，应当立即开始执行。

4. 申请人在法院采取保全措施后30日内不申请仲裁的，法院应当解除保全。

（二）仲裁中的财产保全程序

根据《仲裁法》第28条的规定，采取仲裁中的财产保全需要按照以下程序进行：

1. 当事人提出申请。采取仲裁中的财产保全，需要由当事人在仲裁委员会受理案件后，作出仲裁裁决之前，向仲裁委员会递交财产保全申请书。

2. 仲裁委员会将当事人的财产保全申请按照民事诉讼法的有关规定提交给有管辖权的人民法院。对于国内仲裁，该财产保全申请应当提交给被申请人住所地或者财产所在地的基层人民法院；而对于涉外仲裁，则应当提交给被申请人住所地或者财产所在地的中级人民法院。

3. 人民法院依照民事诉讼法的有关规定采取具体的财产保全措施。

4. 仲裁当事人对人民法院所作出的财产保全裁定不服的，可以向人民法院申请复议一次，复议期间不停止该裁定的执行。

【特别提示】仲裁财产保全与民事诉讼财产保全比较

1. 仲裁财产保全与民事诉讼财产保全存在以下区别：（1）是否有实施财产保全的权力不同。仲裁机构作为民间性争议解决机构，没有实施财产保全的权力，仲裁中，当事人虽然向仲裁委员会申请采取财产保全措施，但是，仲裁机构应当将当事人的申请提交给有管辖权的人民法院，是否采取保全措施，由人民法院决定。而人民法院作为国家的审判机关，在民事诉讼中有权直接依法实施财产保全的措施。（2）财产保全的开始不同。仲裁中的财产保全只能由当事人向仲裁委员会提出申请，而当事人无权直接向人民法院请求采取财产保全措施。在民事诉讼中，财产保全既可以由当事人申请人民法院采取，也可以由人民法院根据案件的具体情况依职权采取。

2. 仲裁财产保全与民事诉讼财产保全也存在相同之处：（1）财产保全的种类相同。仲裁财产保全与民事诉讼财产保全均分为程序开始前的财产保全与程序中的财产保全。（2）财产保全的措施相同。仲裁财产保全与民事诉讼财产保全的具体措施都是由人民法院遵循民事诉讼法的相关规定进行的。因此，根据《民事诉讼法》第103条的规定，人民法院可以采取查封、扣押、冻结或者法律规定的其他保全措施。（3）错误申请的赔偿相同。无论是仲裁财产保全，还是民事诉讼财产保全，申请有错误的，申请人均应当赔偿被申请人因财产保全所遭受的损失。

二、证据保全

（一）仲裁前的证据保全程序

仲裁前的证据保全是2012年《民事诉讼法》修正新增加的内容。根据《民事诉讼法》第81条的规定，因情况紧急，在证据可能灭失或者以后难以取得的情况下，利害关系人可以在申请仲裁前，向证据所在地、被申请人住所地的法院申请证据保全。

（二）仲裁中的证据保全程序

根据《仲裁法》第46条的规定，采取仲裁中的证据保全需要按照以下程序进行：

1. 当事人提出申请。在仲裁程序中，在证据可能灭失或以后难以取得的情况下，当事人可以向仲裁委员会申请保全证据。

2. 仲裁委员会将当事人的证据保全申请提交给有管辖权的人民法院。对于国内仲裁，该证据保全申请应当提交给证据所在地的基层人民法院；而对于涉外仲裁，则应当提交给证据所在地的中级人民法院。

3. 人民法院依照民事诉讼法的有关规定采取具体的证据保全措施。

【特别提示】**仲裁证据保全与民事诉讼证据保全比较**

1. 仲裁证据保全与民事诉讼证据保全存在以下区别：（1）是否有实施证据保全的权力不同。仲裁机构作为民间性争议解决机构，没有实施证据保全的权力，仲裁中，当事人虽然向仲裁委员会申请证据保全，但是，仲裁机构应当将当事人的申请提交给有管辖权的人民法院，是否采取保全措施，由人民法院决定。而人民法院作为国家的审判机关，在民事诉讼中有权直接依法采取证据保全的措施。（2）证据保全的开始不同。仲裁中的证据保全只能由当事人向仲裁委员会提出申请，而当事人无权直接向人民法院请求采取证据保全措施。在民事诉讼中，证据保全既可以由当事人申请人民法院采取，也可以由人民法院根据案件的具体情况依职权采取。

2. 仲裁证据保全与民事诉讼证据保全也存在相同之处：（1）证据保全的种类相同。仲裁证据保全与民事诉讼证据保全均分为程序开始前的证据保全与程序中的证据保全。（2）证据保全的措施相同。仲裁证据保全与民事诉讼证据保全的具体措施都是由人民法院遵循民事诉讼法的相关规定进行的。

【经典真题测试】

141. 甲县的佳华公司与乙县的亿龙公司订立的烟叶买卖合同中约定，如果因为合同履行发生争议，应提交A仲裁委员会仲裁。佳华公司交货后，亿龙公司认为烟叶质量与约定不符，且正在霉变，遂准备提起仲裁，并对烟叶进行证据保全。关于本案的证据保全，下列哪些表述是正确的？[1]（2014/3/77）

A. 在仲裁程序启动前，亿龙公司可直接向甲县法院申请证据保全

〔1〕【答案】AC

B. 在仲裁程序启动后，亿龙公司既可直接向甲县法院申请证据保全，也可向A仲裁委员会申请证据保全

C. 法院根据亿龙公司申请采取证据保全措施时，可要求其提供担保

D. A仲裁委员会收到保全申请后，应提交给烟叶所在地的中级法院

考点精讲二　仲裁庭

一、仲裁庭的形式

（一）仲裁庭的两种形式

仲裁庭的组成形式有两种：一是合议制仲裁庭，即由3名仲裁员组成，设首席仲裁员；二是独任制仲裁庭，即由1名仲裁员组成。

（二）仲裁庭组成形式的确定方式

根据我国《仲裁法》第32条的规定，仲裁庭组成形式的确定方式有两种：一是由双方当事人在仲裁规则规定的期限内约定；二是由仲裁委员会主任指定，即当事人没有在仲裁规则规定的期限内约定仲裁庭的组成方式，由仲裁委员会主任指定，这样有利于保证仲裁程序的顺利进行。

二、仲裁庭的组成

（一）合议制仲裁庭的组成

《仲裁法》第31条第1款规定："当事人约定由3名仲裁员组成仲裁庭的，应当各自选定或者各自委托仲裁委员会主任指定1名仲裁员。第三名仲裁员由当事人共同选定或者共同委托仲裁委员会主任指定。第三名仲裁员是首席仲裁员。"

这里需注意《仲裁法》第31、32条的结合运用，也就是说，合议制仲裁庭的组成应按照下列顺序：

1. 先确定两名非首席仲裁员。具体有三种方法：第一，由双方当事人各自选定一名仲裁员；第二，由双方当事人各自委托仲裁委员会主任指定1名仲裁员；第三，超过仲裁规则规定的期限而未确定，则由仲裁委员会主任为双方当事人各自指定1名仲裁员。

2. 确定首席仲裁员。具体有三种方法：第一，由双方当事人共同选定一名首席仲裁员；第二，由双方当事人共同委托仲裁委员会主任指定一名首席仲裁员；第三，双方当事人超过仲裁规则规定的期限而未确定的，由仲裁委员会主任指定首席仲裁员。

（二）独任制仲裁庭的组成

《仲裁法》第31条第2款规定："当事人约定由1名仲裁员成立仲裁庭的，应当由当事人共同选定或者共同委托仲裁委员会主任指定仲裁员。"由此可见，独任制仲裁员的确定方法与首席仲裁员相同，也有三种方式：第一，由双方当事人共同选定仲裁员；第二，由双方当事人共同委托仲裁委员会主任指定仲裁员；第三，双方当事人没有在仲裁规则规定的期限内选定仲裁员的，由仲裁委员会主任指定独任制仲裁员。

三、仲裁员的更换

（一）仲裁员因回避而更换

1. 仲裁员回避的法定情形。

根据《仲裁法》第34条的规定，仲裁员在下列情况下需要回避：（1）是本案当事人，或者当事人、代理人的近亲属；（2）与本案有利害关系；（3）与本案当事人、代理人有其他关系，可能影响公正仲裁的；（4）私自会见当事人、代理人，或者接受当事人、代理人的请客送礼的。

2. 回避的方式。

根据《仲裁法》第34条的规定，仲裁员的回避方式有两种：（1）自行回避，即仲裁员在认为自己具有法定需要回避的事由时，主动提出退出本案审理的方式。（2）申请回避，即当事人认为仲裁员具有法定应回避的事由时，有权提出要求该仲裁员回避的申请。当事人提出回避申请的，应当说明理由，并在首次开庭前提出；如果回避事由是在首次开庭后得知的，可以在最后一次开庭终结前提出。回避申请既可以用书面方式提出，也可以用口头方式提出。

3. 仲裁员回避的决定权。

仲裁员是争议案件的审理者与裁决者，我国《仲裁法》第36条规定："仲裁员是否回避，由仲裁委员会主任决定；仲裁委员会主任担任仲裁员时，由仲裁委员会集体决定。"

（二）仲裁员因其他原因的更换

除上述原因回避而导致仲裁员更换之外，还可以因为其他原因使仲裁员无法行使其仲裁权，此时同样涉及仲裁员的更换问题，如因仲裁员死亡、丧失行为能力等原因导致的仲裁员更换。

无论因回避还是因其他原因更换仲裁员，其具体程序等同于被更换仲裁员的选任程序，即被更换的是首席仲裁员，那么就再按照选定首席仲裁员的程序选择一名首席仲裁员。仲裁员发生更换后，是否对已进行的仲裁程序产生相应的影响，《仲裁法》第37条规定："仲裁员因回避或者其他原因不能履行职责的，应当依照本法规定重新选定或者指定仲裁员。因回避而重新选定或者指定仲裁员后，当事人可以请求已进行的仲裁程序重新进行，是否准许，由仲裁庭决定；仲裁庭也可以自行决定已进行的仲裁程序是否重新进行。"

【特别提示】 仲裁法关于仲裁程序重新进行的后果仅适用于因仲裁员回避而产生的重新更换仲裁员问题。

【经典真题测试】

142. 甲公司与乙公司因合同纠纷向某仲裁委员会申请仲裁，第一次开庭后，甲公司的代理律师发现合议庭首席仲裁员苏某与乙公司的老总汪某在一起吃饭，遂向仲裁庭提出回避申请。关于本案仲裁程序，下列哪一选项是正确的？[1]（2016/3/50）

A. 苏某的回避应由仲裁委员会集体决定

B. 苏某回避后，合议庭应重新组成

C. 已经进行的仲裁程序应继续进行

---

〔1〕【答案】D

D. 当事人可请求已进行的仲裁程序重新进行

考点精讲三 仲裁审理

一、审理方式

根据我国《仲裁法》第39条与第40条的规定，仲裁审理方式以不公开开庭审理为原则，以公开开庭审理与书面审理为例外，由双方当事人协议选择。也就是说，仲裁审理方式分为两种：一是法定审理方式，即当事人就审理方式未作出约定时，仲裁审理应当不公开开庭进行。二是约定审理方式，即当事人协议不开庭的，仲裁庭可以进行书面审理；当事人协议公开的，可以公开，但涉及国家秘密的除外。

【特别提示】**仲裁审理方式与民事诉讼审理方式比较**

1. 法定审理方式。仲裁实行不公开开庭审理的方式，而民事诉讼则实行公开开庭审理的方式。

2. 例外方式。仲裁以约定审理方式作为法定审理方式的例外，即当事人可以约定书面审理方式，还可以约定实行公开开庭审理方式，但是涉及国家秘密的案件不得约定公开开庭审理；而民事诉讼审理方式的例外是不公开开庭审理，即涉及国家秘密的案件、个人隐私的案件以及当事人申请的离婚案件与涉及商业秘密的案件实行不公开开庭审理方式。

二、视为撤回仲裁申请与缺席裁决

视为撤回仲裁申请与缺席裁决类似于民事诉讼中的按撤诉处理与缺席判决。根据《仲裁法》第42条的规定，申请人经书面通知，无正当理由不到庭或者未经仲裁庭许可中途退庭的，可以视为撤回仲裁申请。被申请人经书面通知，无正当理由不到庭或者未经仲裁庭许可中途退庭的，可以缺席裁决。

【特别提示】**仲裁的缺席裁决与民事诉讼的缺席判决**

在仲裁中，因没有拘传被申请人到庭的制度，因此，只要被申请人经书面通知，无正当理由不到庭或者未经仲裁庭许可中途退庭，即可缺席裁决。而在民事诉讼中，因存在对特定的必须到庭被告的拘传到庭的制度，因此，被告无正当理由不到庭时，对于必须到庭的被告，应再次发出传票传唤其到庭，如仍然无正当理由拒不到庭，则适用拘传；而对于不属于必须到庭的被告，则可以作出缺席判决。

考点精讲四 仲裁和解、调解与裁决

一、仲裁和解

（一）仲裁和解的理解

仲裁和解，是指在仲裁委员会受理争议案件后，仲裁庭作出仲裁裁决之前，双方当事人经过自愿平等协商，达成和解协议的行为。仲裁中的和解制度，是当事人对自己的实体权利以及程序性权利予以处分的集中体现，它具有以下特征：

1. 和解完全是双方当事人的自愿行为，无须任何第三方参与。在仲裁程序中，当事人完全可以基于双方的自愿行为，在没有任何第三方参与的情况下，通过达成和解协议的方式解决该争议案件。

2. 和解需双方达成和解协议。仲裁和解，首先表现为双方当事人自愿平等协商的行为，但是，如果以和解的方式自行解决争议案件，或者说当事人希望通过和解达到解决争议案件的目的，则需要双方当事人经过自愿协商后达成和解协议。

（二）和解后的处理

根据《仲裁法》第 49 条的规定，当事人自行和解达成和解协议后，可以作出两种处理：

1. 请求仲裁庭根据和解协议作出裁决。在仲裁庭对争议案件作出裁决之前，如果当事人经过自愿协商，自行和解并达成和解协议的，可以请求仲裁庭根据该和解协议作出裁决书，该依据和解协议作出的裁决与仲裁庭经过审理，在查明争议案件事实的基础上依法对争议案件作出的裁决，具有同等的法律效力。此时，意味着当事人之间的争议已经得到解决。

2. 撤回仲裁申请。在仲裁过程中，当事人经过自愿协商达成和解协议后，也可以不请求仲裁庭依据该和解协议作出裁决书，而撤回仲裁申请。当事人提出撤回仲裁申请后，只要仲裁庭对申请经过审查，准许当事人撤回仲裁申请，一方面意味着仲裁庭无须再对该争议案件进行审理并作出裁决；另一方面也意味着当事人在达成和解协议后，通过撤回仲裁申请的方式终结了仲裁程序。但是，如果当事人撤回仲裁申请后反悔的，根据《仲裁法》第 50 条的规定，当事人可以根据仲裁协议申请仲裁，此处的仲裁协议既可以是原仲裁协议，也可以是重新达成的仲裁协议。

【特别提示】**仲裁和解 VS 民事诉讼和解比较**

1. 两者的相同点在于：第一，都是当事人双方自行解决争议的活动，而没有第三方的参与。第二，达成和解协议，当事人均可以选择撤回程序，即仲裁当事人可以撤回仲裁申请，而诉讼当事人可以申请撤诉。

2. 两者的区别点在于：在仲裁程序中，当事人达成和解协议的，可以请求仲裁庭根据和解协议作出裁决书；而在民事诉讼中，当事人自行和解，达成和解协议后，只能请求法院确认和解协议并根据和解协议制作调解书，而无权请求法院根据和解协议作出判决书。

二、仲裁调解

（一）仲裁调解的含义

仲裁调解，是指仲裁程序中，双方当事人在仲裁庭的主持下就争议的实体权利、义务自愿协商，达成协议，以解决争议案件的活动及方式。仲裁调解不同于仲裁和解，有以下特征：

1. 调解是在仲裁庭主持下进行的。调解不同于和解的一大特征，就在于调解是三方主体的活动，即双方当事人在仲裁庭的主持下，对争议案件进行协商的活动。

2. 调解以双方当事人平等自愿协商为基础。调解虽然是在仲裁庭的主持下进行的，但由于调解解决争议案件的基础是当事人的处分权，因此调解体现为双方当事人以友好协商的方式解决争议案件，而不是由仲裁庭行使仲裁权在认定事实的基础上以作出仲裁裁决的方式解决争议案件。

3. 作为争议解决方式，调解与仲裁裁决具有同等的法律效力。在仲裁程序中，仲裁庭基于当事人之间达成的调解协议作成的调解书或者仲裁裁决，与仲裁庭对争议案件经过审理后，行使仲裁权作出的仲裁裁决，具有完全相同的法律效力，即都具有对争议的实体权利义务关系的确认效力与强制执行的效力。

（二）仲裁调解的方式与处理

根据我国《仲裁法》第 51 条的规定，仲裁调解可分为两种情况：

1. 仲裁庭先行调解。由于仲裁庭对当事人提请仲裁的争议案件的仲裁权完全来自于双方当事人的协议授权，因此，为了尽快解决争议案件，仲裁庭有权根据解决争议案件的需要决定先行调解。

2. 自愿调解。当事人是发生争议并提请仲裁庭解决争议案件的利害关系人，如何处理争议案件，直接关系到双方当事人之间的实体权利义务关系。因此，当事人可行使处分权，申请仲裁庭对该争议案件进行调解。当事人自愿申请调解的，仲裁庭应当进行调解。

经过调解，对于达成调解协议的案件，仲裁庭应当制作调解书或根据协议的结果制作裁决书。调解书与裁决书具有同等的法律效力。仲裁调解因达成协议而结束，既是双方当事人希望达到的结果，同时也是仲裁主持调解的目的所在。如果双方当事人在仲裁庭的主持下经过协商，无法达成一致的协议，仲裁庭应当及时作出裁决，而不得久调不决。

【特别提示】仲裁调解与民事诉讼调解比较

1. 调解的方式不同。在仲裁中，调解的方式有两种：一是仲裁庭先行调解，二是当事人自愿调解，该两种方式处于并列状态；而在民事诉讼中，自愿调解是原则，法院先行调解仅仅是例外情况，即除人民法院适用普通程序审理离婚案件以及人民法院适用简易程序审理的特殊简单案件，人民法院可以先行调解外，对于其他案件，只能基于当事人的自愿而调解。

2. 调解达成协议后的文书制作不同。在仲裁程序中，调解达成协议的，仲裁庭应当制作调解书或者根据协议结果制作裁决书，调解书与裁决书具有同等的法律效力。而在民事诉讼中，调解达成协议的，法院只能根据协议结果制作调解书，不得制作判决书，除非两种特殊例外，即无民事行为能力人的离婚案件和涉外民事案件。

【经典真题测试】

143. 关于仲裁调解，下列哪些表述是正确的？[1]（2010/3/81）

A. 仲裁调解达成协议的，仲裁庭应当根据协议制作调解书或根据协议结果制作裁决书

B. 对于事实清楚的案件，仲裁庭可依职权进行调解

C. 仲裁调解达成协议的，经当事人、仲裁员在协议上签字后即发生效力

D. 仲裁庭在作出裁决前可先行调解

三、仲裁裁决

仲裁裁决，是指仲裁庭对当事人之间争议的事项经过审理后所作出的终局性判定。理

[1] 【答案】AD

解仲裁裁决时需注意与民事诉讼中判决的区别。

（一）裁决与判决的区别

仲裁中的裁决与民事诉讼中的判决，都是审理者对争议案件经过审理后，对双方当事人之间的实体权利义务关系作出的职务上的判定，其区别在于：

1. 文书的制作程序不同。在仲裁中，仲裁裁决应当按照多数仲裁员的意见作出，仲裁庭不能形成多数意见时，裁决应当按照首席仲裁员的意见作出。而在民事诉讼中，判决也应当按照多数审判人员的意见作出，但是形不成多数人意见时，不得按照审判长的意见作出判决。由此可见，民事诉讼与仲裁实行合议制时，均实行少数服从多数的原则。

2. 文书上的署名不同。在仲裁中，对裁决持不同意见的仲裁员，可以签名，也可以不签名。因此，在仲裁中既可以存在由 2 名仲裁员签名的裁决书，也可以存在仅由 1 名仲裁员签名的裁决书，但该名仲裁员必须是首席仲裁员。而在民事诉讼中，对判决持不同意见的审判人员不得拒绝在判决书上签名。

3. 作出的基础不同。在民事诉讼中，除法定例外情况外，判决作出的基础只能是审判组织依照法定程序在审查判断证据的基础上认定的事实，当事人之间的和解协议或者经过调解达成的调解协议的内容不能成为判决的基础；而仲裁裁决则不同，仲裁裁决可以是依法裁决，即裁决的基础是仲裁庭在审查判断证据的基础上认定的事实；也可以是合意裁决，即仲裁庭根据双方当事人基于自愿协商达成的和解协议或者调解协议所作出的裁决。由此可见，合意裁决的基础是双方当事人基于处分权而就实体权利义务关系自愿达成的协议，而不是基于仲裁庭依法定程序查明的争议案件事实。合意裁决是相对于非合意裁决而言的，两者划分的标准实际上就是裁决的基础是否是当事人双方的合意。合意裁决的作出能够最大限度地缓和双方当事人之间的利益冲突与对立情绪，不仅顺利地解决了争议案件，而且通常有利于仲裁裁决的自觉履行。正因为如此，我国《仲裁法》第 49 条与第 50 条的规定，即仲裁庭依据和解协议或者调解协议制作的裁决书实际上就是合意裁决。

（二）裁决书的内容

《仲裁法》第 54 条规定："裁决书应当写明仲裁请求、争议事实、裁决理由、裁决结果、仲裁费用的负担和裁决日期。当事人协议不愿写明争议事实和裁决理由的，可以不写。裁决书由仲裁员签名，加盖仲裁委员会印章。对裁决持不同意见的仲裁员，可以签名，也可以不签名。"

（三）仲裁裁决书的补正

根据《仲裁法》第 56 条的规定，对裁决书中的文字、计算错误或者仲裁庭已经裁决但在裁决书中遗漏的事项，仲裁庭应当补正；当事人自收到裁决书之日起 30 日内，可以请求仲裁庭补正。

【经典真题测试】

144. 根据《仲裁法》，仲裁庭作出的裁决书生效后，在下列哪一情形下仲裁庭不可进行补正？[1]（2011/3/50）

A. 裁决书认定的事实错误

B. 裁决书中的文字错误

---

〔1〕**【答案】** A

C. 裁决书中的计算错误

D. 裁决书遗漏了仲裁评议中记录的仲裁庭已经裁决的事项

图示：仲裁程序与民事诉讼程序之比较

比较内容	仲裁程序	民事诉讼程序
机构性质	仲裁机构是民间性机构	人民法院是国家的审判机关
受案范围	平等主体之间的合同及财产权益纠纷	平等主体之间的人身及财产权益纠纷
管辖	无级别管辖与地域管辖	有法定管辖与裁定管辖
审理组织	1. 合议庭与独任庭，由当事人约定；对于当事人未约定的，由仲裁委员会主任指定。2. 合议庭的组成。（1）先确定 2 名非首席仲裁员：第一，当事人各自选定；第二，当事人各自委托主任指定；第三，当事人超期未选，由主任指定。（2）首席仲裁员：第一，双方当事人共同选定；第二，双方当事人共同委托主任指定；第三，当事人超期未选，由主任指定。3. 独任制仲裁庭的组成：方法同首席仲裁员	合议庭与独任庭，由法院依法定程序确定
审理方式	不公开开庭审理为原则，公开开庭（国家秘密除外）与书面审理为例外，由当事人选择	公开开庭审理为原则，不公开审理由法律规定，即涉及国家秘密、个人隐私的属于法定不公开，离婚案件与涉及商业秘密的案件属于申请不公开
视为撤回仲裁程序与撤诉	申请人经书面通知，无正当理由拒不到庭或者未经仲裁庭许可中途退庭的，可以视为撤回仲裁申请	原告经传票传唤，无正当理由拒不到庭或者未经仲裁庭许可中途退庭的，可以按撤诉处理，但不到庭无法查明案件事实的原告除外
缺席裁决与缺席判决	被申请人经书面通知，无正当理由拒不到庭或者未经仲裁庭许可中途退庭的，可以缺席裁决	被告经传票传唤，无正当理由拒不到庭或者未经仲裁庭许可中途退庭的，可以缺席判决，但必须到庭的被告除外
财产保全	1. 分为仲裁前的财产保全与仲裁中的财产保全。对于前者，利害关系人向被保全财产所在地或被申请人住所地法院申请；对于后者，当事人向仲裁委员会申请，仲裁委员会将当事人的申请提交财产所在地或者被申请人住所地基层法院保全；但涉外案件由中级人民法院保全； 2. 仲裁委员会无权实施财产保全措施	1. 分为诉前财产保全与诉讼中财产保全。对于前者，只能依申请人申请保全；对于后者，既可依当事人申请保全，也可以由法院依职权保全； 2. 人民法院有权实施财产保全措施

续表

比较内容	仲裁程序	民事诉讼程序
证据保全	1. 分为仲裁前证据保全与仲裁中的证据保全。对于前者，利害关系人向证据所在地或被申请人住所地法院申请；对于后者，当事人向仲裁委员会申请，仲裁委员会将当事人的申请提交证据所在地基层法院保全；但涉外案件由中级人民法院保全； 2. 仲裁委员会无权实施证据保全措施	1. 分为诉前证据保全与诉讼中证据保全。对于前者，只能依申请人申请保全；对于后者，既可依当事人申请保全，也可以由法院依职权保全； 2. 人民法院有权实施证据保全措施
和解	1. 当事人达成和解协议后，可以撤回仲裁申请，也可以申请依和解协议作仲裁裁决。 2. 当事人撤回仲裁申请后反悔的，可以根据原仲裁协议申请仲裁，也可以根据重新达成的仲裁协议申请仲裁	当事人达成和解协议后，可以申请撤诉，也可以申请法院依和解协议作调解书，但不得申请制作判决书
调解	1. 自愿调解与先行调解是并列方式； 2. 当事人达成调解协议后，仲裁庭可以制作调解书或者裁决书；调解书与裁决书具有同等法律效力	1. 自愿调解为原则，先行调解为例外； 2. 当事人达成调解协议后，法院只能依据调解协议制作调解书，不得制作判决书，但是，无民事行为能力人的离婚诉讼和涉外民事诉讼，当事人申请根据调解协议制作判决书的，可以准许
裁决与判决	1. 合议制实行少数服从多数的原则； 2. 达不成多数人意见时，依首席仲裁员的意见作出裁决； 3. 持不同意见的仲裁员可以签名，也可以不签名	1. 合议制实行少数服从多数的原则； 2. 达不成多数人意见时，不得按照审判长的意见作出判决； 3. 持不同意见的审判人员无权拒绝签名
裁决书与判决书的制作	仲裁裁决书应记载仲裁请求、争议事实、裁决理由、裁决结果、费用负担与裁决日期；但是，当事人不愿意写明争议事实与裁决理由的，可以不写	判决书由法院依法制作
裁决书与判决书的补正	对仲裁裁决书中的文字、计算错误或者仲裁庭已经裁决但在裁决书中遗漏的事项，仲裁庭应当补正；当事人自收到仲裁裁决书之日起 30 日内，可以请求仲裁庭补正	1. 判决遗漏实体事项，作出补充判决；2. 判决书中的文字、计算错误，作出裁定补正判决书的笔误

专题十八　仲裁司法监督

【本专题重点知识结构图】

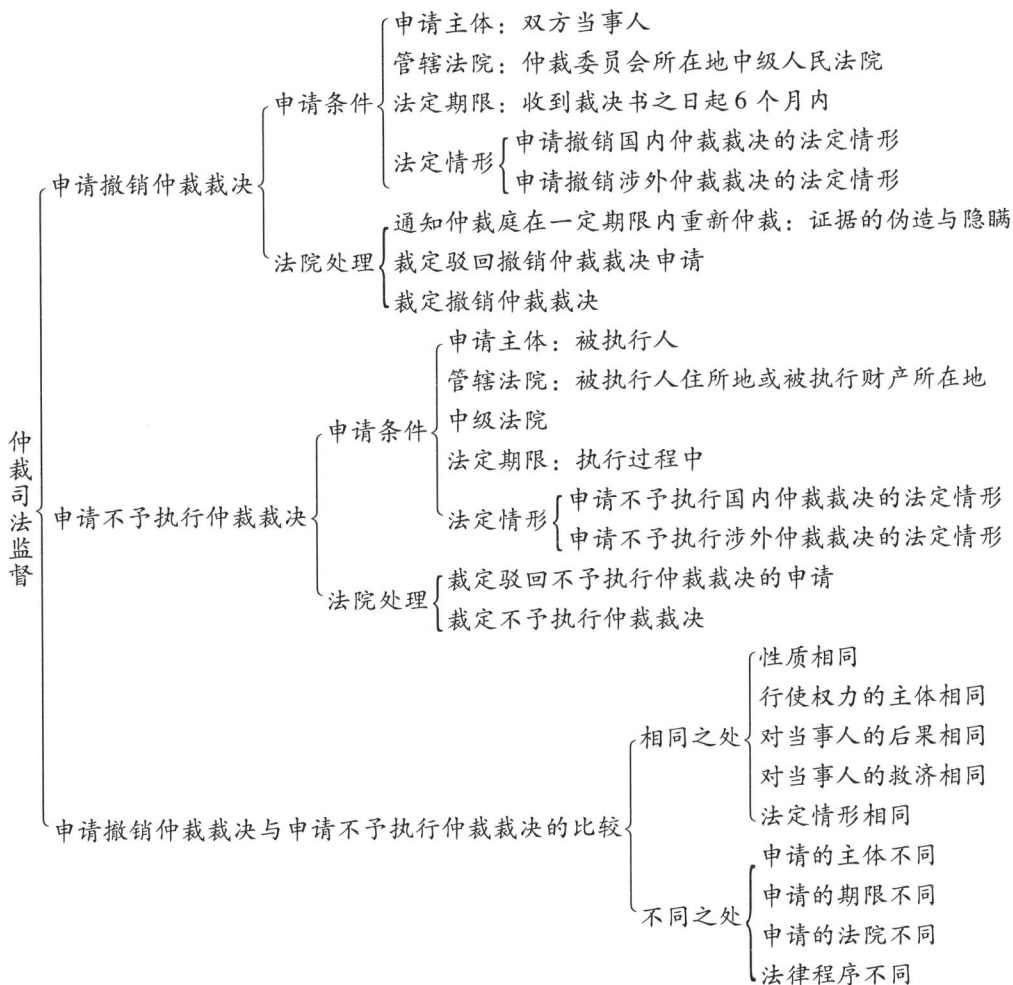

- 仲裁司法监督
  - 申请撤销仲裁裁决
    - 申请条件
      - 申请主体：双方当事人
      - 管辖法院：仲裁委员会所在地中级人民法院
      - 法定期限：收到裁决书之日起6个月内
      - 法定情形
        - 申请撤销国内仲裁裁决的法定情形
        - 申请撤销涉外仲裁裁决的法定情形
    - 法院处理
      - 通知仲裁庭在一定期限内重新仲裁：证据的伪造与隐瞒
      - 裁定驳回撤销仲裁裁决申请
      - 裁定撤销仲裁裁决
  - 申请不予执行仲裁裁决
    - 申请条件
      - 申请主体：被执行人
      - 管辖法院：被执行人住所地或被执行财产所在地中级法院
      - 法定期限：执行过程中
      - 法定情形
        - 申请不予执行国内仲裁裁决的法定情形
        - 申请不予执行涉外仲裁裁决的法定情形
    - 法院处理
      - 裁定驳回不予执行仲裁裁决的申请
      - 裁定不予执行仲裁裁决
  - 申请撤销仲裁裁决与申请不予执行仲裁裁决的比较
    - 相同之处
      - 性质相同
      - 行使权力的主体相同
      - 对当事人的后果相同
      - 对当事人的救济相同
      - 法定情形相同
    - 不同之处
      - 申请的主体不同
      - 申请的期限不同
      - 申请的法院不同
      - 法律程序不同

考点精讲一　申请撤销仲裁裁决

一、申请撤销仲裁裁决的条件

申请撤销仲裁裁决，是指对于符合法定应予以撤销情形的仲裁裁决，当事人依法向人民法院提出撤销该仲裁裁决请求的行为。

根据我国《仲裁法》第58条与第59条的规定，仲裁裁决生效后，当事人申请撤销需要符合以下条件：

1. 提出申请的主体是当事人。这里的当事人是指双方当事人，具体可以从两个方面来理解：一是从仲裁程序的角度来理解，有权申请撤销仲裁裁决的当事人既包括仲裁申请人，也包括仲裁被申请人。二是从仲裁裁决的角度来理解，有权申请撤销仲裁裁决的人既可以是依据该仲裁裁决享有实体权利的人，也可以是承担实体义务的人。

2. 应当向有管辖权的人民法院提出申请。根据《仲裁法》第58条的规定，申请撤销仲裁裁决应当向仲裁委员会所在地中级人民法院提出申请。

3. 应当在法定期间内提出申请。即当事人申请撤销仲裁裁决应当在自收到仲裁裁决书之日起6个月内提出。

4. 必须有证据证明仲裁裁决出现法定应予撤销的情形。

二、申请撤销仲裁裁决的法定情形

（一）申请撤销国内仲裁裁决的法定情形

根据《仲裁法》第58条第1款的规定，当事人申请撤销国内仲裁裁决需要具备以下情形之一：

1. 没有仲裁协议的。根据《仲裁法解释》第18条的规定，《仲裁法》第58条第1款第（一）项规定的“没有仲裁协议”是指当事人没有达成仲裁协议。仲裁协议被认定无效或者被撤销的，视为没有仲裁协议。

2. 裁决的事项不属于仲裁协议的范围或者仲裁委员会无权仲裁的。

3. 仲裁庭的组成或者仲裁的程序违反法定程序的。根据《仲裁法解释》第20条的规定，“违反法定程序”是指违反仲裁法规定的仲裁程序和当事人选择的仲裁规则可能影响案件正确裁决的情形。

4. 裁决所根据的证据是伪造的。

5. 对方当事人隐瞒了足以影响公正裁决的证据的。

6. 仲裁员在仲裁该案时有索贿受贿、徇私舞弊、枉法裁决行为的。

【经典真题测试】

145. 某仲裁委员会对甲公司与乙公司之间的买卖合同一案作出裁决后，发现该裁决存在超裁情形，甲公司与乙公司均对裁决持有异议。关于此仲裁裁决，下列哪一选项是正确的？[1]（2008/3/41）

A. 该仲裁委员会可以直接变更已生效的裁决，重新作出新的裁决

B. 甲公司或乙公司可以请求该仲裁委员会重新作出仲裁裁决

C. 该仲裁委员会申请法院撤销此仲裁裁决

D. 甲公司或乙公司可以请求法院撤销此仲裁裁决

（二）申请撤销涉外仲裁裁决的法定情形

根据《仲裁法》第70条的规定，当事人有证据证明涉外仲裁裁决具有《民事诉讼法》第274条第1款规定的下列情形之一的，可以申请撤销该仲裁裁决：

---

〔1〕**【答案】** D

1. 当事人在合同中没有订有仲裁条款或者事后没有达成书面仲裁协议的。

2. 被申请人没有得到指定仲裁员或者进行仲裁程序的通知，或者由于其他不属于被申请人负责的原因未能陈述意见的。

3. 仲裁庭的组成或者仲裁的程序与仲裁规则不符的。

4. 裁决的事项不属于仲裁协议的范围或者仲裁机构无权仲裁的。

（三）申请撤销国内与涉外仲裁裁决情形之比较

1. 申请撤销国内仲裁裁决与申请撤销涉外仲裁裁决情形的相同之处在于，都规定了相应的仲裁程序的进行欠缺合理依据或者违反法定程序的事项。

2. 申请撤销国内仲裁裁决的法定情形与申请撤销涉外仲裁裁决的法定情形的区别主要体现在：

（1）是否涉及实体性理由不同。申请撤销国内仲裁裁决的法定情形涉及实体问题，即裁决所根据的证据是伪造的以及对方当事人隐瞒了足以影响公正裁决的证据的。而申请撤销涉外仲裁裁决的法定情形不涉及任何实体事项。

（2）是否涉及仲裁员职业道德不同。申请撤销国内仲裁裁决的法定情形涉及仲裁员违背职业道德的事项，即仲裁员在仲裁该案时有索贿受贿、徇私舞弊、枉法裁决行为的；而申请撤销涉外仲裁裁决的法定情形中不涉及该问题。

（3）违反法定程序的理由有所不同。在违反程序事项中，申请撤销涉外仲裁裁决的情形包括未充分保护被申请人的特别被告知权利的情形，即被申请人没有得到指定仲裁员或者进行仲裁程序的通知，或者由于其他不属于被申请人负责的原因未能陈述意见的；而申请撤销国内仲裁裁决的法定情形不包括该事项。

由此可见，申请撤销国内仲裁裁决的法定情形所涉及的范围更宽。

三、撤销仲裁裁决的法定情形

撤销仲裁裁决的法定情形与申请撤销仲裁裁决的法定情形是两个不同的概念，前者是从人民法院行使司法监督权的角度来看，而后者则是从当事人行使权利的角度来看。就其具体情形而言，申请撤销仲裁裁决的法定情形均可构成撤销仲裁裁决的法定情形，但是，除此之外，人民法院在基于当事人撤销仲裁裁决申请对仲裁裁决进行审查时，还可以以仲裁裁决违背社会公共利益为由依职权裁定撤销仲裁裁决。可见，撤销仲裁裁决的法定情形的范围广于当事人申请撤销仲裁裁决的法定情形。

四、法院对申请撤销仲裁裁决案件的处理

对当事人撤销仲裁裁决的申请，人民法院应当组成合议庭进行审查，经过审查后可以分别作出以下处理：

（一）通知仲裁庭重新仲裁

人民法院受理当事人提出的撤销仲裁裁决申请后，经过组成合议庭进行审查，认为仲裁裁决具有《仲裁法解释》第21条所规定的法定情形之一的，即仲裁裁决所根据的证据是伪造的、对方当事人隐瞒了足以影响公正裁决的证据的，可以通知仲裁庭在一定期限内重新仲裁。仲裁庭在人民法院指定的期限内开始重新仲裁的，人民法院应当裁定终结撤销程序。未开始重新仲裁的，人民法院应当裁定恢复撤销程序。当事人对重新仲裁裁决不服的，

可以在重新仲裁裁决书送达之日起6个月内依据《仲裁法》第58条的规定向人民法院申请撤销。

（二）撤销仲裁裁决

人民法院对于当事人撤销仲裁裁决的申请应当组成合议庭在2个月内进行审查，经过审查，对于不需要由仲裁庭重新仲裁或者仲裁庭拒绝重新仲裁的，如果符合法定撤销理由的，裁定撤销仲裁裁决。《仲裁法解释》第19条规定："当事人以仲裁裁决事项超出仲裁协议范围为由申请撤销仲裁裁决，经审查属实的，人民法院应当撤销仲裁裁决中的超裁部分。但超裁部分与其他裁决事项不可分的，人民法院应当撤销仲裁裁决。"

（三）驳回撤销仲裁裁决的申请

对当事人撤销仲裁裁决的申请，人民法院经过审查，对于不符合法定撤销仲裁裁决情形的申请，应当在2个月内作出裁定驳回当事人撤销仲裁裁决的申请。

五、法院裁定撤销仲裁裁决后对当事人的救济

根据《仲裁法》第9条的规定，仲裁裁决被法院裁定撤销后，当事人可以根据重新达成的仲裁协议申请仲裁，也可以向人民法院起诉。

考点精讲二　申请不予执行仲裁裁决

一、申请不予执行仲裁裁决的条件

1. 申请的主体是依据仲裁裁决需要履行实体义务的人。即仲裁裁决生效后，如果申请人向有管辖权的人民法院申请强制执行，在执行程序中，被执行人有权申请不予执行仲裁裁决。由此可见，仲裁裁决作出后，该仲裁裁决不具有正当性时，依据仲裁裁决享有权利的当事人只有一项权利，即申请撤销该仲裁裁决的权利；而依据仲裁裁决需要履行义务的当事人则有两项权利，一是申请撤销该仲裁裁决的权利，二是在执行程序开始之后，尚未结束之前，申请不予执行该仲裁裁决的权利。

2. 应当在执行程序中向受理执行案件的法院提出申请。

3. 必须有证据证明仲裁裁决出现法定不予执行情形。

二、申请不予执行仲裁裁决的法定情形

（一）申请不予执行国内仲裁裁决的法定情形

根据《仲裁法》第63条的规定，被申请人提出证据证明国内仲裁裁决有《民事诉讼法》第237条第2款规定的下列情形之一的，可以申请不予执行该仲裁裁决：

1. 当事人在合同中没有订有仲裁条款或者事后没有达成书面仲裁协议的；
2. 裁决的事项不属于仲裁协议的范围或者仲裁机构无权仲裁的；
3. 仲裁庭的组成或者仲裁的程序违反法定程序的；
4. 裁决所根据的证据是伪造的；
5. 对方当事人向仲裁机构隐瞒了足以影响公正裁决证据的；

6. 仲裁员在仲裁该案时有贪污受贿、徇私舞弊、枉法裁决行为的。

（二）申请不予执行涉外仲裁裁决的情形

根据《仲裁法》第71条的规定，当事人提出证据证明涉外仲裁裁决有《民事诉讼法》第274条第1款规定的下列情形之一的，可以申请不予执行仲裁裁决：

1. 当事人在合同中没有订有仲裁条款或者事后没有达成书面仲裁协议的；

2. 被申请人没有得到指定仲裁员或者进行仲裁程序的通知，或者由于其他不属于被申请人负责的原因未能陈述意见的；

3. 仲裁庭的组成或者仲裁的程序与仲裁规则不符的；

4. 裁决的事项不属于仲裁协议的范围或者仲裁机构无权仲裁的。

（三）申请不予执行国内与涉外仲裁裁决法定情形之比较

1. 申请不予执行国内仲裁裁决与涉外仲裁裁决的情形之相同点在于，都包括仲裁程序的进行欠缺合理依据或者违反法定程序问题。

2. 申请不予执行国内仲裁裁决与涉外仲裁裁决的情形之区别主要体现在：

（1）是否涉及实体证据问题不同。申请不予执行国内仲裁裁决的法定情形涉及实体证据，即裁决所根据的证据是伪造的以及对方当事人向仲裁机构隐瞒了足以影响公正裁决证据的；而申请不予执行涉外仲裁裁决的法定情形不涉及任何实体事项。

（2）是否涉及仲裁员职业道德问题不同。申请不予执行国内仲裁裁决的法定情形涉及仲裁员违背职业道德的事项，即仲裁员在仲裁该案时有贪污受贿、徇私舞弊、枉法裁决行为的；而申请不予执行涉外仲裁裁决的法定情形中不涉及该问题。

（3）违反法定程序的具体内容有所不同。在违反程序事项中，申请不予执行涉外仲裁裁决包括未充分保护被申请人的特别被告知权利的情形，即被申请人没有得到指定仲裁员或者进行仲裁程序的通知，或者由于其他不属于被申请人负责的原因未能陈述意见的；而申请不予执行国内仲裁裁决的法定情形不包括该事项。

由此可见，申请不予执行国内仲裁裁决的法定情形所涉及的范围更宽。

【经典真题测试】

146. 甲不履行仲裁裁决，乙向法院申请执行。甲拟提出不予执行的申请并提出下列证据证明仲裁裁决应不予执行。针对下列哪一选项，法院可裁定驳回甲的申请？[1]（2011/3/49）

A. 甲、乙没有订立仲裁条款或达成仲裁协议

B. 仲裁庭组成违反法定程序

C. 裁决事项超出仲裁机构权限范围

D. 仲裁裁决没有根据经当事人质证的证据认定事实

147. 甲公司因与乙公司合同纠纷申请仲裁，要求解除合同。某仲裁委员会经审理裁决解除双方合同，还裁决乙公司赔偿甲公司损失6万元。关于本案的仲裁裁决，下列哪些表述是正确的？[2]（2010/3/86）

A. 因仲裁裁决超出了当事人请求范围，乙公司可申请撤销超出甲公司请求部分的裁决

---

〔1〕**【答案】** D

〔2〕**【答案】** AD

B. 因仲裁裁决超出了当事人请求范围，乙公司可向法院提起诉讼
C. 因仲裁裁决超出了当事人请求范围，乙公司可向法院申请再审
D. 乙公司可申请不予执行超出甲公司请求部分的仲裁裁决

三、不予执行仲裁裁决的法定情形

不予执行仲裁裁决的法定情形与申请不予执行仲裁裁决的法定情形是两个不同的概念，前者是从人民法院行使司法监督权的角度来看，而后者则是从当事人行使权利的角度来看。就其具体情形而言，申请不予执行仲裁裁决的法定情形均可构成不予执行仲裁裁决的法定情形，但是，除此之外，人民法院还可以以仲裁裁决违背社会公共利益为由依职权裁定不予执行仲裁裁决。

四、法院对不予执行仲裁裁决申请的处理

对于当事人不予执行仲裁裁决的申请，人民法院应当组成合议庭进行审查，对于符合法定情形的仲裁裁决，裁定不予执行；对于不符合法定情形的，裁定驳回申请。

五、法院裁定撤销仲裁裁决后对当事人的救济

根据《仲裁法》第9条的规定，仲裁裁决被法院裁定撤销后，当事人可以根据重新达成的仲裁协议申请仲裁，也可以向人民法院起诉。

【经典真题测试】

148. 张某根据与刘某达成的仲裁协议，向某仲裁委员会申请仲裁。在仲裁审理中，双方达成和解协议并申请依和解协议作出裁决。裁决作出后，刘某拒不履行其义务，张某向法院申请强制执行，而刘某则向法院申请裁定不予执行该仲裁裁决。法院应当如何处理？[1]（2007/3/49）

A. 裁定中止执行，审查是否具有不予执行仲裁裁决的情形
B. 终结执行，审查是否具有不予执行仲裁裁决的情形
C. 继续执行，不予审查是否具有不予执行仲裁裁决的情形
D. 先审查是否具有不予执行仲裁裁决的情形，然后决定后续执行程序是否进行

考点精讲三　撤销仲裁裁决与不予执行仲裁裁决的比较

一、撤销仲裁裁决与不予执行仲裁裁决的相同之处

1. 两者的性质相同。两者都是仲裁程序结束后，对不正当仲裁裁决予以司法监督的特殊制度，从而维护当事人的合法权益。

2. 两者的行使权力主体相同。无论是行使撤销仲裁裁决权，还是行使不予执行仲裁裁决权，其行使权力主体均是人民法院。

3. 对于当事人的后果相同。无论仲裁裁决被人民法院裁定撤销，还是裁定不予执行，

〔1〕【答案】C

都使得当事人依据仲裁裁决所享有的权利无法得到实现，而且使双方当事人之间的争议未能得到解决。

4. 对当事人的救济相同。无论是仲裁裁决被人民法院裁定撤销，还是裁定不予执行，当事人可以根据重新达成的仲裁协议申请仲裁，或者向人民法院起诉。

5. 申请撤销仲裁裁决与不予执行仲裁裁决的法定情形相同。民事诉讼法修正后，申请撤销国内仲裁裁决与申请不予以执行国内仲裁裁决，申请撤销涉外仲裁裁决与申请不予执行涉外仲裁裁决的法定情形均相同。

二、撤销仲裁裁决与不予执行仲裁裁决的不同之处

1. 申请的主体不同。申请撤销仲裁裁决的主体，既可以是依据仲裁裁决享有实体权利的人，也可以是应承担实体义务的人；而申请不予执行仲裁裁决的主体只能是依据仲裁裁决应当承担实体义务的人。

2. 申请的期限不同。申请撤销仲裁裁决的期限是自收到仲裁裁决书之日起 6 个月内；而申请不予执行仲裁裁决的期限是执行程序开始后，执行程序完毕之前。

3. 申请的法院不同。申请撤销仲裁裁决应当向仲裁委员会所在地中级人民法院提出；而申请不予执行仲裁裁决则只能向受理执行案件的人民法院提出。

4. 法律程序不同。在撤销仲裁裁决程序中，人民法院认为可以由仲裁庭重新仲裁的，应当通知仲裁庭在一定期限内重新仲裁；而在不予执行仲裁裁决程序中，人民法院不可以要求仲裁庭重新仲裁。

图示　撤销与不予执行仲裁裁决制度的比较

比较内容		撤销仲裁裁决	不予执行仲裁裁决
相同之处	性质相同	司法监督制度	司法监督制度
	行使权力主体相同	人民法院	人民法院
	对当事人后果相同 当事人权利未实现，争议未解决	当事人权利未实现，争议未解决	
	对当事人救济相同	可以重新达成仲裁协议后申请仲裁，也可以向法院起诉	可以重新达成仲裁协议后申请仲裁，也可以向法院起诉
	国内裁决的法定情形相同	1. 没有仲裁协议的；2. 裁决的事项不属于仲裁协议的范围或者仲裁机构无权仲裁的；3. 仲裁庭的组成或者仲裁的程序违反法定程序的；4. 裁决所根据的证据是伪造的；5. 对方当事人向仲裁机构隐瞒了足以影响公正裁决证据的；6. 仲裁员在仲裁该案时有索贿受贿、徇私舞弊、枉法裁决行为的。	与撤销情形相同

续表

比较内容		撤销仲裁裁决	不予执行仲裁裁决
相同之处	涉外裁决的法定情形相同	1. 当事人在合同中没有订有仲裁条款或者事后没有达成书面仲裁协议的；2. 被申请人没有得到指定仲裁员或者进行仲裁程序的通知，或者由于其他不属于被申请人负责的原因未能陈述意见的；3. 仲裁庭的组成或者仲裁的程序与仲裁规则不符的；4. 裁决的事项不属于仲裁协议的范围或者仲裁机构无权仲裁的。	与撤销情形相同
不同之处	申请主体不同	双方当事人，即裁决的权利人和裁决的义务人	裁决的义务人，即被执行人
	申请期限不同	收到裁决后6个月内	执行过程中
	申请法院不同	仲裁机构所在地中级法院	被执行人住所地或被执行财产所在地中级法院
	处理程序不同	1. 通知仲裁庭重新仲裁：仲裁裁决所根据的证据是伪造的、对方当事人隐瞒了足以影响公正裁决的证据的，可以通知仲裁庭在一定期限内重新仲裁。仲裁庭在人民法院指定的期限内开始重新仲裁的，人民法院应当裁定终结撤销程序。未开始重新仲裁的，人民法院应当裁定恢复撤销程序。 2. 裁定撤销仲裁裁决或者驳回申请：2个月	1. 不可以通知仲裁庭重新仲裁； 2. 符合条件的，裁定不予执行仲裁裁决；不符合条件的，裁定驳回申请

【经典真题测试】

149. 甲公司因与乙公司的合同纠纷向某仲裁委员会申请仲裁，甲公司的仲裁请求得到仲裁庭的支持。裁决作出后，乙公司向法院申请撤销仲裁裁决。法院在审查过程中，甲公司向法院申请强制执行仲裁裁决。关于本案，下列哪一说法是正确的？[1]（2012/3/50）

A. 法院对撤销仲裁裁决申请的审查，不影响法院对该裁决的强制执行

B. 法院不应当受理甲公司的执行申请

C. 法院应当受理甲公司的执行申请，同时应当告知乙公司向法院申请裁定不予执行仲裁裁决

D. 法院应当受理甲公司的执行申请，受理后应当裁定中止执行

150. 关于法院对仲裁的司法监督的说法，下列哪一选项是错误的？[2]（2010/3/44）

A. 仲裁当事人申请财产保全，应当向仲裁机构申请，由仲裁机构将该申请移交给相关法院

---

〔1〕**【答案】** D

〔2〕**【答案】** D

B. 仲裁当事人申请撤销仲裁裁决被法院驳回，此后以相同理由申请不予执行，法院不予支持

C. 仲裁当事人在仲裁程序中没有提出对仲裁协议效力的异议，此后以仲裁协议无效为由申请撤销或不予执行，法院不予支持

D. 申请撤销仲裁裁决或申请不予执行仲裁裁决程序中，法院可通知仲裁机构在一定期限内重新仲裁